Dieter Leipold (Hrsg.)
Selbstbestimmung in der modernen Gesellschaft

Freiburger
Rechts- und Staatswissenschaftliche Abhandlungen

Herausgegeben von der Rechtswissenschaftlichen Fakultät
der Universität Freiburg/Br.

Band 62

Selbstbestimmung in der modernen Gesellschaft aus deutscher und japanischer Sicht

Symposion der rechtswissenschaftlichen Fakultäten
der Albert-Ludwigs-Universität Freiburg
und der Städtischen Universität Osaka

Herausgegeben von

Dieter Leipold

Mit Beiträgen von

Hideo Sasakura, Karl Kroeschell, Alexander Hollerbach,
Rainer Wahl, Koichi Yonezawa, Iwao Sato, Kazushige Asada,
Wolfgang Frisch, Satoshi Ueki, Akimasa Takada, Thomas Weigend,
Satoshi Nishitani, Manfred Löwisch, Ursula Köbl, Aiyoko Motozawa,
Hiroshi Kodama, Yoshikazu Kawasumi, Wolfgang Lüke,
Hiroyuki Matsumoto, Rolf Stürner

CFM

C. F. Müller Verlag
Heidelberg

Die Deutsche Bibliothek – CIP-Einheitsaufnahme

Selbstbestimmung in der modernen Gesellschaft aus deutscher und japanischer Sicht : Symposion der rechtswissenschaftlichen Fakultäten der Albert-Ludwigs-Unversität Freiburg und der Städtischen Universität Osaka / hrsg. von Dieter Leipold. Mit Beitr. von Hideo Sasakura ... – Heidelberg : Müller, 1997
  (Freiburger rechts- und staatswissenschaftliche Abhandlungen ; Bd. 62)
  ISBN 3-8114-7997-0

© 1997 C. F. Müller Verlag, Hüthig GmbH, Heidelberg
Gedruckt auf säurefreiem, alterungsbeständigem Werkdruckpapier aus 100 % chlorfrei gebleichtem Zellstoff. Aus Gründen des Umweltschutzes Umschlag ohne Kunststoffbeschichtung
Satz: C. Gottemeyer, Leonberg
Druck: Neumann Druck, Heidelberg
ISBN 3-8114-7997-0

Vorwort

„Selbstbestimmung in der modernen Gesellschaft" lautete das Generalthema eines deutsch-japanischen Symposiums, das die rechtswissenschaftlichen Fakultäten der Albert-Ludwigs-Universität Freiburg i.Br. und der Städtischen Universität Osaka vom 20. bis 23. September 1995 in Freiburg veranstalteten. Die Referate der deutschen und der japanischen Teilnehmer werden in diesem Band vorgelegt. Ein weiteres Mal bewährte sich die Partnerschaft der beiden Fakultäten, die aber auch eine Reihe von Referenten aus anderen Universitäten gewinnen konnten.

Wie bei den vorangegangenen Symposien – „Recht und Verfahren" (1991) und „Vom nationalen zum transnationalen Recht" (1993) – wurde versucht, das Generalthema quer durch die rechtswissenschaftlichen Disziplinen zu verfolgen. Auf diese Weise trat zur deutsch-japanischen Rechtsvergleichung eine Binnenrechtsvergleichung hinzu, die von allen Beteiligten als besonders anregend und fruchtbar empfunden wurde. So spannte sich, was die Einzelthemen angeht, ein weiter Bogen von der Bürgerbeteiligung im Verwaltungsverfahren bis zur Selbstbestimmung des Arbeitnehmers (auch gegenüber Normen des Arbeitsschutzrechts), von der Gewährleistung einer menschenwürdigen Existenz durch Sozialrecht bis zum Recht des einzelnen, über das Ende seines Lebens selbst zu entscheiden.

Die Grundfrage nach der Autonomie des einzelnen in der Gesellschaft stellt sich in Deutschland und in Japan gewiß nicht in identischer, aber doch in recht ähnlicher Weise. So mag es, wie in einigen Referaten unterstrichen wurde, in Japan im Kampf gegen tradierte Formen der Fremdbestimmung noch Nachholbedarf geben. Doch trat nicht nur aus deutscher, sondern auch aus japanischer Sicht im Laufe des Symposiums der Gedanke hervor, Selbstbestimmung dürfe nicht mit Selbstsucht und Egozentrismus verwechselt werden. Ob die Gesellschaft der Zukunft das ideale Ziel erreichen wird, unter Selbstbestimmung „das freie Wollen des Sollens" zu verstehen (eine Formulierung Heinrich Rickerts, die Alexander Hollerbach ans Ende seiner rechtsphilosophischen Überlegungen stellte), wird freilich kaum jemand vorauszusagen wagen.

Das Symposium wurde durch die Deutsche Forschungsgemeinschaft und das Ministerium für Wissenschaft und Forschung des Landes Baden-Württemberg gefördert. Dafür gebührt beiden Institutionen aufrichtiger Dank.

Freiburg, im Februar 1997 *Dieter Leipold*

Inhaltsverzeichnis

Vorwort V

I. Grundlagen; Verfassungs- und Verwaltungsrecht

Das Recht auf Selbstbestimmung.
Zum Stand der Diskussion in Japan
Hideo Sasakura.. 3

„Selbstbestimmung" in rechtshistorischer Sicht
Karl Kroeschell 19

Selbstbestimmung im Recht aus der Sicht der Rechtsphilosophie
Alexander Hollerbach 35

Individualismus und Gemeinschaftsgebundenheit.
Vorüberlegungen zu einem Kulturvergleich
Rainer Wahl 47

The right of minors to self-determination
Koichi Yonezawa.. 63

Ermessen und Partizipation im japanischen Verwaltungsverfahren
Iwao Sato 73

II. Strafrecht und Strafprozeßrecht

Lebensschutz und Selbstbestimmung im Strafrecht
Kazushige Asada.. 85

Leben und Selbstbestimmungsrecht im Strafrecht
Wolfgang Frisch 103

Informed Consent. Eine rechtsvergleichende Betrachtung
des Arzthaftungsrechts
Satoshi Ueki.. 127

Die Selbstbestimmung des Beschuldigten im japanischen
Strafverfahren – Schweigen oder Gestehen?
Akimasa Takada 137

Der Schutz der Selbstbestimmung des Beschuldigten
bei seiner Vernehmung im Strafverfahren
Thomas Weigend.. 149

III. Arbeits- und Sozialrecht

Selbstbestimmung im Arbeitsrecht unter besonderer
Berücksichtigung des Arbeitnehmerschutzrechts
Satoshi Nishitani 167

Schutz der Selbstbestimmung durch Fremdbestimmung.
Zur verfassungsrechtlichen Ambivalenz des Arbeitsrechts
Manfred Löwisch 179

Soziale Sicherheit und Selbstbestimmung der Bürger
Ursula Köbl 193

Selbstbestimmung im Sozialrecht. Schranken der Privatautonomie
aufgrund Fürsorgerechts
Miyoko Motozawa 223

IV. Zivilrecht und Zivilprozeßrecht

Selbstbestimmung und Verbraucherschutz. Zum Verständnis
der Privatautonomie in der Problematik der Überschuldung
Hiroshi Kodama 235

Verbraucherbegriff und Selbstbestimmung im
Verbraucherschutzrecht. Am Beispiel der Theorie und Praxis
in Japan
Yoshikazu Kawasumi 247

Selbstbestimmung und Verbraucherschutz
Wolfgang Lüke 257

Selbstbestimmung der Parteien im Zivilprozeß
Hiroyuki Matsumoto 275

Die prozeßfreie Sphäre im Zivilprozeß
Rolf Stürner 293

Herausgeber und Autoren 301

I. Grundlagen; Verfassungs- und Verwaltungsrecht

1. Grundlagen: Verfassungs- und Verwaltungsrecht

Hideo Sasakura

Das Recht auf Selbstbestimmung.
Zum Stand der Diskussion in Japan

I. Was heißt „Recht auf Selbstbestimmung"?

Das Recht auf Selbstbestimmung (Selbstbestimmungsrecht) wird etwa seit 1980 in Japan sehr intensiv diskutiert. Es ist nach einem japanischen Rechtslehrer „das Recht der freien Wahl von Individuen über ihre eigenen Sachen". Die Behauptung besteht darin, daß der Mensch über sich selbst verfügen und sein Schicksal eigenverantwortlich gestalten kann, soweit er bei der Ausübung des Rechts nicht die Rechte anderer verletzt und nicht gegen die verfassungsmäßige Ordnung oder das Sittengesetz verstößt (vgl. BVerfGE 49, 298; 47, 249). Der Artikel 13 der japanischen Verfassung gilt als Grundlage dieser Behauptung. Die Konkretisierung dieses Rechts ist eines der wichtigsten Themen in der heutigen japanischen Rechtswissenschaft, obwohl es die Justiz noch selten anerkannt hat[1].

1. Wo finden sich Behauptungen über die Selbstbestimmung in Japan?

Zuerst wollen wir untersuchen, ob und inwieweit die oben genannte Bestimmung richtig ist. Ich klassifiziere dafür die Behauptungen der Juristen über die Selbstbestimmung in drei Gruppen:

---

1 Im Kontrast zur deutschen und amerikanischen Justiz, hat die japanische Justiz bisher in nur wenigen Fällen das Selbstbestimmungsrecht anerkannt. Nur die folgenden zwei Entscheidungen über die Selbstbestimmung sind nennenswert:
(i) Die Entscheidung des Landgerichts Tokyo vom 21.6.1991 über die Freiheit der Haartrachtwahl einer Schülerin an einer privaten Highschool lautet: „Weil die Haartracht eng verbunden mit der Selbstachtung und dem eigenen ästhetischen Sinn ist, bedeutet die Erzwingung einer bestimmten Haartracht eine direkte Einmischung in den Teil des Körpers, und verletzt dadurch die Selbstachtung der Betroffenen. Es ist daher klar, daß die Freiheit der Wahl der Haartracht mit dem Wert der Persönlichkeit eng verbunden ist. Das Recht auf freie Entscheidung über die eigene Haartracht ist also durch Artikel 13 (der japanischen Verfassung) geschützt, und zwar als ein Teil des Rechts, über die essentiellen Privatsachen ohne Einmischung der öffentlichen Mächte selbst zu entscheiden."
(ii) Die Entscheidung des Oberlandesgerichts Takamatsu vom 19.2.1990 über die Freiheit der Motorradfahrt eines Schülers einer öffentlichen Higschool lautet: „Die Motorradfahrt und der Erwerb des Führerscheins dafür dürfen ohne rationalen Grund nicht verboten werden, weil sie zur Freiheit in den privaten Sphären gehören, die von Artikel 13 garantiert ist."
(Die beiden Beschwerden der Schüler wurden aber zurückgewiesen, weil die Richter die Ermessensfreiheit der Schulen höher einschätzten).

(A) Die erste Gruppe
1) Selbstbestimmung über die Zeugung eines eigenen Kindes: z. B. über Schwangerschaftsverhütung und Abtreibung. Viele japanische Rechtswissenschaftler sind der Meinung, die Schwangerschaftsverhütung sei in erster Linie Privatsache des betroffenen Ehepaares. Bei der Abtreibung müsse man aber nicht nur die Selbstbestimmung des Ehepaars, sondern auch den Lebenswert des Embryos in Betracht ziehen. Die Abtreibung könne daher nur unter bestimmten Bedingungen gewählt werden.

2) Selbstbestimmung über das eigene Geschlechtsleben, die Ehe und die Familienbildung: z. B. über Homosexualität, uneheliche Kohabitation, uneheliche Mutterschaft. Früher gab es in Japan dagegen eine sehr starke Abneigung. Im Laufe der Zeit seit etwa 1980 ist auch die japanische Gesellschaft insoweit nach und nach toleranter geworden.

3) Die Selbstbestimmung der Ehefrauen, ihren Mädchennamen offiziell zu behalten, wird seit ca. 1990, und besonders 1997, heiß diskutiert.

4) Selbstbestimmung über das eigene Leben und die eigenen Organe: (a) die Verweigerung der künstlichen Lebensverlängerung bei einer aussichtslosen Erkrankung. Sie wird unter dem Gesichtspunkt eines würdigen Todes und der Selbstbestimmung des Schwerkranken rechtswissenschaftlich oft unterstützt. (b) Die Verweigerung der Blutübertragung aus einem religiösen Grund. Diese ist bisher von der Justiz nicht anerkannt worden, weil die Richter den Lebenswert höher als die Selbstbestimmung einschätzen.

5) Selbstbestimmung bei Gefährdung des eigenen Lebens: z. B. bei gefährlichen Sportarten wie abenteuerlichem Bergsteigen oder Schwimmen; bei der Verweigerung des Anlegens von Sicherheitsgurt und Helm eines Auto- oder Motorradfahrers; bei der gesundheitsschädlichen Einnahme von Drogen sowie beim Rauchen.

6) Freie Entscheidung über den eigenen Lebensstil (Wahl von Haar- und Barttracht oder von Kleidung) der Schüler inner- und außerhalb ihrer Schulen. Mittelschulen und Highschools in Japan bestimmen häufig nicht nur Haartracht oder Schulkleidung ihrer Schüler und kontrollieren den Inhalt der Taschen der Schüler, sondern verbieten auch den Schülern z. B. Motorrad zu fahren, und zwar nicht nur zur Schule und zurück, sondern auch im Privatleben, weil Haartracht und Motorradfahrt oft mit Untaten der Schüler eng verbunden seien.

7) Die Rechte von Bürgern, freie Handlungen als freie Entfaltung ihrer Persönlichkeit durchzuführen (z. B. die Freiheit des privaten Brauens von alkoholischen Getränken wie Sake, was in Japan aus steuerrechtlichem Grunde verboten ist); oder die Freiheit des Taubenfütterns auf Straßen und Anlagen, oder die des Reitens im Walde, die zwar nicht in Japan, aber in Deutschland vor Gericht verfochten wurden (vgl. BVerfGE 54 [1980], 143 und BVerfGE 80 [1989], 137).

In diesen Fällen wird behauptet, daß man über seine eigene Sache selbst entscheiden könne, solange es den anderen nicht schadet. Diese Freiheit bedeutet: (a) die Entscheidung ist nicht strafbar, oder sie ist entschädigungsfrei; (b) wenn die Entscheidung durch eine Behörde behindert wird, kann man sie mit staatlicher Hilfe durchsetzen.

Die so anerkannte Kompetenz zu dieser Entscheidung, d. h. das Selbstbestimmungsrecht, hat eine enge Verbindung mit dem klassisch-bürgerlichen Freiheitsrecht. Der Freiheitsbegriff aus dem 18. und 19. Jahrhundert lautet nämlich wie folgt:

(a) „la liberté consiste à pouvoir faire tout ce qui ne nuit pas à autrui." (Déclaration des droits de l'homme et du citoyen, 1789);

(b) „that all men are created equal, that they are endowed by their Creator with certain unalienable Rights, that among these are Life, Liberty and the Pursuit of Happiness." (Declaration of Independence, 1776);

(c) „The only freedom which deserves the name is that of pursuing our own good in our own way, so long as we do not attempt to deprive others of theirs or inpede their efforts to obtain it. Each is the proper guardian of his own health, whether bodily or mental and spiritual." (*J.S. Mill*, On Liberty, 1859).

Diese Freiheitsbegriffe gehören zur sogenannten „negativen Freiheit", d. h. zur Abwehrfreiheit.

(B) Die zweite Gruppe

Die folgenden Selbstbestimmungen beziehen sich im wesentlichen auf das Freiheitsrecht, sie enthalten aber zugleich auch Elemente, die dem Wirtschafts- und Sozialrecht eigentümlich sind:

8) Im Privatrecht: Die Betonung der Selbstbestimmung der Verbraucher bei allgemeinen Vertragsbedingungen.

9) Das Recht von Arbeitnehmern, sich gegen eine zu starke Kontrolle der Firmen über ihre Privatangelegenheiten (Kleidung, Haarfrisur oder Bart) zu wehren. Das Recht, zu viele Überstunden und eine dem Familienleben schädliche Personaleinteilung abzulehnen. Die Freiheit, politische Parteien ungehindert zu unterstützen (Firmen und Gewerkschaften in Japan zwingen ihre Arbeitnehmer häufig, für bestimmte Parteien Geld zu spenden und bei deren Wahlkampf mitzuarbeiten). Und das Recht von Arbeitnehmern, unabhängig von Tarifverträgen einen eigenen Arbeitsvertrag abzuschließen (weil Gewerkschaften in Japan häufig mit den Firmen zu eng verbunden sind).

In diesen Fällen kann man drei Beziehungen festhalten:

(a) Eine Machtungleichheit beider Parteien (zwischen Firma und Verbraucher, Firma und Arbeitnehmern) ist gegeben.

(b) Die öffentliche Verwaltung oder Justiz greift in die Stellung der Parteien ein, um die Selbstbestimmung der sozial Schwächeren zu unterstützen.

(c) Wer unterstützt werden soll, sind Einzelmenschen (einzelne Verbraucher oder Arbeitnehmer als Individuen, d. h. als Träger des Freiheitsrechts), und nicht kollektive Menschen als Mitglieder einer Schicht (als Verbraucher oder Arbeitnehmer im ganzen, d. h. als Träger des Wirtschafts- oder Sozialrechts).

Hier ist also das Ziel, das individuelle Freiheitsrecht zu verwirklichen, und sein Mittel ist der Schutz von sozial Abhängigen, der den Beziehungen im Wirtschafts- oder Sozialrecht eigentümlich ist. Solche Freiheit enthält das Element der „Freiheit durch den Staat" anstatt das der „Freiheit vom Staat". Die Selbstbestimmung bezieht sich hier also, wenn auch nur teilweise, auf die wirtschafts- und sozialrechtlichen Elemente.

(C) Die dritte Gruppe
Zur Selbstbestimmung gehört auch die Freiheit, aktiv an der Politik teilzunehmen:
10) Im Verwaltungsrecht: Die Betonung der Bürgerinitiative für Stadtplanung, Umweltschutz, Schulwesenreform usw.
11) Im Sozialwohlfahrtsrecht: Die Förderung der freiwilligen Aktivität in und der aktiven Teilnahme an der Wohlfahrtsverwaltung.
12) Im Zivilprozeßrecht: Betonung der Privatautonomie bei Konfliktlösungen wie bei sogenannten ADR (Alternative Dispute Remedies).

Hier gehört die Selbstbestimmung nicht mehr zu einem negativen Freiheitsrecht als Freiheit von Interventionen, sondern zum aktiven Selbstverwaltungsrecht. Dieses Recht ist nämlich ein Teilnahmerecht, das mehr zum demokratischen als zum liberalen Element gehört. Aber wenn man daran denkt, daß die aktive Teilnahme an der Verwaltung auch ein Element des liberal-demokratischen Staatslebens seit dem 18. Jahrhundert ist, dann wird man zustimmen, daß auch hier die Betonung der Selbstbestimmung mit der freiheitlichen Rechtstradition der modernen Zeit eng verbunden ist.

Außerdem enthält jede der obengenannten Selbstbestimmungen in sich ein Element von Freiheitsrechten, und zwar folgendermaßen: 10) setzt das kommunale Autonomierecht der Einwohner voraus; 11) setzt die Betonung der menschlichen Würde der Sozialhilfeempfänger voraus.

Auf Grund dieser Analyse von (A), (B) und (C), kann man sagen, daß das Recht auf Selbstbestimmung im wesentlichen zum liberal-rechtsstaatlichen Freiheitsrecht gehört, daß es sich aber manchmal auch auf das Sozialrecht und auf die demokratische Aktivität bezieht.

2. *Träger des Rechts auf Selbstbestimmung*

Die Träger des Selbstbestimmungsrechts lassen sich in drei Gruppen einteilen:
(A) Gruppe 1: Personen, die schon die Fähigkeit zur Selbstbestimmung haben. Die Selbstbestimmung ist ihrer Fähigkeit entsprechend erforderlich. Die oben genannten Rechte 1), 2), 3), 4), 5), 7), 10), 11) und 12) setzen diese eigenverantwortlich handelnden Individuen voraus.
(B) Gruppe 2: Personen, die schon die Fähigkeit zur Selbstbestimmung haben, aber wegen ihrer Abhängigkeit von mächtigeren Rechtspersonen Unterstützung brauchen, um ihr Selbstbestimmungsrecht zu verwirklichen (Arbeit-

nehmer, Verbraucher gegenüber einer Firma, Sozialhilfeempfänger, Kranke gegenüber Arzt und Krankenhaus, usw.). 8) und 9) setzen dies voraus.

(C) Gruppe 3: Personen, die die Fähigkeit zur Selbstbestimmung nur mangelhaft haben und deswegen Unterstützung brauchen, um die Fähigkeit auszubauen (Minderjährige, alte Menschen, geistig Behinderte, usw.). 6) (in Bezug auf Schüler) setzt dies voraus.

Die Gruppen (B) und (C) beziehen sich, dem oben erwähnten sozialen Charakter der Personen entsprechend, sowohl auf den Paternalismus als auch auf das Sozialrecht.

3. Die Selbstbestimmung und die gegenwärtige japanische Gesellschaft

Die Selbstbestimmung ist, wie oben gesagt, mit der klassisch-liberalen Tradition eng verbunden. Aber die Betonung dieses Rechts in Japan stellt ein sehr neues rechtswissenschaftliches Thema seit etwa 1980 dar[2]. Das Thema entspricht einer Reaktion von Rechtswissenschaftlern, einerseits auf die dauerhaft rückständige Lage des Menschenrechts in Japan und andererseits auf den zunehmenden Konformismus, der vom neueren gesellschaftlichen Strukturwandel Japans verursacht wurde. Das Thema bezieht sich auch auf das Bewußtsein der Juristen, sich mit den Problemen, die durch die Verstärkung des Selbstbewußtseins der Individuen (als Ergebnis der Entstehung der bürgerlichen Gesellschaft) und durch die Entwicklung der medizinischen Technologie entstanden sind, juristisch auseinandersetzen müssen.

Das wird klar, wenn man die oben genannten Punkte genauer betrachtet, und zwar folgendermaßen:

1), 2) und 3) beziehen sich auf Fragen, die zwar in Japan vergleichsweise nicht so sehr (abgesehen vom Mädchennamen), aber in den USA und Europa sowohl wissenschaftlich als auch politisch intensiv debattiert werden. Hinter der Frage steht die Tatsache, daß die traditionelle Moral ihre Bindungskraft verloren hat und daß die Mannigfaltigkeit der Lebensorientierungen der Menschen deutlich geworden ist.

4) bezieht sich auf die neuen ethisch-rechtlichen Fragen, die als das Ergebnis neuartiger Entwicklung in der medizinischen Forschung entstanden sind.

5) ist ein Ergebnis der Stärkung des Bewußtseins, daß der Paternalismus des Staates den Individuen schädlich sei.

6), 7) und 9) beziehen sich einerseits auf die herkömmliche Aufgabe, japanische antiliberale Traditionen zu beseitigen. Sie beziehen sich aber andererseits auch auf die neueren Phänomene, daß der Individualismus (die Mannigfaltigkeit der Lebensorientierungen und das Verlangen nach Selbstbestimmung)

---

2 Bahnbrechend in dieser Diskussion in Japan ist *Takao Yamada*, dessen Buch „Privatsache und Selbstbestimmung" (1988) sehr bekannt ist. *Koji Sato, Satoshi Nishitani* und *Koji Tonami* haben viel über dieses Thema geschrieben.

der Bürger im heutigen Japan als Ergebnis der Modernisierung, vor allem Japans Annäherung an die „pluralistische Gesellschaft", gestiegen ist. Sie beziehen sich außerdem auf die Tatsache, daß, im Gegensatz dazu, der Uniformisierungsdruck auf Individuen in Firmen, Schulen und Gewerkschaften sehr zugenommen hat, weil das heutige Japan politisch und gesellschaftlich sowohl den traditionellen Kollektivismus noch nicht überwunden hat als auch den Druck zum Konformismus auf die Bürger verstärkt hat. (In diesen Gruppen gibt es aber auch die behaupteten Fälle von Selbstbestimmung, die mit dem geschichtlichen Strukturwandel nichts zu tun haben und daher keine sozialpolitischen Strategien hinter sich haben, z. B. die oben erwähnten Freiheiten zum Sakebrauen, Taubenfüttern und Reiten im Walde.)

8) bezieht sich auf die Vormachtstellung von Firmen über den einzelnen Verbraucher durch die allgemeinen Geschäftsbedingungen, die neuerdings sehr dominant geworden sind.

10) und 11) reflektieren das gestiegene demokratische Bewußtsein der Bürger auf der einen Seite. Sie beziehen sich aber andererseits auch auf einen Versuch, die zunehmende Bürokratisierung durch Bürgerinitiativen zu minimalisieren.

12) bezieht sich einerseits auf den Versuch, das Rechtsbewußtsein der Bürger durch ihre aktive autonome Konfliktlösung zu verschärfen, aber andererseits auch auf den Versuch, dadurch Zeit und Kosten von Zivilprozessen zu sparen.

Ich muß auch hinzufügen, daß sich der Raum der Selbstbestimmung der Bürger als Ergebnis der sogenannten „Deregulierung" (die von der Seite des Neoliberalismus her ausgeführt wurde) vergrößert hat.

II. Theorien über die Selbstbestimmung

Hier stelle ich einige erwähnenswerte Themen über die Selbstbestimmung vor, und zwar in Bereichen der Verfassungs- und Zivilrechtswissenschaft, wo die Themen intensiv diskutiert werden (In der Arbeitsrechtswissenschaft wird das Thema ebenfalls häufig erörtert. Ich werde aber hier davon nicht sprechen, weil dieser Bereich von Herrn *Nishitani* ausführlich dargestellt wird).

1. Verfassungsrechtswissenschaft

a) „Summenmenschenrecht"

Viele Verfassungsrechtswissenschaftler in Japan beschäftigen sich ernsthaft mit der Theorie vom Selbstbestimmungsrecht. Es fehlt in der japanischen Verfassung an Artikeln, die die oben genannten Selbstbestimmungsrechte ausdrücklich garantieren. Die japanische Verfassung enthält aber den Artikel 13,

der wie der oben genannte Abschnitt der Amerikanischen Declaration of Independence so lautet:
„All the people shall be respected as individuals. The right to life, liberty, and the pursuit of happiness shall, to the extent that it does not interfere with the public welfare, be the supreme consideration in legislation and in other governmental affairs."
Zuerst wurde dieser Artikel als bloße Wunschäußerung oder als programmatische Bestimmung interpretiert. Fast alle Wissenschaftler und Richter aber sehen ihn heute als die Festlegung eines „Summenmenschenrechts", das die mangelhafte Liste der Menschenrechte im Verfassungsgesetzbuch ersetzen könne. Artikel 13 der japanischen Verfassung funktioniert daher ähnlich wie Artikel 1 und 2 des Grundgesetzes der Bundesrepublik Deutschland und das 5. und 14. Amendment der Amerikanischen Bundesverfassung.

Aus der Festsetzung des Summenmenschenrechts durch Artikel 13 sind die folgenden zwei Gruppen von Grundrechten, die als „Rechte auf Persönlichkeit (die allgemeinen Persönlichkeitsrechte)" oder „die neuen Menschenrechte" bezeichnet werden, hergeleitet worden.

(A) Selbstbestimmungsrechte, die wir hier behandeln.

(B) Rechte, die eng mit dem Wert der Persönlichkeit verbunden sind. Sie enthalten in sich folgende drei Arten von Grundrechten:

(a) Das Recht auf „privacy" im engeren Sinne und das Recht am eigenen Bild.

(b) Sonnenscheinrecht (das Recht des Hausbesitzers, den Sonnenschein von Hochhäusern unbehindert zu genießen); Aussichtsrecht (das Recht des Hausbesitzers, die schöne Aussicht unbehindert zu genießen); das Recht des Einwohners, frei von Lärm, Vibration (von Eisenbahnen, Autos) und verschmutzter Luft zu leben (der Inbegriff dieser Rechte heißt „Umweltrecht"); das Recht, das Mitrauchen zu verweigern, usw.

(c) Das Recht, friedlich zu leben (behauptet von den kriegsgegnerischen Einwohnern in der Nähe einer Militärbasis, als Recht, von der Sorge eines Krieges befreit zu wohnen).

Die japanische Justiz hat bisher (a) und (b) anerkannt (aber niemals als „Umweltrecht").

Bezüglich dieser Liste kann man leicht feststellen, daß die Personenrechte sowohl aus Freiheitsrechten als auch aus Sozialrechten bestehen. Freiheitsrechte finden sich im Selbstbestimmungsrecht von (A) und in den Rechten von (B) (a). Die Rechte von (B) (b) und (B) (c) beziehen sich dagegen sowohl auf das Eigentumsrecht (als Freiheitsrecht) als auch auf das Recht auf Existenz (als Sozialrecht).

b) Umfang der geschützten Selbstbestimmung
(Schutzbereich des Selbstbestimmungsrechts)

Zwei Meinungen über die Frage, welche Selbstbestimmung als Menschenrecht geschützt werden soll, stehen sich gegenüber.

(A) Eine Gruppe von Verfassungsrechtswissenschaftlern behauptet, daß nur die Selbstbestimmung über Sachen, „die für die Würde der Persönlichkeit unentbehrlich ist", durch das Recht auf Selbstbestimmung geschützt werden soll. Die Motorradfahrt eines Highschoolschülers z. B: könne durch das Selbstbestimmungsrecht nicht geschützt werden, weil sie für die Würde der Persönlichkeit des Schülers nicht unentbehrlich sei. Die Befürworter einer solchen Theorie fürchten, daß „die Inflation von Selbstbestimmungsrechten" für den effektiven Schutz dieser Rechte schädlich sein könne. Ein ähnliches Argument ist in der deutschen Rechtswissenschaft zu finden. Es entspricht auch der Stellungnahme des Supreme Court der USA.

(B) Die andere Gruppe behauptet, das Selbstbestimmungsrecht gehöre zu den Bürgern als Individuen, und zwar unabhängig vom Inhalt der Entscheidung (so weit es den anderen nicht schadet), weil es das Recht sei, über höchstprivate Sachen, die der Einwirkung von Mitmenschen, von gesellschaftlichen Organisationen und durch die öffentliche Gewalt entzogen sind, selbst zu entscheiden. Ob dieses Recht in einer konkreten Beziehung wie bei der Motorradfahrt eines Schülers oder beim Rauchen im Gefängnis gewährt werden solle, hänge nicht von der Frage ab, ob der Schüler oder der Gefangene das Selbstbestimmungsrecht dafür hat, sondern von der Frage, ob das allgemeine Selbstbestimmungsrecht aller Bürger in diesen Sondersituationen (im Zusammenhang mit Mitmenschen, Organisationen oder der Gesellschaft) aus irgendeinem wichtigen Grunde eingeschränkt werden solle. Diese Meinung entspricht also der deutschen sog. Allgemeinen Handlungsfreiheitstheorie.

c) Die Selbstbestimmung und der Sozialstaat

Eine wichtige Frage ist, welche Beziehungen es zwischen dem klassisch-liberalen Recht (wie dem Selbstbestimmungsrecht) und dem Sozialrecht gibt. Diese Frage ist in Japan wie in Deutschland wichtig, weil auch Japan ein Sozialstaat ist, der in seiner Verfassung Sozialrechte garantiert (in den Artikeln 25 bis 28) und das Eigentum in sozialer Hinsicht begrenzt (Artikel 29: *The right to own or to hold property is inviolable. Property rights shall be defined by law, in conformity with the public welfare. Private property may be taken for public use upon just compensation therefore*), und daher ein Menschenbild des „gemeinschaftsbezogenen und gemeinschaftsgebundenen Bürgers" voraussetzt.

In der Nachkriegszeit war die Meinung dominant, zwar sei das Freiheitsrecht wichtig, aber das Sozialrecht sei als Überwinder und Ergänzer dieses abstrakten und formellen liberalen Rechts viel wichtiger. Man zitierte dabei oft das Stichwort „vom Freiheitsrecht zum Sozialrecht", d. h. daß man das Sozialrecht über das Freiheitsrecht stellte. Man behauptete deshalb z. B. oft, daß Gewerkschaften auf das Sozialrecht gegründete Organisationen seien und die persönlichen Freiheiten der Mitglieder daher um ihrer Solidarität willen begrenzt werden dürften.

Mit der Betonung der Selbstbestimmung ist nun aber eine neue Beziehungstheorie von Freiheits- und Sozialrecht in den Vordergrund getreten. Einige Wissenschaftler behaupten nämlich, obwohl das Sozialrecht und die Bedürfnisse der Gemeinschaft ein Begrenzer und Ergänzer des Freiheitsrechts seien, sei das letztere auch manchmal Ergänzer und Begrenzer des ersten. Was dabei besonders betont wird, ist folgendes:

(A) Das Freiheitsrecht sei das Ziel des Sozialrechts (und das Individuum sei das Ziel der Gemeinschaftsbildung); das letztere wurde eingeführt, um das erste zu konkretisieren, d.h. um die Freiheit (und Gleichheit) auch für die Benachteiligten substantiell zu sichern.

(B) Die Sozialrechtsartikel enthalten in sich Freiheitsrechtsgarantien, z. B.:

(a) Die Erziehungsrechtsgarantie des Artikels 26 der japanischen Verfassung sei zwar einerseits eine sozialrechtliche Garantie der Erziehungsgleichberechtigung; sie sei aber andererseits auch eine Garantie der Freiheit der Schüler und Lehrer, die die freie Selbstverwirklichung von Schülern und die Erziehungsfreiheit von Lehrern gegen den Eingriff politischer Mächte schütze (Artikel 26: *All people shall have the right to receive an equal education correspondent to their ability, as provided by law. All people shall be obligated to have all boys and girls under their protection receive ordinary education as provided for by law. Such compulsory education shall be free.*).

(b) Die drei Arbeitsgrundrechte des Artikel 28 enthielten in sich auch eine Art von liberalem Selbstbestimmungsrecht der folgenden Art: Jeder Arbeitnehmer als Individuum habe das Recht, zusammen mit anderen eine Körperschaft zu bilden, eine Negotiation zu versuchen, einen Ruhetag zu haben, und seine Meinung zu äußern. Diese Selbstbestimmungsrechte von Individuen müßten als Basis der Arbeitnehmerrechte verstanden werden, denn, wenn gerade diese individuellen Rechte kollektiv (d. h. von Arbeitnehmern als Mitgliedern von Gewerkschaften) ausgeübt würden, würden sie als Koalitionsrecht, als Recht auf kollektive Verhandlung und als Streikrecht bezeichnet (Artikel 28: *The right of workers to organize and to bargain and act collectively is guaranteed.*).

(c) Auch das Recht auf Existenz nach Artikel 25 sei einerseits ein Freiheitsrecht, weil es den Bürgern garantiere, „ein Mindestniveau eines gesunden und kulturellen Lebens" unbehindert vom Staat zu genießen. Außerdem sei das Recht kein Selbstzweck; es sei ein Mittel, damit die Bürger ihre Freiheiten konkretisieren könnten (Artikel 25: *All people shall have the right to maintain the minimum standards of wholesome and cultural living. In all sphere of life, the State shall use its endeavors for the promotion and extention of social welfare and security, and of public health.*).

Wir müssen also die Pole von Sozialrecht und Freiheitsrecht (einschließlich des Selbstbestimmungsrechts), wie die von Gemeinschaft und Individuum, nicht nur im Gegensatz sondern auch im Mutualismus zusammenwirken lassen. In dieser Hinsicht scheint mir *Heinrich Hubmann* recht zu haben, wenn er die Beziehung von Individuum und Gemeinschaft so auffaßt, daß „man dem Achtungsanspruch der gegensätzlichen Werte Individuen und Gemeinschaft nicht gerecht wird durch ein strenges Entweder-Oder, sondern nur durch einen Kompromiß, der die Anforderungen eines jeden der gegenüberstehenden Werte je nach ihrer Intensivität und Aktualität berücksichtigt" (*Hubmann*, Das Menschenbild unserer Rechtsordnung, in: Festschrift für H.C. Nipperdey zum 70. Geburtstag, 1965). Dabei ist es doch auch verständlich, daß viele japanische Rechtswissenschaftler aufgrund der rückständigen Lage der „Würde der Persönlichkeit" in ihrem Land mehr Gewicht auf die individuelle Freiheit legen.

d) Die Stellung unseres Arguments gegenüber amerikanischer Gerichtsentscheidungen

Das Selbstbestimmungsrecht in unserem Sinne ist (wie in Deutschland auch) in den USA erst seit ungefähr 1970 offiziell anerkannt worden. Das oben genannte Summenmenschenrecht ist in den USA als „right of privacy" aus den Amendment-Artikeln 5 und 14 deduziert worden. Das Recht auf „privacy" teilt sich in zwei Gruppen auf: (A) privacy im engeren Sinne, und (B) privacy im weiteren Sinne. (A) besteht aus dem Recht „to be let alone", was als eigentliches Privacy-Recht die Befugnis bedeutet, eigene Informationen selbst zu kontrollieren. (B) besteht aus dem Recht, höchstprivate Sachen selbst zu verwalten. (B) ist also das Selbstbestimmungsrecht in unserem Sinne.

(A) wurde zum ersten Mal im Urteil Olmstead v. United States, 1928, 227 U.S. 437 in dem Minderheitsvotum von *Louis Brandeis* geäußert. (B) wurde zum ersten Mal in Roe v. Wade, 1973, 410 U.S. 113 als Freiheitsrecht der Abtreibung anerkannt. Das Privacy-Recht in diesem Sinne wurde seither in verschiedenen Urteilen in Bezug auf Eheschließung, Schwangerschaftsverhütung, würdigen Tod (death of dignity), Familienbildung, Erziehung usw. anerkannt. Man verwendet manchmal das Wort „autonomy" für dieses Recht.

2. Zivilrechtswissenschaft

In Bezug auf die Selbstbestimmung im Zivilrecht stehen sich zwei Meinungen gegenüber.

(A) Die Verteidiger dieses Rechts (z. B. *Shigeyoshi Harashima, Kikuo Ishida*) gehen von der Beobachtung aus, daß die klassisch-liberale Selbständigkeit und Freiheit im Zivilrecht durch den gesellschaftlichen Strukturwandel (durch die Entwicklung der kapitalistischen Gesellschaft) entleert würden. Das Selbstbestimmungsrecht zu betonen, ist eine ihrer Strategien, Selbständigkeit und Freiheit der Bürger wieder aufzubauen.

(B) Eine andere Gruppe von Zivilisten vertritt aber die Auffassung, daß man heute nicht die Willensäußerung oder das Selbstbestimmungsrecht der

Individuen, sondern die Gerechtigkeit für alle Betroffenen, die Handelssicherheit, die Produktivitätserhöhung oder die effektivere Verteilung von Hilfsmitteln höher bewerten solle, weil gerade die abstrakte individuelle Freiheit die heutigen gesellschaftlichen Probleme verursacht hätte. Wir sollten daher mehr auf die Wirkung von Institutionen als auf das Bewußtsein der Individuen vertrauen, um eine bessere soziale Ordnung zu verwirklichen.

a) Die Stellungnahme der Vertreter der Ansicht (A)

Die zivilrechtliche Selbstbestimmungslehre findet sich am klarsten in der Argumentation über die allgemeinen Geschäftsbedingungen (AGB). Die Lehre von (A) begrenzt die Bindungskraft der AGB, wenn Verbraucher über die für sie nachteiligen Bedingungen im voraus nicht genügend informiert waren. Hier fehle der Vertragswille eines Beteiligten; niemand dürfe in der bürgerlichen Gesellschaft dem anderen seinen Willen aufzwingen. (A) schätzt also die Selbstbestimmung der Betroffenen, wie der Verbraucher. Manchmal wird die klassische Vertragstheorie von *Savigny* vor allem als ein Wegweiser zitiert. Die Neueinschätzung von *Savigny* bei *Werner Flume* und die Lehre von *Manfred Wolf* werden in diesem Zusammenhang gewürdigt.

Diese Stellungnahme entspringt aber nicht aus einem Anachronismus, sondern folgt aus der Strategie, damit die Entleerung der Selbstbestimmung in der gegenwärtigen Gesellschaft zu bekämpfen. Sie ist deswegen auch gegen den Versuch (z. B. von *Zentaro Kitagawa*, der prinzipiell zur Gruppe (B) gehört), die AGB hauptsächlich durch gesetzliche und administrative Regulierung zu verbessern. Sie ist dabei der Meinung, ein solcher Versuch würde zur Verstärkung des Paternalismus führen, der am Ende die Selbstbestimmung von Bürgern gefährden würde.

Die Neuabschätzung der Selbstbestimmung findet sich auch im Versuch, die sogenannte Double Standard-Theorie zu korrigieren. Für (A) ist die Privatautonomie mehr als eine bloße ökonomische Freiheit, die leicht nach dem Rationalitätstest begrenzt oder verneint werden kann. Es sei ein dogmatischer Idealismus, zu meinen, daß alle ökonomischen Rechte, ohne Rücksicht auf ihren Inhalt und persönliche Beziehungen, immer den geistigen Grundrechten untergeordnet werden sollen. Die Privatautonomie ist also für (A) ein unentbehrliches Mittel, um die Selbstverwirklichung von Menschen zu fördern. Nicht alle Sorten von Privateigentum z.B. sollen daher, nach dieser Lehre, leichtsinnig aufgrund einer sozialen Verpflichtung begrenzt werden.

b) Die Stellungnahme der Vertreter der Ansicht (B)

Sie sind der Meinung, die Willenstheorie und die Selbstbestimmungsrechtstheorie seien eine altmodische Ideologie, die nur im 19. Jahrhundert und nur in Deutschland begrenzt einflußreich waren. Wir hätten schon seit langem die

Problematik dieser abstrakten formellen Willenstheorie erfahren. In einem Sozialstaat sollten der Wert der Individuen durch den der Gemeinschaft, und das Vertrauen auf die individuelle Initiative durch das auf die Wirkung von Institutionen, ersetzt werden. Es gibt verschiedene Richtungen dieser Ansicht:

(a) Ein einflußreicher Wissenschaftler, *Eiichi Hoshino*, geht im Grunde von der Thomistischen Naturrechtslehre aus. Er behauptet, die Willenstheorie sei eine einseitige Ideologie seit *Ockham*, die sich als allgemeine Wahrheit oder Weisheit nicht behaupten könne. Der Trend der Rechtsgeschichte werde als „vom Willen zur Vernunft" formuliert, d. h. von der Hochschätzung des abstrakten individuellen Willens zu der Achtung gemeinschaftlicher Wohlfahrt (bonum commune). Für diese Lehre ist die Rolle der Richter entscheidend; die Richter, nicht die einzelnen Beteiligten, könnten die Gesellschaft richtig lenken. Diese Lehre versucht daher, mit einer der Freirechts- und Interessenrechtslehre ähnlichen Auslegungstheorie („Interessenabwägungstheorie") die Ermessensfreiheit der Richter zu vergrößern.

Ein anderer (*Yoshio Hirai*) ist der Meinung, daß das Willensdogma eine speziell deutsche Tradition und daher nicht allgemein gültig sei. Die japanische Zivilrechtswissenschaft solle auf der japanischen Rechtstradition beruhen, die mit dem Willensdogma nichts zu tun habe. Der heutige Trend der Rechtspraxis sei sogar die Zerstörung des Willensdogmas, weil die Justiz die Rechtssicherheit mehr als den individuellen Willen schätze. Er nimmt von diesem Standpunkt aus die Theorie von „Law and Economics" auf und behauptet, eine effektive Verteilung von Hilfsmitteln sei sozial gerecht, was vom Willen der Beteiligten unabhängig angestrebt werden solle. Für ihn ist die soziale Effizienz viel vertrauenserweckender als der Wille oder die Selbstbestimmung von Individuen. Er betont auch die Rolle der Richter als Rechtspolitiker und strebt eine Erziehung an, die den Studenten nicht nur die Auslegungstechnik, sondern auch das rechtspolitische Denken nahebringen soll („Politik" im Sinne von „Sozial*politik*" oder „Kriminal*politik*").

(b) Andere Zivilisten behandeln das Thema von einem utilitaristischen Standpunkt aus. Einige von ihnen (z. B. *Ichiro Kato* und *Masanobu Kato*) sagen, die soziale Verteilung des Schadens sei der Gerechtigkeit im heutigen Sinne entsprechend. Die Erweiterung der Schadensersatzpflicht ohne Verschulden und die Einführung verschiedener Versicherungen z. B. sollen für diesen Zweck vorgesehen werden, damit sich der Schaden von Fahrgästen bei einem Flugzeugunfall z. B. auf die Luftfahrtgesellschaft, und dadurch auf alle Kunden der Luftfahrtgesellschaft, verteilen läßt.

Die Kritik von (A) gegen die Lehre von (B) lautet folgendermaßen (wobei ich persönlich der Kritik zustimme):

(a) Das Entweder-Oder zwischen dem „Willen des Einzelnen" und dem „bonum commune" sei eine falsche Fragestellung. Was angestrebt werden solle, sei das Gleichgewicht zwischen beiden Polen, wie es auch dem Versuch *Thomas von Aquins* entspreche.

(b) Wenn auch die Erklärung „vom Willen zur Vernunft" eine geschichtliche Tendenz sei, stelle es doch eine falsche Schlußfolgerung dar, zu behaupten, man solle die Vernunft von Richtern gegenüber dem Willen von Individuen höher einschätzen. Eine solche Behauptung enthalte auch eine Verwechslung von Sein und Sollen, nämlich des „geschichtlichen Trends" mit einem moralischen Gebot.

(c) Es sei nicht korrekt, zu glauben, daß die klassisch-deutsche Rechtswissenschaft seit *Savigny* nur das Element des individuellen Willen betont habe und daß sie daher eine abstrakte individualistische Wissenschaft sei. Sowohl *Savigny* als auch *Puchta* oder *Windscheid* hätten neben dem Willensmoment auch gesellschaftliche Verhältnisse wie Gewohnheit, Bedürfnisse des Geschäftsverkehrs und Moral als Wegweiser der Privatautonomie anerkannt.

(d) Ein zu großes Vertrauen auf die Richter sei gefährlich; sie seien auch Organe des Staatsapparates. Das gelte besonders in Japan, wo die Richter stark von oben kontrollierte Bürokraten seien.

(e) In Deutschland argumentiere man über die Privatautonomie immer im Hinblick auf Artikel 1 und 2 des Grundgesetzes. In Japan dagegen zitierten Zivilisten leider nur selten den Artikel 13 der Verfassung, wenn sie die Privatautonomie behandeln.

c) „Modernismus" und „Gegenwartismus" in der Zivilrechtswissenschaft Japans

Wir wollen einen kurzen Überblick über die Geschichte der Zivilrechtswissenschaft in Japan geben, um den geschichtlichen Hintergrund dieser Meinungsverschiedenheit verständlich zu machen.

Das erste Bürgerliche Gesetzbuch wurde in Japan 1898 eingeführt. Aber erst vor und besonders nach dem Ersten Weltkrieg begannen japanische Rechtswissenschaftler, im Ausland zu studieren. Sie fuhren meistens nach Deutschland, wo schon damals die Kritik an der klassisch-liberalen Rechtswissenschaft des 19. Jahrhunderts dominant geworden war. Die jungen vielversprechenden Japaner (z. B. *Eiichi Makino, Sakae Wagatsuma*), die das Studium der Privatrechtswissenschaft schon angefangen hatten, wurden von dieser Kritik am Liberalismus stark beeinflußt. Für sie schien die klassisch-liberale Tradition des 19. Jahrhunderts ziemlich altmodisch, obwohl sie nach dem Zweiten Weltkrieg anfingen, die Liberalisierung von Japan zu unterstützen. Mit diesem Skeptizismus gegenüber der Moderne (ich nenne diese Stellungnahme „Gegenwartismus", weil sie vom gegenwärtigen Standpunkt die Prinzipien des modernen Rechtslebens mißtrauisch ansieht) ist die oben gezeigte Richtung von (B) verbunden, was klar wird, wenn wir die Lehrer-Schüler-Verhältnisse der Betroffenen verfolgen (alle oben genannten Zivilisten von (B) sowie *Makino* und *Wagatsuma* studierten an, gehörten und gehören zur Tokyo Universität).

Unsere Zivilrechtswissenschaft hatte aber auch die Aufgabe, die japanische Gesellschaft zu modernisieren. Diese Aufgabe wurde nach dem Zweiten Weltkrieg sehr dringend. Um die gesellschaftliche Basis des faschistischen Kaiserregimes zu beseitigen, mußten nicht nur der Staat, sondern auch die Gesellschaft Japans modernisiert, d. h. liberalisiert und demokratisiert werden: (a) Das patriarchal-kollektivistische „Haus" (im Gegensatz zur modernen „Familie") sollte abgebaut werden, (b) das „halb-feudale" Pachtsystem und die inhumanen Gewohnheiten von Dörfern sollten auch abgeschafft werden. Man versuchte auch, alle anderen sozialen Institutionen, einschließlich Werkstätten, Schulen, Geschäftsbeziehungen zwischen kleineren und größeren Betrieben und Gemeinden, zu liberalisieren. Für diese Modernisierung Japans war die Durchsetzung von bürgerrechtlichen Prinzipien, wie selbständige Persönlichkeit, freies Eigentum und Vertragsfreiheit, essentiell. Die Gruppe (A) ist mit dieser Tradition verbunden (ich nenne diese Stellungnahme „Modernismus").

Seit etwa 1965 wurde die japanische Gesellschaft wegen der Industrialisierung und Urbanisierung wesentlich umgeformt. Viele Wissenschaftler kamen zu der Erkenntnis, daß nun die Aufgabe der Bekämpfung der negativen Ergebnisse der Modernisierung (z. B. Egozentrisierung, Apathie und Entfremdung der Menschen; Verstärkung des Bürokratismus und des Paternalismus; Entstehung der ökologischen Probleme) sehr dringend geworden seien. Die Rechtswissenschaftler der Gruppe (A) reagieren auf diesen gesellschaftlichen Strukturwandel anhand der oben genannten Strategie, ihn mit der Wiederbelebung liberaler Prinzipien zu bekämpfen. Die Gruppe (B) betont dagegen, wie wir gesehen haben, die Wichtigkeit von rechtspolitischen Maßnahmen und der Einführung effektiver Institutionen, die von den zu Rechtspolitikern erzogenen Richtern und Juristen gehandhabt werden sollen.

Die geschichtliche Situation ist daher jetzt für (B) günstiger als für (A). Aber wenn man den Stand der Diskussion in der Zivilrechtslehre im Zusammenhang mit dem der Verfassungsrechtslehre betrachtet, dann kann man davon ausgehen, daß doch der „Modernismus" mit der Lehre von der Selbstbestimmung wieder aufleben wird.

III. Fazit

Am Ende des Vortrages möchte ich folgende zwei Fragen zur Diskussion stellen:
(1) Die Lehre von der Selbstbestimmung in Japan spiegelt deutlich die vielfältige Struktur der japanischen Gesellschaft wider, die aus prämodernen, modernen, gegenwärtig-hochmodernen und postmodernen Elementen besteht. Die Lehre behandelt nämlich einerseits (a) das prämoderne Problem der

Rückständigkeit des individuellen Freiheitsbewußtseins in Japan. Sie spiegelt aber auch (b) die Entstehung der modernen bürgerlichen Gesellschaft wider, in der die Individuen die Durchsetzung ihres eigenen Geschmacks und Lebensstils in Anspruch nehmen. Die Lehre ringt ferner auch mit (c) dem gegenwärtigen Problem, daß die Individuen durch den Konformismus und die Bürokratisierung ihre Selbständigkeit nach und nach verlieren. Und sie steht jetzt gegenüber (d) der Kritik von der Seite der postmodernen Rechtslehre, die ich unten in (2) erwähnen werden.

Sind diese gesellschaftliche Struktur und die entsprechende Vielfältigkeit der wissenschaftlichen Aufgabe typisch japanisch (oder genauer gesagt: den japanischen Vertretern der Lehre von der Selbstbestimmung eigentümlich)?

(2) Ist die oben gezeigte Strategie, durch die Betonung der Selbstbestimmung (als Freiheitsrecht) das verlorengehende Selbständigkeitsbewußtsein der Individuen wiederherzustellen, aussichtsreich? Gibt es dafür eine effektivere Alternative?

Ein ähnlicher Versuch findet sich auch bei den heutigen anglo-amerikanischen liberalen Denkern wie *John Rawls* und *Ronald Dworkin*. Auch sie schätzen in dieser hoch entwickelten Gesellschaft in erster Linie die klassisch-freirechtlichen Momente wie die originale Individualität, Wille zur Gleichheit und freie Entscheidung der Individuen, obwohl sie andererseits auch das Moment des Sozialrechts betonen. Es gibt daran aber auch verschiedene Kritik, wie z. B. von Seiten des sogenannten Kommunitarianismus, des Postmodernismus und der Lehre von der Massen- und Kontrollgesellschaft.

Der Postmodernismus behauptet, daß die Betonung der klassisch-liberalen Prinzipien der Moderne, wie die Schätzung der Vernunft, der Systematisierung der Wissenschaft, der Sozialplanung und der Individuen, vom heutigen Standort gesehen, ein sowohl erkenntnistheoretisch als auch sozialpolitisch falscher Weg gewesen sei, der die Wissenschaft und die Gesellschaft zur Unterdrückung der menschlichen Natur (durch die Vernunft) und zur Unkontrollierbarkeit der gesellschaftlichen Probleme (wie die sozialistischen Planungen zeigten) geführt habe. Von hier aus gesehen, wird die Lehre von der Selbstbestimmung als ein anachronistischer Versuch erscheinen, die den Fehler der Moderne wiederholen will.

Nach der Lehre von der Massengesellschaft, die schon seit 1960 einflußreich ist, sind die zu stark individualisierte Freiheit und das Zurücktreten des Menschen ins Privatleben als Ergebnis dieser Freiheit die Hauptquellen der gegenwärtigen Entfremdung der Bürger. Und nach der Lehre von der Kontrollgesellschaft können die Gesellschaft und der Staat die Individuen um so leichter kontrollieren, je eifriger sie bei ihrem Willen und ihrer Freiheit beharren werden, weil die Individuen sich dadurch gegeneinander entfremden und auf diese Weise von der Gesellschaft und vom Staat geschickt manipuliert werden könnten. Für diese Lehren ist daher die Betonung der Selbstbestimmung ein falscher Weg, der zur Verschlimmerung der Probleme führen werde. Diesen

Lehren nach müßten wir daher nicht durch eine Wiederbelebung der individuellen Freiheit wie der Selbstbestimmung, sondern durch Erfindung einer passenden Methode des „social engineering" und von effektiven Rechtsinstitutionen das Entfremdungsproblem zu lösen suchen.

Kann die Lehre von der Selbstbestimmung auf diesen Skeptizismus richtig antworten?

Karl Kroeschell

„Selbstbestimmung" in rechtshistorischer Sicht

I. Wort und Begriff

Der Bericht von Herrn *Sasakura*[1] hat gezeigt, wie viele zum Teil ganz heterogene Probleme heute in Japan unter dem Stichwort der Selbstbestimmung diskutiert werden. Dabei war schon zu erkennen, daß auch bei altbekannten Fragen die Akzente der Diskussion vielfach vom Zeitgeist unserer Tage bestimmt sind[2]. Ohne den folgenden Beiträgen hier vorzugreifen, wird man wohl vermuten dürfen, daß dies für Deutschland womöglich noch mehr zutrifft als für Japan. Wenn etwa das nicht neue Problem der sexuellen Selbstbestimmung auf einer Ebene mit dem des Ozonlochs oder des Waldsterbens diskutiert wird, wird der nachdenkliche Betrachter dazu neigen, hier wie dort die vordergründige Aufregung zunächst einmal abklingen zu lassen, damit die eigentlichen Sachfragen wieder zu erkennen sind. Nur zu ihnen könnte sich allenfalls auch der Rechtshistoriker äußern.

Um herauszufinden, worin ein solcher rechtshistorischer Beitrag überhaupt bestehen könnte, folge ich zunächst den Hinweisen der Rechtssprache. Wann hat man zuerst von Selbstbestimmung gesprochen, und was war damit gemeint? Gab oder gibt es verwandte Begriffe, und welche Rechtswirklichkeit suchen sie zu erfassen? Davon soll einleitend die Rede sein.

Das Wort „Selbstbestimmung" ist relativ jung[3]. In unserem Jahrhundert spielte zunächst der Gedanke des „Selbstbestimmungsrechts der Völker" eine Rolle, der in den vierzehn Friedenspunkten des amerikanischen Präsidenten *Wilson* von 1918 enthalten war. Von hier aus ging die „Selbstbestimmung" (als Übersetzung des amerikanischen *self determination*) in Art. 2 der Weimarer Reichsverfassung über[4].

Das Wort „Selbstbestimmung" war allerdings auch im 19. Jahrhundert nicht unbekannt. Schon an seinem Beginn erscheint es in *Friedrich Schillers* ästhetischen Untersuchungen, wo es im Anschluß an *Immanuel Kant* als deutsche Entsprechung zu „Autonomie" verwendet wird[5]. Ihre Vollendung findet die Selbstbestimmung in der „Heautonomie", wenn der Handelnde zugleich als

---

1 *H. Sasakura*, Das Recht auf Selbstbestimmung. Zum Stand der Diskussion in Japan, oben S. 3 ff.
2 Zu diesem Phänomen grundlegend *Th. Würtenberger*, Zeitgeist und Recht (2. Aufl. 1991).
3 Vgl. *A. Hollerbach*, Selbstbestimmung im Recht aus der Sicht der Rechtsphilosophie, unten S. 35 ff.
4 Vgl. dazu den Kommentar von *G. Anschütz*, Die Verfassung des Deutschen Reiches (8. Aufl. 1928), Art. 2 Nr. 3.
5 *R. Pohlmann*, Art. Autonomie, in: Histor. Wörterbuch der Philosophie I (1971) Sp. 701-719.

selbstbestimmend und selbstbestimmt erscheint. Das Bestimmungswort „selbst" ist freilich um Jahrtausende älter[6]. Als Bezeichnung der Identität ist es allen germanischen Sprachen gemeinsam. Im Deutschen ist es in einer Vielzahl von Zusammensetzungen enthalten, die rechtlich bedeutsam sind – etwa Selbstanzeige, Selbsthilfe, Selbstschuldner, Selbstverwaltung und viele andere mehr.

Unter den hier einschlägigen Worten ist das älteste lang. *selpmundia* „selbstmündig". Es erscheint in Art. 204 des Edictum Rothari von 643, der in der Übersetzung von *Franz Beyerle* folgendermaßen lautet:

> Kein freies Weib, das innerhalb der Herrschaft unseres Königtums nach Langobardenrechte lebt, darf selbstmündig nach ihrem freien Gutbefinden leben. Vielmehr muße sie stets unter Männermunt (oder in der des Königs) bleiben. Auch hat sie nicht die Befugnis, etwas an fahrendem wie festem Gut ohne den Willen des Muntwalts zu vergeben oder zu veräußern[7].

Damit sind bereits zwei Problemfelder bezeichnet: das der familienrechtlichen Hausgewalt des Mannes nicht nur über seine Kinder, sondern auch über die Frauen, sowie die anscheinend vergleichbare Schutzgewalt des Königs. Bei der oft bezeugten Verwandtschaft des Langobardischen mit den niederdeutschen Mundarten des Mittelalters erstaunt es nicht, daß das Wort *sulfmundich* im späteren Mittelalter am Niederrhein, in Westfalen und Niedersachsen ebenso belegt ist wie im Ostseeraum[8].

Erst Jahrhunderte nach dem langobardischen „selbstmündig" erscheint das althochdeutsche Wort „*selbwaltig*". Offenbar ein zu Übersetzungszwecken neugeschaffenes Kunstwort, erscheint es als Glossierung zu lat. *liber*[9]. Das zugehörige Substantiv „*selbwaltigi*" wird von *Notker* von St. Gallen (um das Jahr 1000) zur Wiedergabe von *libertas* oder *emancipatio* verwendet, mag also etwa „Freiheit" oder „Mündigkeit" bedeutet haben. Im späteren Mittelalter findet man das Wort am negativen Ende der Bedeutungsskala wieder. Das mittelniederdeutsche *sulfwolt*, vor allem in Stadtrechten belegt, meint die Eigenmacht, die unzulässige und strafbare Selbsthilfe[10].

---

6 *J.* und *W. Grimm*, Deutsches Wörterbuch X 1 (1905) Sp. 445 ff.
7 Ed. Roth. 204: *Nulli mulieri liberae sub regni nostri ditionem legis langobardorum viventem liceat in sui potestatem arbitrium (id est selbmundia) vivere, nisi semper sub potestatem virorum aut certe regis debeat permanere; nec aliquid de res mobiles aut inmobiles sine voluntate illius, in cuius mundium fuerit, habeat potestatem donandi aut alienandi.* Text und Übersetzung nach: Die Gesetze der Langobarden, übertragen u. bearb. von *F. Beyerle* (1947), S. 80 f.
8 Vgl. die Belege bei *K. Schiller/A. Lübben*, Mittelniederdeutsches Wörterbuch IV (1878) S. 466. – Ein vereinzelter Beleg findet sich auch am Oberrhein, in einer Basler Urkunde von 1294; vgl. Corpus der altdeutschen Originalurkunden III (1957), S. 248 Nr. 1998. Für die Mitteilung dieses Belegs danke ich Frau Dr. *Sibylle Ohly* (Arbeitsstelle des Wörterbuchs der mittelhochdeutschen Urkundensprache, Berlin).
9 Vgl. *G. Köbler*, Wörterbuch des althochdeutschen Sprachschatzes (1993), S. 928.
10 Belege bei *Schiller/Lübben* (wie Anm. 8) IV S. 467. Zur Sache vgl. *R. His*, Das Strafrecht des deutschen Mittelalters I (1920; Nachdruck 1964), S. 54 ff.

So zeichnen sich also im Hintergrund der modernen Rede von der Selbstbestimmung drei historische Problemfelder ab, in denen wir dieser Frage nachgehen könnten: zum einen Mündigkeit und Unmündigkeit, zum anderen Freiheit und Unfreiheit, und drittens endlich die Phänomene der individuellen oder kollektiven Autonomie.

II. Mündigkeit und „Munt"

So soll nun zunächst von Unmündigkeit und Mündigkeit die Rede sein. Diese beiden Stichworte stehen im Zusammenhang einer alten und verzweigten Terminologie, zu der auch Wörter wie Vormund, Mündel, Entmündigung u. a. gehören. Allein das Grundwort „Munt" ist schon früh aus dem allgemeinen Sprachgebrauch verschwunden und wird heute nur noch als rechtshistorischer Fachterminus verwendet[11]. Mit dem Munde als unserem Sprechorgan hat es bekanntlich nichts zu tun. Vielmehr bezeichnet das mit lat. *Manus* stammverwandte Wort die schützende Hand, meint also eine Schutzgewalt.

1. Vater und Vormund

Eine solche Schutzgewalt kam zunächst dem Vater gegenüber seinen unmündigen Kindern zu. Allerdings erlangte man in der Frühzeit die rechtliche Selbständigkeit früher als heute, nämlich mit 12 oder 14 Jahren[12]. Als Vierzehnjähriger trat Kaiser *Otto III.* 994 seine kurze Herrschaft an, deren imperialer Glanz uns noch nach tausend Jahren fasziniert[13]. Maßgebend hierfür war die Erlangung der Waffenfähigkeit, die in der adligen Oberschicht durch die Schwertleite festlich begangen wurde[14]. In einer kriegerischen Gesellschaft konnte rechtliche Selbständigkeit nur demjenigen zukommen, der sich auch selbst verteidigen konnte.

Im späteren Mittelalter trat dieser Gesichtspunkt immer mehr zurück – vor allem in den Städten, aber nicht nur hier. Es kam zu einer Unterscheidung zwischen zwei Altersstufen: mit 12 oder 14 Jahren kam man „zu seinen Jah-

---

11 Vgl. DRWb IX Heft 7/8 (1995) Sp. 973 ff. s.v. ²Mund [sic!]. Gute Orientierung bei *G. Köbler*, Art. Munt, in: LexMA VI (1993) Sp. 918 f.; *W. Ogris*, Art. Munt, in: HRG III (1984) Sp. 750-761.
12 Übersicht bei *H.R. Hagemann*, Art. Alter, in: HRG I (1971) Sp. 134-137. Ausführliche Darstellung mit reichen Quellenbelegen: *O. Stobbe*, Handbuch des deutschen Privatrechts I (2. Aufl. 1882) § 40, S. 284-304.
13 Zur Kaiseridee Ottos III. vgl. die klassische Monographie von *P.E. Schramm*, Kaiser, Rom und Renovatio (1929; Neudruck 1957).
14 *A. Erler/R. Schmidt-Wiegand*, Art. Schwertleite, in: HRG IV (1990) Sp. 1576 f.

ren", mit 18 oder 21 Jahren „zu seinen Tagen"[15]. Die Tragweite dieser Unterscheidung war sehr unterschiedlich. Oft bedeutete sie, daß man in dem zweiten Zeitabschnitt erst dann ganz selbständig wurde, wenn man unter entsprechender „Abschichtung" des Vermögens aus dem väterlichen Hausstand ausschied[16]. Erst im 17. und 18. Jahrhundert gestand man dem Haussohn die Selbständigkeit bereits dann zu, wenn er ein öffentliches Amt antrat oder zum Dr. jur. promoviert wurde.

Entsprechendes galt auch für die Töchter. Gemäß dem Satz „Heirat macht mündig" erlosch bei ihrer Eheschließung zwar die väterliche Gewalt. An ihre Stelle trat jedoch die sog. „Geschlechtsvormundschaft" des Ehemannes; hiervon wird sogleich die Rede sein[17].

Bei vaterlosen Kindern mußte ein Vormund an die Stelle des Vaters treten[18]. Herkömmlicherweise war dies der nächste „Schwertmage", also der älteste männliche Verwandte von Vatersseite. Allerdings galt dieser Grundsatz schon im Mittelalter nicht mehr ausnahmslos. So hatte für den erst dreijährigen *Otto III.* zunächst ein väterlicher Verwandter, der Herzog von Bayern, die vormundschaftliche Regierung zu übernehmen versucht. Mit Unterstützung der maßgeblichen geistlichen und weltlichen Großen des Reiches wurde diese dann jedoch von der Kaiserinmutter, der Byzantinerin *Theophano*, und nach deren frühem Tode von der Großmutter *Adelheid*, Tochter eines burgundischen Königs und Witwe Kaiser *Ottos des Großen*, geführt[19]. Gegenüber diesen beiden Herrscherinnen, die zu den großen Frauengestalten des Mittelalters gehören[20], hat übrigens niemals ein Mann irgendwelche Vorrechte in Anspruch genommen.

---

15 So die Terminologie insbesondere des Sachsenspiegels, Ldr. I 23, 1 und 42, 1. Zu den zwei Altersstufen allgemein *Stobbe* (wie Anm. 12) S. 288 ff.
16 Vgl. *W. Ogris*, Art. Abschichtung, in: HRG I (1971) Sp. 13-17. Zu der dadurch bewirkten *emancipatio iuris Germanici* vgl. *Stobbe* (wie Anm. 12) IV (1884) § 259, S. 390 f.
17 Unten bei Anm. 21. In vollem Sinne zutreffend wird der Satz „Heirat macht mündig" also erst im schweiz. ZGB, Art. 14, gebraucht.
18 Vgl. hierzu die Darstellung bei *Stobbe* (wie Anm. 12) IV (1984) §§ 263 ff., S. 423 ff. Belege für den nächsten Schwertmagen als „geborenen Vormund" ebd. § 266, S. 434.
19 Anscheinend ist bisher nicht bemerkt worden, daß diese Vormundschaft zunächst der Mutter und dann der Großmutter dem römischen Recht (Justinians Novelle 118 von 534) entspricht. Vgl. dazu *M. Kaser*, Das römische Privatrecht II (1959) § 232 III, S. 162 f.; ausführlicher *B. Windscheid*, Lehrbuch des Pandektenrechts II (5. Aufl. 1879) § 433, S. 643 f. Allerdings geht die neueste Darstellung des Problems davon aus, „daß es Theophanu und Adelheid schon aufgrund ihres *sexus fragilis* völlig unmöglich war, für ihren Sohn bzw. Enkel die *affinitatis tustio* auszuüben"; vgl. *J. Laudage*, Das Problem der Vormundschaft über Otto III., in: Kaiserin Theophano II (1991) S. 261-275 (das Zitat S. 268). Die Regentschaft der beiden Kaiserinnen wird stattdessen als (germanische?) Hausherrschaft verstanden.
20 Vgl. *Edith Ennen*, Frauen im Mittelalter (1984) S. 63 ff.

2. Der Ehemann als „Vogt"

Ähnlich den Minderjährigen standen auch die Ehefrauen unter männlicher Schutzgewalt. Ihre Heirat beendete zwar die Munt des Vaters oder Vormunds, machte insoweit „mündig". Allerdings begründete sie zugleich die neue Schutzgewalt des Ehemannes, an dessen Stelle bei Witwen ein Vormund tritt[21]. Wir erinnern uns des langobardischen Satzes, daß Frauen niemals „selbstmündig" sein können[22], und die großen Rechtsbücher des Hochmittelalters wie Sachsenspiegel und Schwabenspiegel sind der gleichen Ansicht[23]. Insbesondere vor Gericht, und das heißt auch bei der Verfügung über Grundbesitz, müssen Frauen durch Ehemann oder Vormund vertreten werden[24]. Die Dingversammlung, die ursprünglich zugleich Heeresversammlung gewesen war, blieb auch im Mittelalter eine Angelegenheit der waffenfähigen Männer.

Allerdings ist die Rechtsstellung der Ehefrau durch den Hinweis auf ihre Muntunterworfenheit noch nicht abschließend charakterisiert. Sie tritt nämlich zugleich in den Stand und in die Rechte ihres Ehemannes ein[25] und wird zur Herrin seines Hauses, was gegenüber dem Gesinde und anderen Hausgenossen zweifellos rechtlich bedeutsam ist[26]. Überdies begegnen uns in den Urkunden schon seit früher Zeit immer wieder Frauen oder Witwen, die selbständig über Grundbesitz verfügen[27] oder ganze Fürstentümer regieren[28]. Von der vormundschaftlichen Regierung der beiden Kaiserinnen *Theophano* und *Adelheid* war ja bereits die Rede[29]. So war die rechtliche Selbständigkeit von Frauen womöglich auch eine Frage ihres Standes und setzte sich in der adligen Oberschicht früher durch als im bäuerlichen Milieu.

Seit Beginn dieses Jahrhunderts wird die Ansicht vertreten, das selbständige Handeln von Frauen erkläre sich aus einer besonderen Eheform, der sog. „Friedelehe", die dem Ehemann keine Muntgewalt über seine Frau verschafft habe und insbesondere im Adel verbreitet gewesen sei[30]. Allerdings ist hier doch vieles zweifelhaft geblieben. Insbesondere die These vom germanischen

---

21 Neueste Skizze von *R. Schulze*, Art. Frau B. (Recht) III, in: LexMA IV (1989) Sp. 857 f.
22 Oben bei Anm. 7.
23 Ssp. Ldr. I 31, 2, III 45, 3; Swsp. (Laßberg) Ldr. 74, 75, 245.
24 Vgl. *Stobbe* (wie Anm. 12) IV (1884) §§ 215-218, S. 48-83.
25 Ssp. Ldr. I 45, 1: *Al en si en man sime wive nicht evenbordich, he is doch er vormunde, unde se is sin genotinne, unde trit in sin recht ...*
26 Gegenüber modernen Mißverständnissen ist daran zu erinnern, daß das Wort „Frau" nicht irgendeine weibliche Person meint, sondern eine „Herrin". Eben deshalb war dieses Prädikat bis in unser Jahrhundert hinein der Ehefrau als Hausherrin vorbehalten.
27 Vgl. hierzu künftig die Untersuchung von *Doris Hellmuth*, Frau und Besitz. Zur vermögensrechtlichen Stellung von Frauen in Alamannien 700-940.
28 Vgl. dazu *Ennen* (wie Anm. 20) S. 48 ff., 75 ff.
29 Oben bei Anm. 19.
30 Zu dieser vor allem von *Herbert Meyer* begründeten Lehre vgl. *W. Ogris*, Art. Friedelehe, in: HRG I (1971) Sp. 1293-1296.

Ursprung dieser Eheform überzeugt heute nicht mehr[31]. Problematisch ist auch die Abgrenzung gegenüber dem bloßen Konkubinat, da die sog. Friedelehe vielfach als Nebenehe erscheint.

Seit langem steht aber außer Zweifel, daß die Rechtsentwicklung in den mittelalterlichen Städten die Selbständigkeit der Frauen wesentlich gefördert hat. Vor allem die „Handelsfrau", die selbständig ein kaufmännisches Gewerbe betrieb, bedurfte dabei keiner männlichen Vertretung[32]. Auch das Handelsgeschäft oder Handwerk des verstorbenen Mannes konnte die Frau mindestens zeitweilig fortführen. In bestimmten Gewerben gab es sogar reine Frauenzünfte; durch die neuere Forschung ist besonders das Beispiel der Kölner Seidenweberinnen bekannt geworden[33].

Die weitere Geschichte der Frauenemanzipation kann hier nicht verfolgt werden und steht uns ja auch großenteils vor Augen. Das geläufige Bild der Unselbständigkeit der Frau im Mittelalter bedarf jedenfalls der Korrektur.

3. Das mundiburdium des Königs

Vor mehr als 100 Jahren hatte der große Basler Rechtshistoriker *Andreas Heusler* in der Munt den Zentralbegriff des ganzen mittelalterlichen deutschen Personen- und Familienrechts sehen wollen[34]. Eine Reihe von Verfassungshistorikern unseres Jahrhunderts ging darüber weit hinaus und sah in der Hausherrschaft den Ursprung jeder Art von Herrschaftsgewalt bis hin zu derjenigen des Königs oder Landesherrn[35]. Haus und Herrschaft schienen die Grundelemente der mittelalterlichen Verfassung schlechthin zu sein[36].

Man muß zugeben, daß es für diese Vorstellung gewisse Anhaltspunkte gibt. Seit der Karolingerzeit begegnet etwa das *mundiburdium* als Schutzgewalt des Königs über Witwen und Waisen, Kaufleute, Klöster und andere schutzbedürftige Personengruppen[37]. Das Wort leitet sich von einem fränkischen Wort

---

31 Zu einem negativen Ergebnis kommt etwa die Untersuchung von *Else Ebel*, Die sog. 'Friedelehe' im Island der Saga- und Freistaatszeit, in: Staat, Kirche, Wissenschaft in einer pluralistischen Gesellschaft. Festschrift P. Mikat (1989) S. 243-258.
32 Dazu besonders *W. Ebel*, Forschungen zur Geschichte des Lübischen Rechts I (1950) S. 101 ff. (Zur Rechtsstellung der Kauffrau).
33 Vgl. dazu *Margret Wensky*, Die Stellung der Frau in der stadtkölnischen Wirtschaft im Spätmittelalter (1980); *dies.*, Art. Frau C.III, in: LexMA IV (1989) Sp. 864 f.
34 *A. Heusler*, Institutionen des deutschen Privatrechts I (1885) bes. §§ 23 ff., S. 105 ff.
35 Vgl. vor allem *W. Schlesinger*, Herrschaft und Gefolgschaft in der germanisch-deutschen Verfassungsgeschichte, in: HZ 176 (1953) S. 225-275 (auch in: *ders.*, Beiträge zur deutschen Verfassungsgeschichte des Mittelalters I, 1963, S. 9-52); *K. Bosl*, Die alte deutsche Freiheit, in: *ders.*, Frühformen der Gesellschaft im mittelalterlichen Europa (1964) S. 204-219.
36 Kritisch hierzu *K. Kroeschell*, Haus und Herrschaft im frühen deutschen Recht (Göttinger rechtswiss. Studien 70, 1968); jetzt auch in: *ders.*, Studien zum frühen und mittelalterlichen deutschen Recht (Freiburger rechtsgeschichtl. Abhandl. 20, 1995) S. 113-155.
37 Vgl. *A. Cordes*, Art. Mundiburdium, in: LexMA VI (1993) Sp. 898 f.

her, das in der alten französischen Bezeichnung des Vormunds als *mainbour* fortlebte und ihn als Träger der Schutzgewalt kennzeichnete. In ottonischer Zeit sind gelegentlich kirchliche Muntmannen und der von ihnen zu leistende Muntschatz bezeugt, vielleicht auf königliche Schenkungen zurückgehend. Vor allem erschienen aber im späteren Mittelalter namentlich in den Städten Muntmannen als Schutzbefohlene mächtiger Leute. Das seit dem Mainzer Frieden von 1235 immer aufs neue wiederholte Verbot in den Landfrieden scheint lange wirkungslos geblieben zu sein[38].

Derartige Befunde reichen jedoch nicht aus, um die öffentliche (und daß heißt letztlich die königliche) Gewalt des Mittelalters als erweiterte Hausherrschaft zu qualifizieren. In ihrer Substanz ist sie vielmehr Gerichtsherrschaft[39] und damit auf die Gerichtsgemeinde der mündigen und waffenfähigen freien Männer bezogen. Dies sichert ihr, wie der Sachsenspiegel an einer bekannten Stelle ausführt[40], den Vorrang gegenüber den Bindungen, die sich aus der Verwandtschaft oder dem Lehensverhältnis ergeben.

III. Freiheit und Unfreiheit

Zur vollen rechtlichen Handlungsfähigkeit bedarf es allerdings nicht nur der Mündigkeit, sondern auch der persönlichen Freiheit. Dabei bedeutete Freiheit im Mittelalter viel mehr als das Nicht-Eingesperrtsein im Sinne der grundrechtlichen Habeas-Corpus-Tradition[41]. In den Grundrechtsberatungen der Frankfurter Paulskirche kam 1848 der Unterschied der beiden Freiheitsvorstellungen zum Ausdruck, als der greise *Jacob Grimm* die Aufnahme der folgenden Sätze beantragte: „Das deutsche Volk ist ein Volk von Freien und deutscher Boden duldet keine Knechtschaft. Fremde Unfreie, die auf ihm verweilen, macht er frei"[42]. Letztlich blieb dieser Antrag erfolglos, denn die Mehrheit der Nationalversammlung begnügte sich mit der konventionellen Bestimmung „Die Freiheit der Person ist unverletzlich". Wie der darauf folgende

---

38 Belege in DRWb IX Heft 7/8 (1995) Sp. 990 ff. Zur Sache vgl. *E. Molitor*, Zur Entwicklung der Munt, in: ZRG.GA 64 (1944) S. 112-172, bes. S. 165 f.
39 So wird die Rechtsstellung des deutschen Königs im Sachsenspiegel dadurch charakterisiert, daß er der oberste Richter im Reiche sei. Ssp. Ldr. II 26, 1: *De koning is gemene richtere over al*.
40 Ssp. Ldr. III 78. Hier wird die Erfüllung der Pflichten gegenüber dem König und allen anderen Richtern den Verwandschafts- und Lehnspflichten ausdrücklich übergeordnet. Das vielerörterte Widerstandsrecht gegen den ungerechten König und Richter (Ldr. III 78, 2) ist hiervon nur ein Teilaspekt.
41 Ausgehend von Art. 39 der englischen Magna Charta von 1215 geht es dabei um den Schutz vor willkürlicher Verhaftung.
42 Vgl. den Ausstellungskatalog „200 Jahre Brüder Grimm", Bd. 3, 1 (1985). Ihre amtliche und politische Tätigkeit, Kat.-Nr. 120 (mit Abbildung, auch auf dem Umschlag). Das handschriftliche Original von Jacob Grimms Antrag befindet sich im Brüder-Grimm-Museum in Kassel.

Satz über die Voraussetzungen einer Verhaftung zeigt[43], ist hier eine ganz andere Freiheit gemeint als bei *Jacob Grimm*.

Dabei war das Problem persönlicher Unfreiheit auf deutschem Boden damals noch keineswegs ausgestanden. Zwar war die Leibeigenschaft von Deutschen um die Wende vom 18. zum 19. Jahrhundert überall beseitigt worden, aber die Klage des Negersklaven *Marcellino* gegen seinen Herrn Dr. *Ritter* vor dem preußischen Obertribunal[44] zeigte, daß die Anerkennung auswärtiger Sklaverei zum Problem werden konnte. Es bedurfte eines preußischen Gesetzes von 1857, um importierten Sklaven die persönliche Freiheit zu gewähren; in Amerika entzündete sich bekanntlich an dieser Frage wenig später der Bürgerkrieg.

1. Stufen der Freiheit

Im mittelalterlichen Europa gab es mehrfache Abstufungen der Freiheit und damit der rechtlichen Selbstbestimmung. Es gab Unfreie, Minderfreie und Freie. Zu den letzteren zählte man auch den Adel, selbst wenn er (wie bei den Alemannen, Bayern oder Sachsen) durch eine höhere Totschlagsbuße zusätzlich hervorgehoben war[45].

Das eigentliche Problem bildet die Rechtstellung der Unfreien. Freilich ist diese Bezeichnung ein modernes Kunstwort[46]; die lateinischen Quellen sprechen von *servi* oder *mancipia*, die deutschen meist von Eigenleuten. Die ältere rechtshistorische Literatur bezeichnete sie gerne als Knechte, um sie im Anschluß an eine bekannte Bemerkung von *Tacitus* von den römischen Sklaven abzuheben. Vor allem *Hermann Nehlsen* hat jedoch gezeigt, daß jedenfalls am Anfang des Mittelalters mit einer wirklichen Sklaverei gerechnet werden muß[47].

Was Unfreiheit noch im hohen Mittelalter bedeutete, zeigt besonders anschaulich ein Vorfall, der sich in der Goslarer Kaiserpfalz wohl im Jahre 1112 zugetragen hat[48]. Bei einer Reichsversammlung Kaiser *Heinrichs V.* entdeckte der Graf *Udo von Stade* unter den Anwesenden einen entlaufenen Hörigen, der dort wie ein freier Mann auftrat. Die Versammlung wurde zum Königs-

---

43 Vgl. § 138 der Paulskirchen-Verfassung vom 28. April 1849.
44 Der Fall wird geschildert von *R. Stammler*, Deutsches Rechtsleben in alter und neuer Zeit II (1932) S. 265-278 (Der letzte Sklavenprozeß in Deutschland 1854).
45 Klassische Darstellung bei *H. Brunner*, Deutsche Rechtsgeschichte I (2. Aufl. 1906; Nachdruck 1961) § 31 (Freie und Adel) und § 32 (Die Halbfreien und die Freigelassenen), S. 342-368. Zum aktuellen Forschungsstand vgl. *C. Schott*, Art. Freiheit, Freie, in: LexMA IV (1989) Sp. 896-899 mit umfassenden Literaturangaben.
46 Kritisch daher *H. Nehlsen*, Art. Unfreie, in: HRG V 34. Lief. (1992) Sp. 464-470.
47 *H. Nehlsen*, Sklavenrecht zwischen Antike und Mittelalter I (Göttinger Studien zur Rechtsgeschichte 7, 1972) bes. S. 51 ff.
48 Vgl. den Bericht des Chronisten Albert von Stade bei *K. Kroeschell*, Deutsche Rechtsgeschichte I (10. Aufl. 1992) Nr. 44, S. 176 f.

gericht, als Graf *Udo* von den anwesenden Fürsten und Großen einen Urteilsspruch erbat, ob er erlaubtermaßen seinen Hörigen überall ergreifen könne, wo er ihn finde. Als der Spruch ergangen war, das könne er tun, gab er, wie ein Chronist berichtet, jenem Mann eine gewaltige Ohrfeige (*magnam alapam*). Dabei handelte es sich freilich nicht um eine bloße Körperverletzung, sondern um einen Rechtsakt, nämlich den Halsschlag, durch den ein Eigentümer sein entlaufenes oder gestohlenes Vieh vor Zeugen in Anspruch nahm, wenn er es auf einer fremden Weide oder in einem fremden Stall wieder fand. Wie ein Stück Vieh konnte ein Höriger also selbst vor einer großen Öffentlichkeit vindiziert werden[49], und es ist begreiflich, daß dieser Vorgang nach dem Bericht des Chronisten gewaltiges Aufsehen erregte.

Daß die Unfreiheit von Menschen selbst in der ritterlichen Führungsschicht des Hochmittelalters ein Problem darstellte, zeigt die berühmte Erörterung dieser Frage in *Eike von Repchows* Sachsenspiegel[50]. Offenbar war es die Herkunft der ritterlichen Dienstleute oder Ministerialen (denen er vielleicht zugehörte) aus der Unfreiheit, die ihn die Frage aufwerfen ließ, wie es denn dazu kommen konnte, daß ein Mensch einem anderen gehört. Er erörtert und verwirft eine ganze Reihe von Begründungen, die zu seiner Zeit geläufig waren, und schließt mit der Feststellung, daß die *eigenschaft* nur durch Zwang und unrechte Gewalt entstanden sein könne.

2. *Die Dynamik von Freiheit und Unfreiheit*

Die Geschichte von Freiheit und Unfreiheit verlief seit dem Beginn des Mittelalters in großen Wellenbewegungen. Bis etwa zur Jahrtausendwende drängte ein breiter Strom von Menschen in die weltlichen und besonders geistlichen Grundherrschaften hinein – vielfach nur durch Umwandlung des bisherigen Eigentums in abhängiges Leihegut, zumeist aber wohl auch durch Ergebung in die persönliche Hörigkeit[51]. Die Gründe hierfür sind einerseits sicherlich in wirtschaftlicher Not zu sehen, andererseits aber auch darin, daß man nicht bereit war, die drückenden Pflichten eines freien Mannes, insbesondere die Heerespflicht und die Dingpflicht, zu erfüllen. Die Zahl der freien Leute ging dadurch drastisch zurück[52].

---

49 Eine Darstellung des Halsschlags bei einem Eigenmann findet sich in der Heidelberger Bilderhandschrift des Sachsenspiegels zu Ldr. III 32, 9. Vgl. Der Sachsenspiegel. Die Heidelberger Bilderhandschrift Cod. Pal. Germ. 164, bearb. v. *W. Koschorreck/W. Werner* (1989), Bildtafel Blatt 16 verso mit Erläut. S. 180.
50 Ssp. Ldr. III 42, 3. Vgl. hierzu zuletzt *H. Kolb*, Über den Ursprung der Unfreiheit. Eine Quaestio des Sachsenspiegels, in: Zeitschr. f. dt. Altertum u. dt. Literatur 103 (1974) S. 289-311.
51 Die Massenhaftigkeit dieses Vorgangs spiegelt sich vor allem in den Traditionsbüchern und Urbarien der großen geistlichen Grundherrschaften.
52 Zur karolingischen Politik des Schutzes der verbliebenen freien Leute vgl. besonders *E. Müller-Mertens*, Karl der Große, Ludwig der Fromme und die Freien (1963).

Erst gegen 1100 zeichnet sich eine Wende ab. Fast gleichzeitig läßt sich damals im Rittertum, bei den Bauern und in den Städten eine neue Dynamik des Aufstiegs in die Freiheit beobachten[53]. Schon 1035 und um 1060 werden die ersten Dienstrechte aufgezeichnet, welche die allmähliche Angleichung der ursprünglich unfreien Ministerialen an den freigeborenen Adel dokumentieren. Die Teilhabe an der ritterlich-höfischen Kultur bot hierfür die Voraussetzung. Mit dem Jahre 1106 beginnt die Reihe der Freiheitsprivilegien an bäuerliche Neusiedler in Marschen und Flußniederungen wie in Waldgebirgen, die ganze Landschaften von Freibauern entstehen ließen. 1120 endlich setzt mit dem Gründungsprivileg für Freiburg im Breisgau die große Welle der städtischen Freiheitsbriefe ein; sie haben die mittelalterliche deutsche Stadt als freies bürgerliches Gemeinwesen begründet.

Was diese neue Freiheit ausmacht, läßt sich in allen drei Bereichen, am deutlichsten aber in den Städten feststellen[54]. Es ist einmal die Freizügigkeit, also das Recht, zu kommen und zu gehen, wie man will. Zum anderen ist es das freie Erbrecht (ohne Abgaben an einen Herrn) und das freie und veräußerliche Grundbesitzrecht, für das sich dann die Bezeichnung „Eigentum" einbürgerte. Die Freiheit ist aber nicht nur eine individuelle, sondern auch eine gemeinschaftliche. Man bildet eine eigene Gerichtsgemeinde, in der man nach den eigenen Rechtsgewohnheiten Urteil findet. Die freie Wahl des Dorf- oder Stadtrichters (und die freie Pfarrwahl) gehörte häufig gleichfalls dazu. Grundlage und Voraussetzung all dessen war freilich die persönliche Freiheit im ständischen Sinn. Nach Ablauf der Frist von Jahr und Tag konnte ein freibäuerlicher Siedler und insbesondere der Bürger einer Gründungsstadt von einem früheren Herrn nicht mehr als sein Eigenmann beansprucht werden.

Dieses nach 1250 zumeist schon stillschweigend vorausgesetzte Freiheitsprivileg brachte man im 19. Jahrhundert auf die bekannte Formel „Stadtluft macht frei"[55]. Unverkennbar beruht der vorhin erwähnte Grundrechtsantrag von *Jacob Grimm*[56] auf diesem Gedanken. Überhaupt berief sich die bürgerliche Verfassungsbewegung des 19. Jahrhunderts immer wieder auf die mittelal-

---

53 Vgl. dazu *Kroeschell* (wie Anm. 48) Kap. 17-19, S. 198-232 (mit Quellentexten).
54 Als Vorläufer moderner Verfassungsgrundrechte sind diese Freiheiten dargestellt bei *R. von Keller*, Freiheitsgarantien für Person und Eigentum im Mittelalter (1933). Bemerkenswert ist hier das Geleitwort von *K. Beyerle*, der daran erinnert, daß er 1919 bei den Weimarer Verfassungsberatungen über die Grundrechte auf das Freiburger Privileg von 1120 und die übrigen mittelalterlichen deutschen Vorbilder hingewiesen habe.
55 Vgl. *v. Keller* (wie vor. Anm.) S. 118 ff. sowie aus der neueren Literatur: *H. Mitteis*, Über den Rechtsgrund des Satzes 'Stadtluft macht frei', in: Festschrift, E.E. Stengel (1952) S. 342-358 (auch in: *ders.*, Die Rechtsidee in der Geschichte, 1957, S. 708-723); *H. Strahm*, Stadtluft macht frei, in: Das Problem der Freiheit in der deutschen und schweizerischen Geschichte (Vorträge und Forschungen 2, 1955), S. 103-121.
56 Oben bei Anm. 42.

terlichen Städte, denen sie die Rettung und Bewahrung der staatsbürgerlichen Freiheit zuschrieb[57].
Außerhalb der Städte hatte es die Freiheit allerdings schwer, sich durchzusetzen. Die Leibeigenschaft, die Markgraf *Karl Friedrich von Baden* 1783 aufhob, verdiente zwar kaum noch diesen Namen[58]. Sie bestand nur in einer minimalen Geldabgabe, deren Aufkommen am Ende gar hinter den Verwaltungskosten zurückblieb. Um die gleiche Zeit ergingen allerdings in einer ganzen Reihe westfälischer Territorien neue „Eigentumsordnungen", die in dem klassischen Deutsch, in dem auch das aufgeklärte preußische Allgemeine Landrecht abgefaßt war, die mittelalterliche Eigenbehörigkeit noch einmal festschrieben[59]. Die Bauern, der stattliche Höfe man heute noch im Münsterland oder im Osnabrücker Land sehen kann, gehörten ihren Herren zu eigen. Ihre Töchter und Söhne waren dem Herrn nach dessen Belieben zum Gesindedienst verpflichtet; zur Heirat bedurften sie seiner Erlaubnis. Selbst wenn sie nicht seiner Gerichtshoheit unterstanden, konnte der Herr seine Eigenbehörigen, wenn sie sich halsstarrig oder widerspenstig bezeigten, „nach Maß des Verbrechens entweder auf einige Stunden in den Spanischen Mantel, oder auch auf 24 Stunden in einer Kammer auf Wasser und Brot einschließen ... lassen"[60]. Daß der Dichter *Johann Heinrich Voß* in seinem Hamburger Musenalmanach 1796 den Beschluß der schleswig-holsteinischen Ritterschaft zur Aufhebung der Leibeigenschaft begeistert begrüßte[61], ist vor diesem Hintergrund verständlich. *Voß* wußte gut, wovon er sprach; er war selbst als Sohn eines mecklenburgischen Leibeigenen geboren worden.

IV. Autonomie und Willkür

Wie eingangs bemerkt, hat das Wort „Selbstbestimmung" zuerst als Übersetzung für „Autonomie" im philosophischen Sinne bei uns Eingang gefunden[62]. Es gibt jedoch bekanntlich auch die Autonomie als Rechtsbegriff, wofür die Rechtsgeschichte ein reiches Anschauungsmaterial bereithält. Es findet sich in der vielgestaltigen Welt autonomer Körperschaften des späten Mittelalters,

---

57 So *K. Th. Welcker* in: C. von Rotteck/K. Th. Welcker, Das Staats-Lexikon, Bd. 12 (2. Aufl. 1848) S. 391 f.
58 Vgl. *Th. Ludwig*, Der badische Bauer im 18. Jahrhundert (1896) S. 33 f. (zur Leibeigenschaft), S. 145 ff. (zu ihrer Aufhebung).
59 Vgl. dazu *K. Scharpwinkel*, Die westfälischen Eigentumsordnungen des 17. und 18. Jahrhunderts (jur. Diss. Göttingen 1965).
60 Münstersche Eigentumsordnung von 1771, bei *K. Kroeschell*, Deutsche Rechtsgeschichte III (1989) Nr. 47, S. 155 f.
61 Zitiert bei *Kroeschell* (wie vor. Anm.) S. 150.
62 Oben bei Anm. 5.

die *Otto von Gierke* durch sein monumentales Genossenschaftsrecht erschlossen hat[63]. Von besonderer Bedeutung ist hier die Autonomie der mittelalterlichen Stadt.

1. Korporative Autonomie

In den mittelalterlichen Städten spielte die „Selbstgesetzgebung"[64] in der Form autonomer Satzungen eine zunehmende Rolle. Vom Rat erlassen, übertrafen sie durch ihren Umfang sehr bald das aus den ländlichen Verhältnissen überkommene oder im Gründungsprivileg enthaltene ältere Recht. Der jährlichen Verlesung der Satzungen dienten eigene, rasch anschwellende Satzungsbücher, in denen man überholte Bestimmungen streichen und neue einfügen konnte[65].

Im vergleichenden Blick auf moderne staatliche Gesetzgebung und körperschaftliche Satzungsautonomie scheint das Bild vertraut, aber dieser Anschein trügt in doppelter Hinsicht. Die bahnbrechenden Forschungen von *Wilhelm Ebel* haben gezeigt, daß sich die Satzungen der mittelalterlichen Städte nach ihrem Geltungsgrund und ihrer Wirkungsweise vom modernen Satzungsrecht grundlegend unterscheiden[66].

Die Satzungsbefugnis des Rates wie die Gehorsamspflicht der Bürger beruhte nämlich auf dem am städtischen „Schwörtag" alljährlich wiederholten gegenseitigen Eid[67]. Der jedes Jahr neu bestellte Rat beschwor die Erfüllung seiner Pflichten, und die Bürger schworen ihm Gehorsam. Diese *coniuratio reiterata* war Ausdruck des Selbstverständnisses der mittelalterlichen Stadtbürgerschaft als einer im Kampf gegen den Stadtherrn begründeten Schwurgemeinschaft mit dem Rat als ihrem Führungsorgan. Da sich die Satzungskompetenz des Rates anders als in der Gegenwart nicht auf die Ermächtigung durch eine höhere Autorität gründet, ist auch das Satzungsrecht keine Rechtsnorm niederer Ordnung, sondern steht ganz für sich.

Deutlich ist das vor allem im mittleren und nördlichen Deutschland, wo man nicht von „Satzung", sondern von „Willkür" spricht[68]. Das Wort hatte

---

63 *O. Gierke*, Das deutsche Genossenschaftsrecht I: Rechtsgeschichte der deutschen Genossenschaft (1868).
64 *Grimm*, Deutsches Wörterbuch (wie Anm. 5) Sp. 474.
65 Die Verschriftlichung führte hier zu einer „Mobilisierung" des Rechts und damit zu einer qualitativen Veränderung. Vgl. dazu *G. Dilcher*, „Hell, verständig, für die Gegenwart sorgend, die Zukunft bedenkend". Zur Stellungnahme und Rolle der mittelalterlichen Stadtrechte in einer europäischen Rechtsgeschichte, in: ZRG.GA 106 (1989) S. 12-45, hier S. 36 ff.
66 *W. Ebel*, Die Willkür. Eine Studie zu den Denkformen des älteren deutschen Rechts (1953); *ders.*, Der Bürgereid als Geltungsgrund und Gestaltungsprinzip des deutschen mittelalterlichen Stadtrechts (1958). Zusammenfassend *ders.*, Geschichte der Gesetzgebung in Deutschland (2. Aufl. 1958) S. 20 ff.
67 *Ebel*, Der Bürgereid (wie vor. Anm.) bes. S. 11 ff.
68 *Ebel*, Der Bürgereid (wie Anm. 66) S. 14 und öfter.

damals nicht den heutigen negativen Beiklang, der etwa bei der Entstehung des BGB dazu führte, daß man im heutigen § 903 BGB bei der Umschreibung der Eigentümerbefugnisse das Wort „Willkür" durch „Belieben" ersetzte[69] (was freilich in der Sache nichts änderte). Wie besonders die niederdeutsche Form *willekore* erkennen läßt, bedeutete „Willkür" nichts anderes als das, was man „mit seinem Willen gekoren", wofür man sich willentlich entschieden hatte. „Eine Willkür ist kein Recht" – dieser immer wiederkehrende Satz zeigt, daß die Willküren oder Satzungen eine Ordnung darstellten, die vom überlieferten Recht unabhängig war[70]. Die Schöffen von Magdeburg, Leipzig und anderswo, die ihre Urteile „von Rechts wegen" erteilten, ließen sich denn auch auf die lokalen „Willküren" überhaupt nicht ein. Hier hatten die städtischen Räte zu entscheiden, die diese Bestimmungen erlassen hatten und deren spätere Gerichtsfunktion hier ihre Grundlage hatte[71].

Wie sehr sich diese wahrhafte Autonomie von der abgeleiteten Satzungskompetenz moderner Körperschaften unterscheidet, mag zum Schluß das Beispiel unserer Freiburger Universität zeigen, der vor dem Hintergrund eines Universitätsgesetzes von 143 Paragraphen[72] für den Erlaß ihrer Grundordnung im Jahre 1979[73] ganze 19 Paragraphen genügten. In der Präambel dieser Grundordnung heißt es, sie enthalte das Wenige, was der Universität noch in eigener Verantwortung zu regeln bleibe; die baden-württembergische Landesregierung hat dieser Präambel damals die Genehmigung und Bekanntmachung verweigert[74].

Nur im Vorbeigehen kann ich darauf hinweisen, daß es eine der städtischen vergleichbare kollektive Autonomie im Mittelalter auch in anderen Bereichen gegeben hat. Auf *coniurationes*, Schwurverbrüderungen also[75], gründeten die Gottes- und Landfrieden (zunächst immer nur befristet) die neue Ordnung des peinlichen Strafrechts mit seinen grausamen Strafen „an Hals und Hand". Beschworene Einungen zwischen ländlichen und städtischen Gemeinwesen schufen neue Verfassungsstrukturen[76]. Die schweizerische Eidgenossenschaft bietet das erfolgreichste Beispiel.

---

69 Zu § 848 des I. BGB-Entwurfs vgl. Motive zum Entwurf eines Bürgerl. Gesetzbuchs Bd. III (1888) S. 257 ff., bes. S. 262 f.
70 Dazu *Ebel*, Die Willkür (wie Anm. 66) S. 59 ff.
71 Besonders prägnant der Satz des Lübecker Heinrichsprivilegs von 1163: *Omnia civitatis decreta id est kore consules iudicabunt* (zitiert bei *Ebel*, Die Willkür, wie Anm. 66, S. 48).
72 Universitätsgesetz vom 22.11.1977 (GBl. S. 473).
73 Grundordnung der Albert Ludwigs-Universität vom 13.12.1978/21.2.1979.
74 Die Genehmigung vom 28.2.1979 erstreckte sich nur auf den eigentlichen Text der Grundordnung. Vgl. Amtl. Bekanntmachungen Jg. 10 Nr. 7 vom 6.3.1979.
75 Zusammenfassend hierzu *Edith Ennen*, Art. Coniuratio, in: LexMA III (1986) Sp. 135-137. Zu den Gottesfrieden als Schwurreimung vgl. *R. Kaiser*, Art. Gottesfrieden, in: LexMA IV (1989) Sp. 1587-1592, hier Sp. 1590.
76 Übersicht bei *H. Drüppel*, Art. Eidgenosse, Eidgenossenschaft, in: LexMA III (1986) S. 1695 f.

2. Individuelle „Verwillkürung"

Den städtischen Willküren des späteren Mittelalters liegt die sehr viel ältere Denkfigur der „Verwillkürung" zugrunde; auch dies ist ein Resultat der Forschungen von *Wilhelm Ebel*[77]. Die „Willkür" in diesem Sinne besteht in der Unterwerfung unter selbstgesetzte Rechtsfolgen. Der fehdeführende Ritter verpflichtete sich durch „Urfehde" für den Fall eines neuen Friedensbruchs zu einer langen Wallfahrt oder wenigstens zum Exil. Ein straffällig gewordener Bürger versprach im Wiederholungsfalle, sich in Hausarrest oder gar in städtische Haft zu begeben; die Freiheitsstrafe hat hier eine zuwenig beachtete Wurzel[78].

Dieses Modell einer bindenden Selbstverpflichtung lag aber auch dem mittelalterlichen Vertragsrecht zugrunde[79]. *Wilhelm Ebel* hat es für die Klausel „für mich und meine Erben" zeigen können, und *Hans Rudolf Hagemann* hat es für Grundstücksübertragungen unter Nutzungsvorbehalt, *Heinrich Demelius* für zwei Vertragstypen des Ehegüterrechts bestätigt: die hier getroffenen Regelungen sind nicht (zulässige) Abweichungen von einem an sich geltenden Recht, sondern tragen ihren Geltungsgrund in sich selbst.

Uns heutigen Juristen fällt es schwer, dies zu verstehen. Wir mögen darüber lächeln, wenn es in einer juristischen Anfängerarbeit zu einem Kaufvertrag heißt: „Gemäß § 306 BGB ist ein solcher Vertrag zulässig. Sein Inhalt ergibt sich aus §§ 433 ff. BGB". Dennoch müssen wir uns eingestehen, und die juristische Literatur belegt es immer wieder, daß wir uns die vertragliche Privatautonomie als eine vom Gesetzgeber überlassene Kompetenz vorstellen. Dies belegt etwa die Schwierigkeit, die namentlich deutsche Juristen mit der Vorstellung eines „rechtsordnungslosen Vertrages" haben[80], also eines Vertrages etwa zwischen einem Brasilianer und einem Japaner, der seine Verbindlichkeit in sich selbst trägt und nicht der Anerkennung durch die eine oder andere, oder gar eine dritte nationale Rechtsordnung verdankt. Offenbar ist hier immer noch die pandektistische Vorstellung vom subjektiven Recht als einer von der Rechtsordnung verliehenen Willensherrschaft maßgebend. „Die Rechtsordnung", so schrieb *Bernhard Windscheid*, „hat auf Grund eines concreten Thatbestandes einen Befehl zu einem Verhalten bestimmter Art erlassen und diesen Befehl demjenigen, zu Gunsten dessen sie ihn erlassen hat, zur freien

---

77 Vgl. *Ebel*, Die Willkür (wie Anm. 66) S. 12-38.
78 Zum Phänomen der bürgerlichen Urfehden vgl. *W. Ebel*, Die Rostocker Urfehden (1934); *Andrea Boockmann*, Urfehde und ewige Gefangenschaft im mittelalterlichen Göttingen (1980).
79 Hierzu und zu den im Text genannten Beispielen vgl. *K. Kroeschell*, Deutsche Rechtsgeschichte II (8. Aufl. 1992) S. 84-86 (Mittelalterliche Rechtsbildung).
80 Dazu *K. Kroeschell*, Der Rechtsbegriff der Rechtsgeschichte. Das Beispiel des Mittelalters, in: ZRG.GA 111 (1994) S. 310-329, hier S. 328 f.

Verfügung hingegeben"[81]. Von dieser nur erborgten Privatautonomie war das Mittelalter offenkundig weit entfernt.

V. Schlußbemerkung

Mündigkeit, Freiheit und Autonomie – diesen drei Erscheinungsformen rechtlicher Selbstbestimmung sind wir historisch ein wenig nachgegangen. Natürlich wäre es verfrüht, aus einem solchen ersten Überblick bereits Folgerungen herleiten zu wollen. Dies würde unter anderem eine deutliche Anschauung der aktuellen Probleme der Selbstbestimmung voraussetzen, die wir von unserer Tagung ja erst erhoffen. So lassen sich also nur wenige erste Eindrücke formulieren.

Der erste geht dahin, daß die Geschichte der rechtlichen Selbstbestimmung nicht in einem ständigen Fortschritt besteht, sondern Rückschläge und Abschwünge aufweist. So war es vielleicht eine überraschende Feststellung, daß die moderne, nur in Grenzen zugestandene Körperschafts-, aber auch Privatautonomie hinter der mittelalterlichen Autonomie als Denkvorstellung weit zurückbleibt.

Eher banal mag die Feststellung sein, daß rechtliche Selbstbestimmung in der Geschichte niemals voraussetzungslos ist. Sie bedarf vielmehr eines bestimmten rechtlichen Status, kam im Mittelalter also zunächst nur dem wehrfähigen freien Mann zu. Nur für Frauen der adligen Oberschicht scheint anderes gegolten zu haben. Erst ein fundamentaler gesellschaftlicher Wandel hat dann in den spätmittelalterlichen Städten auch den Frauen ein weites Feld rechtlicher Selbstbestimmung eröffnet.

Schließlich ist festzuhalten, daß uns Selbstbestimmung in der Rechtsgeschichte nicht einfach als folgenlose Beliebigkeit begegnet. Der mündige und freie Mann ist derjenige, der sich vor Gericht für sein Handeln zu verantworten hat, und der mittelalterliche Begriff von Autonomie als „Verwillkürung" ist geradezu als „Unterwerfung unter selbstgesetzte Rechtsfolgen" zu beschreiben. Die Selbstbestimmung gehört also, wie es scheint, mit der Verantwortung gegenüber der Rechtsgemeinschaft zusammen.

---

81 *B. Windscheid*, Lehrbuch des Pandektenrechts I (7. Aufl. 1891) § 37, S. 87.

Alexander Hollerbach

Selbstbestimmung im Recht aus der Sicht der Rechtsphilosophie

Dem Vertreter der Rechtsphilosophie ist es aufgegeben, das die Einzeldisziplinen übergreifende Ganze in den Blick zu nehmen und den tragenden, rechtfertigenden Grund aufzuspüren. Freie Spekulation ist ihm dabei verwehrt, will er nicht die Nähe zur Sache verfehlen. So wird er gut daran tun, sich in einem ersten Zugriff von Beobachtungen zur Rechtssprache leiten zu lassen, um von da aus Felder auszumachen, auf denen das Wort Selbstbestimmung und damit die Sache Selbstbestimmung eine maßgebende Rolle spielen. Danach soll versucht werden, Beiträge zu einer philosophisch fundierten Theorie der Selbstbestimmung im Recht zu entwickeln.

I.

Das Wort Selbstbestimmung ist erstmals für die Weimarer Klassik nachgewiesen[1]. Hier dient es dazu, die Prägung der individuellen Persönlichkeit als Vernunftwesen zu beschreiben. Später, etwa um die Mitte des 19. Jahrhunderts, taucht es im Zusammenhang mit konstitutionellen und nationalen Problemen im politischen Bereich auf. Seit wann es einen Ort in der Gesetzessprache bzw. im Sprachschatz der Jurisprudenz hat, kann nicht genau ausgemacht werden. In zwei Hinsichten immerhin läßt sich Verläßliches sagen und dabei zugleich Historie und Aktualität verknüpfen:

1. Den Anfang macht nicht die Selbstbestimmung des Individuums, sondern das Selbstbestimmungsrecht des Volkes bzw. der Völker[2]. Diese Idee ist an der Wende vom 19. zum 20. Jahrhundert zunehmend virulent geworden. Sie hat insbesondere 1918 in der Vierzehn-Punkte-Erklärung des amerikanischen Präsidenten *Wilson* Niederschlag gefunden. Sie war bezogen auf die gebietsmäßige Zugehörigkeit zu einem Staat, darüber hinaus aber mit der Zeit auch auf die Gestaltung des politischen Schicksals eines Volkes überhaupt, ver-

---

1 Vgl. die Nachweise bei *Grimm*, Deutsches Wörterbuch, Bd. 10, Teil 1, Sp. 461. Dazu *Paul Kluge*, Selbstbestimmung. Vom Weg einer Idee durch die Geschichte, Göttingen 1963, S. 11 f.
2 Gute Grundorientierung bei *Rainer Arnold*, Art. Selbstbestimmungsrecht, in: Staatslexikon, 7. Aufl., Bd. IV (1988) Sp. 1150-1154. Aus dem neueren Schrifttum ist hervorzuheben: *Dietrich Murswiek*, Offensives und defensives Selbstbestimmungsrecht, in: Der Staat 23 (1984), S. 523-548; *Paul Kirchhof*, Der deutsche Staat im Prozeß der europäischen Integration, in: Handbuch des Staatsrechts, Bd. VII (1992) S. 874 f. (Rd.Nr. 40).

knüpft mit der Forderung nach Artikulation demokratischen Willens und der Behauptung der Souveränität des Volkes. In diesen Zusammenhang gehört Art. 2 der Weimarer Reichsverfassung, wonach – im Anschluß an eine Aussage über das bestehende Reichsgebiet – andere Gebiete durch Reichsgesetz in das Reich aufgenommen werden können, „wenn es ihre Bevölkerung kraft des Selbstbestimmungsrechts begehrt"[3]. Soweit ersichtlich, ist dies der erste deutsche Rechtstext, in dem der Begriff Selbstbestimmungsrecht gebraucht wird. 30 Jahre später – nach einer, so darf man wohl sagen, Leidensgeschichte des Selbstbestimmungsrechts der Völker – forderte die Präambel des Grundgesetzes „das gesamte Deutsche Volk" auf, „in freier Selbstbestimmung die Einheit und Freiheit Deutschlands zu vollenden". Jetzt, nach weiteren 40 Jahren, stellt das Grundgesetz in seiner neugefaßten Präambel[4] fest, daß dies geschehen sei. Naturgemäß hatte sowohl im Einigungsvertrag[5] als auch im Zwei-plus-Vier-Vertrag[6] die Bezugnahme auf Selbstbestimmung und Selbstbestimmungsrecht eine tragende Rolle gespielt. In der Zwischenzeit war bekanntlich auch die Geschichte des Selbstbestimmungsrechts im Völkerrecht weitergegangen. Es hat in den großen UN-Menschenrechtspakten von 1966 an prominenter Stelle Ausdruck gefunden und ist nicht mehr nur unverbindliche Direktive, sondern verpflichtende Rechtsnorm: „Alle Völker haben das Recht auf Selbstbestimmung. Kraft dieses Rechts entscheiden sie frei über ihren politischen Status und gestalten in Freiheit ihre wirtschaftliche, soziale und kulturelle Entwicklung" (Art. 1 Abs. 1).

2. Auch das zweite Beispiel auf der Spur der rechtssprachlichen Analyse bleibt noch sozusagen im Vorhof der individuellen Selbstbestimmung. Es geht um die Kategorie „Selbstbestimmungsrecht der Religionsgemeinschaften" oder „kirchliches Selbstbestimmungsrecht". Sie ist zwar nicht Bestandteil der legistischen Sprache, aber als Begriff der Rechtsdogmatik seit langem fest verwurzelt. *Gerhard Anschütz* hat sie schon in seiner 1912 erschienenen Kommentierung von Art. 15 der Preußischen Verfassung gebraucht, der auf der Linie der Paulskirchenverfassung den Kirchen und Religionsgesellschaften das Recht garantierte, ihre Angelegenheiten selbständig zu ordnen und zu verwalten[7]. Diese Kategorisierung konnte in Anbetracht der Textkontinuität

---

3 Zur damaligen Deutung exemplarisch *Gerhard Anschütz*, Die Verfassung des Deutschen Reichs vom 11. August 1919, 14. Aufl. 1933 (Neudruck Darmstadt 1960) Nr. 7 zu Art. 2: „Das 'Selbstbestimmungsrecht', von dem hier die Rede ist, ist kein positiver Rechtssatz (möglicherweise einer, der im Werden begriffen ist), insbesondere keine 'allgemein anerkannte Regel des Völkerrechts' im Sinne des Art. 4, sondern eine Forderung politischer Gerechtigkeit ..., der die Rverf freiwillig ... Rechnung trägt".
4 Neufassung durch Art. 4 Nr. 1 des Einigungsvertrages vom 31.8.1990 (BGBl. II S. 889).
5 Vertrag zwischen der Bundesrepublik Deutschland und der Deutschen Demokratischen Republik über die Herstellung der Einheit Deutschlands vom 31.8.1990 (BGBl. II S. 889).
6 Vertrag über die abschließende Regelung in bezug auf Deutschland vom 12.9.1990 (BGBl. II S. 1318).
7 Die Verfassungs-Urkunde für den Preußischen Staat. Vom 31. Januar 1850. Ein Kommentar für Wissenschaft und Praxis, 1. Bd., Berlin 1912, S. 282-340, bes. S. 305-314.

unter der Geltung der Weimarer Reichsverfassung und des Grundgesetzes[8] bruchlos fortgeführt werden, auch wenn sich hinter der Wortfassade Meinungsverschiedenheiten hinsichtlich der Interpretation verbergen. Mit Nachdruck ist darauf zu verweisen, daß wir die neueste magistrale Problembehandlung *Konrad Hesse* verdanken[9].

Mit diesen beiden Sachverhalten, in denen Selbstbestimmung als korporatives oder kollektives Recht erscheint, sind – bis zum Beweis des Gegenteils – die in die vordemokratisch-vorrepublikanische Phase zurückreichenden Belege erschöpft. Umso deutlicher wird bei den beiden nunmehr noch zu besprechenden Fällen der Ursprung in aktuellen Bezügen.

3. Der rechtssprachliche Streifzug führt unter diesem Aspekt zunächst ins Strafrecht. Seit 1973 trägt der 13. Abschnitt im Besonderen Teil des Strafgesetzbuchs die amtliche Überschrift „Straftaten gegen die sexuelle Selbstbestimmung". Hier erscheint nun die Selbstbestimmung des Individuums, dazu im Bereich des Intimen und Höchstpersönlichen. Auch im Blick auf den historisch-politischen Kontext am Ende der 60er und zu Beginn der 70er Jahre dürfte offenkundig sein, daß der Gebrauch gerade dieses Begriffes als des gemeinsamen Nenners für die Tatbestände des Sexualstrafrechts betonter Ausdruck, ja Signal für Individualisierung, Privatisierung und Liberalisierung in diesem Bereich ist. Das wird umso deutlicher, wenn man in Betracht zieht, daß die sexuelle Selbstbestimmung nur einen einzelnen Aspekt liefert, aber entgegen der neuen Überschrift nicht das alleinige Rechtsgut der hier erfaßten Tatbestände sein kann[10].

4. Das letzte Beispiel ist – gewiß erwartungsgemäß – das vom Bundesverfassungsgericht im Volkszählungsurteil von 1983 anerkannte „Recht auf informationelle Selbstbestimmung", ein Ausdruck, mit dem das Wort Selbstbestimmung neu Karriere gemacht hat[11]. Mit diesem Recht ist bekanntlich die Befugnis des Einzelnen gewährleistet, grundsätzlich selbst über die Preisgabe und Verwendung seiner persönlichen Daten zu bestimmen. Es wurde entwickelt als Element des Grundrechts auf freie Entfaltung der Persönlichkeit bzw. des allgemeinen Persönlichkeitsrechts.

Die Übersicht ist hinsichtlich der neueren Entwicklung nicht vollständig. Judikatur und Schrifttum bieten etliche weitere Beispiele, in denen der Topos Selbstbestimmung bzw. der Begriff Selbstbestimmungsrecht eine Rolle spielen. Das gilt insbesondere für das Selbstbestimmungsrecht des Patienten im

---

8 Art. 140 GG/Art. 137 Abs. 3 S. 1 WRV: „Jede Religionsgesellschaft ordnet und verwaltet ihre Angelegenheiten selbständig innerhalb der Schranken des für alle geltenden Gesetzes".
9 Das Selbstbestimmungsrecht der Kirchen und Religionsgemeinschaften, in: Handbuch des Staatskirchenrechts der Bundesrepublik Deutschland, hrsg. v. *Joseph Listl* und *Dietrich Pirson*, 2. Aufl., Bd. I, Berlin 1994, S. 521-559.
10 Vgl. dazu *Dreher-Tröndle*, Strafgesetzbuch, 47. Aufl., München 1995, S. 876-948, bes. S. 877.
11 BVerfGE 65, 1 (42 f.).

Arztrecht[12] oder für den Bereich der Freiheit von Forschung und Lehre[13]. Hinzuweisen ist auch auf eine Entscheidung, die die Zuordnung von Selbstbestimmung und Fremdbestimmung im Vertretungsrecht zum Gegenstand hat[14]. Darüber, daß die Sache Selbstbestimmung im Falle der Tötung auf Verlangen (§ 216 StGB) und bei der strafrechtlichen und polizeirechtlichen Behandlung der Selbsttötung bedeutsam ist, braucht kein weiteres Wort verloren zu werden. Am Ende sei noch eine aufschlußreiche Beobachtung festgehalten: Im ersten Abtreibungsurteil von 1975 hatte sich das Bundesverfassungsgericht noch darauf eingelassen, die damals gängige Vokabel vom Selbstbestimmungsrecht der Schwangeren zu gebrauchen, auch wenn es eindeutig zu dem Ergebnis kam, die Entscheidung müsse zugunsten des Vorrangs des Lebensschutzes für die Leibesfrucht vor dem Selbstbestimmungsrecht der Schwangeren fallen. Demgegenüber springt in die Augen, daß im zweiten Abtreibungsurteil von 1993 die Kategorie des Selbstbestimmungsrechts offenbar von vornherein bewußt vermieden wurde[15].

II.

Im Volkszählungs-Urteil des Bundesverfassungsgerichts findet sich als Ausgangspunkt für die Herleitung des Rechts auf informationelle Selbstbestimmung folgender Satz: „Im Mittelpunkt der grundgesetzlichen Ordnung stehen Wert und Würde der Person, die in freier Selbstbestimmung als Glied einer freien Gesellschaft wirkt"[16].

Dieser Satz ist geeignet, in der Sprache der Judikatur an die Grundfrage heranzuführen: Was ist das, Selbstbestimmung im Recht? Was ist ihr Sinn? Wo liegen Grund und Grenze?

Wenn im folgenden versucht wird, Antworten darauf zu geben, so kann das nicht mit transkulturell-universalistischem Anspruch geschehen, doch so, daß damit Überzeugungen und Erfahrungen aus unserer Rechtskultur in den Dialog eingebracht und das gegenseitige Verstehen befördert werden soll.

1. Eine erste Reflexion gilt dem Verhältnis von Selbstbestimmung und *Freiheit*. Selbstbestimmung ist ein anderes Wort für Freiheit, gehört unzweifelhaft in den Horizont von Freiheit. Damit hat die Sache, die es bezeichnet, Anteil an der abendländisch-europäischen Freiheitsgeschichte, die zwar in der griechischen Antike anhebt, aber dann erst durch das Christentum und – mit anderem Akzent, ja aufgrund eines Paradigmenwechsels – durch Aufklärung

---
12 Vgl. statt aller *Adolf Laufs*, Arztrecht, 5. Aufl., München 1993, passim.
13 Vgl. etwa BVerfGE 35, 79 (112-116).
14 BVerfGE 72, 155.
15 BVerfGE 39, 1 (43) einerseits, BVerfGE 88, 203 andererseits.
16 BVerfGE 65, 1 (41).

und idealistische Philosophie ihr spezifisches Gepräge findet[17]. Wenn es wahr ist, daß – mit *Hegel* gesprochen – unsere Geschichte gekennzeichnet ist durch einen „Fortschritt im Bewußtsein der Freiheit"[18], dann läßt sich auch von einem Fortschritt im Bewußtsein von Selbstbestimmung sprechen. Demgemäß wird in vielen Bereichen und an vielen Fronten ein Recht auf Selbstbestimmung eingefordert.

Schon vom Wort her bringt Selbstbestimmung im Verhältnis zu Freiheit zwei Elemente deutlicher zum Ausdruck:

(1) Selbstbestimmung ist offenkundig der Gegenbegriff zu Fremdbestimmung und zielt auf Emanzipation aus Bindungen und Bedingungen, die von außen kommen. Zugleich aber wird auf den Träger der Bestimmungsmacht verwiesen. Es ist das Selbst. Ganz in der Nähe dieses Gedankens formuliert übrigens *Friedrich Julius Stahl* in seiner Rechtsphilosophie: „Das Wesen der Freiheit ist: nur durch sein eignes Selbst bestimmt zu werden"[19]. Das Selbst ist hier indes nicht gemeint als abstraktes Neutrum, sondern als konkretes Subjekt im Sinne des vernunftbegabten Trägers von Bewußtsein und Wille, als Subjekt, das, zumal im Recht, Person genannt zu werden pflegt[20]. „Person", so definiert *Kant*, „ist dasjenige Subjekt, dessen Handlungen einer Zurechnung fähig sind"[21]. Die darin gründende, mit Würde näher charakterisierte Selbstzwecklichkeit des Menschen als Vernunft- und Freiheitswesen führt zu dem Satz: „Ein jeder Mensch hat rechtmäßigen Anspruch auf Achtung von seinen Nebenmenschen, und wechselseitig ist er dazu auch gegen jeden anderen verbunden"[22]. Auf dieser von *Kant* vorgezeichneten Linie artikuliert *Hegel* die Verpflichtung zu wechselseitiger Achtung so: „Das Rechtsgebot ist daher: Sei eine Person und respektiere die anderen als Personen"[23].

Man wird sich hinsichtlich des Personbegriffs auch an die klassischen Aussagen zweier Naturrechtskodifikationen erinnern. Das Preußische Allgemeine Landrecht sagt: „Der Mensch wird, in so fern er gewisse Rechte der bürgerlichen Gesellschaft genießt, eine Person genannt" (§ 1 I 1). Und das Österreichische Allgemeine Bürgerliche Gesetzbuch spitzt zu: „Jeder Mensch hat angeborene, schon durch die Vernunft einleuchtende Rechte und ist daher als eine Person zu betrachten" (§ 16).

---

17 Grundorientierungen bei *Hermann Krings*, Art. Freiheit I-III, in: Staatslexikon, 7. Aufl., Bd. II (1986) Sp. 696-704.
18 *Hegel*, Die Vernunft in der Geschichte, ed. J. Hoffmeister, Hamburg 1955, S. 63. Im einzelnen vgl. *Ludger Oeing-Hanhoff*, Art. Fortschritt, in: Staatslexikon, 7. Aufl., Bd. II (1986) Sp. 654 f.
19 Die Philosophie des Rechts. 2. Bd.: Rechts- und Staatslehre auf der Grundlage christlicher Weltanschauung, 5. Aufl., 1878 (Neudruck 1963) S. 321.
20 Grundorientierung bei *Hasso Hofmann*, Art. Person II, in: Staatslexikon, 7. Aufl., Bd. IV (1988) Sp. 336-338.
21 Metaphysik der Sitten, Werkausgabe IV, S. 329.
22 Grundlegung zur Metaphysik der Sitten, Werkausgabe IV, S. 60.
23 Grundlinien der Philosophie des Rechts, § 36.

Gewiß, in Bezug auf solche Texte und Konzepte, die einer bestimmten historischen Entwicklungsstufe entstammen, stellen sich manche Interpretationsprobleme. Aber es ist offenkundig: Solche Aussagen bilden gewissermaßen den Humus, den Verstehenshorizont für das Phänomen der Person als dem maßgebenden Subjekt der Selbstbestimmung. Diese Wurzel sitzt tief; bis heute haben sie andere Konzeptionen oder Theoreme nicht zu verdrängen vermocht. Das gilt etwa für die Kritische Theorie[24] und die Systemtheorie[25]. Und was die Konzeption des mit einer Diskurstheorie des Rechts verbundenen Theorie des kommunikativen Handelns anlangt, so ist diese letztlich eher ein Beleg für die Richtigkeit eines auf Vernünftigkeit basierenden personalistischen Grundansatzes als ein Argument dagegen[26].

(2) Das zweite Element, das hervorgehoben zu werden verdient, ist dies: Selbstbestimmung umfaßt, wenn man den zweiten Wortbestandteil akzentuiert, im Vergleich zu Freiheit ein deutlich aktiv-positives, dazu determinativ-dezisives und damit voluntatives Moment. Es wird Freiheit auf ein bestimmtes Ziel hin verwirklicht; die Frage nach dem „wozu" oder „woraufhin" von Freiheit erhält durch die Wahrnehmung der Selbstbestimmung eine konkrete Antwort und verbleibt nicht im Abstrakt-Allgemeinen. Kurzum: Selbstbestimmung vollzieht oder vollstreckt gewissermaßen Freiheit.

Diese Beobachtungen schöpfen das Problem nicht aus. Sie verkennen auch nicht die ins geradezu Unheimliche gesteigerte Komplexität der Lebenswelt, die Selbstbestimmung immer prekärer macht. Aber sie halten doch betont und bewußt an dem unhintergehbaren Grundcharakter des Menschen als eines der Freiheit und Selbstbestimmung fähigen personalen Vernunftwesens fest.

2. Außer mit Freiheit ist Selbstbestimmung naturgemäß auch mit *Autonomie*[27] in Beziehung, ins rechte Verhältnis zu setzen.

Das Wort mit seinem griechischen Ursprung deutet schon an, daß es aus der rechtlich-politischen Sphäre kommt. Grundlegend hat *Herodot* Autonomie verstanden als innere und äußere politische Freiheit im Gegensatz zu einer äußeren Abhängigkeit durch Fremdherrschaft und zu der inneren Staatsform der Tyrannis[28]. Autonomie bezeichnet das Recht einer Gemeinschaft, in (be-

---

24 Vgl. *Peter Müller*, Art. Kritische Theorie, in: Staatslexikon, 7. Aufl., Bd. III (1987) Sp. 737-742.
25 Vgl. *Otto-Peter Obermeier*, Art. System, Systemtheorie, in: Staatslexikon, 7. Aufl., Bd. V (1989) Sp. 416-420.
26 Vgl. *Jürgen Habermas*, Faktizität und Geltung. Beiträge zur Diskurstheorie des Rechts und des demokratischen Rechtsstaats, Frankfurt a.M. 1992.
27 Grundorientierung vermitteln *Heinrich Oberreuter*, Art. Autonomie, in: Staatslexikon, 7. Aufl., Bd. I (1985) Sp. 490-493; *Rosemarie Pohlmann*, Art. Autonomie, in: Historisches Wörterbuch der Philosophie, Bd. I (1971) Sp. 701-719; *Ludger Honnefelder*, Art. Autonomie I, in: Lexikon für Theologie und Kirche, 3. Aufl., Bd. I (1993) Sp. 1294-1296. Für die rechtsphilosophischen und verfassungstheoretischen Zusammenhänge erhellend *Hasso Hofmann*, Menschenrechtliche Autonomieansprüche. Zum politischen Gehalt der Menschenrechtserklärungen, in: Juristenzeitung 1992, S. 165-173.
28 Zitiert nach *Pohlmann*, a.a.O. Sp. 701.

grenzter) Eigenverantwortung selbst Rechtsnormen zu setzen, Selbstgesetzgebung zu bewerkstelligen. In diesem Sinn gab es Autonomie der griechischen Kommunalstaaten, gab es später Autonomie von Herrschaftsbereichen innerhalb größerer und umfassenderer politischer Verbände. Heute erleben wir vielfältigen Anschauungsunterricht für Autonomie-Probleme in bezug auf den Status von Minderheiten oder von Bevölkerungsgruppen, die aus ethnischen oder sonstigen Gründen nicht mit der staatstragenden Nation übereinstimmen. Wenn wir von Gemeinde-Autonomie oder von Hochschul-Autonomie sprechen, meinen wir Bereiche, die sich als Bereiche der Selbstverwaltung von der unmittelbaren staatlichen Verwaltung abheben und mit Satzungsgewalt ausgestattet sind. Allenthalben geschieht hier, wenn auch in bisweilen engen Grenzen, Selbstnormierung und administrativer Selbstvollzug. Tarifautonomie zielt, über den staatsinternen Bereich in das Verhältnis von Staat und Gesellschaft ausgreifend, auf die Wahrung und Förderung der Arbeits- und Wirtschaftsbedingungen, bleibt aber funktional begrenzt. Demgegenüber hat Privatautonomie[29] einen anderen und noch weiteren Sinn-Horizont. Hier geht es um ein für die Rechtsordnung im ganzen grundlegendes Struktur- und Gestaltungsprinzip, das für das Privatrecht, genauer: für das Verhältnis von staatlicher Normierung und privater Disposition maßgebend ist. In der Tat ist Privatautonomie, wie *Christoph Krampe* es ausgedrückt hat, Selbstbestimmungsrecht in Angelegenheiten des Privatrechts[30]. Bekanntlich prägt es sich vornehmlich in drei Einzelfreiheiten aus: der Vertrags-, der Eigentums- und der Testierfreiheit. Dabei ist das Prinzip der Privatautonomie im Grunde Ausdruck für den Grundsachverhalt einer auf der verantwortlichen Selbstbestimmung oder Autonomie der Person aufgebauten Rechtsordnung.

Eine besondere Facette in der Problematik der Verhältnisbestimmung von Autonomie und Selbstbestimmung bringt übrigens das Staatskirchenrecht ein. Hier wird nicht nur wegen der Autorität von *Gerhard Anschütz* dem Begriff Selbstbestimmung der Vorzug gegeben[31], sondern in erster Linie aus einem sachlichen Grund[32]. Jedenfalls in traditioneller Anschauungsweise wird Autonomie meist verstanden als verliehene, aus der virtuellen Allumfassendheit des Staates ausgesparte Gewalt, während mit Selbstbestimmung zumindest angedeutet ist, daß das entsprechende Recht originär ist, daß die verfassungsrechtliche Verbürgung Eigenrechtsmacht, potestas sui iuris, zum Gegenstand hat. Es kann hier nur angedeutet werden, daß dies erhebliche Konsequenzen für den Rechtsbegriff hat.

Mit alledem ist das zentrale rechtsphilosophische Problem allenfalls im Zusammenhang mit der Bestimmung des Begriffs der Privatautonomie in Sicht

---

29 Vgl. dazu *Christoph Krampe*, Art. Privatautonomie, in: Staatslexikon, 7. Aufl., Bd. IV (1988) Sp. 566-568.
30 A.a.O. Sp. 566.
31 Siehe oben bei Anm. 7.
32 Vgl. dazu *Hesse*, a.a.O. (Anm. 9) S. 521.

gekommen. Denn natürlich erschließt sich Selbstbestimmung in ihrer prinzipiellen Bedeutung nur aus ihrer Herkunft aus dem Begriff der Autonomie im philosophischen Sinne. Dieser Begriff ist, ungeachtet von Linien, die in die Historie zurückführen, bekanntlich ein Schlüsselbegriff der praktischen Philosophie *Kants*[33]. In starker Verdichtung formuliert: Autonomie als Selbstgesetzgebung ermöglicht dem Menschen in Begrenzung und Überschreitung seiner Bedürfnisnatur die Freiheit als Vernunftwesen und konstituiert ihn als moralisches Subjekt, als Zweck an sich selbst. Autonomie, so sagt *Kant*, ist nicht nur „oberstes Prinzip der Sittlichkeit", sondern zugleich der „Grund der Würde der menschlichen und jeder vernünftigen Natur"[34]. Autonomie heißt aber nicht isolierte, unabhängige Selbst-Gesetzgebung des empirischen Ich. Vielmehr besagt der Autonomie-Gedanke (nur), daß kein Anspruch als sittlich verbindlich betrachtet werden kann, der nicht von der Vernunft als solcher erkannt und anerkannt worden ist; er unterstellt nicht, daß die Vernunft die Quelle aller Ansprüche ist. Mit anderen Worten: Die Einsehbarkeit durch die Vernunft ist es, über die sich alle Verbindlichkeit vermitteln muß[35]. Nimmt man dies mit dem, was zum Prinzip Freiheit gesagt wurde, zusammen, so dürfte damit der philosophische Wurzelgrund beschrieben sein, auf dem der Gedanke der Selbstbestimmung erwachsen ist.

Der Rückbezug auf *Kant* macht aber auch bewußt, daß es ein Mißverständnis wäre, Selbstbestimmung als souveräne ungebundene Dezision ex nihilo zu verstehen. Das Autonomie-Prinzip hebt den kategorischen Imperativ nicht auf, ja es findet darin seine Gestalt. Das gilt nicht zuletzt für die sog. Menschheitsformel: „Handle so, daß du die Menschheit, sowohl in deiner Person, als in der Person eines jeden andern, jederzeit zugleich als Zweck, niemals bloß als Mittel brauchst"[36].

Wie andererseits soll und kann sich Autonomie im Recht verwirklichen? Ist dieses nicht der Prototyp einer heteronomen Zwangsordnung? Wenn es aber wahr ist, daß es die Einsehbarkeit durch die Vernunft ist, über die sich alle Verbindlichkeit vermittelt, dann muß auch das Recht auf Autonomie bauen. Es kann zwar um seiner elementaren Friedens- und Ordnungsaufgabe willen auf heteronomische Geltung, gegebenenfalls mit der Folge zwangsweiser Durchsetzung, nicht verzichten. Aber das heute so viel berufene Bemühen um Akzeptanz[37] ist prinzipiell nichts anderes als ein Bemühen um Autonomie und damit um eine Sicherung der Geltung des Rechts, die diesem mehr Stabilität verleiht als Heteronomie.

---

33 Grundlegend aus neuerer Zeit *Gerold Prauß*, Kant über Freiheit als Autonomie, Frankfurt a.M. 1983.
34 Grundlegung zur Metaphysik der Sitten, Werkausgabe IV, S. 74 bzw. S. 69.
35 So besonders klar *Honnefelder*, a.a.O. Sp. 1295.
36 Grundlegung zur Metaphysik der Sitten, Werkausgabe IV, S. 61.
37 Vgl. etwa *Thomas Würtenberger*, Akzeptanz durch Verwaltungsverfahren, in: Neue Juristische Wochenschrift 1991, S. 257-263.

3. Selbstbestimmung – Freiheit – Autonomie: Wie immer das begriffliche Verhältnis im einzelnen zu bestimmen ist, so stellt sich in bezug auf alle drei Erscheinungsformen die Frage nach der inhaltlichen Sinngebung und Zielrichtung. Die Antwort kann sich aus dem konkreten Kontext ergeben, etwa beim Recht auf informationelle Selbstbestimmung. Aber im Blick auf Selbstbestimmung als allgemeines Leitprinzip zeigt sich die Notwendigkeit, ihr jeweiliges „Woraufhin" zu determinieren. Sie steht damit vor der gleichen elementaren Aufgabe wie Freiheit, bei der es darum geht, negative und positive, subjektive und objektive Freiheit zu vermitteln, d. h. nicht nur Willkür-Freiheit im Sinne von individueller Beliebigkeit zu entfalten, sondern sich frei auf Inhalte auszurichten und sich in Ordnungen einzufügen, die in tragfähiger Weise menschliches Zusammenleben in der Sozietät ermöglichen[38]. Wie Freiheit so muß Selbstbestimmung gewissermaßen verfaßt werden, wenn sie nicht zu Anarchie führen soll. Es ist offenkundig, daß gerade insoweit dem Recht mit dem Instrument des allgemeinen Gesetzes und der Gewährleistung von Lebensordnungen oder Institutionen eine zentrale und fundamentale Aufgabe zukommt.

Aber damit ist die Frage nach Inhalten, nach dem, was Sinn-Orientierung ermöglicht, noch nicht beantwortet. Diese Frage kann hier natürlich nicht voll ausgebreitet werden. Zwei Gesichtspunkte müssen genügen. Zum einen wird man auf das verweisen, was man – trotz aller Problematik des Begriffs – Grundwerte nennen kann, Grundüberzeugungen also, auf denen die Ordnung von Recht und Staat beruht, welche die tragenden Fundamente ausmachen[39]. Zum anderen ergeben sich Inhalte oder zumindest Haltungen aus den Zielen, auf die hin der Staat in den von ihm getragenen Schulen Erziehungsarbeit leistet. Wenn etwa nach Art. 12 der Landesverfassung von Baden-Württemberg die Jugend „zu sittlicher und politischer Verantwortlichkeit" zu erziehen ist, so ist damit in der Substanz die Befähigung zu verantwortlicher privater und öffentlicher Selbstbestimmung gemeint. Das lenkt zugleich die Aufmerksamkeit darauf, daß es hier um Wachstums- und Reifeprozesse geht, ja daß Erziehung zur Selbstbestimmung zu den elementaren Bedingungen der Möglichkeit von Selbstbestimmung gehört. Insofern muß auch Freiheits- oder Selbstbestimmungs-Vorsorge betrieben werden[40].

---

38 Vgl. dazu und zum folgenden *Ernst-Wolfgang Böckenförde* (unter Mitarbeit von *Christoph Enders*), Art. Freiheit IV/V, in: Staatslexikon, 7. Aufl., Bd. II (1986) Sp. 704-713, jetzt auch *ders.*, Recht, Staat, Freiheit, Frankfurt a.M. 1991, S. 42-57.
39 Einen guten Überblick über die Diskussion vermittelt *Ralf Dreier* (Hrsg.), Rechtspositivismus und Wertbezug des Rechts, Stuttgart 1990 (ARSP Beiheft 37). Klärend im übrigen *Karl Lehmann*, Art. Grundwerte, in: Staatslexikon, 7. Aufl., Bd. II (1986) Sp. 1171-1237.
40 Zum Begriff „Freiheitsvorsorge" (in Parallele zu „Daseinsvorsorge") vgl. vom *Verfasser*, Aspekte der Freiheitsproblematik im Recht, in: Philosophische Perspektiven V (1973) S. 29-41 (38). Wie sehr übrigens „Vorsorge" zu einer zentralen rechtlichen Kategorie wird, zeigt insbesondere das Umweltrecht. Grundlegend dazu jetzt *Rainer Wahl* (Hrsg.), Prävention und Vorsorge. Von der Staatsaufgabe zu den verwaltungsrechtlichen Instrumenten, Bonn 1995.

Daran wird überhaupt deutlich, daß es eine ganze Reihe von Bedingungen der Möglichkeit von Selbstbestimmung gibt: anthropologische, ethische, kulturelle, soziale, ökonomische, ökologische, nicht zuletzt rechtliche. Die letzteren bieten gewissermaßen die Infrastruktur dafür, daß Selbstbestimmung real werden kann. Und so darf denn – in Anlehnung an ein bekanntes Diktum von *Ernst-Wolfgang Böckenförde*[41] – gesagt werden: Sie lebt von Voraussetzungen, die sie selber nicht schaffen und garantieren kann. Zwar ist sie in allem das innere agens oder movens – und dies sowohl im individuell-privaten wie im öffentlich-politischen Bereich, insofern personale Freiheit überhaupt das maßgebende Konstitutionsprinzip der Moderne ist. Sie ist konditionierte oder vinkulierte, keinesfalls bedingungslose oder gar absolute Freiheit bzw. Selbstbestimmung. Sie bedarf der Stützung und des Schutzes durch Normen und Institutionen. Ihre Wirksamkeit setzt einen staatlichen Rechtszustand bestimmter, ja hoher Qualität voraus[42].

4. Damit kommt nicht zuletzt die Frage nach den Grenzen in den Blick. Das Prinzip der Selbstbestimmung kann sich nur dann sinnvoll entfalten, wenn es mit Reziprozität verbunden ist, d.h. mit der wechselseitigen Achtung eines jeden als der Selbstbestimmung fähigen und dazu berufenen Person. Diese Achtungs- bzw. Anerkennungsbeziehung[43] bildet die conditio sine qua non und damit zugleich eine notwendige Schranke für Selbstbestimmung.

Über diesen elementaren Bereich ist es dann die Aufgabe des Rechts, eine Koexistenzordnung zu schaffen, in der sich selbst bestimmende Personen nach einem allgemeinen Gesetz der Freiheit zusammenleben können – bewußt erscheint hier die Anlehnung an *Kants* Rechtsdefinition[44]. Wie das im einzelnen zu geschehen hat, dafür gibt es keine Patentformeln. Hier kommen unterschiedliche ideelle und politische Optionen zum Zuge. Aber der Schatz historisch-politischer Erfahrungen und prinzipienorientiertes Denken haben doch zu einem Grundbestand von Leitbildern geführt, die universale Verpflichtungskraft für sich beanspruchen dürfen, zumindest als Leitideen: Menschenrechte (als Gewährleistung grundlegender personaler, auf Freiheit abzielender Rechtspositionen), Demokratie (als Gewährleistung politischer Selbst- und Mitbestimmung), Rechtsstaat (als die spezifische Form der Sicherung gesetzmäßiger Freiheit). In alledem geht es letzlich um Normierung, d. h. um Abgrenzung und Zuordnung von Freiheit im Sinne der Schaffung einer sozialverträglichen Koexistenz-, Kommunikations- und Kooperationsordnung.

---

41 „Der freiheitliche, säkularisierte Staat lebt von Voraussetzungen, die er selbst nicht garantieren kann": Die Entstehung des Staates als Vorgang der Säkularisation, in: Säkularisation und Utopie. Ebracher Studien. Ernst Forsthoff zum 65. Geburtstag, Stuttgart 1967, S. 93, auch in ders., Recht, Staat, Freiheit, Frankfurt a.M. 1991, S. 112.
42 Vgl. diesen Gedanken in bezug auf die Menschenrechte bei *Hofmann*, a.a.O. S. 168.
43 Zur philosophischen Fundierung dieses Sachverhalts Grundlegendes bei *Ludwig Siep*, Anerkennung als Prinzip der praktischen Philosophie, Freiburg/München 1979; *ders.*, Praktische Philosophie im deutschen Idealismus, Frankfurt a.M. 1992.
44 Metaphysik der Sitten, Werkausgabe IV, S. 337.

Allenthalben müssen dabei der Anspruch von Selbstbestimmung und Freiheit mit deren Schranken und Grenzen austariert werden.

Fast modellhaft kommt übrigens die rechtliche Grundstruktur dieser Konstellation in der geltenden verfassungsrechtlichen Norm über das Selbstbestimmungsrecht der Religionsgemeinschaften zum Ausdruck. Gewährleistet ist Selbstbestimmung in eigenen Angelegenheiten, aber „nur" „innerhalb der Schranken des für alle geltenden Gesetzes". Eigenständige Freiheit bzw. Selbstbestimmung der Religionsgemeinschaften und Gemeinwohlverantwortung des Staates sind hier einander spannungsreich zugeordnet[45]. In analoger Weise versucht das allgemeine Freiheits- bzw. Selbstbestimmungs-Grundrecht des Art. 2 Abs. 1 GG das Problem zu lösen, indem es jedem das Recht auf die freie Entfaltung seiner Persönlichkeit zusagt, „soweit er nicht die Rechte anderer verletzt und nicht gegen die verfassungsmäßige Ordnung oder gegen das Sittengesetz verstößt"[46].

5. Die bisherigen Darlegungen hatten vornehmlich die individuelle Selbstbestimmung im Auge, und dies allenthalben im Gegenüber zur Fremdbestimmung. Aber darüber darf nicht nur die politische Selbstbestimmung durch Wahrnehmung von allgemeinen Freiheits- und spezifischen staatsbürgerlichen Rechten vergessen werden, die Partizipation ermöglichen. Man muß vielmehr auch bedenken, daß heute Selbstbestimmung vielfach nur in der Form der Mitbestimmung zur Geltung gebracht werden kann[47] bzw. daß Verlust oder Einschränkung von inhaltlicher Selbstbestimmung kompensiert wird durch entsprechende partizipative Verfahrensgestaltung und inhaltliche Mitbestimmung. Der Bereich etwa von Forschung und Lehre bietet Beispiele dafür. Mitbestimmung steht hier zwischen Selbstbestimmung und Fremdbestimmung und erfüllt damit eine gewichtige Ausgleichsfunktion.

6. Das Thema ist beileibe nicht erschöpft. Man könnte es noch einmal unter dem Gesichtspunkt „Freiheit und Verantwortung"[48] oder „Recht und Pflicht"[49] durchspielen. Offenkundig hatte in den hier vorgetragenen Reflexionen auch die Orientierung an einem bestimmten Menschenbild[50] eine be-

---

45 Vgl. dazu *Hesse*, a.a.O. (Anm. 9), ferner vom *Verfasser*, Grundlagen des Staatskirchenrechts, in: Handbuch des Staatsrechts, hrsg. v. Josef Isensee u. Paul Kirchhof, Bd. VI, Heidelberg 1989, S. 534-538.
46 Vgl. dazu *Konrad Hesse*, Grundzüge des Verfassungsrechts der Bundesrepublik Deutschland, 20. Aufl., Heidelberg 1995, S. 183-185.
47 Vgl. dazu die Analyse bei *Erhard Denninger*, Staatliche Hilfe zur Grundrechtsausübung, in: Handbuch des Staatsrechts, hrsg. v. Josef Isensee u. Paul Kirchhof, Bd. V, Heidelberg 1992, S. 307 f. Siehe auch *Hesse*, Grundzüge (Anm. 46) S. 160 f.: Grundrechtsverwirklichung und -sicherung durch Organisation und Verfahren.
48 Grundlegend *Jann Holl*, Historische und systematische Untersuchungen zum Bedingungsverhältnis von Freiheit und Verantwortlichkeit, Meisenheim 1980.
49 Zuletzt vgl. dazu *Hasso Hofmann*, Grundpflichten und Grundrechte, in: Handbuch des Staatsrechts, hrsg. v. Josef Isensee u. Paul Kirchhof, Bd. V, Heidelberg 1992, S. 321-351.
50 Vgl. dazu *Ulrich Becker*, Das Menschenbild des Grundgesetzes in der Rechtsprechung des Bundesverfassungsgerichts, Diss. iur. Freiburg i.Br., Berlin 1996.

sondere Bedeutung. Das Thema „Pluralismus"[51] wäre unter dem Blickwinkel von Selbstbestimmung zu erörtern. Nicht zuletzt aber müßte man sich der Frage stellen, ob und inwieweit denn Selbstbestimmung in unserer komplexen Lebenswelt mit ihren Abhängigkeits-, Vernetzungs- und Verantwortungsstrukturen überhaupt realisierbar ist oder ob es sich nicht gar um eine Utopie oder doch jedenfalls eine Selbsttäuschung handelt.

Auch wenn das alles jetzt nicht mehr ausgeführt ist, so machen solche Überlegungen, auch soweit sie nur stichwortartig angedeutet sind, zurückhaltend und mahnen zu Realismus. Sie erzwingen es aber geradezu, sich noch einmal auf den Grundgedanken zu besinnen: Freiheit, Autonomie und Selbstbestimmung wollen gewiß gegenüber Unfreiheit, Heteronomie und Fremdbestimmung Möglichkeiten selbständiger Wahl und Entscheidung eröffnen und damit die freie Entfaltung der menschlichen Persönlichkeit befördern. Aber Freiheit, Autonomie und Selbstbestimmung, eingefügt in eine verbindliche Koexistenz-Ordnung, sind notwendigerweise bedingt und begrenzt. Sie müssen sich anderen Postulaten öffnen und dazu in ein konstruktives Verhältnis gesetzt werden: Gerechtigkeit, Gleichheit, Solidarität, Verantwortung sind hier vornehmlich zu nennen[52]. Dann aber kann es sein, daß am Ende sich Selbstbestimmung nicht so sehr darstellt als das freie Wollen dessen, was man kann, sondern wie *Heinrich Rickert*[53] plastisch formuliert hat, als „das freie Wollen des Sollens", mithin die freie Übernahme von Pflicht, Grenze und Bindung. Darin läge dann letztlich der Kern der Personalität, darin würde sie sich bewähren.

---

51 Neuestens siehe dazu *Ernst-Joachim Lampe* (Hrsg.), Rechtsgleichheit und Rechtspluralismus, Baden-Baden 1995.
52 Vgl. dazu vom *Verfasser*, Globale Perspektiven: Recht, in: Staatslexikon, 7. Aufl., Bd. VI (1992) S. 46.
53 Zitiert nach *Pohlmann*, a.a.O. (Anm. 27) Sp. 713.

Rainer Wahl

Individualismus und Gemeinschaftsgebundenheit
Vorüberlegungen zu einem Kulturvergleich

Mein Vortrag ist unter einen neuen Titel gestellt. Er lautet: Individualismus und Gemeinschaftsgebundenheit. Vorüberlegungen zu einem Kulturvergleich. Die neue Überschrift und der Inhalt erfordern eine kurze Vorbemerkung. Mein Beitrag behandelt nicht das Thema der Selbstbestimmung in einem konkreten Sachbereich der Rechtsordnung, sondern fragt nach dem Menschenbild, das der Forderung nach rechtlicher Garantie von Selbstbestimmung zugrundeliegt. Selbstbestimmung wird in dem Maß gefordert, wie das Individuum in den Mittelpunkt einer Gesellschaft und Rechtsordnung gestellt ist. Die Forderung nach Selbstbestimmung tritt daher zurück oder ist in ihrer Reichweite und Intensität begrenzt, wenn der einzelne stark in die Gemeinschaft oder in Gemeinschaften eingebunden vorgestellt wird. Das Recht auf Selbstbestimmung hängt, so darf vermutet werden, unmittelbar mit den Grundauffassungen zusammen, die in einer Gesellschaft über das Verhältnis von Freiheit und Gemeinschaftsgebundenheit des einzelnen bestehen. Schon auf den ersten Blick ist plausibel, daß diese Grundauffassungen über die Stellung des einzelnen in Staat und Gesellschaft nicht für alle Zeiten und nicht für alle Gesellschaften die gleichen waren und sind. In einem Symposium, das der Thematik der Selbstbestimmung in Deutschland und Japan gewidmet ist, liegt es daher nahe, der Vorfrage nachzugehen, wie es mit Gemeinsamkeiten und Unterschieden in diesen Grundlagen von Selbstbestimmung steht.

I.

Das Jahr 1995 hat mit seinen 50 Jahres-Gedenktagen in Deutschland und Japan den Blick vielfach zurückgelenkt, nicht nur auf das Ende des Zweiten Weltkriegs in Europa und Ostasien, sondern auch auf den Neuanfang, der in beiden Ländern mit den Jahren nach 1945 verbunden und der gerade auch für die verfassungsrechtliche Situation bedeutsam war.
1. Für Deutschland, zunächst für den Westen des geteilten Deutschlands, bedeutete der Neuanfang auf der Basis des Grundgesetzes von 1949 das Ende aller Vorstellungen von einem deutschen Sonderweg in Sachen der verfassungsrechtlichen Ordnung und der staatlichen Prinzipien. Das Grundgesetz von 1949 markiert das entschiedene Einmünden des deutschen Staatsdenkens in die westeuropäisch-nordamerikanische Verfassungstradition (zu der es ur-

sprünglich auch vieles beigetragen hat). Das Grundgesetz verwirklicht mit seinen Elementen: Grundrechte, Demokratie, Gewaltenteilung und Verfassungsgerichtsbarkeit eine konsequente Ausprägung des Verfassungsstaates. Manche wichtigen Einzelausprägungen im Grundgesetz haben ihr spezifisches Profil aus dem Umstand gewonnen, daß das Grundgesetz als Reaktion auf das Erlebnis und die Erfahrung der Willkürherrschaft die Rechte des einzelnen und seinen Schutz besonders hervorgehoben hat[1]. Zu Recht wird vom betonten Grundrechtsindividualismus des Grundgesetzes gesprochen. Mit dieser Kennzeichnung faßt man etwa die folgenden Elemente des Grundgesetzes zusammen: Schon äußerlich zeigt sich dieser Grundrechtsindividualismus im Voranstellen des Grundrechtsteils der Verfassung vor dem Staatsorganisationsrecht. Ausdruck findet er in Art. 1 GG mit dem Bekenntnis zur Menschenwürde und zu den unverletzlichen und unveräußerlichen Menschenrechten als Grundlage jeder (!) menschlichen Gemeinschaft (des Friedens und der Gerechtigkeit in der Welt). Nicht zufällig beginnt der eigentliche Grundrechtskatalog mit dem Recht auf Entfaltung der Persönlichkeit. In den Worten des Art. 2 Abs. 1 GG:

„Jeder hat das Recht auf die freie Entfaltung seiner Persönlichkeit, soweit er nicht die Rechte anderer verletzt und nicht gegen die verfassungsmäßige Ordnung oder das Sittengesetz verstößt".

Und die geistige Situation zur Zeit der Verfassungsgebung spiegelt sich genau in einer Formulierung aus einem Vorentwurf zum Grundgesetz wider, in dem es heißt:

„Der Staat ist um des Menschen Willen da, nicht umgekehrt der einzelne für den Staat" (Art. 1 Abs. 1 Herrenchiemsee-Entwurf)[2].

2. Nicht minder deutlich fiel die Zäsur in Japan aus. Einen Neuanfang hat sicherlich auch die japanische Verfassung von 1947 gemacht. Deren Art. 12 lautet[3]:

„Die durch diese Verfassung dem Volke gewährleisteten Freiheiten und Rechte sind durch unablässige Bemühungen des Volkes zu erhalten, das sich jedes Mißbrauchs dieser Freiheiten und Rechte enthalten und immer verantwortlich dafür sein wird, sie zum öffentlichen Wohl zu nutzen".

Im folgenden Art. 13 wird der starke amerikanische Einfluß auf die japanische Gegenwartsverfassung handgreiflich:

„Alle Bürger werden als Einzelperson geachtet. Ihr Recht auf Leben, Freiheit und ihr Streben nach Glück ist, soweit es nicht dem öffentlichen Wohl entgegensteht, bei der Gesetzgebung und anderen Regierungsangelegenheiten in höchstem Maße zu erwägen".

Auf dem Hintergrund der spezifischen Traditionen des Familienrechts und der Stellung der Familie in Japan ist ein weiterer Artikel besonders aussage-

---

1 Dazu *H. Hofmann*, Grundpflichten als verfassungsrechtliche Dimension, VVDStRL 41 (1983), 42 ff.
2 Vgl. Entstehungsgeschichte der Artikel des GG, Jahrbuch des Öffentlichen Rechts (JöR) Bd. 1 n.F. (1951), 1 (48).
3 In der Übersetzung des Ministeriums für auswärtige Angelegenheiten Japans.

kräftig und mit einem bedeutsamen Änderungspotential für die Zukunft ausgestattet. Nach Art. 24 Abs. 2 müssen Gesetze bezüglich der Wahl des Ehegatten, des Güterrechts, der Wohnsitzbestimmung usw. erlassen werden „auf der Basis der Würde der Einzelpersönlichkeit und der wesensmäßigen Gleichberechtigung von Mann und Frau". Und § 1a JapBGB in der Fassung von 1947 wiederholt diese Verfassungsnorm: „Dieses Gesetz ist im Sinne der Würde des Individuums und der wesentlichen Gleichberechtigung der Geschlechter auszulegen".

3. Vergleicht man die Bestimmungen beider Verfassungen, so ist jedenfalls die Ähnlichkeit der Formulierungen auffällig und bemerkenswert. Zwar ist der Verfassungsinterpret gewohnt, Einzelregelungen einer Verfassung in den Kontext der gesamten Verfassung hineinzustellen. Er wird deshalb auf Unterschiede, auch auf bedeutsame Unterschiede, beim Verständnis der Normen in Deutschland einerseits, Japan andererseits gefaßt sein. Zunächst aber lohnt es sich, der Ähnlichkeit im Wortlaut in einem ersten Schritt der Überlegungen nachzugehen. Parallelen finden sich etwa bei der Regelung des elementaren Interessenkonflikts zwischen den Rechten des einzelnen und dem Allgemeinwohl. Nach der japanischen Bestimmung sind die Rechte der einzelnen im höchsten Maße zu erwägen, es sei denn, daß das öffentliche Wohl entgegensteht. Ähnlich formuliert Art. 2 I GG, wenn er dem Recht auf Entfaltung des einzelnen die Rechte anderer und die verfassungsmäßige Ordnung entgegenstellt. Andererseits weist schon der Wortlaut auf unterschiedliche Akzentuierungen hin: Nach Art. 12 der japanischen Verfassung ist das Volk immer dafür verantwortlich, daß die Freiheiten und Rechte zum öffentlichen Wohl genutzt werden. Eine ähnlich umfassende Formulierung findet sich im Grundgesetz – sieht man von Art. 14 II 2 GG ab, wonach der Gebrauch des Eigentums zugleich dem Wohle der Allgemeinheit dienen soll – nicht; sie würde insbesondere auch der liberalen Grundrechtsinterpretation widersprechen, nach der die Freiheiten im einzelnen zum Gebrauch nach eigenem Belieben gewährleistet und nicht von vornherein auf die Erfüllung von öffentlichen Zwecken bezogen oder instrumentalisiert sind. Trotz solcher Akzentunterschiede dürfte es aber für den europäischen Beobachter, dem der Topos von der ausgeprägten Gemeinschaftsgebundenheit der japanischen Gesellschaft immer wieder begegnet, zunächst überraschend sein, daß in den Normen so betont vom Individuum die Rede ist. Die Frage läßt sich deshalb jedenfalls am Ausgang stellen: Hat Japan mit dem Neuanfang 1945 einen Weg eingeschlagen, der zu einer inhaltlichen Konvergenz mit europäisch-nordamerikanischen Vorstellungen führt? Gibt es in beiden Kulturen den gemeinsamen Bezugspunkt eines einheitlichen Verständnisses des Verfassungsstaats, der von den drei Elementen: Grundrechte, Demokratie und Gewaltenteilung ausgeht und der entscheidend vom Individuum her aufgebaut ist?

4. Die Plausibilität für die vergleichende Fragestellung wächst, wenn man für das westliche Verfassungsdenken, insbesondere auch für das Grundgesetz

in einem zweiten präzisierenden Schritt hinzufügt, daß darin nicht nur vom Grundrechtsindividualismus die Rede ist, sondern die Gemeinschaftsgebundenheit des einzelnen durchaus thematisiert wird. Für das Grundgesetz ist insoweit die richterrechtliche Formulierung eines Menschenbildes des Grundgesetzes einschlägig. Das BVerfG hat immer wieder die folgende Formel verwendet: „Das Menschenbild des Grundgesetzes ist nicht das eines isolierten souveränen Individuums; das Grundgesetz hat vielmehr die Spannung Individuum – Gemeinschaft im Sinne der Gemeinschaftsbezogenheit und Gemeinschaftsgebundenheit der Person entschieden, ohne dabei deren Eigenwert anzutasten. Das ergibt sich insbesondere aus einer Gesamtsicht der Art. 1, 2, 12, 14, 15, 19 und 20 GG. Dies heißt aber: Der Einzelne muß sich diejenigen Schranken seiner Handlungsfreiheit gefallen lassen, die der Gesetzgeber zur Pflege und Förderung des sozialen Zusammenlebens in den Grenzen des bei dem gegebenen Sachverhalt allgemein Zumutbaren zieht, vorausgesetzt, daß dabei die Eigenständigkeit der Person gewahrt bleibt"[4].

Angesichts dieser Formulierung läßt sich nochmals die Frage stellen: Stehen sich die Verfassungsordnungen von Japan und Deutschland letztlich doch recht nahe, haben sie einen ähnlichen Ausgleich zwischen Individualismus und Gemeinschaftsgebundenheit gefunden? Gilt es, um die vorhandenen Übereinstimmungen festzustellen, nur gewisse Wahrnehmungsdefizite zu vermeiden, also einerseits für Japan den Wortlaut der Verfassung, der die Einzelpersönlichkeit und das Individuum mehr als üblicherweise vermutet betont, zur Kenntnis zu nehmen und andererseits für Deutschland das vom BVerfG herausgearbeitete Element der Gemeinschaftsgebundenheit stärker zu beachten? Kann man auf der Basis der bisherigen Überlegungen ohne weitere Vorklärungen mit der Rechtsvergleichung beginnen, also die Interpretation der Normen in den beiden Verfassungsordnungen miteinander vergleichen? Oder muß man tiefer nachforschen und einige Vorfragen über die Bedingungen eines Rechtsvergleichs, der die Grenzen zwischen zwei Kulturen übergreift, klären?

Anlaß, die Bedingungen der Rechtsvergleichung zu problematisieren, gibt es in grundsätzlicher Hinsicht. Für den westlichen Bereich wird zu Recht immer wieder die starke Verwurzelung des Denkens über Staat, Gesellschaft und den einzelnen in den tiefen Schichten der europäisch-nordamerikanischen Kultur betont[5]. Zu Recht werden in diesem Zusammenhang immer wieder die Wurzeln in der Antike, im Christentum, in der gemeinsamen europäischen Geistesgeschichte des Naturrechts und der Aufklärung hervorgehoben. Diese tiefe Verwurzelung des Staatsdenkens gilt gerade auch für die Stellung des Individuums, für die Idee der Selbstbestimmung und Autonomie des Indi-

---

4 BVerfGE 4, 7 (15 f.). Nachweis der Rechtsprechung und ihre Interpretation bei *P. Häberle*, Das Menschenbild im Verfassungsstaat, 1988, 44 ff.
5 Im deutschen Sprachraum hat sich insbesondere *Peter Häberle* für das Programm einer Verfassungslehre als Kulturwissenschaft ausgesprochen.

viduums. In der *Entstehung* war der Verfassungsstaat kulturbedingt, bedingt durch spezifische Auffassungen in der westlichen Kultur. Ist der Verfassungsstaat (und hier das Konzept der Selbstbestimmung) nicht auch bei seiner *Verwirklichung* in der Gegenwart kulturabhängig? Muß man nicht mit relevanten Akzentverschiebungen und Verständnisunterschieden rechnen, wenn die Grundelemente des Verfassungsstaats, etwa auch das Konzept der Selbstbestimmung, in einer anderen Kultur realisiert werden sollen?

5. Die kulturelle Prägung der Rechts- und Verfassungsordnung kann auf mindestens zwei Ebenen verfolgt werden. Sie kann zum einen zu einem unterschiedlichen Verständnis der Rechtsregeln, der Normen selbst führen. Im Kontext von Selbstbestimmung und Gemeinschaftsgebundenheit könnte es beim Vergleich von Japan und Deutschland andere Akzentsetzungen bei der Entscheidung über einen Konflikt zwischen dem Entfaltungsanspruch des einzelnen und den Belangen von Gemeinschaften oder der Allgemeinheit geben.

Die kulturelle Prägung einer Rechtsordnung kann sich aber auch auf einer zweiten Ebene zeigen, nämlich beim Gebrauchmachen von eingeräumten Regeln. Ins Blickfeld tritt dann das Verhältnis zwischen Rechtsregeln und Sozialnormen. Letztere können auch darüber bestimmen, ob rechtlich eingeräumte Befugnisse wahrgenommen werden dürfen oder nicht. Es geht also um die Frage, ob man sich gewöhnlich auf Rechtsnormen und von ihnen eingeräumte Befugnisse berufen kann oder ob es eine Art Vorrang von Sozialnormen gibt, die z. B. ein gütliches Miteinander-Auskommen postulieren und deshalb zunächst ein umfangreiches Bemühen um einen Ausgleich verlangen. Keine Gesellschaft lebt nur nach Rechtsnormen oder gestaltet alle sozialen Beziehungen nach Maßgabe der Rechtsnormen. Unterschiedlich und im engeren und eigentlichen Sinne kulturabhängig dürfte aber das konkrete Ausmaß sein, in dem das Recht die sozialen Beziehungen steuert. Unterschiedlich dürfte also die soziale Relevanz von Recht sein.

Gerade wenn man das Verhältnis von Sozialnormen zu Rechtsnormen thematisiert, wird deutlich, daß die Rechtsvergleichung zur Kulturvergleichung ausgeweitet werden muß, daß die Rechtsvergleichung durch die Dimension der Kulturvergleichung ergänzt oder erweitert werden muß.

Rechtsvergleichung als Kulturvergleichung zu betreiben ist insbesondere dann notwendig, wenn man Rechtsvergleichung nicht nur als eine Methode oder ein Unternehmen ansieht, das im Vergleich der einzelnen Rechtsordnungen auf der Suche nach der optimalen Rechtsregel für bestimmte Sachprobleme ist, sondern wenn man, darüber hinausgehend, nach dem Rechtsleben, nach der Bedeutung des Rechts in einer Gesellschaft fragt. Beim ersteren Verständnis ist das fremde Recht eine mögliche Quelle einer besseren Lösung. Bei der zweiten Perspektive geht es darum, das gelebte Recht und überhaupt das durch Recht mitbeeinflußte Leben und Handeln in einer Gesellschaft verstehen zu wollen. In einer immer enger werdenden Welt braucht man Wissen über die sozialen Abläufe in einem anderen Land und über die

Rolle, die dabei das Recht – und zwar das gelebte Recht – spielt. Das Interesse richtet sich dann auf die Analyse kultureller Eigenarten in den sozialen Abläufen und kultureller Verwirklichungsbedingungen für das geschriebene Recht.

II.

Was heißt in unserem Zusammenhang, Rechtsvergleichung als Kulturvergleichung zu betreiben?

1. Das Programm richtet sich zunächst darauf, das deutsche und insoweit das westliche Recht in seinem kulturellen Zusammenhang näher zu verstehen. Ausgehend von den Normen des geschriebenen Rechts ist dessen Verwurzelung in der westlichen Kultur ausdrücklich zu untersuchen, sind seine Tiefenschichten Stück für Stück offenzulegen. Der Blick wird dabei auf die individualistische Gesellschafts- und Staatstheorie des Naturrechts und der Aufklärung, aber auch auf weiter zurückreichende Wurzeln der christlichen und antiken Auffassungen über die Rolle des einzelnen fallen. Wie stark der Individualismus in westlichen Gesellschaften und ihrem Recht verankert ist, zeigt die – repräsentative – Stellungnahme von *Peter Häberle*: „Jurisprudenz und Staatsrechtslehre sehen das Individuum in seiner Einzigartigkeit im Zentrum des Rechts. Das Subjekt ist zwar gestuft in Solidaritätsbereiche eingebunden, aber es bleibt der „archimedische Punkt". Das Kollektiv ist sekundär ... Alle juristischen Disziplinen, ... die am und im Verfassungsstaat arbeiten, setzen unverdrossen und ohne erkennbaren Selbstzweifel auf das Individuum als Subjekt: als – ersten und letzten – Wert"[6].

2. An diese Analyse schließt sich die Frage an, welche Parallelen oder unterschiedlichen Traditionen es in dem anderen Land, hier in Japan, im Hinblick auf die kulturellen Vorstellungen über den einzelnen und seine Rolle in Staat und Gesellschaft gibt. Das Interesse richtet sich darauf, welche Bedeutung heute philosophische und sozialethische Traditionen etwa des Konfuzianismus und anderer Strömungen im japanischen Geistesleben haben. Da sich in allen Ländern Traditionen wandeln, ergibt sich die Frage, welche Traditionen in den letzten Jahrzehnten verändert und abgebaut worden sind, welche

---

6 *Häberle* (Fn. 4), 81. In der Fußnote 225 führt *Häberle* weiter aus, daß die Subjektstellung des Menschen wohl die spezifische Kulturleistung Europas sei. Sie übe heute auf die ganze Welt große Faszination aus. Der mindestens programmatische Erfolg der universalen Menschenrechte zeige dies. Bezeichnenderweise kommt *Häberle*, der die Universalität der Menschenrechte betont, an dieser Stelle zu einer bemerkenswerten Relativierung: „Freilich ist es denkbar, daß über die Kulturabhängigkeit der Menschenrechte bzw. des Menschenbildes Modifizierungen 'ins Bild' kommen. Die Menschenrechte werden mit Fug universal gefordert, aber sie können genau gesehen eben nur im Kontext der verschiedenen Kulturen gelebt werden ('regional'). Die Kultur Asiens und Afrikas kann nicht einfach von den Menschenrechten her 'buchstabiert' werden".

sich als durchgängig erwiesen haben. Hier besteht für den westlichen Beobachter das größte Problem. Es ist relativ leicht, für frühere Jahrzehnte oder Jahrhunderte die Bedeutung der sozialethischen Strömungen herauszuarbeiten. Das entscheidende Problem bleibt, welche Rolle sie heute noch spielen. Um es an unserem Thema, dem Verhältnis zwischen Individualismus und Gemeinschaftsbindung zu exemplifizieren[7]: Die traditionelle Sozialstruktur in Japan ist in der (westlichen) Literatur vielfach beschrieben. Hervorgehoben wird die Vertikalität der Sozialstruktur; als kennzeichnend für Japan und generell den ostasiatischen Kulturkreis gilt das Denken in hierarchischen Systemen, also in Vorstellungen der Über- und Unterordnung und die daraus folgende Notwendigkeit der Einordnung des einzelnen[8]. Eng verwandt damit ist die häufige Interpretation der japanischen Gesellschaft nach dem sog. Gruppenmodell. Nach dieser Interpretation bildet in Japan eher die Gruppe als das Individuum die primäre Handlungseinheit. Innerhalb einer solchen Gruppe (zum Beispiel Unternehmen, Ministerium, Verband) besteht ein starkes Zusammengehörigkeitsgefühl, während man sich nach außen, gegenüber anderen Gruppen abgrenzt. Diese Gruppenorientierung hat nach geläufigen Auffassungen auch für das moderne Wirtschaftsleben große Bedeutung und gilt als ausschlaggebend für die weltweiten Erfolge der japanischen Unternehmen. Erklärt wird der behauptete Gruppencharakter der japanischen Gesellschaft durchweg mit geistes- und sozialgeschichtlich begründeten Eigenarten der japanischen Kultur[9]. So überzeugend sich diese Auffassung für die japanische Vergangenheit darstellt, so schwierig wird die Überprüfung der anschließenden These, daß diese kulturellen Eigenarten auch noch in der Gegenwart wirkkräftig seien. Das Reden von der japanischen Gruppengesellschaft ist so sehr zu einem Gemeinplatz der Literatur – und zwar sowohl der japanischen als auch der westlichen – geworden, daß es nicht verwundert, wenn inzwischen energischer Widerspruch gegen diese Auffassung laut geworden ist. In einer vom Deutschen Institut für Japanstudien durchgeführten empirischen Untersuchung zu den Wertemustern in Bezug auf Familie und Arbeitswelt wird der Wertewandel im Nachkriegsjapan analysiert. Erklärtes Ziel der Studie ist es,

---

7 Im folgenden wird mehrfach auf die Ausführungen in *meinem* Beitrag: Die Person im Ständestaat und im Rechtsstaat, in: Festschrift für E.-W. Böckenförde, 1995, 81 ff., zurückgegriffen.
8 Dazu etwa *H. Buchholz*, Art. „Ostasien", in: Staatslexikon der Görres-Gesellschaft, Bd. 7, 1993, 746 und *G. Rahn*, Rechtsdenken und Rechtsauffassung in Japan. Dargestellt an der Entwicklung der modernen japanischen Zivilrechtsdogmatik, 1990, 19 f., 46 f.
9 In einem aus- und tiefgreifenden Versuch, die geistigen Rahmenbedingungen der Entstehung der japanischen Rechtsordnung zu umschreiben, hat *Rahn* (Fn. 8), 23-58, 378-380 als traditionelle Merkmale der japanischen Denkart u.a. die folgenden Elemente zusammengestellt: Als geistesgeschichtliche Faktoren nennt er zum einen die Abwertung des Ichs in einem Weltbild, das die Einheit des Menschen mit seiner Umwelt betont, und zum anderen das Gebot der Harmonie in der Hierarchie als Erbe konfuzianischer Ethik. Die traditionelle große Bedeutung der Familie habe zu einem Modellcharakter des Eltern-Kind-Verhältnisses geführt, so daß Zusammenschlüsse außerhalb der primären Gruppe der Familie sich wiederum nach familiären Ordnungsprinzipien richten.

„das ein besseres Japan-Verständnis am meisten behindernde Stereotyp von der gruppenorientierten Gesellschaft Japans im Gegensatz zur individualistisch geprägten Gesellschaft Europas einer kritischen Überprüfung zu unterziehen"[10]. Es kann dabei nicht überraschen, daß als eines der Ergebnisse eine Pluralisierung der Einstellungen in Japan festgestellt wird[11]. Darüber hinaus kommen die Autoren zu dem Ergebnis, daß in der japanischen Gesellschaft seit dem Ende des Zweiten Weltkriegs insgesamt eine Höherbewertung von Individualismus und Egalität stattgefunden hat[12]. Für die Individuen werde die selbstbestimmte Lebensgestaltung, die die eigenen Interessen zum Zentrum hat, immer wichtiger. Dies heiße aber nicht, daß die Gruppen an sich keine Rolle mehr spielten. Konstatiert wird eine Bedeutungsverschiebung von den großen, unüberschaubaren sozialen Gefügen zu den kleineren und überschaubaren Gruppen.

Hier kann diese grundsätzliche Kontroverse nicht ausdiskutiert werden. Differenzierung und Wahrnehmung vom ganz gewiß vorhandenen Wandel tut sicherlich not[13]. Bei all dem kann aber nicht übersehen werden, daß sich die Wandlungsprozesse, die als solche sowohl in Japan als auch in den westlichen Gesellschaften stattfinden, von sehr unterschiedlichen Ausgangspositionen aus entwickeln. So kann sich in der japanischen Gesellschaft recht viel verändern, auch in Richtung auf eine Höherbewertung des Individuums, ohne daß dies auf eine substantielle Konvergenz mit den – sich im übrigen weiter individualisierenden – westlichen Gesellschaften hinauslaufen muß. Jedenfalls erscheint es mir im Vergleich mit Ostasien ratsam und die fruchtbarere Hypothese zu sein, daß unterschiedliche Traditionen, zumal wenn sie so starke Abweichungen voneinander haben, eine Rolle spielen und konkrete Auswirkungen haben.

Für den deutschen (oder europäischen) Beobachter bleibt es die entscheidende Ausgangsfrage, welche Wirkungen oder Nachwirkungen die traditionel-

---

10 *H.D. Oelschlaeger u.a.*, Individualität und Egalität im gegenwärtigen Japan (Monographien aus dem deutschen Institut für Japanstudien der Philipp-Franz-von-Siebold-Stiftung), 1994, 19. – Eine Reihe von exemplarischen Zitaten zur Interpretation nach dem Gruppenmodell findet sich a.a.O., 35 ff.
11 A.a.O., 384.
12 A.a.O., 382 f.
13 Dazu gehört auch die Binnenunterscheidung bei der behaupteten Gruppenorientierung zwischen Gruppen mit privatem Charakter und solchen mit öffentlichem Charakter. Interessant ist die These von *Tadashi Suziki* (Grundlagen einer nicht-westlichen Industriegesellschaft. Die Organisationsprinzipien der vertikalen und horizontalen Gruppen in Japan, in: H.-J. Karnadt/G. Trommsdorf [Hrsg.], Deutsch-japanische Begegnungen in den Sozialwissenschaften, 1993, 125 [30]), daß in Europa die Trennung zwischen Privat und Öffentlich eine Trennung von Individuum und Gruppe mit sich gebracht habe, in Japan habe der entsprechende Vorgang zu einer Trennung zwischen Gruppen mit privatem und solchen mit öffentlichem Charakter geführt. Weder in der privaten noch in der öffentlichen Gruppe habe sich aber eine Autonomie des Individuums wie in Europa herausgebildet.

le japanische Sozialethik, etwa der Konfuzianismus, in der Gegenwart noch hat.

3. Besondere Aufmerksamkeit beanspruchen Rezeptionsvorgänge, wie sie in den zitierten Artikeln der japanischen Verfassung über die Würde des einzelnen und die Achtung des einzelnen als Einzelpersönlichkeit zum Ausdruck kommen. Hier ist immer der Doppelcharakter von Rezeptionen zu beachten, der die Übernahme von fremdem Gedankengut zugleich verbindet mit der Anverwandlung an eine eigene Traditionen; das regelmäßige Ergebnis ist, daß eine neue Verbindung, möglicherweise auch Neues entsteht.

Häufig wird der Doppelcharakter von Rezeptionen nicht hinreichend deutlich, wenn man nur die Texte des geschriebenen Rechts miteinander vergleicht. In letzter Zeit ist bei der Beurteilung des japanischen Rechts immer wieder hervorgehoben worden, daß das lebende Recht einzubeziehen wäre. Ich beziehe mich etwa auf die Einschätzung von *Llompart*[14]. Er betont, daß das lebende Recht in Japan nicht so europäisch oder westlich sei, wie der Wortlaut der japanischen Rechtsnormen und die gesamte Rechtsdogmatik oder Rechtsphilosophie der japanischen Rechtsgelehrten es seien. Am Beispiel des Strafrechts führt er aus: „Die Theorie des Strafrechts (die Strafrechtsdogmatik), wie man sie in Büchern und Aufsätzen lesen kann, ist ganz und gar 'made in Germany', die praktische Anwendung des Strafrechts ist dagegen 'made in Japan', also im Gegensatz zu Europa typisch japanisch". – Im weiteren ist in der neueren Diskussion (in Japan) umstritten, ob es wegen der großen Bedeutung des Schlichtungsgedankens und -wesens eine eigenständige, von westlichen Vorbildern unterschiedliche Rechtsauffassung in Japan gebe[15]. Dazu kann hier nicht Stellung genommen werden. Im vorliegenden Zusammenhang interessiert allein, daß sich ähnliche Fragen für die grundsätzlichen Vorstellungen über Staat und Gesellschaft und die Stellung des einzelnen in beiden ergeben: Wie stark hängen die aktuellen Auffassungen über die Stellung des Individuums und seiner Gemeinschaftsgebundenheit im gelebten Recht in Japan von den rezipierten Vorstellungen ab, wie stark sind sie durch Elemente der eigenen Tradition und Kultur geprägt?

Für den europäischen Betrachter ist die Beurteilung auch deshalb besonders schwer, weil die Auffassungen der japanischen Autoren beträchtlich differieren und weil längere Zeit eine Tendenz vorherrschte, die Geprägtheit durch die eigene traditionelle Kultur gering zu veranschlagen und statt dessen die Übereinstimmung mit dem rezipierten westlichen Recht zu betonen. Demgegenüber scheint es mir, daß in jüngerer Zeit die Zahl der Stimmen zunimmt, die die Eigenart der japanischen Rechtskultur hervorheben. Als Beispiel dafür

---

14 *J. Llompart*, Japanisches und europäisches Rechtsdenken, in: M. Yasaki u.a. (Hrsg.), Japanisches und Europäisches Rechtsdenken – Versuch einer Synthese philosophischer Grundlagen, Rechtstheorie Bd. 16 (1985), 131 (137).
15 Zur Diskussion über das Rechtsbewußtsein der Japaner *Kiyoshi Igarashi*, Einführung in das japanische Recht, 1990, 48 ff.

sei die Stellungnahme von *Tsuyoshi Kinoshita* zitiert, der unter der Fragestellung, zu welcher Rechtsfamilie (legal group) das japanische Recht gehört, zusammenfassend bemerkt[16]: „Some scholars argue that modern Japanese Law is not closely connected with traditional Japanese Law. That is to say, that there is a historical discontinuity between the ... traditional Japanese Law and ... modern Japanese Law. But if you look at the 'living law' you can find embodied in it the traditional conception of the Japanese Law. This means Japanese Law has been 'westernized', but it was and is not 'Western Law'".

Aus der Sicht des westlichen Beobachters erscheint mir diese Beurteilung plausibel. Je mehr man für den westlichen Rechtskreis und für das westliche Verfassungsdenken dessen Verwurzelung in der eigenen Kultur hervorhebt, desto mehr muß man auch – im Umkehrschluß – damit rechnen, daß sich in Ländern mit anderen kulturellen Traditionen aus der Verbindung rezipierter mit eigenen Vorstellungen eigenständige Auffassungen ergeben. Daß Tradition und Kultur als bedeutsame Faktoren für das gelebte Recht zu gelten haben, gilt natürlich für beide Kulturkreise, für den westlichen in der gleichen Weise wie für den ostasiatischen. Deshalb erscheint es mir als plausible Ausgangshypothese, daß für die Grundfragen der Vorstellungen über Staat und Gesellschaft und die Stellung des einzelnen in beiden nicht von einer einlinigen Rezeption, sondern von einer wechselseitigen Durchdringung rezipierter und traditioneller Elemente in Japan ausgegangen werden muß.

Wiederum gewinnt die schon oben angesprochene Frage besondere Relevanz, ob es in Japan spezifische Auffassungen über die Stellung des einzelnen im Verhältnis zur Gemeinschaft gibt. Sollte sich ergeben, daß der Individualismus in Japan anders oder geringer ausgeprägt ist als im westlichen Kulturkreis, sollte man bei der Interpretation eines solchen Sachverhalts vorsichtig sein. Aus meiner Sicht ist es weder zwingend noch naheliegend, darin eine noch bestehende Unentwickeltheit (oder eine Unterentwickeltheit) der japanischen Verhältnisse gegenüber dem westlichen Stand zu sehen. Gegenüber dieser eurozentrischen Interpretationsvariante muß als gleichberechtigter Interpretationsansatz – vielleicht sogar als der näherliegende Interpretationsansatz – gelten, daß in einer anderen Kultur auch in diesen zentralen Fragen über das Verhältnis des einzelnen zu Gemeinschaften und zum Staat andere und aus der spezifischen Kultur eigengeprägte Auffassungen bestehen. Nicht ein Minus, sondern ein Aliud wäre dann im Verhältnis zwischen dem Westen und Japan festzustellen.

4. Für die kulturvergleichende Betrachtung verschiedener Rechtsordnungen ist ein weiterer gedanklicher Schritt notwendig, der zugleich auch typisch für das besondere Vorgehen dieses Ansatzes ist. Fragt man nach der Stellung des einzelnen in Gesellschaft und Staat unter kulturvergleichender Perspek-

---

16 *Tsuyoshi Kinoshita*, Japanese Law and Western Law, in: Festschrift Zentaro Kitagawa, 1992, 219.

tive, dann ist es unerläßlich, die Vorfrage nach der Rolle des Rechts in den verschiedenen Kulturen und Gesellschaften zu thematisieren. Es ist nämlich eine der augenfälligsten und wichtigsten Lehren aus der kulturübergreifenden Vergleichung des Rechts, daß die Rolle des Rechts im sozialen Leben nicht in allen Kulturen die gleiche ist. Der Umfang, in dem das Recht in einer Gesellschaft ein Mittel der Konfliktsteuerung ist, kann beträchtlich variieren. Insbesondere können soziale Normen verhindern, daß sich der einzelne auf das Recht (sogleich) berufen kann. Man könnte insofern von sozialen Ausübungsschranken für das Recht oder von Anwendungsbedingungen von Recht im sozialen Leben sprechen.

In unserem Zusammenhang ist dieses Thema aus dem folgenden Grund von Bedeutung: Es könnte sich etwa ergeben, daß das positive Recht, aber auch die Rechtsdogmatik in Japan von Prinzipien und Figuren ausgehen, die von einer individualistischen Konstruktion der Beziehungen zwischen den einzelnen und zwischen dem einzelnen und dem Staat (und anderen Gemeinschaften) geprägt sind. Wenn es daneben aber vorrangige oder gleichberechtigte soziale Normen gibt, die das Berufen auf diese Rechtspositionen beschränken und darüber hinaus stärker die Gemeinschaftsgebundenheit des einzelnen betonen, dann wäre die gesellschaftliche Wirklichkeit viel weniger individualistisch ausgerichtet, als es die Normen indizieren. Anders gewendet: Im gelebten Recht und in der sozialen Wirklichkeit könnten sich die kulturellen Eigenarten als recht wirksam und wirkkräftig erweisen. Wiederum kann ich insoweit, was Japan betrifft, nur Fragen zur dortigen Rolle des Rechts stellen.

Die als Vergleichsgegenstand dienende Situation in den europäisch-westlichen Gesellschaften läßt sich – in starker Verkürzung – wie folgt umschreiben. In der westlichen Kultur ist das Recht eine Grundkategorie des sozialen Lebens, eine anerkannte eigenständige Ordnungsmacht. In Europa kam es im Vernunftrecht der frühen Neuzeit zu der grundsätzlichen Wende, daß die Verklammerung von Recht und Moral aufgebrochen wurde[17]. Als Folge davon hat sich ein ausgeprägtes Grundverständnis herausgebildet, nach dem die Beziehungen des einzelnen zum Staat, aber auch die Verhältnisse der einzelnen untereinander wesentlich vom Recht geordnet sind. Das Recht definiert den einzelnen als Rechtsperson und stabilisiert seine Stellung, indem es ihn als Inhaber von subjektiven Rechten begreift. Die Rechtsordnung hat den Individualismus voll aufgegriffen und im einzelnen ausgeformt. Nach der westlichen Mentalität darf man sich auf die vom Recht umschriebenen Befugnisse, auf sein Recht, berufen und dieses durchsetzen, ohne dadurch gesellschaftlichen Sanktionen ausgesetzt zu werden. Hervorzuheben ist die generell starke Verrechtlichung des sozialen Lebens in den europäisch-nordamerikanischen Gesellschaften. Sie ist in Europa nicht erst das Kennzeichen der modernen Ent-

---

17 Dazu *H. Hofmann*, Geschichtlichkeit und Universalitätsanspruch des Rechtsstaats, Der Staat 34 (1995), 1 (6 ff., 9 f.).

wicklung, sondern tief in der geschichtlichen Vergangenheit angelegt. Muß man dann nicht umgekehrt damit rechnen, daß andere Kulturen insoweit eigene Wege gegangen sind? Diese Frage erscheint mir insbesondere im Hinblick auf Japan (und generell den ostasiatischen Kulturkreis) berechtigt. Allgemein bekannt – und schon bei unserem Symposium vor 4 Jahren mehrfach angesprochen – ist die hohe Bedeutung des Schlichtungswesens in Japan. Diese „echte japanische Spezialität"[18] kann man unterschiedlich interpretieren, nämlich einerseits als Alternative *im* Recht, wie auch als Alternative *zum* Recht, je nach dem, ob sich die Schlichtung inhaltlich auf rechtliche oder außerrechtliche Maßstäbe stützt. Insgesamt spricht vieles dafür, daß die große Bedeutung des Schlichtungswesens eine andere Auffassung von der Rolle des Rechts im gesellschaftlichen Leben als in den westlichen Ländern widerspiegelt.

Eine weitere japanische Besonderheit kann man als relativen Vorrang von Sozialnormen vor Rechtsnormen charakterisieren. Zwischenmenschliche Beziehungen werden in Japan häufig eher als gesellschaftliche denn als rechtliche verstanden; und selbst dann, wenn Rechtsverhältnisse existieren, stehen die persönlichen Beziehungen im Vordergrund[19]. Pointiert faßt der japanische Rechtssoziologe *Rokumoto* dieses Verständnis so zusammen: „Nach diesen Ordnungsvorstellungen ist am wichtigsten für die Gewährleistung der sozialen Ordnung nicht die den allgemeinen Bestimmungen – seien es Gesetze, gewohnheitsrechtliche Vorschriften oder auf Vertrag beruhende autonome Rechtsvorschriften – beigegebene immanente Verbindlichkeit, sondern die faktische Verbindlichkeit der Gefühle und Dankespflichten zwischen bestimmten Menschen, die auf der Kumulation gegenseitiger Handlungen der beteiligten Parteien beruht. Die Rechtsnormen und die staatlichen Rechtseinrichtungen werden nicht genutzt, um zu erfahren, nach welchen Richtlinien die Beziehungen der Partei geregelt und Probleme gelöst werden, sondern sie sind etwas, auf das man erstmals als Mittel des letzten Entscheidungskampfes zurückgreift, wenn die menschlichen Beziehungen ihre Bindungskraft verloren haben"[20]. In diesem Zitat kommt die zentrale Bedeutung der sozialethischen Dankespflicht (giri) zum Ausdruck. Unter anderem ist sie dafür verantwortlich, daß in Japan häufig das, was einem zukommt, nicht mit Rechtsansprüchen durchgesetzt wird, daß der Berechtigte nicht etwas „verlangt", sondern auf das Funktionieren anderer, insbesondere sozialer Mechanismen

---

18 *Igarashi* (Fn. 15), 45.
19 K. *Zweigert/H.J. Puttfarken*, Zur Vergleichbarkeit analoger Rechtsinstitute in verschiedenen Gesellschaftsordnungen, in: dies. (Hrsg.), Rechtsvergleichung, 1980, 406 f. Die Autoren weisen in diesem Zusammenhang darauf hin, daß das Kernstück der regelmäßig kurz gefaßten japanischen Verträge eine Klausel sei, die den Parteien auferlege, bei Meinungsverschiedenheiten „in bester Absicht zu verhandeln".
20 Zitiert bei *Rahn* (Fn. 8), 407.

vertraut[21]. Auch in diesem Zusammenhang gibt es sicherlich Wandlungen in der gegenwärtigen japanischen Gesellschaft und eine zunehmende Bereitschaft, vom Recht Gebrauch zu machen.

Angesichts dieser Beobachtungen zur Rolle des Rechts in Japan spricht vieles für die Annahme, daß dort dem Steuerungsinstrument Recht eine grundsätzlich andere Rolle als in den westlichen Gesellschaften zukommt. Der Verrechtlichungsgrad ist dort geringer, was umgekehrt einer größeren Bedeutung von Sozialnormen entspricht. Vor allem gibt es auch beträchtliche außerrechtliche Ausübungsschranken gegenüber bestehenden Rechtsbefugnissen: Die gesellschaftliche Moral bildet zunächst eine Barriere gegenüber der umstandslosen Berufung auf das eingeräumte Recht. Deshalb ist die soziale Wirksamkeit des Rechts anders und dimensional geringer als in westlichen Gesellschaften. Die japanische Gesellschaft verfügt demgegenüber über andere Konfliktlösungsmechanismen, und das Ergänzungsverhältnis zwischen Rechts- und Sozialnormen ist anders, nämlich mit stärkerem Gewicht bei den Sozialnormen ausgestaltet.

Im vorliegenden Zusammenhang folgt aus diesen Überlegungen: Das hier interessierende Thema der Selbstbestimmung ist nicht allein im Kontext der Rechtsnormen zu diskutieren, sondern es muß gleichberechtigt auch im Hinblick auf die Sozialnormen beantwortet werden. Dies weist auf die schon oben aufgeworfene Frage zurück, wie stark in der japanischen Gesellschaft in den wichtigen Normen der Sozialethik der Individualismus und das Konzept der Selbstbestimmung verankert ist und welche Rolle dort der Gedanke der Gemeinschaftsgebundenheit und der gegenseitigen Rücksichtnahme spielt. Die Vermutung sei geäußert, daß sich bei einem so ausgeweiteten Vergleich beträchtliche Unterschiede zwischen dem gelebten Recht in Deutschland und in Japan im Hinblick auf das Spannungsfeld: individueller Selbstentfaltungsanspruch und Gemeinschaftsgebundenheit ergeben.

III.

Zum Abschluß sei eine deutsche Diskussion aufgegriffen, an der sich nochmals exemplarisch die Frage nach Gemeinsamkeiten und Unterschieden zwischen deutschem und japanischem Denken über Individualismus und Gemeinschaftsorientiertheit entzünden kann. Es geht um den jüngst diskutierten Vorschlag, die Forderung nach mehr Gemeinschaftssinn deutlicher in der Verfassung zu verankern. Der Versuch ist im Rahmen der Verfassungsreform von

---

21 Grundsätzlich zur sozialethischen Dankespflicht *Rahn* (Fn. 8), 51 f., 406 f. *Rahn* betont aber zu Recht, daß auf die Durchsetzung individueller Interessen wegen des Harmoniegebots nicht etwa verzichtet wird, sondern daß andere, psychische und soziale Mechanismen greifen, a.a.O., 52.

1994 erfolglos geblieben und zwar aus bezeichnenden Gründen, die viel mit der Eigenart des deutschen Denkens über das Verhältnis des einzelnen zu Gesellschaft und Staat zu tun haben.

Bei den Diskussionen der Gemeinsamen Verfassungskommission in den Jahren 1993/94 war vorgeschlagen worden, das GG durch einen Artikel mit dem Wortlaut zu ergänzen: „Jeder ist zu Mitmenschlichkeit und Gemeinsinn aufgerufen".

Hintergrund des Vorschlages war die folgende Diagnose (ich zitiere wörtlich aus der Begründung des damaligen Vorschlags): „Freiheit, Gleichheit, Brüderlichkeit sind seit der Französischen Revolution die Grundprinzipien allen aufgeklärten Verfassungsdenkens. Im Zentrum westeuropäisch-nordamerikanischer Verfassungstradition steht der Schutz des einzelnen vor staatlicher Gewalt durch die Garantie individueller Freiheitsrechte, wie sie vornehmlich in Art. 2 ff. des Grundgesetzes verankert sind. Diese liberale Tradition hat große Fortschritte gebracht, die zu bewahren sind. Dennoch stehen wir heute vor Problemen, die aus einem rücksichtslosen Gebrauch der Freiheitsrechte resultieren. So sind in unserer Zivilisation ein Übermaß an Egoismus, fortschreitender Entsolidarisierung, Atomisierung des gesellschaftlichen Gefüges sowie ein Rückzug ins Private zu beklagen"[22]. Es folgt eine längere Aufzählung von negativ bewertenden Entwicklungen und dann die Folgerung: „Der Vorrang des freiheitlichen Individuums, so erweist es sich, führt nicht zwingend zu Gerechtigkeit und Verantwortungsfähigkeit des einzelnen in einer humanen Gesellschaft."

An eine schon länger bekannte Kritik an den bürgerlichen Menschenrechten anknüpfend[23], erheben die Vertreter dieses Vorschlags den Einwand, daß das Grundrecht der Entfaltung der Persönlichkeit den anderen nur als begrenzendes Element, nur als Schranke der eigenen egoistischen Freiheit in den Blick nehmen. Dagegen werde der andere als häufig unerläßliche – und auch bereichernde – Bedingung der eigenen Freiheitsentfaltung im Recht nicht angemessen wahrgenommen[24]. Die Diagnose selbst ist nicht bestritten worden. Trotzdem lohnt es sich, kurz darüber nachzudenken, warum sie richtig ist. Erinnert man sich an das oben behandelte Ergänzungsverhältnis zwischen Rechts- und Sozialnormen, dann kommt doch zunächst ins Blickfeld, daß in Art. 2 I GG der Entfaltung des einzelnen Schranken gesetzt sind, unter anderem auch durch das Sittengesetz. Ist oder wäre dies nicht ein Ansatzpunkt, um die Gedanken der Gemeinschaftsgebundenheit und der Mitmenschlichkeit aufzufangen und zu thematisieren?[25] Nähere Analyse zeigt aber, daß diese Schranke des Sittengesetzes in der deutschen Grundrechtsdogmatik und in

---

22 BT-Drs. 12/6708, S. 2 f.
23 Dazu *Ch. Gramm*, Mitmenschlichkeit und Gemeinsinn als Verfassungsrechtsatz. Zum Entwurf eines neuen Art. 2a GG, JZ 1994, 611 ff.
24 *D. Suhr*, Die Entfaltung des Menschen durch den Menschen„ 1974.
25 So in der Tat *Gramm* (Fn. 23).

der Rechtsprechung der letzten 50 Jahre gerade nicht entfaltet worden ist. Diese Schranke lebt ein Schattendasein; die Verfassungsinterpreten befällt eine gewisse Verlegenheit bei der Auslegung dieser Schranke, jedenfalls hat sie wenig praktische Relevanz. Im Ergebnis findet der Entfaltungswille des einzelnen seine Schranken durch die Rechte anderer und durch die zur verfassungsmäßigen Ordnung gehörenden Rechtsvorschriften. Dem entspricht die weitverbreitete Einstellung der Deutschen, daß sie in den sozialen Beziehungen zu anderen grundsätzlich ihre Rechtspositionen vollumfänglich ausüben dürfen, daß sie sich nur zu begrenzen haben, soweit Rechtsvorschriften entgegenstehen. Diese Bemerkung mag ein Stück überzeichnen, weil sich natürlich die sozialen Beziehungen auch in den westlichen Gesellschaften nicht allein am Recht und Rechthaben orientieren; im Kern aber hat sie Berechtigung.

Die Trennung von Recht und Ethik ist im deutschen Denken konsequent durchgeführt. Aus diesem Grund wurde letztlich auch der Vorschlag zur Einfügung des Postulats der Mitmenschlichkeit und des Gemeinsinns abgelehnt: Es setzte sich erneut die Auffassung durch, daß das Grundgesetz ein Verfassungsgesetz ist, das – nur – rechtliche Prinzipien und Verpflichtungen enthalten soll, nicht aber mit moralischen Appellen angefüllt oder überfrachtet werden dürfte.

Wo haben dann aber der Aufruf zur Mitmenschlichkeit und Gemeinsinn ihren angemessenen Platz? Die Antwort verweist auf die Instanzen, von denen die moralisch-sittliche Orientierung erwartet wird – dies sind die Gesellschaft und ihre Gruppen[26]. Die Gesellschaft selbst ist aber, wie das oben erwähnte Zitat unwidersprochen zum Ausdruck bringt, sehr individualistisch und sogar weithin egoistisch geprägt – der Gedankengang kehrt an seinen Ausgangspunkt zurück, ohne daß eine Lösung in der Sache angeboten werden könnte. Erforderliche Rücksichtnahme muß im Wege der Rechtsetzung, durch konkrete und spezielle Rechtsvorschriften verankert und im einzelnen ausgestaltet werden[27]. Die Gemeinschaftsgebundenheit, von der die Formel des Bundesverfassungsgerichts zum Menschenbild des Grundgesetzes[28] spricht, wird in beträchtlichem Umfang durch das Recht hergestellt, die einzelnen und die Gesellschaft leben sie häufig nicht selbstverständlich aus sich selbst heraus.

---

26 Vgl. hierzu in philosophischer Sicht die Kommunitarismus-Debatte: *Ch. Zahlmann* (Hrsg.), Kommunitarismus in der Diskussion, 1992; *M. Brumlik/H. Brunkhorst* (Hrsg.), Gemeinschaft und Gerechtigkeit, 1993; *A. Honneth* (Hrsg.), Kommunitarismus. Eine Debatte über die moralischen Grundlagen moderner Gesellschaften, 1993; *G. Frankenberg* (Hrsg.), Auf der Suche nach der gerechten Gesellschaft, 1994; *W. Brugger*, Zur Herausforderung der Rechtsphilosophie durch die politischen Umwälzungen der Gegenwart, Der Staat 33 (1994), 427 ff.; *Ph. Selznick*, Kommunitaristischer Liberalismus, Der Staat 34 (1995), 487 ff.
27 Je weniger die Gesellschaft aus sich selbst heraus soziale Orientierung im Sinne von Rücksichtnahme gewährleisten kann, desto mehr werden neue Rechtsvorschriften erforderlich, die den Handlungsraum des einzelnen von dem des anderen im Wege des Rechts abgrenzen: Die Verrechtlichung nimmt weiter zu.
28 Dazu oben unter I.

Mit der Frage, ob sich eine solche Diskussion, wie die in der Gemeinsamen Verfassungskommission, auch in Japan hätte abspielen können oder ob man dort ein grundsätzlich anderes Problemverständnis hat, möchte ich meine fragmentarischen Überlegungen zu einer kulturvergleichenden Betrachtung zum Thema Individualismus und Gemeinschaftsgebundenheit beenden.

Koichi Yonezawa

The right of minors to self-determination

I. Introduction

The right of self-determination is widely debated with respect to the Japanese Constitution, for instance in terms of scope, the principle of restriction, and standards for determining constitutionality. This paper focuses on the right to self-determination with respect to minors[1].

II. General analysis

The right of minors to self-determination is characterized by the following arguments:

(a) Many restrictions on this right are purported to be for the protection of minors themselves;

(b) The level of security afforded to minors is often based on considerations such as age, preventing minors from enjoying equal treatment;

(c) Restrictions take many forms within the triangular (child – parent – state) structure; and

(d) Restriction is often effected using the term „student" rather than „minor".

1. Protection of minors

Many restrictions on minors are purportedly for the protection of minors. Some of the legislations in this area give the protection of minors as the stated

---

[1] The right of the elderly to self-determination is also expected to attract increasing interest in future. The tendency to lack full decision-making capacity may be a common point between elderly persons and minors, but there are also substantial differences between the two groups. Firstly, personal differences among elderly persons of the same age are likely to be larger. Classifications based purely on age are thus likely to generate more instances of over-inclusive and under-inclusive classification. Secondly, elderly persons are considered to have previously been in possession of full decision-making capacity, and therefore in a position to prepare for diminishing capacity in old age by making certain decisions in advance. Thirdly, elderly persons are afflicted by deterioration of both physical and mental faculties. This means that the right to self-determination, once removed or restricted, will not be reinstatet through to the eventual time of death.

purpose. For example, the purpose of Ordinance in the Prefecture of Okayama on the Protection and Development of Youths is to „promote the healthy development of youths by protecting them from circumstances or acts with the potential to threaten healthy growth" (Article 1). Other laws, such as the Prohibition of Alcoholic Consumption by Minors Act and the Prohibition of Smoking by Minors Act, do not have a clearly-defined objective as such, although the restrictions contained therein suggest that the purpose is once again the protection of minors.

But it is all too easy to rationalize the restriction of minors' right by using abstract expression such as „protection". To determine the constitutionality of laws and regulations, we need to subject not just the means but also the objectives to thorough scrutiny.

Before judging the objectives of legislation, we must first define the objectives themselves, not in terms of abstract concepts such as „protection of minors" but using more concrete ideas such as protection from death or injury in traffic accidents (Objectives that are too abstract or too wide in scope generate the risk that the scope of means judged as acceptable during subsequent analysis would be too wide). Having defined the type of protection concretely, the next step is to determine whether or not it is actually required in modern society.

2. Classification by age

Although the Constitution itself does not stipulate the age at which a person is deemed to become an adult, Article 3 of the Civil Code defines adults as persons no less than 20 full years of age. Many other laws give 20 years as the threshold of adulthood, including the Public Offices Election Act (Article 9, Clause 1), the Prohibition of Alcoholic Consumption by Minors Act (Article 1, Clause 1) and the Prohibition of Smoking by Minors Act (Article 1). While existing laws give adulthood as age 20 in the general sense, many differ widely when it comes to the age at which a person is deemed to have acquired the capacity to make decisions for him or herself. Some laws specify 18 years of age, others 16, and others 15.

Eighteen years represents the age when males may marry, according to Article 731 of the Civil Code (although Article 737 adds that the consent of the parent is also required up to the age of 20). The Road Traffic Act also uses 18 as the age when a person can obtain an ordinary license (Article 88, Clause 1).

Sixteen years is the age when females may marry (Article 731 of the Civil Code; parental consent is required up to the age of 20 as above), and also the age when a person may obtain a motorcycle license (Article 88, Clause 1 of the Road Traffic Act).

At 15 years of age, a person is deemed capable of making a will (Article 961 and 962 of the Civil Code), and of giving his or her consent to adoption (Article 797) although permission must be obtained from the Family Court up to the age of 20 (Article 798).

It could be argued that the „general" and „specific" ages used to define adulthood in existing legislations should be lowered, and that greater consistency is required among the definitions. However, the decision on where to draw the boundary line represents an overall judgment, based on physiological, psychological, social and other factors.

Similarly, the passage of twelve months does not produce a distinct and measurable difference in maturity. As a general rule, therefore, this is left to the discretion of the legislature.

Furthermore, classification according to age only abstracts differences among minors of the same age. While certain minors will always have greater decision-making ability than others, the use of age standards in legislation can be interpreted as constitutional in terms of maintaining legal stability and objectivity.

On the other hand, many legislations do not specify the age of adulthood. In such cases, the court would make an independent assessment of the minor's maturity level and recognize the right to self-determination where appropriate.

3. Types of regulation

The many regulations regarding the right of minors to self-determination can be grouped into several types.[2] Here we shall focus on the role of parent(s).

All minors, because of their mental and physical immaturity, are dependent to some extent on others, particularly their parent(s). Because of this, parent(s) compensate for the child's lack of decision-making ability, helping the child to exercise the right of self-determination. At the same time, the parent(s) also restrict the child's use of this right. The question of the right of minors to self-determination must therefore be considered in the context of a triangular structure of child – parent – state, rather than a simple relationship between the child and the state. This generates three separate requirements: (i) maximizing the autonomy of the child; (ii) respecting the right of parent(s) to raise and educate their children; and (iii) state protection for minors.

The ways in which minors exercise the right to self-determination within this triangular structure can be broadly classified as follows:

(i) minors exercise this right independently, for instance Article 961 of the Civil Code, granting persons 15 years and over the right to make a will;

---

2 The following general classification may be made: (1) Punishment under the law applies to either (i) minors only, (ii) adults only, or (iii) both minors and adults. (2) Methods of sanction can be classified as (i) criminal punishment, (ii) administrative measures designed to disadvantage the offender, and (iii) civilian measures designed to disadvantage the offender.

(ii) minors exercise this right with the consent of parent, for instance Articles 731 and 737 of the Civil Code, granting persons 18 years and over (16 for females) the right to marry;

(iii) minors exercise this right with the permission of a Family Court or similar institution of the State, for instance Article 797 and 798 of the Civil Code, granting persons 15 years and over the right to consent to adoption;

(iv) the parent(s) or a state institution act as proxy in making decisions, provided that the child is granted an opportunity to express his or her views, for instance Articles 54, 70 and 72 of the Family Tribunal Rules, as described below.

(v) the parent(s) act as proxy in making decisions, for instance Article 821 of the Civil Code, giving parent(s) the right to designate the place of residence; and

(vi) no person may act as proxy in making decisions, for instance Article 3 of the Eugenic Protection Act on sterilization.

The Constitution does not give any direct orders as to which of these many regulations should be used at any given time. This legislature selects the form of regulation most suitable in light of the three requirements mentioned above, and the judiciary scrutinizes whether the form of regulation conforms exactly with the legislative objective.

4. Students

Restrictions defined as applying to students rather than young people are often imposed under legislations and school rules. Legislations such as the Horseracing Act (Articles 28 and 34) and the Bicycle Racing Act (Articles 7-2 and 21) prohibit not just minors but „students" from purchasing or accepting racing tickets, and stipulate fines for those responsible for issuing the tickets. School rules, meanwhile, impose restrictions on hair style, dress, the use of motorbikes, and other matters, as described below.

One could reasonably argue that these freedoms are not covered under the right to self-determination enshrined in the Constitution. Certainly, legislation that attempts to apply restrictions to university students as well as minors could be argued to be over-inclusive and hence unconstitutional with respect to violation of the provisions of equality. Similarly, one could question the legality of restrictions imposed by school rules, since these potentially exceed the authority of schools charged with providing ordinary education in accordance with the mental and physical development stage of pupils (School Education Act Articles 17, 18, 35, 36, 41 and 42).

III. Detailed analysis

1. Right to make decisions regarding one's life and body

Jehova's Witnesses refuse blood transfusion for reasons of religious freedom. The result of this refusal can be viewed as a question of the right to make decisions concerning one's own life and body. Blood transfusions to minors may be refused in a variety of ways, which can be classified as either:

(i) the parents refuse the transfusion, although the minor does not express an opinion of his/her own; or

(ii) the minor refuses the transfusion him/herself, in which case the minor may be considered either (a) mature or (b) immature with regards to decision-making.

An instance of case (i) occurred in 1985. The hospital concerned did not seek permission for a blood transfusion from the courts. The police decided that the refusal of the blood transfusion was not linked to the subsequent death, and did not consider the parents subject to criminal liability. The case therefore did not proceed to the court. It is interesting to consider nevertheless the possible outcome had the transfusion been contested in court as a matter of life and death. There does not exist a previous decision supporting the refusal of a blood transfusion to an adult, but this obviously cannot be applied directly to minors.[3] Where a child's life would be saved by a blood transfusion, the judicial precedent of legal principle set in the United States is appropriate: „When a child's right to live and his parents' religious belief collide, the former is paramount, and the religious doctrine must give way."[4]

In case (ii) above, the issue is the maturity of the minor with respect to capacity for making decisions. Since present legislation does not specify the age at which consent may be given for blood transfusion, it is up to the judiciary to judge the child's level of maturity as it sees fit.[5] If the child is judged to be mature in this respect (case (ii) (a)), then he or she will be afforded the same right to self-determination as an adult (although the level of decision-making ability considered necessary should be made high in matters of life and death). If the judiciary finds the child to be not mature enough (case (ii) (b)), then neither the minor's nor the parents' refusal of a blood transfusion would be recognized if the transfusion were deemed necessary to save the minor's life.

---

3 Oita District Court, December 2, 1985, Hanrei-jiho 1180-113, found that an adult patient receiving cancer treatment other than blood transfusion could not be termed a simple case of „choice to die".
4 In re Clark, 21 Ohio Op. 2d 86, 185 N.E. 2d 128 (1962).
5 Under the Enforcement Provisions of the Act Concerning Control over the Extraction and Distribution of Blood, persons 16 and older are permitted to give blood.

2. Composition and continuance of the family

Article 731 of the Civil Code states that males under 18 years and females under 16 years may not marry. Article 737 adds that the consent of parent is required for minors to marry. Not acknowledging the marriage of minors until a given age imposes a time restriction of several years. Since married life has its burdens too, it seems reasonable to make minors wait until they are more mature. For this reason, it cannot be seen as unconstitutional (Note that the difference of two years between males and females is extremely dubious with respect to the equal protection clause of the Constitution). The question of whether to draw the line of terms of age, and if so at what age, is in principle left up to the legislature. Although requiring parental consent for marriage does effectively restrict the freedom of young people close to adulthood, it cannot be called unconstitutional. A time restriction of several years allows the parent to compensate for the child's lack of maturity in decision-making and to exercise his or her right of consent in the best interests of the child.

Under Articles 797 and 798 of the Civil Code, minors 15 years and older are able to give their consent to adoption. Approval is required from a court but not from a legal representative. This ensures maximum independence of the child within the parent-child relationship, while the approval of the court protects the child's interests.

There also exists legislation granting minors 15 years or over the opportunity to express views with respect to composition and maintenance of the family unit (although this is not strictly the right of self-determination). For instance, under Articles 54, 70, and 72 of the Family Tribunal Rule, the child may express his or her views when his or her custodian or parent is chosen or changed in a court divorce. (Such provisions do not exist when the Family Court specifies the custodian in an out-of-court divorce, nor in tribunal proceedings to strip a parent of his or her parental right.)

Granting the child an opportunity to express views in this way ensures that the views of the child are taken into account, and is widely recognized as an important bridge toward self-determination. Article 12 of the Convention on the Rights of the Child, ratified by Japan in 1994, specifies the right to express views. This means that the child must be granted an opportunity to express his or her preferences during proceedings to determine the custodian in an out-of-court divorce, and in tribunal proceedings to strip a parent of his or her parental right.

3. Reproduction

Article 14 of the Eugenic Protection Act stipulates the circumstances under which abortion may be permitted (In reality, abortion is virtually unchecked). The Act does not provide for any special treatment of minors with respect to abortion, requiring only the „consent of the woman and her spouse". Taken literally, then, a minor who fell pregnant could not have an abortion without the consent of her husband (if married). It is unconstitutional to allow a husband to veto an abortion, thereby granting him control over his wife's body and the central part of her life. On the other hand, an unmarried minor is free to carry out an abortion at her own discretion (The consent form used does not have a space for the parents to provide their consent).

Article 3 of the Eugenic Protection Act allows sterilization in certain situations, except for „minors or persons with psychiatric disorders or mental retardation". Thus, minors may not be sterilized even if they give their consent. In order to respect individuals, the right of minors to exercise self-determination with respect to sterilization is „frozen" until such time as they reach adulthood.

Regarding sexual behavior of minors, Article 34, Clause 1, Section 6 and Article 60, Clause 1 of the Child Welfare Act state that who forces youths into obscene acts shall be punished, where a youth is defined as a person under the age of 18 years. Article 177 of the Criminal Code provides punishment for adultery involving girls under 13 years of age, regardless of whether or not the consent of the girl is given. The Youth Protection Ordinance provides punishment for persons engaging in obscene acts with youths under the age of 18, regardless of whether or not consent is given (although punishment is usually not forthcoming when the offending party is also a youth).

The constitutionality of the Ordinance is often called into question during court cases, because the wording is vague and the scope of restriction is very wide.[6] The legislative objectives need to be concreted. Thus, if we consider protection under the Criminal Code as well, in principle, the Ordinance has independent stature regarding sexual acts with youths 13 and older but less than 18. Regarding the sexual act, a common occurrence, this should be taken to mean that youths 13 and older in principle possess decision-making capacity close to that of an adult, although this may be compromised under certain circumstances. Thus, the legislative purpose of the Ordinance should be interpreted as limited to protection not from ordinary sexual acts but from sexual acts solicited through threats or coercion. If so, then the scope of sexual acts potentially prohibited as „obscene acts" under the Ordinance is both too wide and too vague.

With regard to the definition of „youth" requiring protection, some feel that youth should be up to 16 years of age, since Article 731 of the Civil Code recognizes the right of females of 16 and older to marry, while others feel that youth should be up to 13 years of age, based on Articles 176 and 177 of the

---

6 The Supreme Court makes no mention of the right to self-determination. By concentrating on the problem of vagueness and making only limited interpretations, it found that this did not violate Article 31 of the Constitution (October 23, 1985, Keishu 39-6-413).

Criminal Code. However, due to the number of different arguments regarding the definition of youth under the Ordinance, in principle this is left up to the legislature. Personal differences, too, are abstracted and classifications based on age are not seen as unconstitutional given the need to maintain legal stability and objectivity.

4. Life style

Restrictions on hair style, clothing, motorbike usage, and smoking and drinking represent example of actual issues at present. Opinion is divided on whether these freedoms are covered by the right to self-determination under the Constitution. The issue concerns the involvement of the school, and hence should be treated as one concerning the bounds of authority of the school.

Enforcement of the closecropped hair: (i) is uniform and without exception, thereby preventing choice of other hairstyles; (ii) permeates into life outside of school; and (iii) applies to male students at junior high schools (and on rare occasions at senior high schools).[7] This is irregular even in the context of general life guidance for students. Schools naturally have authority over students within the school grounds. But it is difficult to find any rational connection between educational objectives such as preventing misconduct and fostering devotion to studies, and rules that specify the closecropped hair as the only acceptable form of hairstyle. Schools are exceeding their authority by insisting on the closecropped hair, and this can be construed as illegal. The prohibition of perms, on the other hand, can be seen in the context of permitting freedom of hairstyles in principle while rejecting certain specific types, and in this sense does not constitute the same limit on freedom as the closecropped hair rule.[8]

Stipulation regarding clothing do not represent such an infringement as the closecropped hair regulations, since students can always change clothes after school. But again, it is difficult to find any rational connection between the educational objectives of the school and the need to insist that all students wear identical clothing. This, too, can be construed as illegal.

Many senior high schools forbid students from obtaining a motorbike license and purchasing or riding a motorbike, and discipline violators.[9] Senior

---

7 The Kumamoto District Court found that, as an issue of gender discrimination, this did not violate the equal protection clause of the Constitution (November 13, 1985, Gyoshu, 36-11-12-1875).
8 The Tokyo District Court found that choice of hairstyle was part of the right to self-determination but supported the ban on perms, arguing that this did not constitute enforcement of a particular hairstyle as such (June 21, 1991, Hanrei-jiho, 1388-3).
9 The Takamatsu High Court ruled that the freedom to obtain a motorcycle license was protected under the Constitution as a personal freedom, but upheld the constitutionality of the restriction on this freedom as consistent with the purpose of the school as an institution (February 19, 1990, Hanrei-jiho, 1362-44).

high schools do this despite the fact that persons 16 and older are able to obtain a motorbike license under the Road Traffic Act. Since it is not the school's responsibility to protect students from death and physical injury incurred in traffic accident on the road, there is no grounds for such a rule (If it were found to be dangerous for minors 16 and older to be riding motorbikes, then this should be addressed via modifications to the Road Traffic Act). It is difficult to see how the authority of the school, with respect to preventing misconduct and fostering devotion to studies, can be extrapolated to an across-the-board ban on motorbikes. Even if an argument could be mounted to this effect, the most a school should be able to do is to forbid students from using their motorbikes to come to school, for instance due to parking restrictions. Schools should not be allowed to prevent students from obtaining a motorbike license, nor from riding motorbikes after school.

Drinking and smoking by minors are restricted under the Prohibition of Alcoholic Consumption by Minors Act and the Prohibition of Smoking by Minors Act, both of which provide punishments for not the minors themselves but the parent(s) and/or retailers. In recent years, there have been very few instances of punishment under these Laws. Drinking and smoking by junior and senior high school students are only prohibited under school rules. Although 20, the age specified under the Laws, is said to be inappropriately high for modern society, this could not be argued to be unconstitutional in light of the definition of adulthood as 20 under the Civil Code and the Public Offices Election Act. Furthermore, disciplinary action can be argued as legitimate in terms of the link between preventing smoking and drinking and maintaining the school environment.

However, the severity of disciplinary action could be argued as illegal, if regarded as violation of the principle of relative protection.

Iwao Sato

Ermessen und Partizipation im japanischen Verwaltungsverfahren

I. Einführung

In der modernen Gesellschaft hat sich der Tätigkeitsbereich der Verwaltung sehr stark erweitert und dadurch ist der tägliche Lebensraum der Bürger immer weiter und tiefer berührt worden. Vor diesem Hintergrund hat sich auch in Japan immer stärker die Erweiterung der Bürgerbeteiligung am administrativen Willensbildungs- und Entscheidungsprozeß durchgesetzt, und zwar, um die Selbstbestimmung der Bürger zu ermöglichen. In diesem Referat werde ich mich mit dem Problem der Bürgerbeteiligung in Japan am Beispiel des Stadtplanungsbereiches aus rechtssoziologischer Perspektive befassen. Dabei möchte ich gleichzeitig das Problem des Ermessens, das die Planungsbehörde ausübt, erwähnen, denn es gibt enge Beziehungen zwischen der Bürgerbeteiligung und dem Verwaltungsermessen; die Bürgerbeteiligung ist nämlich nichts anderes als der Versuch, Einfluß auf den Ermessensbereich des Verwaltungsbeamten auszuüben.

Im folgenden werde ich zuerst die Grundzüge des gesetzlichen Stadtplanfeststellungsverfahrens in Japan erklären (II), dann das Problem erörtern, in welchem Sinne die Planungsbehörde ein Ermessen hat (III), ferner die gegenwärtige Situation der Bürgerbeteiligung im Stadtplanungsbereich analysieren (IV) und schließlich einige Ausblicke zeigen (V).

II. Grundriß des gesetzlichen Stadtplanfeststellungsverfahrens

Die Geschichte des japanischen Stadtplanungsrechts begann im Jahr 1888. Die gegenwärtige rechtliche Grundlage ist das Stadtplanungsgesetz von 1968 i.d.F. von 1992, das viele Nebengesetze hat, so z. B. das Gesetz über die Richtlinien des baulichen Vorhabens von 1950 i.d.F. von 1992, das Gesetz über städtebauliche Sanierungsmaßnahmen von 1969 i.d.F. von 1990, das Gesetz über Umlegung von 1954 i.d.F. von 1990 usw.

Das Stadtplanungsgesetz bestimmt das Grundprinzip der Stadtplanung in dem Sinne, daß der Zweck der Stadtplanung in der Sicherung des gesundheitlichen und kulturellen Stadtlebens und der funktionellen Stadttätigkeit liegt und daß zur Verwirklichung dieses Zwecks der Grund und Boden in der Stadt unter angemessener Beschränkung rationell genutzt werden soll (Art. 2). Bis 1992 kannte das japanische Stadtplanungsgesetz nur den Stadtplan, der die konkrete bauliche Nutzung für ein gewisses Gebiet geregelt hat. Erst durch die Gesetzesänderung von 1992 wurde der stadtplanerische Hauptplan, der die Grundlinien der Stadtplanung der Gemeinde regeln soll, neu geschafften (Art. 18b). Damit wurde das zweistufige Stadtplanungssystem wie in der Bundesrepublik Deutschland auch in Japan eingeführt.

Die Entscheidungsbefugnis liegt grundsätzlich beim Gouverneur der Präfektur als Organ der Zentralregierung[1] und, soweit die Stadtplanung nicht regionenübergreifend ist und keine großzügige Erschließung betrifft, bei der Gemeinde (Art. 15). Zum Verfahren zur Stadtplanfeststellung des Präfektur-Gouverneurs vgl. Anhang I.

Bezüglich der Bürgerbeteiligung am Stadtplanfeststellungsprozeß kennt das Stadtplanungsgesetz die folgenden Vorschriften: Bei der Erstellung des ursprünglichen Planentwurfs *kann* der Gouverneur der Präfektur bzw. die Gemeinde eine Maßnahme, die die Meinung der Bürger zum Planentwurf erkennen läßt, z. B. öffentliche Befragung oder informative Versammlung, treffen, sofern sie es als nötig beurteilen (Art. 16). Die vorgezogene Bürgerbeteiligung ist also nicht zwingend vorgeschrieben. Nur bei der Feststellung des stadtplanerischen Hauptplans hat die Gemeinde die Verpflichtung, eine Maßnahme, die die Meinung der Bürger zu dem Planentwurf erkennen läßt, z. B. öffentliche Befragung, durchzuführen (Art. 18a Abs. 2). Der letzte Entwurf soll binnen zwei Wochen für den Bürger öffentlich ausgelegt werden, und dabei kann der Bürger schriftlich seine Meinung dazu äußern (Art. 17).

In Japan bedarf die Feststellung des Stadtplans nicht des Beschlusses durch den Rat. Statt dessen bedarf er des Einverständnisses der regionalen Beratungskommission für Stadtplanung und ferner der Genehmigung der übergeordneten Organisation: die Stadtplanfeststellung der Gemeinde bedarf der Genehmigung des Gouverneurs der Präfektur, und die Stadtplanfeststellung des Gouverneurs der Präfektur bedarf der Genehmigung der Zentralregierung, d. h. des Bauministers (Art. 18). Hier möchte ich darauf aufmerksam machen, daß die Stadtplanfeststellung der Lokalregierung stark durch die Zentralregierung kontrolliert werden kann.

---

[1] Aus historischen Gründen hat der Gouverneur der Präfektur in Japan bei seinen Aufgaben eine doppelte Stellung, und zwar als Organ der Zentralregierung und als Chef des Selbstverwaltungsorgans. Die Aufgaben, die der Gouverneur der Präfektur als Organ der Zentralregierung zu erfüllen hat, werden „Kikan Inin Jimu" (dem Organ übertragene Aufgaben) genannt.

III. Verwaltungsermessen: In welchem Sinne hat die Planungsbehörde einen freien Ermessensspielraum?

Obgleich nach dem Grundsatz der gesetzmäßigen Verwaltung die Entscheidungen und das Handeln der Verwaltung durch das Gesetz bestimmt werden sollten, bestimmt das Gesetz tatsächlich das Verwaltungshandeln nicht eindeutig und die Verwaltung hat folglich immer einen – mehr oder weniger – freien Ermessensspielraum für ihre Entscheidungen.

Im allgemeinen kann man zwei Fälle unterscheiden, in denen die Verwaltung einen Ermessensspielraum hat, und zwar normatives und organisatorisches Ermessen[2]. Beim *normativen* Ermessen hat die Verwaltung Spielraum für ihr Handeln, weil einmal das Gesetz – obwohl der Gesetzgeber das Verwaltungshandeln ganz genau und eindeutig bestimmen will – aus gesetzgebungstechnischen Gründen der Verwaltung einen Ermessensspielraum übrigläßt, aber auch, weil der Gesetzgeber bewußt positiv dem Verwaltungsbeamten die freie Beurteilung im konkreten Fall überläßt. Beim *organisatorischen* Ermessen hat die Verwaltung freien Spielraum für ihr Handeln in dem Sinne, daß ihre Entscheidungen durch andere Organisationen, z. B. die übergeordnete Verwaltungsorganisation, die Gerichte usw. nicht kontrolliert werden sollen, mit anderen Worten, daß sie die *endgültige* Entscheidung treffen kann.

Es muß für jeden konkreten Verwaltungsbereich festgestellt werden, in welchem Sinne und in welchem Grade das Verwaltungsorgan einen Ermessensspielraum hat. Im Bereich der Stadtplanung ist klar, daß das Verwaltungsorgan ersteres – normatives – Ermessen hat. Die Planungsverwaltung ist nämlich der Bereich, in dem der Gesetzgeber schwer eindeutige Richtlinien für das Verwaltungshandeln bestimmen kann und vielmehr bewußt der Verwaltung die freie Beurteilung im konkreten Fall überläßt[3]. Wie oben erwähnt, bestimmt das japanische Stadtplanungsgesetz ganz allgemein, daß die Stadtplanung zum Zweck der Sicherung des gesundheitlichen und kulturellen Stadtlebens und der funktionellen Stadttätigkeit aufgestellt werden soll. Unter einem solchen allgemeinen Zweckprogramm[4] ist das Verwaltungshandeln keineswegs einfache Gesetzesvollzugstätigkeit im engeren Sinne, sondern vielmehr eine schöpferische Tätigkeit zur Verwirklichung des im Gesetz vorgeschriebenen Zwecks.

Um die Frage zu beantworten, ob das Verwaltungsorgan im Bereich der Stadtplanung das zweite – organisatorische – Ermessen hat, muß man die Beziehung des Planungsorgans zu den verschiedenen Organisationen unterscheiden. *Erstens* wird, wie oben gesagt, die Stadtplanentscheidung der Verwaltung

---

2 Vgl. dazu *Ronald Dworkin*, Taking Rights Seriously (1977), pp. 31-9, 68-71.
3 Vgl. *Yoshikazu Shibaike*, Gyosei Keikaku (Die Verwaltungsplanung), Gendai Gyoseiho Taikei, Bd. 2, S. 338.
4 Vgl. *Niklas Luhmann*, Rechtssoziologie (1972), S. 88, 232.

nicht durch den Rat kontrolliert. *Zweitens* bedarf die Feststellung des Stadtplans zwar des Einverständnisses der regionalen Beratungskommission für Stadtplanung, man darf aber sagen, daß diese Kontrolle nicht stark ist, denn diese Kommission hat fast nie das Einverständnis verweigert[5]. Insofern hat die japanische Stadtplanungsverwaltung das organisatorische Ermessen, d. h. das Ermessen im Sinne von Endgültigkeit der Entscheidung, ausgeübt.

Drittens ist die Kontrolle durch Gerichte ebenfalls schwach. Die Gerichte haben nämlich die Anfechtbarkeit des Stadtplans im Sinne von Art. 3 des Verwaltungsprozeßgesetzes[6] verneint. Z. B. hat der japanische oberste Gerichtshof in seinem Urteil vom 22. Februar 1966 die Anfechtbarkeit eines Stadtplans, nämlich des Plans für die Bodenumlegung, aus folgendem Grund verneint: Der umstrittene Plan zur Umlegung (im Sinne des Umlegungsbeschlusses) sei nichts anderes als eine Blaupause, die noch keinen konkreten Inhalt der zukünftigen Umlegungsentscheidung festlegt. Die mit der Bekanntmachung des Planes gleichzeitig im Planungsgebiet hervorzubringende Verfügungs- und Veränderungssperre sei nicht die Rechtswirkung des Planes selbst, sondern nur die vom Gesetz besonders gegebene, mit der Bekanntmachung des Planes begleitete inzidente Wirkung. Ferner verneinte der japanische oberste Gerichtshof in seinem Urteil vom 22. April 1982 auch die Anfechtbarkeit eines Stadtplans zur Einteilung von Zonen aus folgendem Grund: Die neue Regelung der Boden- und Baunutzung durch den umstrittenen Plan habe zwar die Wirkung, die Rechtslage in bestimmtem Umfang zu ändern, die Wirkung sei aber nur abstrakt gegen eine unbestimmte Zahl betroffener Einwohner gerichtet und bedeute deswegen keine konkrete Verletzung des Rechts des Einzelnen im Planungsgebiet. Wenn auch diese Urteile im Schrifttum oft kritisiert worden sind[7], hat die japanische Stadtplanungsverwaltung zweifellos unter der begrenzten Möglichkeit einer judiziellen Kontrolle das Ermessen im Sinne von Endgültigkeit der Entscheidung ausgeübt.

Im Gegensatz dazu wird das Ermessen des lokalen Planungsorgans durch die Zentralregierung stark begrenzt[8]. Wie oben angesprochen, wird die Entscheidung des lokalen Planungsorgans für den Stadtplan durch die Zentralregierung kontrolliert. Als Folge davon wird das lokale Planungsorgan ständig dazu gezwungen, vorher über den Inhalt des Stadtplans mit der Zentralregierung zu verhandeln. Bei diesen Verhandlungen hat die Zentralregierung das Handeln des lokalen Planungsorgans durch die Verwaltungsempfehlungen (sog. „Gyosei Shido")[9] geregelt, und dabei sehr viele und weitreichende ver-

---

5 Vgl. z.B. *Takayoshi Igarashi*, Toshiho (Das Recht der Stadt) (1986).
6 Nach Art. 3 des Verwaltungsprozeßgesetzes sind Gegenstand der Anfechtungsklage die Verwaltungsverfügungen und sonstige hoheitliche Akte.
7 Statt vieler vgl. *Naohiko Harada*, Uttae no Rieki (1973).
8 Vgl. z.B. *Takayoshi Igarashi*, Kokka Koken Ron ni Piriodo wo (Zur Überwindung der Diskussion der Staatshoheit), Horitsu Jiho, Bd. 64 H. 5 (1992), S. 2.
9 Vgl. *Tokiyasu Fujita*, Gyoseishido: Rechtsprobleme eines Hauptmittels der gegenwärtigen Verwaltung in Japan, Die Verwaltung 15 (1982), S. 226.

waltungsinterne Bestimmungen (sog. „Tsutatsu") entwickelt[10]. Hier darf ich auch darauf aufmerksam machen, daß in Japan die Finanzierung der Stadtplanungsverwaltung oft von der Unterstützung der Zentralregierung abhängt, da die eigenen Einnahmequellen der Lokalregierung unzureichend sind[11]. Unter diesen Bedingungen ist das Ermessen des lokalen Planungsorgans ziemlich eingeengt.

Zusammenfassend läßt sich sagen, daß die Stadtplanungsverwaltung nach außen weiten Ermessensspielraum genießt und daß innerhalb der Verwaltung das Handeln der lokalen Planungsbehörde einer starken Kontrolle der Zentralregierung unterliegt.

IV. Partizipation:
Kann sich der Bürger erfolgreich an der Stadtplanung beteiligen?

Von den Funktionen, die die Bürgerbeteiligung theoretisch erfüllen könnte, werden die folgenden aufgeführt[12]:

Seitens der Verwaltung:
– Verbesserung der administrativen Entscheidungsgrundlagen durch Informationen von den Bürgern (Rationalisierungsfunktion);
– Erweiterung der Bereitschaft der Bürger, die Planung zu akzeptieren und zu erfüllen (Integrationsfunktion);
– Reduzierung der Vollzugskosten (Effektivierungsfunktion);

Seitens der Bürger:
– Abbau der Fremdbestimmung bei gleichzeitiger Erweiterung der Selbstbestimmungsmöglichkeiten der Bürger (Emanzipationsfunktion);
– Verstärkung des Rechtsschutzes (Rechtsschutzfunktion);
– Verstärkung der Kontrolle administrativen Handelns durch die Bürger (Kontrollfunktion).

Die tatsächliche Funktion der Bürgerbeteiligung ist natürlich nicht identisch mit der theoretischen. Ein grundlegender Faktor, der die tatsächliche Funktion der Bürgerbeteiligung bestimmt, dürfte darin liegen, ob der Ausgangspunkt der Bürgerbeteiligung die administrative Perspektive oder die Bürgerperspektive ist. In Japan wird oft darauf hingewiesen, daß in Japan die admini-

---

10 Die verwaltungsinternen Bestimmungen („Tsutatsu") im Bereich des Stadtplanungsgesetzes, die die Zentralregierung (hauptsächlich das Bauministerium) erlassen hat, betragen nach dem Stand vom 10. April 1995 insgesamt 94 (Eigene Berechnung aus Masami Takatsuji et al (Hrsg.), Grundlegende verwaltungsinterne Bestimmungen (Kihon Gyosei Tsutatsu) (1995), Bd. 71.
11 Vgl. *Naohiko Jinno*, Chiho Bunken to Jititai Zaisei (Dezentralisierung der Verwaltung und Finanzierung der Lokalregierung), Jurist 1074 (1995), S. 42.
12 Vgl. z.B. *Tsuyoshi Kotaka*, Jumin Sanka Tetsuzuki no Hori (Rechtstheorie des Verfahrens der Bürgerbeteiligung), 1977.

strative Perspektive, insbesondere die Integrationsfunktion, so stark in den Vordergrund rückt, daß man aus der Bürgerperspektive den Leerlauf einer formalisierten Beteiligung der Bürger feststellen kann[13]. Drei Indikatoren von Defiziten bei der Bürgerbeteiligung werde ich nachfolgend anführen.

Der *erste* ist die ungenügende vorgezogene Bürgerbeteiligung. Das japanische Stadtplanungsgesetz hat die Verwaltung lange nicht dazu verpflichtet, bei der Erstellung des ursprünglichen Planentwurfs die vorgezogene Bürgerbeteiligung vorzusehen. Ob und wie die vorgezogene Bürgerbeteiligung stattfindet, hängt hauptsächlich von der Beurteilung des Planungsorgans ab und in dieser Hinsicht ist die japanische Verwaltung sehr zurückhaltend. Der gewöhnliche Grund gegen die vorgezogene Bürgerbeteiligung lautet, ein noch nicht festgestellter Plan gäbe dem Bürger falsche Vorinformationen und brächte dadurch ein unnötiges soziales Durcheinander mit sich. Umgekehrt ließe sich sagen, es wird nur der Plan offengelegt, der so genau festgestellt ist, daß er kein „soziales Durcheinander" hervorruft. Die notwendige Folge davon ist die Verringerung der Einflußmöglichkeit der Bürger auf die Veränderung des administrativen Planentwurfs.

Das *zweite* Defizit liegt in der unzureichenden Information der Bürger. Wenn der Planentwurf vorgelegt wird, ist die Initiative der Verwaltung zur Information der Bürger sehr bescheiden. Die Öffentlichkeitsarbeit ist nämlich gewöhnlich nicht so aktiv, daß sie die Partizipationsbereitschaft der Bürger erweitert. Ferner kann der Bürger meistens den Planentwurf beim Verwaltungsbüro nur durchsehen und keine Kopie des Planungsentwurfs oder andere genauere Materialien bekommen.

Den *dritten* und wichtigsten Punkt bilden die Defizite der Responsivität bzw. Verantwortlichkeit der Verwaltung. Sowohl bei der öffentlichen Befragung für den ursprünglichen Entwurf des Plans als auch bei der öffentlichen Auslegung des letzten Entwurfs wird die Verwaltung nicht verpflichtet, auf die Meinung der Bürger zu antworten. Als Folge davon entfernt sich die Bürgerbeteiligung tatsächlich weit vom öffentlichen Austausch der verschiedenen Meinungen.

Die Gesamtstruktur der jetzigen Bürgerbeteiligung sichert die Einflußmöglichkeit der Bürger auf die Grundentscheidung der Stadtplanung nicht. Folglich kann man behaupten, daß einerseits das gesetzlich vorgesehene Verfahren zur Bürgerbeteiligung fast nichts anderes als eine „Zeremonie" ist, und daß andererseits die Verwaltung das höchste Ermessen ausübt in dem Sinne, daß die Verwaltung die Möglichkeit hat, die Einflüsse gering zu halten, die das Monopol der Verwaltung zur Stadtplanung bedrohen könnten[14].

---

13 Vgl. z.B. *Igarashi*, a.a.O. (Fn. 5); *Hiroya Endo*, Toshi Keikaku Ho 50 Ko (50 Vorlesungen über Städteplanungsrecht), 1980, S. 71 ff.
14 *Peter Bachrach* und *Morton S. Baratz*, „Two faces of Power", American Political Science Review, 56 (1962), S. 947 betont, daß die Macht ausgeübt wird nicht nur zur Verwirklichung eines Ergebnisses, sondern auch zum Verbergen eines Problems.

Als Hintergrund eines solchen negativen Verhaltens der Verwaltung zur Bürgerbeteiligung wird auf die Einstellung der Verwaltungsbeamten hingewiesen. Nach einer empirischen Untersuchung über die Einstellung der Verwaltungsbeamten, die für die Stadtplanung zuständig sind, haben sie folgende Meinung: die Stadtplanung solle das öffentliche Interesse der Stadt verwirklichen, und es sei die Aufgabe der Verwaltung, zu beurteilen, was das öffentliche Interesse der Stadt ist[15]. In dieser Meinung kann man den Standpunkt der Verwaltung erkennen, daß sie autonom – hier gegenüber den Bürgern – die Stadtplanung durchführen will. Als Folge davon wird die Bürgerbeteiligung hauptsächlich als Mittel eingesetzt, die Akzeptanz der administrativen Stadtplanung durch die Bürger zu beschleunigen.

Gegenüber dieser administrativen Einstellung wird oft behauptet, daß der Gedanke, *nur* die Verwaltung könne das *einzige* Gemeinwohl finden, in der modernen Gesellschaft mit pluralistischer Wertvorstellung immer schwieriger und unangemessener geworden ist[16]. Nach dieser Behauptung könne das Gemeinwohl erst in einem öffentlichen Meinungsaustausch zwischen der Verwaltung und den Bürgern durch die Bürgerbeteiligung gefunden werden. Die Bürgerbeteiligung ist ein wichtiges rechtliches Instrument, das die Selbstbestimmung der Bürger dahingehend absichert, wie die eigene Stadt sich entwickeln soll, und es wird die institutionelle Absicherung der verstärkten Bürgerbeteiligung am Stadtplanungsprozeß gefordert, z. B.:
– Sicherung vorgezogener Bürgerbeteiligung;
– frühzeitige und ausführliche Information;
– Verpflichtung zu einer Antwort auf die Meinungen der Bürger;
– Verstärkung der Kontrolldichte von Verwaltungsentscheidungen durch die Gerichte und des Rates als flankierende Maßnahme der Bürgerbeteiligung.

V. Ausblick

Bis jetzt habe ich über die Situation in Japan etwas pessimistisch berichtet, aber ich werde hier auch darauf aufmerksam machen, daß gegenwärtig zwei Entwicklungen zur Verstärkung der Bürgerbeteiligung beobachtet werden können. Die *erste* ist eine Entwicklung von oben. Die Zentralregierung, nämlich das Bauministerium, hat neuerdings allmählich die Wichtigkeit der Bürgerbeteiligung betont. Z. B. hat es in seiner administrativen Richtlinie vom 25. Juni 1993, die bei der Änderung des Stadtplanungsgesetzes von 1992 be-

---
15 Vgl. *Tetsuya Kitahara*, Gendai Nihon no Toshi Keikaku Katei nikansuru Koudo Bunseki (Eine Analyse des Handelns im Städteplanungsprozeß in Japan), Ehime Hoggakai Zasshi, Bd. 20 Heft 3-4, S. 111.
16 Vgl. z.B. *Igarashi*, a.a.O. (Fn. 5); *Akira Tamura*, Machi Zukuri no Hasso (Das Konzept der Stadtgestaltung) (1987); *Teruyuki Ohno et al.*, Toshi Keikaku (Stadtplanung) (1990).

schlossen wurde, dem lokalen Planungsorgan vorgeschrieben, daß die Gemeinde bei der Herstellung des stadtplanerischen Hauptplans frühzeitig den Bürgern den Entwurf des Plans offenlegen, ihn ausreichend erklären und aufgrund der bürgerschaftlichen Mitwirkung den Plan gut durchdenken soll.
Die *zweite* ist die Entwicklung von unten. In einigen aktiven Gemeinden[17] wird eine weitgehende Bürgerbeteiligung versucht. Dort organisieren die Bürger eine Konferenz zur Stadtgestaltung, die die Befugnisse zum Vorschlag der Stadtplanung, zur Forderung der öffentlichen Beratung bzw. Verhandlung mit der Verwaltung, zur Forderung der Finanzierung für Advokat-Planung usw. wahrnimmt (zum Beispiel der Stadt Kobe vgl. Anhang II). Die rechtliche Grundlage dafür ist meistens die Gemeindeordnung.

Es ist noch schwer zu beurteilen, ob diese Entwicklungen tatsächlich zu einer Verstärkung der Bürgerbeteiligung führen. Jedenfalls wird jeder Versuch einer verstärkten Bürgerbeteiligung scheitern, wenn damit nicht eine Veränderung des Selbstverständnisses sowohl der Verwaltung als auch der Bürger verbunden ist. Von der Verwaltung wird einerseits die Erweiterung der Bereitschaft zur Kooperation mit den Bürgern gefordert. Andererseits ist es gleichzeitig die Aufgabe der Bürger, daß sie in ihrer Argumentation den Standpunkt des bloßen Eigeninteresses verlassen und das öffentliche Interesse bzw. das Gemeinwohl ins Auge fassen.

Ferner fordert die Verstärkung der Bürgerbeteiligung die Umstrukturierung der Beziehung zwischen den Lokalregierungen und der Zentralregierung. Es ist eine wichtige Voraussetzung für die erweiterte Einflußmöglichkeit des Bürgers, die starke Kontrolle durch die Zentralregierung abzuschaffen und die Planungsbefugnis der Lokalregierung zu erweitern[18].

Zusammenfassend läßt sich sagen, daß es für die Absicherung der Selbstbestimmung der Bürger im Stadtplanungsbereich nötig ist, einerseits die Autonomie – d. h. das organisatorische Ermessen – der Lokalregierung gegenüber der Zentralregierung abzusichern und andererseits gleichzeitig die Teilnahme der Bürger am administrativen Entscheidungsprozeß zu verstärken.

---

17 Als solche Gemeinden werden oft aufgeführt z.B. Kobe, Setagaya (Tokyo), Yufuin (Oita), Kakegawa (Shizuoka), Manazuru (Kanagawa) usw.
18 Im jetzigen Japan ist die Dezentralisierung der Verwaltung eine der wichtigsten innenpolitischen Aufgaben. Nach dem Symposium hat das Komitee zur Dezentralisierung der Verwaltung, das aufgrund des Gesetzes zur Förderung der Dezentralisierung der Verwaltung von 1995 innerhalb der Regierung organisiert worden ist, in seinem Zwischenbericht vom 15. März 1996 die Erweiterung der Stadtplanungsbefugnis der Lokalregierung vorgeschlagen.

Anhang

I. Das Verfahren zur Stadtplanfeststellung des Präfektur-Gouverneurs nach StadtplanungsG

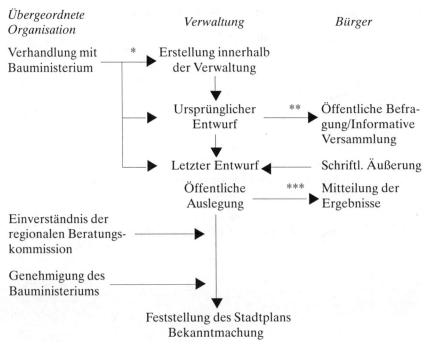

Anm.:
* informell, aber tatsächlich immer erforderlich
** nicht obligatorisch
*** nicht obligatorisch

II. Das Verfahren zur Stadtplanfeststellung nach der Gemeindeordnung der Stadt Kobe

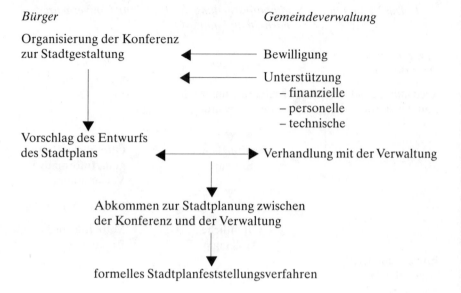

II. Strafrecht und Strafprozeßrecht

Kazushige Asada

Lebensschutz und Selbstbestimmung im Strafrecht

I. Einleitung

Die Fortschritte der modernen Medizin haben zwar bisher als unheilbar betrachtete Krankheiten nacheinander überwunden und damit einen wichtigen Beitrag für das Überleben und die Gesundheit der Menschheit geleistet. Gleichzeitig haben sie aber das Privilegsgefühl der Ärzte gefördert und das Mißtrauen der Leute gegen sie vermehrt. Beispielsweise kann es geschehen, daß der Wille des Patienten, aufgrund des Fortschritts der medizinischen Technik, vernachlässigt wird. Jetzt tritt die moderne Medizin in ein neues Stadium ein, nämlich das Leben des Menschen vom Anfang bis zum Ende manipulieren zu können. Ihre Fortschritte scheinen niemals stehenzubleiben, wie die Diskussionen über den Embryonenschutz oder die Sterbehilfe in Deutschland gezeigt hat. Hierin kann man eine ähnliche Lage dazu sehen, wie die moderne Technologie einerseits der Menschheit große Vorteile gegeben hat, während sie andererseits eine furchtbare Umweltverschmutzung mit sich gebracht hat. Diese Lage zwingt nicht nur den Mediziner bzw. den Forscher, sondern auch uns zu ernsthafter Selbstkritik, denn wir haben inzwischen den Erfolg dieser Fortschritte ohne weiteres genossen[1].

Art. 1 der allgemeinen Deklaration der Menschenrechte von 1948 erklärt, alle Menschen seien von Geburt an frei und in Würde und Rechten gleich. Nach dem Zweiten Weltkrieg wurden die Freiheit und die Würde des Menschen herausgestellt und betont. Das Leben des Menschen ist das wichtigste Rechtsgut und erfordert den größtmöglichen Schutz. Auch die moderne Medizin darf über diese Schranke nicht hinausgehen. Neuerdings hat ein privater Verband ein Programm zu einem Gesetz über die Rechte der Patienten veröffentlicht, in dem in Verbindung mit der allgemeinen Deklaration der Menschenrechte die Vorschrift vorgeschlagen wird, daß jede Person das Recht hat, genügend Informationen und verständliche Aufklärung zu erhalten und in die

---

1 Vgl. *A. Eser*, Sterbewille und ärztliche Verantwortung – Zugleich Stellungnahme zum Urteil des BGH im Fall Dr. Wittig, MedR 1995, S. 6 ff.; *ders.*, Recht und Humangenetik – Juristische Überlegungen zum Umgang mit menschlichem Erbgut, in: W. Schloot (Hrsg.), Möglichkeiten und Grenzen der Humangenetik (1984), S. 185 ff.; *ders.*, (hrsg. u. übers. von *K. Ueda* und *K. Asada*, Senntan Iryo to Keihou (= Hochentwickelte Medizin und Strafrecht) (1990), S. 79 ff. u. S. 185 ff. (Jap.); *R. Kuzuhara*, Haishi no Hogo to Keihou (= Embryonenschutz und Strafrecht, Hanzai to Keibatsu Nr. 9 (1993), S. 1 ff. (Jap.); *K. Kai*, Rinshikaijo to Keihou (= Sterbehilfe und Strafrecht, Hanzai to Keibatsu, Nr. 9, S. 97 ff. (Jap.); *K. Asada*, Shiki, Shuki no Seimei to Keihou (= Leben im Anfangs- und Endstadium im Strafrecht, Hanzai to Keibatsu, Nr. 9, S. 159 ff. (Jap.).

bei ihr anzuwendende Heilbehandlung aufgrund ihres Einverständnisses und ihres freien Willens einzuwilligen, sie zu wählen oder zu verweigern[2]. Hier ist der sog. „informed consent" vorgesehen, und die Selbstbestimmung des Patienten in der Medizin wird hervorgehoben. Die Menschenwürde und die Selbstbestimmung sind taugliche Gegenmittel gegen das Übermaß der Medizin.

Während es sich auch bei Pflanzen und Tieren um Leben handelt und das Leben des Menschen sich vom befruchteten Ei über den Embryo und Fötus zum Menschen entwickelt, behandle ich im folgenden, im Zusammenhang mit dem Thema Lebensschutz und Selbstbestimmung im Strafrecht, nur die Probleme hinsichtlich des Endstadiums des Menschen, und zwar die Selbsttötung, die Tötung mit Einwilligung, die Sterbehilfe und den Gehirntod.

II. Selbsttötung, Tötung mit Einwilligung und Selbstbestimmung

Anders als im deutschen StGB ist im japanischen StGB neben der Tötung auf Verlangen oder mit Einwilligung (d. h. Tötung in Übereinstimmung mit dem Opfer), auch die Anstiftung und die Beihilfe zur Selbsttötung (d. h. Beteiligung an der Selbsttötung) strafbar (§ 202 jap. StGB mit Zuchthausstrafe oder Gefängnisstrafe von 6 Monaten bis zu 7 Jahren). Man unterscheidet diese beiden Delikte danach, welche Person die Tötung unmittelbar vollbringt. Wenn jemand zum Beispiel einem zum Tode entschiedenen Menschen ein Gift mitbringt, handelt es sich um Beihilfe zur Selbsttötung, falls das Opfer selbst es trinkt, und um Tötung auf Verlangen oder mit Einwilligung, falls er ihn es trinken läßt. In Japan ist diese Unterscheidung freilich nicht wichtig, liegt doch in Deutschland die Schwierigkeit vielmehr darin, konsequent zu erklären, warum nur die Tötung auf Verlangen bestraft wird, obwohl das Opfer ebenso wie bei der Beteiligung an der Selbsttötung bei der Tötung auf Verlangen auf sein Leben völlig verzichtet.

1. Beteiligung an der Selbsttötung

Bei diesem Delikt ist in Japan vor allem diskutiert worden, was die Rechtsnatur der Selbsttötung und der Grund für die Bestrafung der Beteiligung an der Selbsttötung ist, denn die Beteiligung an der Selbsttötung ist strafbar, obwohl die Selbsttötung selbst keine Straftat ist.

---

2 Kanja no Kenrihou wo Tukurukai (= Verband zur Verwirklichung eines Gesetzes über die Rechte der Patienten), Kanja no Kenrihou Youkouan (= Programm eines Gesetzes über die Rechte der Patienten) vom 30.7.1991), in: ders., Ataerareru Iryou kara Sankasuru iryou he (= Von der gegebenen Medizin zur teilnehmenden Medizin) (1991), (Jap.).

In der Literatur sind darüber verschiedene Meinungen vertreten worden; d.h. erstens, die Selbsttötung sei zwar rechtswidrig aber entschuldbar[3], zweitens, sie sei zwar rechtswidrig, aber nicht strafwürdig-rechtswidrig[4], drittens, das Rechtsgut des Lebens habe Vorrang vor dem der Selbstbestimmung[5], viertens, die Selbsttötung gehöre zum rechtsfreien Raum[6], fünftens, sie sei rechtmäßig, falls der Wille zur Selbsttötung frei und ernsthaft ist[7]. Bezüglich der sog. Akzessorietät der Teilnahme ist die herrschende Meinung die limitierte Akzessorietät. Danach genügt für die Strafbarkeit der Teilnahme, daß die Haupttat eine tatbestandsmäßige und rechtswidrige Tat ist. Außerdem behauptet man, daß die Haupttat mindestens allgemein rechtswidrig sein muß, um die Beteiligung daran als strafbar zu bestimmen.

Für eine solche Situation der Gemeinsamkeit der Rechtswidrigkeit bei Haupttat und Beteiligung daran sorgen die Meinungen eins bis drei, indem sie alle die Selbsttötung als rechtswidrig betrachten. Die erste Meinung ist aber bedenklich, weil sie gar keinen Raum für die Selbstbestimmung läßt. Die zweite Meinung betont in der Regel, daß bei der Selbsttötung auch die Interessen von Familie oder Staat berücksichtigt werden müssen, und ist daher nicht vereinbar mit dem individualistischen Gedanken der gegenwärtigen Verfassung. Der dritten Meinung stimme ich zwar grundsätzlich zu, es ist mir aber noch fragwürdig, daß sie jede Selbsttötung ausnahmslos für rechtswidrig hält. Gegen die vierte Meinung kommen mir die Bedenken, ob ein rechtsfreier Raum überhaupt anerkannt werden kann. Die fünfte Meinung scheint mir zwar theoretisch am plausibelsten zu sein, es ist aber mit der japanischen Rechtslage als Auslegungstheorie fast unmöglich, die freie und ernsthafte Selbsttötung ausnahmslos als rechtmäßig zu betrachten, da gerade die Rechtswidrigkeit der Selbsttötung die positive Voraussetzung für die Strafbarkeit der Beteiligung an der Selbsttötung ist.

Meiner Meinung nach ist die allein begangene freiwillige Selbsttötung zwar rechtmäßig, denn der Wille, auf das eigene Leben zu verzichten, ist in diesem Fall vollständig. Dieser Wille ist aber dann nicht mehr vollständig, wenn die Selbsttötung erst mit Hilfe eines anderen ermöglicht werden kann, und das japanische geltende Recht betrachtet dies im allgemeinen zwingend so. Diese Unvollständigkeit des eigenen Willens bedeutet, daß die Selbsttötung in die-

---

3 So etwa *Y. Takigawa*, Keihou Kakuron (= Strafrecht, BT.) (1951), S. 30 (Jap.).
4 So etwa *H. Outsuka*, Keihou Gaisetu Kakuron (= Strafrecht, BT.), 2. Aufl. (1987), S. 22 (Jap.); *K. Nakayama*, Keihou Kakuron (= Strafrecht, BT.) (1984), S. 35 (Jap.). Vgl. auch *N. Yoshida*, Jisatsu Kyousa Houjo zai no Shobatsukonkyo (= Strafgrund der Anstiftung und Beihilfe zur Selbsttötung, Festschrift f. Shimomura, Bd. 1 (1995), S. 547 ff. (Jap.).
5 So etwa *T. Sone*, Keihou ni okeru Seitouka no Riron (= Rechtfertigungstheorie im Strafrecht) (1980), S. 149 (Jap.).
6 So etwa *R. Hirano*, Keihou Souron II (= Strafrecht, AT, Bd. 2) (1975), S. 250; *S. Saito*, Koihou Kougi Kakuron I (= Strafrecht, BT., Bd. 1), S. 97, 100 (Jap.).
7 So etwa *E. Akiba*, Jisatsu Kanyozai ni kansuru Kousatsu (= Überlegungen der Beteiligung an der Selbsttötung), Jochi Hogaku Ronshu Bd. 32, Heft 2-3 (1991), S. 137 ff. (Jap.).

sem Fall so rechtswidrig ist, daß sie die Beteiligung daran auch rechtswidrig macht. Darüber hinaus wird diese Beteiligung dadurch strafwürdig, daß die vormundschaftliche Sorge für das Leben beteiligt ist. In diesem Sinne ist das Leben doch ein besonderes Rechtsgut.

2. Tötung mit Einwilligung

Bei der Tötung auf Verlangen oder mit Einwilligung ist der Wille zum Lebensverzicht des Opfers weniger vollständig als bei der bloßen Beteiligung an der Selbsttötung, so daß die Tötung auf Verlangen als mehr rechtswidrig und strafwürdig bewertet werden kann.

Die Voraussetzungen, unter denen eine Einwilligung wirksam ist, sind erstens das Vorhandensein der Einwilligung bei der Tatzeit, zweitens die Einwilligungsfähigkeit des Opfers und drittens die Freiwilligkeit und die Wahrhaftigkeit der Einwilligung. Aus der ersten Voraussetzung kann man schließen, daß die Einwilligung sich jederzeit zurücknehmen lassen muß, und daß die erst hinterher gegebene Einwilligung gar nicht wirksam ist. Im Zusammenhang mit der zweiten Voraussetzung kann ein altes Urteil über einen erzwungenen Doppelselbstmord erwähnt werden, das die Aufforderung eines sechsjährigen Kindes zum gemeinsamen Tod als unwirksam betrachtet (Jap. RG Urt. vom 27.78.1934[8]). Bezüglich der dritten Voraussetzung ist ein noch älteres Urteil interessant, das den Angeklagten, der die Forderung der Tötung durch das Opfer als wahr mißverstand und es zu töten versuchte, während dieses sie aber tatsächlich nur als Spaß geäußert hatte, aufgrund des Irrtums zur versuchten Tötung mit Einwilligung verurteilte, obwohl die Tat objektiv als versuchte vorsätzliche Tötung beurteilt wurde (Jap. RG Urt. v. 28.4.1910[9]).

Anders als bei diesem Fall sind die Meinungen über den sog. Getarnten Doppelselbstmord verschieden. Das jap. Oberste Gericht hat im Urteil vom 21.11.1958[10] einen solchen Fall behandelt, wo der Angeklagte zunächst seiner seit längerem mit ihm verbundenen Geliebten vorschlug, sich zu trennen, sie es aber entschieden ablehnte und den Doppelselbstmord vorschlug. Er stimmte dann zwar an diesem Tag zu und verabredete, ein Gift dafür vorzubereiten. Nach drei Tagen ließ er schließlich aber zuerst sie das Gift nehmen und tötete sie, die glaubte, daß er es gleich nach ihr nehmen und sterben würde. Aber er hatte inzwischen den Willen zum Doppelselbstmord völlig aufgegeben und wollte vielmehr ihren Glauben daran ausnutzen. Das oberste Gericht verurteilte ihn nicht zur Tötung mit Einwilligung, sondern zur vorsätzlichen Tötung

---

8 Dai Kei Shu (= Neue Jap. RGE) 13, 1086.
9 Dai Kei Roku (= Alte Jap. RGE 16, 760.
10 Kei Shu (= Jap. Oberste GE) 12, 3519.

(in Japan gibt es keinen speziellen Tatbestand Mord) mit der Begründung, daß die Einwilligung des Opfers wesentlich mangelhaft und unwirksam war. In der Literatur gehen die Meinungen darüber auseinander. Die Mehrheit[11] anerkennt die vorsätzliche Tötung nach dieser Rechtsprechung, und eine Minderheit[12] behauptet, daß die Tat noch eine Tötung mit Einwilligung sei. Konsequenterweise schließt die erste Ansicht aus der sog. Handlungsunwertlehre und die zweite aus der sog. Erfolgsunwertlehre. Meiner Meinung nach sollte die Tat des Angeklagten als Tötung mit Einwilligung oder Beteiligung an der Selbsttötung gesehen werden, weil es beim Opfer keinen Irrtum darüber gab, daß es sein eigenes Leben wirklich verlieren würde, und der Irrtum vielmehr nur im Motiv der Selbsttötung bestand.

III. Sterbehilfe und Selbstbestimmung

Weil ein Ausdruck wie Euthanasie oder menschenwürdiger Tod (death of dignity) schon an sich eine bejahende Bewertung hat, scheint der Ausdruck der Sterbehilfe, den man in der Literatur in Deutschland oft finden kann, neutraler und passender zu sein. Im folgenden verwende ich aber auch den herkömmlichen Ausdruck Euthanasie. Die Euthanasie, die sich vor allem auf die Beseitigung von Schmerzen vor dem Tod bezieht, unterscheidet sich vom sogenannten menschenwürdigen Tod, bei dem es sich hauptsächlich um die Unterbrechung der Heilbehandlung bei den Patienten handelt, die nicht mehr bei Bewußtsein sind und daher keine Schmerzen zu fühlen scheinen. Wenn solche Maßnahmen eine Verkürzung des Lebens mit sich bringen, geht es um die Beteiligung an der Selbsttötung, die Tötung mit Einwilligung oder die vorsätzliche Tötung und dann um ihre Rechtfertigung oder Entschuldigung.

1. Sterbehilfe zur Beseitigung der Schmerzen (Euthanasie)

a) Die sog. echte Euthanasie, die keine Lebensverkürzung mit sich bringt, ist eine rechtmäßige Heilbehandlung. Die sog. mittelbare Euthanasie (therapeutische Euthanasie), die eine Lebensverkürzung als Nebenwirkung infolge der Linderung oder der Beseitigung der Schmerzen mit sich bringt, soll auch als rechtmäßig angesehen werden. Die Begründung dieser Rechtmäßigkeit ist aber umstritten. Während sie bisher beispielsweise durch die sog. Zwecktheorie, die das zum rechten Zweck verwendete adäquate Mittel als rechtmäßig

---

11 Vgl. etwa *S. Dando*, Keihou Kouyou Kakuron (= Strafrecht, BT.), 3. Aufl. (1990), S. 400 (Jap.); *H. Outzuka* (o. Fn. 4), S. 21 (Jap.).

ansieht, oder die sog. Sozialadäquanztheorie erklärt wurde, wird heute die die Selbstbestimmung zugrunde legende Auffassung vertreten, die behauptet, daß die vormundschaftliche Sorge für das Leben hier dadurch entfällt, daß das Interesse der Linderung oder der Beseitigung der Schmerzen zur Selbstbestimmung des Patienten beiträgt[13].

Die sog. negative Euthanasie, die die Maßnahmen der Lebenserhaltung zurückhält, stellt auch eine Euthanasie dar, soweit sie erfolgt, um die Schmerzen nicht mehr zu verlängern. Sie ist rechtmäßig, weil die Behandlungspflicht des Arztes durch die Selbstbestimmung des Patienten, d. h. die Verweigerung der weiteren Behandlung, entfällt[14]. Wenn der Patient kein Bewußtsein und damit keine Schmerzen mehr zu haben scheint, betrifft die Unterbrechung der Behandlung aber keine Euthanasie, sondern den menschenwürdigen Tod. Das besondere Problem liegt in der sog. aktiven Euthanasie, die die Beseitigung der Schmerzen durch die Tötung darstellt.

b) Ein leitendes Urteil bezüglich der aktiven Euthanasie in Japan ist das Urteil des Obergerichts Nagoya vom 22.12.1962[15]. Dies behandelte den Fall, daß ein Sohn den Vater, der nach dem Wiederauftreten von Gehirnblutungen an heftigen Schmerzen litt, aus Mitleid mit Gift tötete. Das Urteil erwähnte sechs Voraussetzungen zur rechtfertigenden Euthanasie: Erstens, daß der Patient an einer nach Kenntnis und Technik moderner Medizin unheilbaren Krankheit leidet und sein Sterben vor der Tür steht, zweitens, daß seine Schmerzen so heftig sind, daß niemand seinen Anblick ertragen kann, drittens, daß die Tat ausschließlich zum Zweck der Beseitigung der körperlichen Schmerzen erfolgt, viertens, daß es ein Verlangen oder eine ernsthafte Einwilligung des Patienten gibt, soweit er seinen Willen äußern kann, fünftens, daß ein Arzt die Maßnahmen durchführt, sofern es nicht eine besondere Situation gibt, die dies als unmöglich ansehen läßt, sechstens schließlich, daß die Methode der Tötung unter dem Gesichtspunkt der Sittlichkeit als angemessen anzuerkennen ist. Das Gericht verurteilte dann den Angeklagten wegen der Tötung mit Einwilligung mit der Begründung, daß in diesem Fall die fünfte und die sechste Voraussetzung fehlten.

Während der Angeklagte in der ersten Instanz wegen des sog. Aszendentenmordes, dessen Paragraph erst 1995 abgeschaffen worden ist, verurteilt wurde, hat dieses Urteil der zweiten Instanz durch die Bejahung der oben genannten

---

12 Vgl. etwa *R. Hirano*, Hanzairon no Shomondai (= Probleme der Verbrechenslehre), Bd. 2 (1982), S. 296 (Jap.); *K. Nakayama* (o. Fn. 4), S. 36 (Jap.); *T. Sone*, Keihou Kakuron (= Strafrecht, BT.), 2. Aufl. (1995), S. 14 (Jap.).
13 So etwa *K. Kai* (o. Fn. 1), S. 104 (Jap.); *S. Machino*, Higaisha no Doui (= Einwilligung des Opfers), in: Nishihara u.a. (Hrsg.), Hanrei Keihou Kenkyu Bd. 2 (1981), S. 165 ff., 194 (Jap.).
14 Vgl. etwa *R. Hirano*, Keihou no Kiso (= Grundlage des Strafrechts) (1968), S. 178 (Jap.); *F. Kanazawa*, Keihou to Moraru (= Strafrecht und Moral) (1984), S. 218 (Jap.).
15 Kou Kei Shu (= Jap. Oberste GE) 15, 647.

vierten Voraussetzung nur die Tötung mit Einwilligung anerkannt und damit den Angeklagten unter Strafaussetzung zur Bewährung verurteilt[16].

Aus diesem Anlaß haben sich in der Literatur die Auffassung, die unter ähnlichen Voraussetzungen eine Rechtfertigung der aktiven Euthanasie bejaht[17], und die Auffassung, die nur eine Entschuldigung anerkennt[18], gegenübergestanden. Außerdem wird heute auch die Meinung vertreten, daß das Recht auf Selbsttötung offen anzuerkennen und die aktive Euthanasie als eine Art der Durchsetzung dieses Rechts als rechtmäßig zu betrachten sei[19]. Meines Erachtens ist die Selbsttötung, die erst mit Hilfe eines anderen ermöglicht wird, doch immer noch rechtswidrig, und daher ist die aktive Euthanasie rechtswidrig und kann gegebenenfalls nur entschuldigt werden.

c) Neuerdings hat das Landgericht Yokohama im Urteil vom 28.3.1995[20] einen Fall behandelt, in dem ein Arzt die Heilbehandlung eines Patienten, der an multiplem Knochenmarkstumor leidet, aufgrund der flehentlichen Bitte des Sohns und der Frau des Patienten unterbrach, ihm in seinem bewußtlosen Zustand Kaliumchlorid spritzte und ihn sterben ließ. Das Gericht verurteilte ihn wegen Totschlags zur Zuchthausstrafe von 2 Jahren, aber gleichzeitig zur Strafaussetzung mit Bewährung von 2 Jahren. Für eine Rechtfertigung der Euthanasie forderte dieses Urteil drei Voraussetzungen: Erstens, daß es unheilbare und heftige Schmerzen des Patienten gibt, zweitens, daß sein Sterben unausweichlich ist und schon direkt bevorsteht, drittens, daß alle Mittel zur Linderung und Beseitigung der Schmerzen ausgenutzt worden sind und es kein alternatives Mittel mehr gibt. Darüber hinaus erklärte das Urteil, daß die mittelbare Euthanasie einerseits aufgrund des Charakters der Tat als Heilbehandlung und der Selbstbestimmung des Patienten erlaubt werden darf, indem der Wille des Patienten auch mutmaßlich sein kann, und daß die aktive Euthanasie andererseits aufgrund des Rechtsgedankens des Notstands und aufgrund der Selbstbestimmung des Patienten erlaubt werden darf, wobei der Wille des Patienten aber ausdrücklich erklärt sein muß. Nach dem Urteil fehlen in diesem Fall nicht nur die körperlichen Schmerzen, sondern auch die ausdrückliche Willenserklärung des Patienten.

Dieses Urteil, dem ich im Ergebnis zustimme, ist vor allem wichtig, insofern es den vom OG Nagoya abgegebenen Maßstab revidiert und darüber hinaus die Bedingungen für eine Rechtfertigung klärt. Meiner Meinung nach ist die mittelbare Euthanasie zwar rechtmäßig, der Wille des Patienten muß aber

---

16 Vgl. etwa *H. Uchida*, Anrakusi (= Euthanasie), Keihou Hanrei Hyakusen, AT., 2. Aufl., S. 46 (Jap.).
17 So etwa *Y. Takigawa* (o. Fn. 3), S. 34 (Jap.); *A. Miyano*, Anrakusi kara Songensi he (= Von der Euthanasie zum würdigen Tod) (1984), S. 274 (Jap.).
18 So etwa *C. Saeki*, Keihou Kougi Souron (= Strafrecht, AT.), 3. Aufl. (1977), S. 291 (Jap.).
19 So etwa *M. Fukuda*, Anrakusi wo meguru Futatsuno Ronten (= Zwei Probleme über Euthanasie), Jiyu to Seigi, Bd. 34, Heft 7 (1983), S. 48 ff. (Jap.).
20 Hanrei Jihou Nr. 1530, S. 28. Vgl. dazu Jurist Nr. 1072 (1995), S. 81 ff. (Jap.).

grundsätzlich nicht mutmaßlich, sondern ausdrücklich sein, weil der Patient in diesem Fall noch bei Bewußtsein ist. Hinsichtlich der aktiven Euthanasie ist noch zu überprüfen, ob der Notstand in diesem Fall, wo es um die Gegenüberstellung des Lebens und der Schmerzen ein und derselben Person geht, als Rechtfertigungsgrund herangezogen werden kann, weil der Notstand bisher als Abwälzung der Gefahr auf einen anderen charakterisiert worden ist. Meines Erachtens ist die aktive Euthanasie, wie bereits erwähnt, immer rechtswidrig und kann nur entschuldigt werden.

2. Sterbehilfe durch die Unterbrechung der Behandlung (menschenwürdiger Tod)

a) Menschenwürdiger Tod (death of dignity) heißt im allgemeinen, daß man die Heilbehandlung für den Patienten im Endstadium unterbricht und ihn dem Tod in der Lage der Beibehaltung der Menschenwürde entgegengehen läßt[21]. Dieser Begriff ist mehrdeutig; er enthält oft auch die Behandlungsunterbrechung eines im dahinvegetierenden Zustand befindlichen Patienten und unterscheidet nicht zwischen dem schmerzlichen Zustand und dem schmerzlosen. Darüber hinaus scheint mir fraglich, ob es überhaupt als menschenwürdig bezeichnet werden kann, wenn der Patient im Endstadium durch eine Unterbrechung der Nahrungsmittel- und Wasserzuführung zum Hungertod geführt wird. Im folgenden möchte ich nur auf das Problem der Sterbehilfe beim schmerzlosen Zustand eingehen.

b) In der ärztlichen Behandlung hat der Patient neben dem Recht darauf, ausreichende Behandlung zu erhalten, auch das Recht darauf, die Behandlung zu verweigern. Auch wenn seine Verweigerung einer Behandlung vom Standpunkt eines anderen aus als unvernünftig erscheint, kann man ihm zwar davon abraten, aber, soweit er einsichtsfähig ist und freiwillig unter dem „informed consent" entscheidet, die Behandlung zu verweigern, kann man ihn nicht daran hindern. Das gilt auch in dem Fall, daß ein Patient bei Bewußtsein im Endstadium die weitere Behandlung zur Lebensverlängerung verweigert, da die Selbstbestimmung des Patienten Vorrang vor dem Urteil eines anderen einschließlich des Arztes und der nächsten Verwandten hat. In diesem Fall ist es rechtmäßig, wenn der Arzt nach dem Willen des Patienten die weitere Behandlung unterbricht[22]. Das Problem liegt vor allem bei den Fällen, wo der Wille des Patienten nicht klar ist. Diese Fälle lassen sich in zwei Gruppen

---

21 Vgl. *K. Nakayama*, Wagakuni no Songensi Ron (= Theorie über den würdigen Tod in Japan), in: *K. Nakayama* und *A. Ishihara* (Hrsg.), Siryou ni Miru Songesi Mondai (= Probleme des würdigen Todes in Materialien) (1993), S. 3 (Jap.).
22 Vgl. hierzu *S. Machino*, Kannja no Jikoketteiken to Hou (= Selbstbestimmung des Patienten und Recht) (1986), S. 814 (Jap.).

einteilen, je nachdem, ob eine ausdrückliche Erklärung, der sog. „living will", vorliegt oder nicht.

c) Zum Beispiel steht in der Erklärung des menschenwürdigen Todes (living will), die die „Japanische Vereinigung für einen menschenwürdigen Tod" zu verbreiten versucht, folgendes: „Ich erkläre meiner Familie, meinen Verwandten und jedem, der an meiner Behandlung teilnimmt, folgendes, um die Situation vorzubereiten, wenn meine Krankheit unheilbar wird und ich dem Tode nahe bin. Diese Erklärung habe ich im geistig gesunden Zustand geschrieben. Sie ist daher wirksam, sofern ich sie nicht im geistig gesunden Zustand vernichte oder eine sie zurücknehmende neue schriftliche Erklärung verfasse. (1) Ich weise jede Behandlung zur Lebensverlängerung, die den Todeszeitpunkt sinnlos aufschiebt, zurück, wenn meine Krankheit nach moderner Medizin unheilbar ist und ich dem Tode nahe bin. (2) In einem solchen Fall ergreifen Sie, bitte, möglichst viele Maßnahmen zur Schmerzenslinderung. Ich habe nichts dagegen, wenn die Nebenwirkung der Verwendung von Drogen auch zu meinem früheren Tod führen könnte. (3) Unterbrechen Sie, bitte, jede Maßnahme zur Lebenserhaltung, wenn ich über einige Monate lang in einen dahinvegetierenden Zustand geraten bin."[23]

Man muß aber sagen, daß diese Erklärung sehr problematisch ist. Wenn der Patient, der die Schmerzen fühlen kann und damit in der Regel bei Bewußtsein ist, ausdrücklich trotz der Schmerzen seine Lebensverlängerung verlangt, muß sein Wille unbedingt, anders als bei dieser Erklärung, beachtet werden. Darüber hinaus kann dieser Erklärung zufolge die Unterbrechung der Nahrungsmittel- und Wasserzuführung auch dann erfolgen, wenn der dahinvegetierende Zustand, den sie gar nicht definiert, leicht und wohl heilbar ist. Schließlich kann sogar die Willenserklärung des Patienten, der sie zurücknehmen will, dann vernachlässigt werden, wenn er als nicht geistig gesund angesehen wird. Meines Erachtens soll man grundsätzlich dem Willen des Patienten folgen, solange er seinen Willen äußern kann. Der „living will" soll bei der Wahl der medizinisch angemessenen Behandlung nur zur Kenntnis genommen werden, wenn der Patient seinen Willen nicht mehr äußern kann oder sogar bewußtlos ist. Dies ist auch der Fall, wenn sein Wille durch den Verwandten vermutet wird.

d) Wenn der Wille des Patienten wegen Fehlens eines living will, wegen Bewußtlosigkeit und dgl. gar nicht klar ist, scheint es ein Problem der medizinischen Angemessenheit, ob und bis wann Lebenserhaltungsbehandlung durchgeführt werden soll. In diesem Zusammenhang ist der „Bericht der Kommission über Tod und Medizin – Über den würdigen Tod -" der Japanischen Akademischen Gemeinschaft vom 26.5.1994 bemerkenswert[24]. Dieser

---

23 K. *Nakayama* und A. *Ishihara* (o. Fn. 21), S. 143 (Jap.).
24 Nihon Gakujutu Kaigi/Si to Iryou Tokubetu Iinkai (= Kommission über Tod und Medizin des Japanischen Akademischen Vereins), Si to Iryou Tokebetu Iinkai Houkoku Songensi ni tsuite

Bericht erwähnt für die Unterbrechung der Lebenserhaltungsbehandlung die folgenden drei Voraussetzungen: Erstens, daß der Patient aus medizinischer Sicht in einen unheilbaren Zustand gerät, es sei denn, daß er nur im dahinvegetierenden Zustand ist, zweitens, daß er seinen Willen für „death of dignity" geäußert hat, den er aber jederzeit wieder zurücknehmen kann, drittens, daß die Unterbrechung der Lebenserhaltungsbehandlung durch den zuständigen Arzt aus medizinischer Beurteilung heraus erfolgt, wobei es wünschenswert ist, daß der Arzt sich vorher mit den Verwandten darüber unterhält und diese damit einverstanden sind. Darüber hinaus weist der Bericht darauf hin, daß die Nahrungsmittelzuführung durch Nasenlochkatheter oder intravenöse Injektion wegen ihrer Künstlichkeit unterbrochen werden darf.

Diese Voraussetzungen scheinen mir zwar fast als angemessen. Die Unterbrechung der Nahrungsmittelzuführung ist aber fragwürdig, weil sie einen Hungertod bedeutet. Freilich soll die Unterbrechung der Behandlung erlaubt werden, wenn der Patient unheilbar und dem Tode nahe ist, denn die weitere Behandlung hat keine medizinische Angemessenheit mehr. In diesem Fall sollte man unter Beibehaltung der Nahrungsmittelzuführung auf den Tod warten.

e) Das oben erwähnte Urteil LG Yokohama[25] hat folgende beiden Punkte als Voraussetzung für die Unterbrechung der lebenserhaltenden Maßnahmen bestimmt: Erstens, daß der Patient an einer unheilbaren Krankheit leidet, im Zustand der Aussichtslosigkeit der Genesung ist, und daß sein Tod bereits unausweichlich ist, zweitens, daß der Wille des Patienten, der seinen eigenen Tod verlangt, zum Zeitpunkt der Unterbrechung der Lebenserhaltung vorliegt, wobei er durch den „living will" oder die Erklärung der Familie vermutet werden kann. Das Urteil hat weiter darauf hingewiesen, daß jede Maßnahme wie die Einnahme von Medikamenten, chemische Therapie, künstliche Dialyse, Bluttransfusion, Nahrungsmittel- und Wasserzuführung u. dgl. Gegenstand der Unterbrechung sein darf. Im vorliegenden Fall kann nach dem Urteil der Wille des Patienten nicht durch die Erklärung der Familie vermutet werden, denn die Familie hatte keine genaue Kenntnis von den Schmerzen des Patienten, und es fehlte sogar an der Verständigung zwischen dem Arzt und den Verwandten.

IV. Gehirntod, Organtransplantation und Selbstbestimmung

Das Ende des Menschen (Todeszeitpunkt) ist in Japan bis jetzt durch die sog. drei „Vorzeichen-Kriterien", d. h. das unumkehrbare Stehenbleiben der At-

---

(= Bericht der Kommission über Tod und Medizin – Über den würdigen Tod) vom 25.6.1994, Jurist Nr. 1061 (1995), S. 70 ff. (Jap.).
25 Vgl. dazu *S. Machino*, Jurist Nr. 1072 (1995), S. 114 ff. (Jap.).

mung und des Pulsschlags (des Kreislaufs) und die Pupillenerweiterung, beurteilt worden (Gesamturteilstheorie). Dagegen ist die Gehirntodtheorie aus Anlaß der Herztransplantation entwickelt worden, weil es unter den drei Vorzeichen-Kriterien, die den Herztod enthalten, unmöglich ist, das lebende Herz aus der Leiche herauszunehmen.

Während die Gehirntodtheorie die Großhirn-, die Hirnstamm- und die Gesamthirntodtheorie enthält, stimmen fast alle jetzt in Japan in der Gesamthirntodtheorie überein. Wenn die Atmung und der Pulsschlag stehenbleiben, folgt der Gehirntod wegen des Sauerstoffmangels in einigen Minuten darauf. Wenn der Gehirntod umgekehrt früher entsteht, bleibt in der Regel auch die Atmung und der Pulsschlag sofort stehen. Der Todeszeitpunkt ist eigentlich daher in beiden Fällen nicht so unterschiedlich, daß man darüber heftig zu diskutieren braucht. Dieses Problem ist aber inzwischen zu einem der zentralen Themen im Strafrecht geworden, und zwar seitdem der Respirator, der anstelle des Hirnstamms das Herz noch erheblich längere Zeit nach dem Gehirntod sich bewegen lassen kann, in der Praxis eingeführt worden ist.

Am 22.1.1992 ist der Bericht „Zu den wichtigen Angelegenheiten über den Gehirntod und die Organtransplantation" (der letzte Bericht der Gehirntod-Sonderkommission) bekannt gemacht worden, den „die Sonderkommission zur Untersuchung über den Gehirntod und die Organtransplantation" als beratendes Organ des Ministerpräsidenten nach zweijähriger Beratung zusammengefaßt hat[26]. In diesem Bericht findet man sowohl die Mehrheitsmeinung, die den Gehirntod als Tod des Menschen anerkennt, als auch die Minder-meinung, die ihn verneint. Im folgenden möchte ich die Streitpunkte über den Gehirntod und die Herztransplantation hauptsächlich in Anlehnung an diesen Bericht behandeln.

1. Gehirntod

a) Der erste Streitpunkt betrifft den Tod des Menschen.

Die Mehrheitsmeinung weist zuerst darauf hin, daß die bisherigen drei Vorzeichen-Kriterien des Todes durch die Erschließung des Respirators nicht mehr beibehalten werden können und behauptet, daß es sich dann nicht mehr um Leben des Menschen handelt, wenn nicht nur die eigene Funktion des Gehirns, sondern auch seine Integrationsfunktion für die Körperteile verloren ist. Der herrschende Gedanke der modernen Medizin und Biologie betrachtet hier den Menschen als organisches Integrationswesens und damit den Zustand des Verlorenseins dieser Integrität als Tod.

---

26 Rinji Nousi oyobi Zouki Ishoku Chousakai (= Sonderkommission zur Untersuchung über den Gehirntod und die Organtransplantation), Nousi oyobi zouki Ishoku ni kansuru Juyoujikou ni tsuite (= Zu den wichtigen Angelegenheiten über den Gehirntod und die Organtransplantation) vom 22.1.1992, Jurist Nr. 1001 (1992), S. 34 ff. (Jap.).

Dagegen vertritt die Mindermeinung, daß die Theorie des organischen Integrationswesens nur eine der philosophischen Auffassung ist, daß der echte Grund der Gehirntodtheorie vielmehr in der Erleichterung der Organtransplantation liegt und daß sie nicht zustimmen kann, den Zustand mit der Atmung und der Körpertemperatur, in welchem eine Schwangere sogar ein Kind entbinden kann, als Leiche anzusehen. Den Gehirntod als Tod des Menschen anzuerkennen, kann nach der Mindermeinung dazu führen, daß die Heilbehandlung im Endstadium vernachlässigt wird oder daß Gehirntote für Experimente benutzt werden. Darüber hinaus wird die Mehrheitsmeinung scharf kritisiert, insofern als ihre Wissenschaftszentriertheit, ihr Rationalismus, eine Menschen-Maschine-Theorie und Eurozentrismus als gedankliche Voraussetzung zugrunde lägen.

In der Literatur gibt es die Gehirntod-Wahl-Theorie, die es dem Patienten oder seiner Familie überläßt, ob der Tod gemäß dem Gehirntod oder dem Herztod (den drei Vorzeichen-Kriterien) beurteilt wird, sowie die Transplantation-Gehirntod-Theorie, die den Gehirntod nur bei Organtransplantationen als Tod betrachtet[27].

Ich meine zwar nicht, daß die Gehirntodtheorie in Japan immerdar verneint werden muß, stehe aber skeptisch gegenüber, sie sofort aufzunehmen, da man vor allem in Japan noch nicht in der Lage zu sein scheint, die Herztransplantation durchzuführen, obwohl man das Problem des Gehirntods nicht von dem der Herztransplantation trennen kann. Dazu komme ich nachher wieder.

b) Der zweite Streitpunkt betrifft den Konsens der Gesellschaft.

Beide Meinungen stimmen darin überein, daß ein bestimmter Konsens der Gesellschaft erforderlich ist, um den Gehirntod als Tod des Menschen anzuerkennen. Die Mehrheitsmeinung vertritt, daß ein solcher Konsens schon fast vorliegt, wie das Ergebnis der Meinungsforschung über den Gehirntod zeigt, die die Sonderkommission selbst durchführte, nämlich 65.1 % dafür und 15.3 % dagegen im Jahr 1990, 44.6 % dafür und 24.5 % dagegen 1991. Dagegen behauptet die Mindermeinung, daß ein solcher Konsens noch nicht vorliegt und es schwer zu sagen ist, ob er in naher Zukunft erreicht werden kann, weil die Quote der Gegenmeinung inzwischen zugenommen hat, wie die oben erwähnte Meinungsforschung sowie eine andere Untersuchung der Zeitung Yomiuri zeigt, nämlich 50 % dafür und 23 % dagegen 1990, 46 % dafür und 26 % dagegen 1991[28].

Ich bin auch der Meinung, daß der Konsens der Gesellschaft erforderlich ist, weil der Tod des Menschen nicht nur ein medizinisches Problem sondern mehr

---

27 So etwa *A. Ishihara*, Nousi Ron ni kansuru ichi Siron (= Versuch über den Gehirntod), Jurist Nr. 826 (1984) (Jap.).
28 Sonderkommissionsbericht (o. Fn. 26), S. 37, 45 (Jap.). Vgl. dazu *K. Nakayama*, Nousi no Shakaiteki Goui to wa nanika (= Was ist der soziale Konsens?), Jiyu to Seigi Bd. 42, Heft 6 (1991), S. 12 ff. (Jap.).

ein soziales und juristisches ist. Wie die oben erwähnten Meinungsforschungen zeigen, muß man sagen, daß ein solcher Konsens in Japan noch nicht vorliegt.

c) Der dritte Streitpunkt betrifft die Beurteilungskriterien des Gehirntodes. Die Mehrheitsmeinung definiert den Gehirntod als unumkehrbares Stehenbleiben der Funktionen des Gesamthirns einschließlich des Hirnstamms und betrachtet die Kriterien des Berichts „Richtlinien und Kriterien zur Beurteilung des Gehirntodes (sog. Takeuchi-Kriterien)" von 1985 durch die Arbeitsgruppe des Gehirntodes im Gesundheitsministerium als zutreffend. Dieser schließt zunächst Kinder unter 6 Jahren aus dem Beurteilungsgegenstand aus, erwähnt als Kriterien des Gehirntodes (1) tiefes Koma, (2) Pupillenerweiterung mehr als 4 Millimeter, (3) Fehlen der verschiedenartigen Hirnstammreflexe, (4) ebene Gehirnwellen (Null-Linie) und (5) Fehlen der selbständigen Atmung, und erfordert, daß die Unveränderlichkeit des Befundes sechs Stunden nach der Erfüllung dieser Kriterien wieder festgestellt wird[29].

In der Literatur wird die Auffassung vertreten, daß der Gehirntod der Mehrheitsmeinung nur den funktionalen Tod darstellt, daß er aber der organische Tod sein muß, und daß die Untersuchung des Blutstroms zum Gehirn unentbehrlich ist, um diesen organischen Tod zu beurteilen[30]. Außerdem gibt es die Auffassung, daß die Bezeichnung „Gehirntod" unzutreffend ist, und daß der Ausdruck „ultra-schwere und unumkehrbare Gehirninsuffizienz" zutreffender als „Gehirntod" ist[31].

Meines Erachtens sollte die Beurteilung des Gehirntodes vor allem dann sorgfältig sein, wenn sie sich auf die Herztransplantation bezieht, obwohl mir die genaue medizinische Beurteilung nicht möglich ist. Die Bezeichnung „Gehirninsuffizienz" scheint wie die übliche Bezeichnung der Herzinsuffizienz zutreffender zu sein.

d) Der vierte Streitpunkt betrifft die Feststellung des Todeszeitpunktes.

Weil nur bei 1 % der gesamten Todesfälle, d. h. bei ungefähr 5.000 Todesfällen pro Jahr, der Gehirntod dem Herztod vorausgeht, werden die meisten Tode nach wie vor durch die drei Vorzeichen-Kriterien beurteilt, selbst wenn man auch der Gehirntodtheorie folgt. Dann ergeben sich zwei Arten des Todes zusammen. Nach der Mehrheitsmeinung soll der Todeszeitpunkt dann der des Gehirntodes sein, wenn dieser vor dem Herztod entsteht, der Zeitpunkt des Herztodes im umgekehrten Fall. Der Zeitpunkt des Gehirntodes soll der der Feststellung sein und zwar der zweiten Beurteilung[32].

Es würde auch möglich sein, daß der Zeitpunkt der ersten Beurteilung oder sogar der Zeitpunkt, wann die Kriterien zurückgedacht als erfüllt vermutet

---

29 Sonderkommissionsbericht (o. Fn. 26), S. 36 (Jap.).
30 So etwa *T. Tachibana*, Nousi (= Gehirntod) (1994), S. 1 ff. (Jap.).
31 *T. Uozumi*, Nousi Mondai ni Kansuru Watasino Kangaekata (= Meine Meinung über das Gehirntodproblem), Jiyu to Seigi Bd. 42, Heft 6 (1991), S. 25 ff. (Jap.).
32 Sonderkommissionsbericht (o. Fn. 26), S. 37 (Jap.).

werden, als Todeszeitpunkt angesehen wird, weil die Erfüllung der Kriterien schon den Gehirntod darstellt. Dies ist aber so unsicher und vage, daß man solche Todeszeitpunkte zumindest im juristischen Gebiet nicht verwenden kann.

2. Organ-(Herz-)transplantation

Für die Transplantation von Organen, insbesondere des Herzens und der Leber, ist neben dem oben erwähnten Bericht der Sonderkommission der „Entwurf über die Organtransplantation" nützlich, der am 12.4.1994 auf die Tagesordnung des Parlaments gesetzt wurde[33].

a) Die Mehrheitsmeinung der Sonderkommission vertritt die Ansicht, daß es grundsätzlich der in Zukunft wünschenswerte Weg ist, möglichst viele Patienten durch Organtransplantation aufgrund des guten und freiwilligen Willens des Organspenders zu retten. Sie erwähnt dann als Grundsätze dafür erstens die sichere Beurteilung des Gehirntodes, die auch die Untersuchung des das Gehör verursachenden elektrischen Potentials oder des Blutstroms zum Gehirn enthalten kann, und zweitens die Einwilligung in die Organspende. Bei dieser hat zwar der Wille des Betreffenden vor dem der Verwandten Vorrang, wenn jedoch keine schriftliche Willenserklärung des Betreffenden vorliegt, darf eine Einwilligung aber durch die Vermutung seines Willens von den Verwandten anerkannt werden. Ein dritter Grundsatz betrifft das Vorhandensein von „informed consent", der vierte die Gewährleistung der Gleichheit von Organtransplantationsgelegenheiten, der fünfte das Verbot des Organhandels. Schließlich untersucht sie die grundsätzliche Denkweise über die Vorbereitung des Organspendernetztes, den Plan einer vernünftigen Durchführung der Organtransplantationsmedizin und die Vorbereitung der einschlägigen Rechtsinstitute[34].

Dagegen behauptet die Mindermeinung, daß sie, obwohl sie nicht zustimmt, den Gehirntod als Tod des Menschen zu betrachten, nicht gegen die Herztransplantation ist, weil die Herztransplantation selbst durch die Rechtfertigung, die Entschuldigung oder die Ausschließung der Strafwürdigkeit theoretisch im Ergebnis als nicht strafbar zu beurteilen sein kann. Darüber hinaus erwähnt sie folgende Voraussetzungen für die Herztransplantation: Erstens muß in Bezug auf den Spender das geltende strengste Kriterium des Gehirntodes angenommen werden, und sein Wille zur Organspende muß durch eine vorherige schriftliche Erklärung bewiesen werden; zweitens muß in Bezug auf

---

33 *S. Machino* und *E. Akiba* (Hrsg.), Nousi to Zouki Ishoku – Shiryou Seimei Rinri to Hou I (= Gehirntod und Organtransplantation – Materialien über Lebensethik und Recht), Ergänz. Teil (1994), S. 12 ff. (Jap.); *K. Nakayama* und *M. Fukuma*, Honne de Kataru Nousi, Ishoku (= Gehirntod und Transplantation in den offenen Meinungsäußerungen) (1994), S. 163 (Jap.).
34 Sonderkommissionsbericht (o. Fn. 26), S. 38 (Jap.).

den Empfänger seine Wahl aus medizinischer, sozialer und wirtschaftlicher Sicht gerecht erfolgt sein, und die medizinische Angemessenheit der Organtransplantation und „informed consent" müssen festgestellt werden. Drittens sollen Institutionen, die das Recht und die Selbstbestimmung des Patienten achten, nicht nur im Gebiet der neuesten oder experimentellen Medizin, sondern auch in der alltäglichen Medizin aufgebaut werden, um das Vertrauen zum Arzt in der Bevölkerung wiederherzustellen[35].

Die Mehrheitsmeinung und die Mindermeinung sind sich zwar darin einig, die Organtransplantation aufgrund des Gehirntodes anzuerkennen, unterscheiden sich aber darin, ob der Gehirntod als Tod des Menschen angesehen wird oder nicht, und wie der Wille des Organspenders festgestellt werden soll.

b) In diesem Zusammenhang sieht § 16 des Entwurfes über die Organtransplantation folgendes vor[36]:

(1) Der Arzt kann in folgenden Fällen die für die Organtransplantation zu verwendenden Organe aus der Leiche (einschließlich der Gehirntod-Leiche) herausnehmen,

(a) wenn der Tote während des Lebens schriftlich seinen Willen erklärt hat, die betreffenden Organe zur Transplantation zu spenden, und die Hinterbliebenen, denen diese Erklärung bereits mitgeteilt wurde, nicht verbieten, diese Organe herauszunehmen oder

(b) wenn die Hinterbliebenen schriftlich einwilligen, die betreffenden Organe herauszunehmen, es sei denn, daß der Tote während des Lebens schriftlich seinen Willen erklärt hat, die betreffenden Organe zur Transplantation zu spenden oder daß er seinen ablehnenden Willen erklärt hat.

(2) Die Gehirntod-Leiche im ersten Ansatz stellt die Leiche dar, die so beurteilt wird, daß das Gesamtgehirn einschließlich des Gehirnstamms unumkehrbar stehenbleibt.

(3) Die Beurteilung des zweiten Absatzes erfolgt nach der im allgemein anerkannten medizinischen Kenntnis aufgrund der Verordnung des Gesundheitsministeriums.

Diese Vorschrift setzt voraus, daß der Gehirntod der Tod des Menschen ist, wozu die Mindermeinung der Sonderkommission nicht zustimmen kann. Darüber hinaus anerkennt sie das Recht, die Organe herauszunehmen, aufgrund einer Einwilligung der Hinterbliebenen, wenn der Wille des Toten unklar ist, was die Grenze aber übersteigt, die die Mehrheitsmeinung erlassen hat.

Es ist hervorzuheben, daß gegen den Arzt, der im Jahre 1968 die erste Herztransplantation in Japan durchführte, Anzeige wegen Mordes oder dienstlicher fahrlässiger Tötung gegen den Spender und dienstlicher fahrlässiger Tötung gegen den Empfänger erstattet worden ist (sog. Wada-Herztransplan-

---

35 Sonderkommissionsbericht (o. Fn. 26), S. 46 (Jap.).
36 *S. Machino* und *E. Akiba* (o. Fn. 33), Ergänz. Teil, S. 12 (Jap.); *K. Nakayama* und *M. Fukuma* (o. Fn. 33), S. 164 (Jap.).

tations-Fall[37]). Diese Sache ist zwar bei der Staatsanwaltschaft eingestellt worden, aber bei der Bevölkerung bleiben große Zweifel. In Japan ist hauptsächlich deswegen eine zweite Herztransplantation bis jetzt nicht durchgeführt worden

Ich kann jetzt noch nicht anders, als der Herztransplantation in Japan skeptisch gegenüberzustehen, weil die Herztransplantation in Japan noch im Stadium des Experiments liegt, und vor allem weil es mir scheint, daß der Wada-Herztransplantations-Fall bis jetzt in der medizinischen Welt überhaupt nicht selbstkritisch geprüft worden ist. Darüber hinaus scheint die Ausgestaltung, die die Mehrheitsmeinung als Voraussetzung zur Durchführung der Herztransplantation verlangt, jetzt noch fast unerreichbar zu sein. Die Herztransplantation in Japan wird in Zukunft erst dann durchzuführen sein, wenn solche Voraussetzungen erfüllt werden und der soziale Konsens über den Gehirntod erreicht wird. Bis dahin könnte sie aber überflüssig werden, wenn inzwischen ein gutes künstliches Herz entwickelt wird.

V. Schlußbemerkungen

Der Lebensschutz ist zwar eine der wichtigsten Aufgaben des Strafrechts sowohl in Deutschland als auch in Japan, jedoch sind die dafür eingerichteten Rechtsinstitute und das Umfeld in beiden Ländern etwas anders[38]. Daß die Beteiligung an der Selbsttötung in Japan strafbar ist, stellt dem Anschein nach einen Vorrang des Lebensschutzes vor der Selbstbestimmung zur Selbsttötung dar. Andererseits wird die Todesstrafe, die m. E. eine Geringschätzung des Lebens bedeutet, in Japan immer noch aufrechterhalten.

Der Arzt in Japan ist im allgemeinen bis jetzt eher autoritär. Die neuere lebhafte Diskussion über den „informed consent" ändert die Atmosphäre allmählich. Das gegenwärtige medizinische System in Japan kann man niemals als vollkommen bewerten, und zwar insbesondere auf dem Gebiet der alltäglichen Behandlung, in dem mancher Japaner keinen Hausarzt hat und in der privaten und öffentlichen Klinik nicht selten stundenlang warten muß, bis er drankommt. Offen gesagt gibt es in Japan m. E. viel zu tun, bevor man die neueste Medizin verfolgt.

---

37 Nihon Bengoshi Rengoukai Hen (= Japanischer Rechtsanwaltsverein [Hrsg.]), Jinken Hakusho (= Weißbuch der Menschenrechte) im Jahre 1972 (1972), S. 209 ff. (Jap.); *S. Machino* und *E. Akiba* (o. Fn. 33), S. 20 ff. (Jap.).
38 *M. Pinguet* (übers. von *N. Takeuchi*), Jishi no Nihonsi (= La mort volontaire au Japon, 1984) (1992), S. 011 ff. (Vorwort zur japanischen Auflage), das auch ins Deutsche übersetzt worden ist, d.h. *M. Pinguet* (übers. von *M. Ozaki* und *W. Sekel*), Der Freitod in Japan (1991), Mathias Gatza Verlag, Berlin.

Auch die Anschauung des Todes und der Leiche sieht in beiden Ländern etwas anders aus. Traditionell behandelt man in Japan die Leiche nach dem Tode sehr achtungsvoll und meint, daß die Seele des Toten nicht unmittelbar nach dem Tod den Körper verläßt, sondern erst durch eine Reihe von Zeremonien in das Nirwana eingehen kann. Freilich sind die jüngeren Leute nicht so fromm, an die posthume Welt zu glauben, sie folgen aber den Beerdigungszeremonien noch in sehr traditioneller Weise.

Die Selbstbestimmung des Patienten bei der ärztlichen Behandlung ist auch in Japan Schritt um Schritt durchgedrungen; sie kann sich aber dort leicht zum Zwang transformieren, wo eine ausreichende Grundlage, um eine echte freiwillige Selbstbestimmung zu gewährleisten, fehlt. Diesbezüglich muß man vorsichtig sein, besonders in einer Gesellschaft, die wie in Japan durch feste Verbindungen in der Familie und am Arbeitsplatz geprägt wird.

Wolfgang Frisch

Leben und Selbstbestimmungsrecht im Strafrecht

„Leben und Selbstbestimmungsrecht im Strafrecht" ist ein weites und heikles Thema. Die weltanschaulichen Vorstellungen zu diesem Fragenkreis sind unterschiedlich, die Aussagen des Gesetzgebers eher spärlich[1]. Thematisch geht es darum, ob bestimmte Entscheidungen über das eigene Leben oder mit Auswirkungen auf dieses strafrechtlich bedeutsam sind. Dabei interessiert weniger die Frage, ob solche Entscheidungen und ihre Umsetzung für den über sein Leben Entscheidenden selbst strafrechtliche Bedeutung haben. Diese Frage ist für das deutsche Recht rasch beantwortet: Selbsttötung, Selbsttötungsversuch und Selbstgefährdung sind straflos – nach herrschender Meinung schon wegen des Fehlens eines Tatbestands[2]. Der eigentliche und praktisch bedeutsame Schwerpunkt unseres Themas liegt vielmehr bei der Auswirkung solcher Entscheidungen auf die Strafbarkeit Dritter. Insoweit geht es vor allem darum, ob bestimmte Entscheidungen des „Opfers" – z. B. für ein gefährliches, lebensbeendendes oder lebensverkürzendes Verhalten oder gegen lebensrettende Maßnahmen – die Strafbarkeit Dritter beeinflussen, insbesondere entfallen lassen.

I. Die maßgebenden Rechtsquellen

Das deutsche Strafrecht selbst gibt auf diese Fragen nur indirekt und punktuell Antwort, nämlich vor allem in § 216 StGB. Danach ist die Tötung eines anderen auch dann strafbar, wenn sie auf dessen ernsthaftes und ausdrückliches Verlangen hin erfolgt. Mit dieser Pönalisierung bestimmter Verhaltensweisen trotz ihrer Übereinstimmung mit der Selbstbestimmung des Opfers ist zwar deutlich zum Ausdruck gebracht, daß die Herbeiführung des eigenen Todes durch Einschaltung Dritter prinzipiell nicht mehr zum Selbstbestim-

---

1 Die einzige ausdrückliche Regelung des deutschen Strafrechts bildet § 216 StGB; dazu näher insbesondere unter I. und II.
2 Vgl. statt vieler *Jähnke*, in: Leipziger Kommentar zum Strafgesetzbuch, 10. Aufl. 1989, Rn. 21 vor § 211; *Eser*, in: Schönke/Schröder, StGB-Kommentar, 25. Aufl. 1997, Rn. 33 vor § 211; *Wessels*, Strafrecht – Besonderer Teil I, 20. Aufl. 1996, Rn. 35; eine abweichende Auffassung vertritt z.B. *Schmidhäuser*, Festschrift für Welzel, 1974, S. 801 ff., der erst über Schulderwägungen zur Straflosigkeit gelangt; dazu kritisch *Roxin*, Festschrift für Dreher, 1977, S. 335 ff. – Weit. Nachw. bei *Wessels*, a.a.O.

mungs*recht* gehört³. Es bleiben jedoch Fragen – und zwar sowohl in bezug auf die genaue Umgrenzung des § 216 StGB als auch jenseits des Anwendungsbereichs dieser Vorschrift. Die Antwort auf diese Fragen ist zu einem erheblichen Teil außerhalb des Strafrechts zu suchen. Das kommt nicht von ungefähr. Die Frage des Selbstbestimmungsrechts und seiner Extension ist normentheoretisch primär ein vorstrafrechtliches Problem. Es geht zunächst einmal darum, wie das Selbstbestimmungsrecht der Person in jenem Staatswesen, in dem diese Person lebt, nach der Verfassung geregelt ist – rechtsphilosophisch mag man anschließen: wie es insoweit nach den Kriterien richtigen Rechts geregelt sein sollte. Für das deutsche Recht bildet den Ausgangspunkt damit vor allem Art. 2 Abs. 1 GG⁴. Die Vorschrift anerkennt die Freiheit des einzelnen zur Persönlichkeitsentfaltung, was die ganz herrschende Meinung im Sinne der Anerkennung der allgemeinen Handlungsfreiheit versteht⁵. Begrenzt ist diese Freiheit durch die Rechte Dritter, die verfassungsmäßige Ordnung und das Sittengesetz. All das gilt auch für Entscheidungen und Verhaltensweisen, die für das Leben des einzelnen bedeutsam sind. Auch solche Verhaltensweisen sind der Freiheit nicht etwa prinzipiell entzogen, wie manchmal zu lesen ist⁶, sondern durchaus Gegenstand der Freiheit – sofern sie nur die verfassungsrechtlich vorgesehenen Grenzen nicht überschreiten. So bestreiten wir dem erwachsenen Menschen nicht die Freiheit, ein ungesundes, unvernünftiges und hektisches Leben zu führen und dadurch sein Leben vielleicht um Jahre zu verkürzen⁷, sich in lebensgefährdende Aufregungen zu stürzen oder einen Ort aufzusuchen, der für ihn mit Lebensgefahren verbunden ist⁸. Ebenso gestehen wir dem, der

---

3 Zu den Hintergründen der Vorschrift vgl. insbesondere *Schroeder*, ZStW 106 (1994), S. 565 ff.; siehe auch *Jakobs*, Festschrift für Arthur Kaufmann, 1993, S. 459, 466 ff. (Schutz gegenüber Voreiligkeit im Umgang mit dem Leben).
4 So jedenfalls – soweit es um den hier interessierenden Themenbereich geht – die im öffentlichen Recht herrschende Meinung; vgl. die Nachweise in den folgenden Anmerkungen. Nur vereinzelt wird versucht, die hier interessierenden Fragen des Selbstbestimmungsrechts in bezug auf das Leben von Art. 2 Abs. 2 GG her zu beantworten, so etwa von *Hamann/Lenz*, Das Grundgesetz für die Bundesrepublik Deutschland, 3. Aufl. 1970, Art. 2 Anm. 8 (S. 144), sowie *Fink*, Selbstbestimmung und Selbsttötung, 1992, insbes. S. 72 ff.; wohl auch *Herzog*, in: Evangelisches Staatslexikon, 3. Aufl. 1987, Sp. 3112 f.
5 Vgl. statt vieler BVerfGE 6, 32, 36; 54, 143, 144; 75, 108, 154 f.; *Degenhart*, JuS 1990, 162 ff.; *Jarass*, in: Jarass/Pieroth, Grundgesetz, 3. Aufl. 1995, Art. 2 Rn. 3.
6 Vgl. etwa andeutungsweise *Wessels* (wie Anm. 2), Rn. 2; abgeschwächt auch *Eser*, in: Schönke/Schröder (wie Anm. 2), § 216 Rn. 13; hiergegen z.B. *Schaffstein*, Festschrift für Welzel, 1974, S. 573; *Lenckner*, in: Schönke/Schröder (wie Anm. 2), Rn. 104 vor § 32.
7 Eine andere Frage ist natürlich, ob er als Kehrseite dieser Rechtsausübung nicht gewisse Nachteile hinnehmen muß, z.B. in der versicherungsrechtlichen Behandlung.
8 Zum Recht auch auf selbstgefährdendes Verhalten aus verfassungsrechtlicher Sicht z.B. *Frotscher*, DVBl. 1976, 695; *Hermes*, Das Grundrecht auf Schutz von Leben und Gesundheit, 1987, S. 128 ff.; *Isensee*, in: Isensee/Kirchhof, Handbuch des Staatsrechts der BRD, Bd. V, 1992, § 111 Rn. 113 m.w.N.; *von Münch*, Festschrift für Ipsen, 1970, S. 124; aus rechtsphilosophischer Sicht *Köhler*, ZStW 104 (1992), S. 15 ff., 18 f.

ohne die Einnahme bestimmter Medikamente in wenigen Tagen sterben wird, die Freiheit zur Entscheidung über die weitere Einnahme zu. Und auch der an Krebs Erkrankte, der ohne baldige Operation zu sterben droht, darf selbst darüber entscheiden, ob operiert wird oder nicht – auch wenn er damit zugleich das Ende seines Lebens besiegelt[9]. In all diesen Fällen bewegt sich die Entscheidung im verfassungsrechtlich zugestandenen Rahmen, denn sie verletzt weder Rechte Dritter noch verstößt sie gegen verfassungsmäßige Gesetze oder gegen das Sittengesetz im Sinne der „allgemeinen sittlichen Überzeugungen"[10]. Schon deshalb ist auch die etwaige Beteiligung Dritter an solchen Verhaltensweisen strafrechtlich irrelevant[11].

Der Blick auf diese verfassungsrechtlichen Grundlagen und Grenzen des Selbstbestimmungsrechts erklärt freilich nicht nur, warum wir in den eben skizzierten Fällen Selbstbestimmung über das Leben zugestehen. Die verfassungsrechtlichen Grundlagen liefern auch den Schlüssel zur Beantwortung einer Reihe umstrittener Fragen zum Thema „Leben und Selbstbestimmungsrecht" im Strafrecht, denen ich mich nunmehr zuwenden will.

II. Selbstbestimmungsrecht, Sterbehilfe und Tötung auf Verlangen

Klärungen ergeben sich zum ersten für die Grenzen zwischen zulässiger Sterbehilfe und verbotener Tötung, insbesondere nach § 216 StGB. Zwar enthält diese Vorschrift ihrerseits eine Beschränkung des Selbstbestimmungsrechts (die sich zum Teil als Konkretisierung des Sittengesetzes darstellt, zum Teil der Verhinderung der Gefahren und des Mißbrauchs einer generellen Freigabe der Tötung auf Verlangen dient[12]). Diese Beschränkung darf jedoch nicht isoliert gesehen und interpretiert werden. Sie ist vielmehr in Abstimmung mit dem in der Verfassung grundsätzlich – auch in Richtung auf das Leben – anerkannten Selbstbestimmungsrecht zu verstehen. Zu beachten sind dabei vor allem gewisse, mit der Pflicht zur Achtung der Menschenwürde zusammenhängende Kernbereiche des Selbstbestimmungsrechts.

---

9 Vgl. statt vieler z.B. BGHSt 11, 111, 113 f.; aus verfassungsrechtlicher Sicht *Kunig*, in: Kunig/v. Münch, Grundgesetz-Kommentar, Bd. I, 4. Aufl. 1992, Art. 1 Rn. 36; für das Strafrecht z.B. *Geilen*, Euthanasie und Selbstbestimmung, 1975, S. 8 ff.
10 Zum Verständnis des „Sittengesetzes" als der „allgemeinen sittlichen Überzeugungen" bzw. der „allgemein anerkannten Vorstellungen unserer Rechtsgemeinschaft" vgl. z.B. BVerfGE 6, 389, 435; *Jarass* (wie Anm. 5), Art. 2 Rn. 16.
11 Pointiert: Jede Pönalisierung, ja schon das Verbot solchen Verhaltens liefe auf eine Konterkarierung des zugestandenen Rechts hinaus.
12 Zum Hintergrund des § 216 StGB überblicksweise z.B. *Eser*, in: Schönke/Schröder (wie Anm. 2), § 216 Rn. 1; eingehend *Geilen* (wie Anm. 9), S. 21 ff.; *Hirsch*, Festschrift für Welzel, 1974, S. 775 ff. und *Schroeder*, ZStW 106 (1994), S. 565 ff., je m.w.N.

1. Daraus ergeben sich zunächst bedeutsame Folgerungen (vor allem) für den *Unterlassungsbereich*[13]. Zwar erscheint es semantisch durchaus möglich, die Erfüllung des Wunsches eines Sterbenskranken, ihn sterben zu lassen und auf den medizinisch möglichen Einsatz (begrenzt) lebenserhaltender oder lebensverlängernder Maßnahmen zu verzichten (sog. „*passive Sterbehilfe*"), als Tötung auf Verlangen zu bezeichnen[14] – denn für die Annahme einer Tötung durch Unterlassen reicht auch sonst die Nichtabwendung des (konkreten) Todes (durch einen Garanten). Die Einbeziehung solchen Unterlassens in den Bereich strafbaren Tötens bedeutete indessen, daß sich prinzipiell hilfspflichtige Personen (Garanten, insbesondere der behandelnde Arzt) zur Vermeidung des Tötungsvorwurfs über den (erklärten) Willen des Kranken hinwegsetzen und diesen notfalls zwangsweise mit dem behandeln müßten, was medizin-technisch zur Verfügung steht. Damit würde das Selbstbestimmungsrecht des Sterbenskranken in seinem an der Menschenwürde orientierten Kernbereich getroffen. Denn zum unantastbaren Kernbereich der Selbstbestimmung des Menschen gehört allemal das Recht, den natürlichen Tod zu sterben[15]. Würde man den Menschen gegen seinen Willen den je verfügbaren medizintechnischen Möglichkeiten der Lebenserhaltung oder Lebensverlängerung unterwerfen (indem man die über diese Möglichkeiten Verfügenden zu ihrem Einsatz verpflichtete), so liefe das auf eine Denaturierung des einzelnen zum Objekt hinaus: er müßte sich all das gefallen lassen, was dem jeweiligen Stand des medizinischen und technischen Fortschritts entspricht.

Praktisch bedeutet das, daß ein dem Sterbewunsch des „Opfers" entsprechendes Unterlassen lebensverlängernder Maßnahmen (einschließlich des Abbruchs ihrer Fortsetzung) wegen der Beachtlichkeit dieser Äußerung der Selbstbestimmung aus dem Bereich der Tötungsdelikte (insbesondere [dann] des § 216 StGB) ausscheidet[16]. Das gilt auch dann, wenn die Situation der Lebensbedrohung nicht durch eine Krankheit, sondern z. B. durch Unfall oder durch einen eigenen Fehler des Opfers (etwa die Verwechslung von Gegenständen) entstanden ist. Fragen mag man allenfalls, ob es auch dann Geltung beanspruchen kann, wenn die ohne Hilfe demnächst zum Tode führende Si-

---

13 Zur Frage, ob § 216 für den Bereich des Unterlassens überhaupt einschlägig ist, vgl. einerseits (bejahend) BGHSt 13, 166; 32, 367; *Helgerth*, JR 1976, 46; *Herzberg*, JuS 1975, 172; andererseits *Eser*, in: Schönke/Schröder (wie Anm. 2), § 216 Rn. 10 m.w.N. ablehnender Stimmen.
14 Die Frage wird denn auch im Rahmen der Aussagen zur Extension der Tötungsdelikte bzw. des § 216 StGB – meist unter dem Stichwort „passive Sterbehilfe" – diskutiert; vgl. z.B. *Eser*, in: Schönke/Schröder (wie Anm. 2), Rn. 27 f. vor § 211; *Wessels* (wie Anm. 2), Rn. 28 m.w.N.
15 Zum Recht (der Freiheit) auf den natürlichen eigenen Tod vgl. z.B. *Eser*, JZ 1986, 786, 790 f. m.w.N.; *Geilen* (wie Anm. 9), S. 11 ff., 15 f.; *Otto*, Gutachten für den 56. Deutschen Juristentag, 1986, D 11, 26 ff., 37 f. und *Tröndle*, Festschrift für Göppinger, 1990, S. 605 f.
16 Übereinstimmend die ganz herrschende Meinung; vgl. die Nachw. in Anm. 14 sowie BGHSt 37, 376, 378; BGH NJW 1995, 204; dazu, daß das auch in den Fällen des Abschaltens von Geräten gilt, vgl. z.B. *Wessels* (wie Anm. 2), Rn. 31; *Otto* (wie Anm. 15), D 43 ff.; *Tröndle*, Festschrift für Göppinger, 1990, S. 603 f. und *Verrel*, JZ 1996, 227.

tuation durch einen gezielten Suizidversuch herbeigeführt wurde; darauf wird zurückzukommen sein[17]. Nochmals eine andere und schon jenseits unseres Themas liegende Frage ist es, ob und unter welchen Voraussetzungen ein entsprechender Abbruch oder Verzicht auf (weitere) Behandlung bei fehlender aktueller Ausübung des Selbstbestimmungsrechts, wie etwa im Falle eines irreversibel bewußtlosen Patienten, zulässig ist[18].

2. Aber nicht nur dem ernsthaften Wunsch des Sterbenden entsprechende Unterlassungen fallen – jedenfalls zumeist – aus dem Anwendungsbereich der Tötungsdelikte heraus. Die Ernstnahme des an der Menschenwürde orientierten Kernbereichs des Selbstbestimmungsrechts verbietet auch die Einbeziehung gewissen Begehungsverhaltens. So kann man unter semantischem Aspekt eine dem Verlangen des Opfers entsprechende Tötung durchaus noch darin sehen, daß eine vom Patienten gewünschte *Schmerzlinderung* nach medizinischem Erfahrungswissen (als Kehrseite) zu einer unter Umständen nicht unerheblichen *Lebensverkürzung* führt[19] (denn auch sonst bezeichnet die Tötung ja nur einen Sachverhalt der Lebensverkürzung). Aber soll, ja kann dieser Fall (sog. *„indirekte Sterbehilfe"*) vom Strafrecht erfaßt sein?

Manche streben hier eine adäquate Lösung über Erwägungen des rechtfertigenden Notstands an (Rechtfertigung der Lebensverkürzung im Blick auf die Schmerzlinderung[20]); doch ob dieser Weg nach allgemeinen Abwägungsgrundsätzen zum gewünschten Ergebnis führt, erscheint zumindest zweifelhaft[21]. Andere meinen, daß das Verhalten in solchen Fällen seinem Sinngehalt nach keine Tötung sei[22]. Das läßt sich hören, es setzt jedoch, soll es eine vollständige Begründung sein, eine diesbezügliche Begrenzung der Tötungsdelikte voraus, die keineswegs selbstverständlich, sondern ihrerseits begründungsbedürftig ist.

---

17 Näher unten III. 2.
18 Siehe dazu BGHSt 37, 376 ff. sowie insbesondere BGHSt 40, 257 ff.; *Bernsmann*, ZRP 1996, 87 ff.; *Dörner*, ZRP 1996, 93 ff.; *Laufs*, NJW 1996, 763 ff.; *Lilie*, Festschrift für Steffen, 1995, S. 273 ff.; *Otto* (wie Anm. 15), D 40 ff., 49 f.; *Merkel*, ZStW 107 (1995), S. 545 ff.; *Schöch*, NStZ 1995, 153 ff. und *Verrel*, JZ 1996, 224, 227 ff.
19 Vgl. denn auch die Diskussion der entsprechenden Sachverhalte (als „indirekte Sterbehilfe") im Rahmen der Extension der Tötungsdelikte, insbesondere des § 216; z.B. *Dölling*, MedR 1987, 6; *Eser*, in: Schönke/Schröder (wie Anm. 2), Rn. 29 vor § 211 und *Wessels* (wie Anm. 2), Rn. 25 ff., je m.w.N.
20 In diesem Sinne z.B. *Dellingshausen*, Sterbehilfe und Grenzen der Lebenserhaltungspflicht des Arztes, 1981, S. 185 ff.; *Geilen* (wie Anm. 9), S. 26; *Hanack*, in: Hiersche (Hrsg.), Probleme der Sterbehilfe, 1975, S. 132 f.; *Herzberg*, JZ 1988, 185; *Otto* (wie Anm. 15), D 56 f., 74 f.; de lege ferenda im Sinne eines Ausschlusses der Rechtswidrigkeit § 214a des Alternativentwurfs eines Gesetzes über Sterbehilfe (vorgelegt von *Baumann* u.a.), 1986. Siehe auch *Merkel*, ZStW 107 (1995), S. 570 f.
21 Vgl. z.B. *Tröndle*, Festschrift für Göppinger, S. 595, 601 f. und *Wessels* (wie Anm. 2), Rn. 27, die zu Recht darauf hinweisen, daß § 34 StGB ein *wesentliches* Überwiegen des gewahrten Interesses voraussetzt – was in den erwähnten Fällen (Schmerzlinderung gegen Lebensverkürzung) durchaus problematisch ist. Kritisch zuletzt auch *Verrel*, JZ 1996, 226.
22 So z.B. *Wessels* (wie Anm. 2), Rn. 26.

Tatsächlich geht es auch hier um eine Begrenzung des legitimen Bereichs der Tötungsdelikte (insbesondere des § 216 StGB) durch den unantastbaren Kernbereich des Selbstbestimmungsrechts. Es gehört zum uneinschränkbaren, weil in der Menschenwürde wurzelnden Kernbereich des Selbstbestimmungsrechts des einzelnen, darüber zu bestimmen, ob er ein schmerzerfülltes längeres oder ein relativ schmerzfreies kürzeres Leben führen will[23]. Die gegenteilige Sicht würde den einzelnen dazu verurteilen, sich wie ein Objekt einfach den Gesetzmäßigkeiten der Natur zu beugen, statt sich – wie ein vernunftbegabtes Wesen – Möglichkeiten der Beherrschung der Natur nach seinem Willen zunutze zu machen[24]. Will das Strafrecht vor diesem Hintergrund bestehen, so muß es daher auf ein Verbot solcher Sachverhalte der voraussehbaren Lebensverkürzung verzichten. Rechtstechnisch mag man dabei sagen, daß hier allenfalls bei einer inadäquat-naturalistischen Sicht eine Lebensverkürzung (und damit eine Tötung) vorliegt, nicht aber, wenn man als Dauer des Lebens auf der Basis einer *normativen* Betrachtung nur das ansetzt, was sich bei Berücksichtigung beachtlicher Ausübungen des Selbstbestimmungsrechts ergibt.

3. Die bisherigen Überlegungen zeigen, daß die auch unter Beachtung des Selbstbestimmungsrechts legitimierbare Strafbarkeit der Tötung auf Verlangen doch begrenzt ist. Im wesentlichen geht es um Sachverhalte, die sich ihrem Sinnbezug nach in der Herbeiführung des Todes durch Eingriff in das (sonst ablaufende) natürliche Geschehen erschöpfen[25]. Aber selbst in bezug auf diesen engeren Kreis bleibt die Frage, ob sich bei der gebotenen Beachtung des Selbstbestimmungsrechts wirklich alle damit erfaßten Geschehnisse pönalisieren (genauer: auch nur verbieten) lassen. Problematisch erscheint das insbesondere hinsichtlich jener Sachverhalte, bei denen das Opfer eine Möglichkeit nicht mehr besitzt, auf die man bisweilen auch zur Rechtfertigung der Strafbarkeit der Fremdtötung auf Verlangen verweist: die zumindest *faktische Möglichkeit, selbst aus dem Leben zu scheiden*, wenn man dieses nicht mehr glaubt ertragen zu können. Denkbar ist das insbesondere bei gewissen weit fortgeschrittenen Krankheiten, bei denen das Opfer zwar eine Vielzahl von Fähigkeiten bereits eingebüßt hat, unter den Schmerzen der Krankheit aber noch schwer leidet[26]. Für Extremfälle dieser Art hat man immer wieder die Frage nach einer Zurücknahme des Strafrechts gestellt – also erwogen, ob es

---

23 Der Gesichtspunkt einer dem Leidenden insoweit zustehenden Wahlmöglichkeit findet sich auch in der amerikanischen Diskussion; vgl. dazu den Überblick bei *Giesen*, JZ 1990, 929, 937. Berührungspunkte mit dem Text bei *Verrel*, JZ 1996, 227.
24 Zur Denaturierung des einzelnen zum Objekt durch die Annahme einer Pflicht zum Ertragen der Leiden vgl. z.B. *Eser*, JZ 1986, 785, 791.
25 Übereinstimmend z.B. *Lenckner*, in: Schönke/Schröder (wie Anm. 2), Rn. 104 vor § 32 mit eingehenden weit. Nachw.; *Schaffstein*, Festschrift für Welzel, 1974, S. 571.
26 Siehe dazu näher *Simson*, Festschrift für Schwinge, 1970, S. 108 ff.; ferner *Hirsch*, Festschrift für Welzel, 1974, S. 795 f.; *R. Schmitt*, Festschrift für Maurach, 1972, S. 113 ff.; *Zippelius*, JuS 1983, 661.

nicht vertretbar oder sogar geboten sei, das Handeln Dritter, die in solchen Situationen der Bitte des Leidenden um den Tod nachkommen (sog. „aktive Sterbehilfe"), als nicht von § 216 StGB erfaßt, nicht rechtswidrig oder doch zumindest straflos anzusehen.

Die herrschende Meinung hält freilich auch in diesen Grenzsituationen im Hinblick auf den eindeutigen Wortlaut des Gesetzes und die befürchtete Gefahr eines „Dammbruchs" bei Freigabe des Lebens an der Strafbarkeit fest[27]; erwogen werden meist nur entgegenkommende sanktionenrechtliche Lösungen[28]. Freilich gibt es beachtliche Gegenstimmen, die insoweit für eine Begrenzung des Strafrechts plädieren, zum Teil schon de lege lata, zum Teil de lege ferenda[29]. Systematisch setzen solche Lösungen sowohl auf der Tatbestandsebene[30] als auch auf der Stufe der Rechtfertigung[31], der Entschuldigung[32] oder des (sonstigen) Ausschlusses der Strafbarkeit an.

Ich halte die herrschende Auffassung für nur schwer vereinbar mit einem an der Menschenwürde orientierten Selbstbestimmungsrecht. Ihre Lösung zwingt den, der schwerste Qualen erduldet und nicht mehr in der Lage ist, sich diesen selbst zu entziehen, zum Ertragen dieser Qualen nach den Gesetzmäßigkeiten der Natur. Sie macht ihn damit zum Objekt eines naturhaften Geschehens, statt ihm die Möglichkeit zu geben, auf dieses als vernunftbegabtes Wesen nach seiner eigenen Vernunfteinsicht zu reagieren.

Eine solche Nichtberücksichtigung des Willens des einzelnen läßt sich auch nicht unter Berufung auf das die Selbstbestimmung begrenzende Sittengesetz legitimieren. Wer so argumentiert, setzt nicht nur den Inhalt einer bestimmten Religion oder einer von ihm für richtig gehaltenen Weltanschauung schlicht mit dem Sittengesetz gleich[33] und zeiht damit die vielen, die hier anders denken, unsittlicher Vorstellungen. Er verkennt mit dieser Subjektivierung der Grenze des Sittengesetzes vor allem dessen verfassungsrechtliche Funktion, die in einer Begrenzung der Handlungsfreiheit lediglich durch die „allgemei-

---

27 Vgl. z.B. *Hirsch*, Festschrift für Lackner, 1987, S. 597, 614; *Tröndle*, ZStW 99 (1987), S. 25, 38 ff.; *Wessels* (wie Anm. 2), Rn. 24; siehe auch die Stellungnahme des 56. DJT in NJW 1986, 3073; weit. Nachw. bei *Lackner*, StGB, 22. Aufl. 1997, § 216 Rn. 1 und *Verrel*, JZ 1996, 226.
28 Wie z.B. Absehen von Strafe, Einstellungslösungen usw.; vgl. dazu etwa § 216 Abs. 2 AE – Sterbehilfe (wie Anm. 20); *Otto* (wie Anm. 15), D 61, 93; Strafrechtliche Abteilung des 56. DJT, Sitzungsbericht M, S. 193.
29 Vgl. für eine ausdrückliche Lösung de lege ferenda z.B. *Hoerster*, NJW 1986, 1786, 1792; zur Frage, ob eine gesetzgeberische Lösung wünschenswert erscheint, *Hanack* (wie Anm. 20), S. 151 ff.
30 Vgl. etwa *Jakobs*, Festschrift für Arthur Kaufmann, 1993, S. 470 f.
31 Im Sinne einer Rechtfertigung nach § 34 StGB in solchen Extremfällen z.B. *Schroeder*, ZStW 106 (1994), S. 579 f.; *Maurach/Schroeder/Maiwald*, Strafrecht – Besonderer Teil, Teilband 1, 7. Aufl. 1988, § 1 Rn. 38; siehe auch *Otto* (wie Anm. 15), D 59 f.
32 Vgl. insoweit *Engisch*, Festschrift für Dreher, 1977, S. 320 f.
33 Insoweit zutreffend R. *Schmitt*, Festschrift für Maurach, 1972, S. 113 ff.

nen sittlichen Überzeugungen" besteht³⁴. – Aber auch der Hinweis auf die Gefahren eines „Dammbruchs" oder des Mißbrauchs bei Freigabe in solchen Fällen³⁵ überzeugt nicht. Gefahren dieser Art sind nicht dadurch zu bannen, daß man sich im Wege einer generalisierenden Formalisierung über das letzte, aus der Menschenwürde fließende Stück Selbstbestimmungsrecht des qualvoll Leidenden hinwegsetzt, der durch den Tod von seinen Qualen erlöst werden will. Sie sind vielmehr – wenn man sie überhaupt als hinreichende Legitimationsgrundlage für ein Verbot in Fällen wirklich ernsthaften Verlangens akzeptieren kann³⁶ – adäquaterweise durch entsprechend hohe Anforderungen an den Sachverhalt, insbesondere die Artikulation des Verlangens³⁷, bzw. – de lege ferenda – notfalls durch Verfahren auszuräumen, die eine Begrenzung auf die hier umschriebenen Fälle gewährleisten und einer mißbräuchlichen Ausuferung entgegenwirken. Man scheut sich ja auch in anderen Zusammenhängen (z. B. beim Schwangerschaftsabbruch) nicht, Gefahren des Mißbrauchs durch Verfahrensanforderungen zu begegnen.

Kurz: Dem Kernbereich des Selbstbestimmungsrechts und der Menschenwürde entspricht es, in den Fällen des Todkranken, der nur noch qualvoll leidet und zur Erlösung von seinen Leiden eindeutig und ernsthaft den Tod wünscht, die Strafbarkeit aus § 216 StGB zurückzunehmen³⁸. Freilich kann es dabei nur um Konstellationen gehen, in denen alle Möglichkeiten der

---

34 Zum Verständnis des „Sittengesetzes" als der „allgemeinen sittlichen Überzeugungen" bzw. der „allgemein anerkannten Vorstellungen unserer Rechtsgemeinschaft" vgl. z.B. BVerfGE 6, 389, 435; *Jarass* (wie Anm. 5), Art. 2 Rn. 16; *Dürig*, in: Maunz/Dürig und andere (Stand 31. Lieferung 1994), Art. 2 I Rn. 16. – Dieses Verständnis läßt sich wiederum von der Funktion des Sittengesetzes als des Inbegriffs dessen begreifen, was in seiner begrenzenden Wirkung vor-rechtlich allgemein akzeptiert wird und auf das daher – ohne Spezifizierung – kürzelhaft Bezug genommen werden kann. Zur Problematik grundsätzlich z.B. *Engisch*, Auf der Suche nach der Gerechtigkeit, 1971, insbesondere S. 95 ff., sowie *Erbel*, Das Sittengesetz als Schranke der Grundrechte, 1971, insbesondere S. 186 ff.
35 Vgl. etwa *Geilen* (wie Anm. 9), S. 27 ff.; auf die Mißbrauchsgefahr weist auch *Eser*, in: Schönke/Schröder (wie Anm. 2), § 216 Rn. 1 (m.w.N.) hin.
36 Nur skizzenhaft: Kann man das Verbot, bei ernsthaft vorhandenem Willen eines schwer Leidenden in derartigen Grenzsituationen dessen Verlangen nachzukommen (z.B. schnell und schmerzlos durch die Spritze eines Arztes zu sterben), wirklich ohne weiteres darauf stützen, daß bei einer solchen Freigabe die Gefahr bestünde, daß es *in anderen Fällen* zur Tötung von Personen kommen kann, die gar nicht wirklich sterben wollten (denen vielmehr entsprechende Erklärungen unter Umständen nur untergeschoben wurden)? – Siehe dazu schon *Engisch*, Festschrift für H. Mayer, 1966, S. 412 f. („fadenscheinige Begründung"); *Hirsch*, Festschrift für Welzel, 1974, S. 778.
37 Konkret: Zu fordern ist ein Sachverhalt, bei dem das Verlangen eindeutig zum Ausdruck gelangt ist, die Ernsthaftigkeit nach den Umständen gewährleistet erscheint und auch Anhaltspunkte dafür fehlen, daß das Verlangen unter dem bestimmenden Einfluß von Angehörigen oder im Blick auf etwa angenommene Erwartungen von dieser (oder anderer) Seite zustande gekommen ist.
38 Selbstverständlich wäre mit dieser Entpönalisierung keine Verpflichtung Dritter, insbesondere behandelnder Ärzte, verbunden, dem Verlangen des Leidenden nachzukommen. Denn natürlich muß derjenige, an den das Verlangen gerichtet ist, die Möglichkeit haben, sein Handeln an *seinen* ethischen Grundsätzen auszurichten.

Schmerzlinderung und der ärztlichen Fürsorge – erfolglos – ausgeschöpft sind[39]. Gemessen an dieser Grundentscheidung ist es eine sekundäre Frage, ob die Entpönalisierung konstruktiv über eine an der Verfassung orientierte einschränkende Auslegung[40] oder über § 34 StGB[41] erreicht wird.

III. Selbstbestimmungsrecht und Suizid

1. Eher noch schwächer thematisiert und ausgewertet als bei § 216 StGB ist der Topos des Selbstbestimmungsrechts – merkwürdigerweise – im Rahmen der *Suizid-Problematik*[42]. Die herrschende Meinung im Strafrecht spart die Frage eines etwaigen Rechts auf Selbsttötung hier weitgehend aus[43] und zieht sich auf eine *rein strafrechtliche* Argumentation zurück[44]. Die Straflosigkeit des Suizidenten ergibt sich für sie aus dem Fehlen eines Tatbestands. Die Teilnahme an einem freiverantwortlichen Suizid aber sei straflos, weil es damit zugleich an einer für die strafbare Teilnahme geforderten tatbestandsmäßigrechtswidrigen Haupttat fehle. Dem vielleicht noch naheliegenden Rückgriff auf eine Täterschaft des Beteiligten wiederum stehe entgegen, daß der Außenstehende bei Verantwortlichkeit des Suizidenten die Täterkriterien nicht erfülle (insbesondere keine Tatherrschaft besitze). Dieses Ergebnis der Straflosigkeit des vorsätzlich handelnden Beteiligten wird dann für die Fälle des verantwortlichen Suizids mit Gerechtigkeitsüberlegungen auf den unvorsätz-

---

39 Daß von den Möglichkeiten der Schmerzlinderung vielfach nicht in der gebotenen Weise Gebrauch gemacht wird, betont mit Recht *Kutzer*, NStZ 1994, 113 m.w.N.
40 Dieser – auch schon im Fall der „indirekten Sterbehilfe" vorgeschlagene – Weg erscheint aus meiner Sicht vorzugswürdig; übereinstimmend wohl *Jakobs*, Festschrift für Arthur Kaufmann, S. 470 f.
41 In diesem Sinne etwa *Maurach/Schroeder/Maiwald* (wie Anm. 31), § 1 Rn. 38.
42 Das Schrifttum zum Suizid ist fast unübersehbar; im Sinne eines Überblicks *Eser*, in: Schönke/Schröder (wie Anm. 2), Rn. 33 ff. vor § 211; *Wessels* (wie Anm. 2), Rn. 33 ff.; vertiefend: *Bottke*, Suizid und Strafrecht, 1982; *Roxin*, Festschrift für Dreher, 1977, S. 331 ff.; *ders.*, in: Pohlmeier (Hrsg.), Selbstmordverhütung – Anmaßung oder Verpflichtung?, 1994, S. 75 ff.; *Wagner*, Selbstmord oder Selbstmordverhinderung, 1975; siehe ferner die Sammelbände von *Eser* (Hrsg.), Suizid und Euthanasie, 1976, und *Pohlmeier/Schöch/Venzlaff* (Hrsg.), Suizid zwischen Medizin und Recht, 1996.
43 Bisweilen spricht man sich im Rahmen der strafrechtlichen Problemdarstellung freilich ausdrücklich gegen ein solches Recht aus; vgl. z.B. *Hirsch*, Festschrift für Lackner, 1987, S. 610 ff.; *Wessels* (wie Anm. 2), Rn 39 (gegenüber *Wagner*, Selbstmord und Selbstmordverhinderung, S. 93).
44 Beispielhaft für das Folgende – statt vieler – *Roxin*, Festschrift für Dreher, S. 331 ff.; *Eser*, in: Schönke/Schröder (wie Anm. 2), Rn. 33 und 35 vor § 211; *Wessels* (wie Anm. 2), Rn. 35. – Die Rechtslage in anderen europäischen Ländern ist vielfach anders, vgl. z.B. Art. 115 des schweizerischen StGB und Art. 409 des spanischen StGB (dazu *Muñoz-Conde*, ZStW 106 [1994], S. 547 ff.).

lich handelnden Dritten fortgeschrieben[45]. Selbst die Frage, ob Dritte, insbesondere Garanten (z. B. Ehegatten, behandelnde Ärzte), bei noch möglicher Abwendbarkeit der Folgen eines Suizids zu helfen verpflichtet sind und sich bei Unterlassung der Hilfe einer Tötung durch Unterlassen schuldig machen, versucht man weithin mit Hilfe solcher strafrechtlicher Argumentationen und unter Ausblendung des Topos des Selbstbestimmungsrechts zu beantworten. Freilich gehen die Meinungen jetzt beträchtlich auseinander: Die Rechtsprechung hält den Dritten (vor allem den Garanten) für verpflichtet zu helfen, wenn der Suizident – insbesondere nach Eintritt der Bewußtlosigkeit – sich selbst nicht mehr helfen kann[46]. In der Literatur sieht man darin überwiegend einen Widerspruch zur Straflosigkeit der Teilnahme: Es sei unvereinbar, wenn man den, der dem verantwortlichen Suizidenten straflos helfen dürfe, für verpflichtet erachte, den infolge der geförderten Tat etwa eintretenden Erfolg wieder abzuwenden[47]. Diesen Vorwurf läßt nun freilich die Rechtsprechung nicht gelten: Die Fälle unterschieden sich maßgeblich dadurch, daß der (spätere) Suizident im Stadium der aktiven Beihilfe noch eine entscheidungs- und handlungsfähige, verantwortliche Person sei, in den als strafwürdiges Unterlassen diskutierten Fällen dagegen nicht[48]. Nochmals anders argumentiert hier eine Minderheitsauffassung in der Literatur: Sie versucht dem Widerspruch zu entgehen, indem sie auch schon die Hilfe des Garanten selbst unter gewissen Umständen als strafbares Verhalten qualifiziert, diese also nicht als bloß straflose Teilnahme einstuft[49].

Die skizzierten Kontroversen, insbesondere hinsichtlich der Strafbarkeit des Unterlassens, kommen nicht von ungefähr. Hier rächt sich der Versuch, die gesamte Suizid-Diskussion allein mit strafrechtlichen Argumentationsmustern zu bestreiten, ohne auf gewisse materiale Grundfragen einzugehen[50]. Diese Argumentationsweise funktioniert einigermaßen, wenn es um die Bewertung

---

45 Siehe etwa BGHSt 24, 342; *Rudolphi*, in: Systematischer Kommentar zum StGB, 6. Aufl. 1995, Rn. 79 vor § 1.
46 Vgl. etwa BGHSt 6, 147; 7, 272; 32, 367, 381; weit. Nachw. der zum Teil schwankenden und unterschiedlich argumentierenden Rechtsprechung bei *Eser*, in: Schönke/Schröder (wie Anm. 2), Rn. 42 vor § 211 und *Wessels* (wie Anm. 2), Rn. 36; zum Teil anders aus neuerer Zeit BGH NJW 1988, 1532; siehe dazu auch *Gropp* und *Schöch*, in: Pohlmeier/Schöch/Venzlaff (Hrsg.), Suizid zwischen Medizin und Recht, 1996, S. 13, 22 ff. bzw. 81 ff.
47 Vgl. die eingehenden Literaturnachweise bei *Eser*, in: Schönke/Schröder (wie Anm. 2), Rn. 41 vor § 211 und *Wessels* (wie Anm. 2), Rn. 36 ff. Im Sinne einer ausdrücklichen Klarstellung de lege ferenda z.B. AE – Sterbehilfe (wie Anm. 20), § 215.
48 Im Sinne einer solchen Argumentation z.B. BGH NJW 1960, 1821 und BGHSt 32, 367, 374 (Wittig-Fall); hiergegen wieder die Literatur, vgl. z.B. *Eser*, in: Schönke/Schröder (wie Anm. 2), Rn. 43 vor § 211; *Otto* (wie Anm. 15), D 67 f. und *Wessels* (wie Anm. 2), Rn. 36.
49 Vgl. etwa *Geilen*, JZ 1974, 153 f.; *Herzberg*, Die Unterlassung im Strafrecht und das Garantenproblem, 1972, S. 267; *ders.*, JA 1985, 180 f., 184 f., 267 ff.; *ders.*, JZ 1986, 1024 ff.; dazu kritisch *Roxin*, Festschrift für Dreher, S. 345 ff.; siehe zum Ganzen auch *Frisch*, Tatbestandsmäßiges Verhalten und Zurechnung des Erfolgs, 1988, S. 177 ff.
50 Hiergegen mit Recht auch *Herzberg*, JZ 1987, 184, 186 sowie JZ 1987, 1021; siehe ferner *Köhler*, ZStW 104 (1992), S. 24 f.

des Suizidenten selbst und bestimmter Hilfsaktionen Dritter geht[51]. Den Bereich des Unterlassens indessen kann man im Wege der Fortschreibung solcher strafrechtlicher Argumentationen mit Hilfe des Postulats der Widerspruchsfreiheit der Wertungen allein nicht überzeugend bewältigen – und zwar selbst wenn man einen Widerspruch zwischen der Strafbarkeit aktiver Hilfe und der Pflichtwidrigkeit des Unterlassens annehmen wollte[52]. Denn Widersprüche lassen sich bekanntlich meist unterschiedlich auflösen. Konkret: Statt eine Rettungspflicht wegen Unvereinbarkeit mit der Straflosigkeit der Teilnahme an der Selbsttötung abzulehnen, kann man rein logisch natürlich auch für den Garanten bei angenommener Rettungspflicht die Möglichkeiten strafloser Beteiligung einschränken. Dieser Weg ist nur versperrt, wenn man belegt, daß in Wahrheit auch der Garant aufgrund der Selbstbestimmung des Opfers, jedenfalls in bestimmten Fällen, nicht zu helfen hat. Kurz: Wirklich weiterzukommen ist nur, wenn man sich den materialen (vor-strafrechtlichen) Grundfragen stellt.

2. Dabei erscheint es nicht unbedingt erforderlich, sich sofort der besonders heiklen Frage anzunehmen, ob zum Selbstbestimmungsrecht der verantwortlichen Person auch das Recht gehört, sich selbst zu töten – obwohl klar ist: soweit ein solches Recht bestehen sollte, kann es prinzipiell auch keine pönalisierte Hilfspflicht Dritter geben; denn diese würde das genannte Recht geradezu konterkarieren. Für die im Strafrecht interessierende Frage der Rettungspflicht Dritter kann man zunächst auch etwas vorsichtiger fragen, indem man auf die *nach Vornahme* der Suizidhandlungen eingetretene Situation der Lebensbedrohung abstellt: Hat eine Person, die weiß, daß sie ohne Hilfe sterben wird, nicht das *Recht, darüber zu entscheiden, ob man ihr helfen soll oder nicht?* Kann sie sich im Rahmen ihres Selbstbestimmungsrechts nicht Rettung und Hilfe verbitten? Und gilt das nicht auch für den Suizidenten?

Vorausgesetzt ist dabei selbstverständlich, daß der so Bittende nach seinen personalen Voraussetzungen als eine zu verantwortlicher Entscheidung fähige Person anzusehen ist[53] (sonst ist die Bitte schon wegen fehlender Entscheidungskompetenz irrelevant); auch muß der entsprechende Wunsch klar zum Ausdruck gekommen sein (etwa durch die nach Einnahme des Giftes noch geäußerte Bitte, nichts zu unternehmen). Außerdem muß gewährleistet sein,

---

51 Zu gewissen auch insoweit freilich schon bestehenden Problemstellen näher *Frisch*, Tatbestandsmäßiges Verhalten (wie Anm. 49), S. 2 ff.
52 Was keineswegs eindeutig ist, hier aber auch aus Raumgründen nicht weiter vertieft werden kann.
53 Die genaue inhaltliche Umschreibung dessen ist nochmals ein gesondertes Problem; zu den im Strafrecht insoweit vertretenen Standpunkten vgl. z.B. *Wessels* (wie Anm. 2), Rn. 40 m.w.N.; eingehend *Frisch*, Tatbestandesmäßiges Verhalten (wie Anm. 49), S. 162 ff. m.w.N.; *Gropp* (wie Anm. 46), S. 24 ff.; *Neumann*, JuS 1985, 677; *Roxin*, in: 140 Jahre Goltdammer's Archiv, 1993, S. 177 ff.; *Schüler-Springorum*, in: Pohlmeier/Schöch/Venzlaff (Hrsg.), Suizid zwischen Medizin und Recht, 1996, S. 53 ff. Zu den Beurteilungsschwierigkeiten z.B. *Schüler-Springorum*, a.a.O., S. 60 ff. und *Venzlaff*, a.a.O., S. 95 ff.

daß das Verlangen, sterben zu dürfen, ernsthaft ist, das heißt insbesondere als abschließender Ausdruck reiflicher, in voller Kenntnis der Irreversibilität der Entscheidung getroffener Überlegungen gelten kann. Daran fehlt es nicht nur in den zahlreichen Fällen des „Appell-Suizids"[54], sondern auch dann, wenn die Entscheidung das Ergebnis momentaner oder erfahrungsbegründet sich ändernder Stimmungslagen ist[55]. In Betracht kommt ein solcher ernsthafter und endgültiger Entschluß vor allem, wenn die Entscheidung, sterben zu wollen, die Antwort auf eine dauernde, nicht zu behebende, sich unter Umständen sogar noch steigernde Beeinträchtigung der Lebensgestaltung bildet, die das Leben auf der Basis der Lebensvorstellungen des Suizidenten – auch unter Berücksichtigung realistischerweise verfügbarer Linderungen und Abhilfen – unerträglich macht. Das ist insbesondere dann denkbar, wenn sich der Entschluß, aus dem Leben zu scheiden, als individuelle Reaktion auf nicht wesentlich reduzierbare Schmerzen und Leiden Schwerkranker oder z. B. bei alten Menschen, die alle Angehörigen verloren haben und seither in einer für sie unerträglichen Einsamkeit leben, als Reaktion auf ein Leben ohne jede Perspektive darstellt. Schon diese Sachvoraussetzungen für die erfahrungsbegründete Annehmbarkeit eines ernsthaften und endgültigen, die volle Tragweite der Folgen erfassenden und diese gleichwohl anstrebenden Entschlusses machen deutlich, daß es bei den hier interessierenden Fallkonstellationen um Extremsituationen geht[56]. Hinzu kommt, daß das Gegebensein solcher Sachlagen angesichts der irreversiblen Folgen des Nichteinschreitens einerseits und der eher hinnehmbaren Folgen einer Verkennung der Ernsthaftigkeit und damit der Rettung eines ernsthaft Todeswilligen andererseits objektiv klar zutage liegen muß. Regelmäßig wird sich eine solche Sachlage nur auf der Basis eines eingehenden, auch die möglichen Abhilfen und Lebensalternativen einbeziehenden Gesprächs annehmen lassen[57] – was zugleich bedeutet, daß im Falle der Bewußtlosigkeit des Suizidenten nur unter besonderen Umständen (etwa bei Kenntnis der Umstände aus früheren Gesprächen usw.[58]) eine die Hilfspflicht aufhebende Sachlage gegeben sein wird. Es geht also, zumal bei Berücksichtigung der Erkenntnisprobleme und der zu ihrer Entschärfung not-

---

54 Will der Suizident nur auf seine Lage aufmerksam machen, so will er sich nicht wirklich töten; zu diesen Fällen z.B. *Jähnke* (wie Anm. 2), Rn. 27, 67-69 vor § 211; *Otto* (wie Anm. 15), D 78 f.
55 Also etwa Suizidversuche aus Liebeskummer (siehe die Diskussion zwischen *Herzberg*, JZ 1986, 1025 und *Baumann*, JZ 1987, 132 sowie die Beispiele bei *Kutzer*, MDR 1985, 713).
56 Dies ganz auf der Linie der statistischen Ergebnisse der empirischen Suizidforschung. Einem großzügigen „laissez faire" gegenüber Suizidversuchen wird hier also keineswegs das Wort geredet.
57 So daß der Garant (von den sogleich genannten Ausnahmefällen abgesehen) prinzipiell nur dann von einer nicht verpflichtenden Situation ausgeht und unterlassen darf, wenn eine solche Abklärung erfolgt und in ihrem Rahmen eine Einstellung des Suizidenten erkennbar geworden ist, die im Sinne des vorstehenden Textes als ernsthafter (insbesondere auch endgültig erscheinender) Wille gelten kann. Damit dürften sich auch die immer wieder angeführten Irrtumsprobleme erledigen.
58 Vgl. die Fallgestaltung der Entscheidung BGH NJW 1988, 1532, aber auch BGHSt 32, 367.

wendigen Absicherungen, um wirkliche Ausnahmefälle. Indessen berechtigt dies allein noch nicht dazu, die Fälle normativ zu vernachlässigen und unter Hinweis auf ihre relative Seltenheit sogleich einer generalisierenden, auf die Hauptzahl der Sachverhalte zugeschnittenen Lösung das Wort zu reden. Die Fälle bedürfen vielmehr einer ihrer Besonderheit gerecht werdenden eigenständigen Würdigung.

Im Rahmen einer solchen eigenständigen Würdigung sprechen meines Erachtens wesentliche Gesichtspunkte für die Beachtlichkeit des Willens des Suizidenten. Schon der Fallvergleich und daran orientierte Erwägungen der Gleichbehandlung weisen in diese Richtung: Niemand bestreitet dem, der durch Krankheit oder Unfall, aber auch durch eigenes Versehen in eine vergleichbare Lage gekommen ist, das Recht, mit beachtlicher Wirkung für andere auf Hilfe zu verzichten oder sich den erforderlichen Rettungsmaßnahmen zu verweigern[59]. Wer sich in solchen Situationen so entscheidet, bewegt sich im Rahmen seines verfassungsrechtlich verbürgten Selbstbestimmungsrechts (nach Art. 2 Abs. 1 GG), denn er verletzt weder die Rechte anderer noch verstößt er gegen zur verfassungsmäßigen Ordnung gehörende Gesetze oder handelt durch diese Verweigerung nach allgemeiner Überzeugung unsittlich. Das einzige, was diese Fälle nun von den hier interessierenden unterscheidet, ist die Art der Entstehung der lebensbedrohlichen Situation, in der sich jemand dann – ausdrücklich oder konkludent – so entscheidet (unter Einschluß der Beibehaltung der früheren Entscheidung). Aber welche Relevanz sollte dieser Umstand haben, wenn man im übrigen gleiche Verantwortlichkeit und Entscheidungsfreiheit unterstellt?[60] – Der Hinweis auf die ethische Bedenklichkeit des Vorverhaltens (also des Suizidversuchs)[61] reicht zur Begründung einer unterschiedlichen rechtlichen Behandlung nicht aus[62], und ebensowenig trägt, zumal in bezug auf den hier allein noch interessierenden speziellen Sachverhaltsbereich, die nie ausschließbare Möglichkeit von Gesinnungsände-

---

59 Auch die Befürworter einer Rettungspflicht bei vorangegangenem Suizid tun das nicht; vgl. nur die zwischen Normalpatient und Suizidpatient differenzierende Stellungnahme *Kutzers*, MDR 1985, 710, 712 f.
60 Gegen eine Differenzierung zwischen Normalpatient und Suizidpatient auch *Eser*, JZ 1986, 792; *Gropp*, NStZ 1985, 103 und *Verrel*, JZ 1996, 230, die zudem zutreffend auf Überschneidungsfälle hinweisen. Auch § 214 Abs. 2 AE – Sterbehilfe (wie Anm. 20) geht ausdrücklich von einer Gleichstellung aus. Siehe ferner *Zippelius*, JuS 1983, 660.
61 Vgl. etwa *Kutzer*, MDR 1985, 712 f.
62 Gegen eine solche Begründung unter Bezug auf die Ethik (ablehnend auch *Erbel* [wie Anm. 34], S. 323) spricht zunächst schon, daß Recht und Ethik nicht deckungsgleich sind. Zweitens ist zu bedenken, daß gerade in bezug auf die Selbsttötung, insbesondere wenn diese sich als Reaktion auf schwere, dauernde Beeinträchtigungen der Lebensgestaltung darstellt, von einem einheitlichen ethischen Verdikt längst nicht mehr die Rede sein kann (siehe die nachfolgenden Ausführungen zum Sittengesetz). Endlich ist es aber auch – drittens – inkonsequent, dieses Argument im Kontext der Suizidfälle zu verwenden, nachdem man im Kontext des Normalpatienten nicht argumentiert, obwohl es hier Fälle gibt, in denen die Entscheidung – was auch *Kutzer*, MDR 1985, 713 einräumt – ethisch u.U. sogar noch fragwürdiger ist als in gewissen Fällen der Selbsttötung.

rungen – denn auf diese Möglichkeit hebt man in den Fällen einer verweigerten Behandlung oder Operation auch sonst nicht ab. Darzutun wäre vielmehr, daß die suizidale Entstehung der Situation den Wunsch des Suizidenten nach den einschlägigen verfassungsrechtlichen Vorwertungen (des Art. 2 Abs. 1 GG) zur nicht mehr anerkennenswerten Freiheitsausübung macht. Das dürfte aber wohl kaum gelingen. Trotz der suizidalen Vorgeschichte fehlt es ersichtlich auch hier an der Verletzung der Rechte anderer[63]. Die Herbeiführung der Situation durch suizidale Maßnahmen läßt den Wunsch (samt seiner Erfüllung) aber auch nicht zum Verstoß gegen die verfassungsmäßige Ordnung im Sinne des Inbegriffs der verfassungsmäßigen Gesetze werden. Zwar gibt es Gesetze, die bestimmte Behörden in Fällen des Suizids (zur Unterbindung der drohenden Folgen) zum Einschreiten berechtigen und verpflichten[64]. Aber diese Gesetze sind vor dem Hintergrund einer möglichen oder naheliegenden Entscheidungsinkompetenz des Suizidenten zu sehen, geben also das Recht bzw. verpflichten gegebenenfalls dazu, einen möglicherweise nicht freiverantwortlichen Selbstmord und seine Folgen zu verhindern[65]. Daß auch der als abschließend zu erachtende Wunsch einer entscheidungsfähigen Person unbeachtlich sei, die sich nach reiflicher Überlegung aus nachvollziehbaren Gründen zur Selbsttötung entschlossen hat, läßt sich ihnen nicht entnehmen[66]. Endlich kann aber auch keine Rede davon sein, daß der Wunsch, sterben zu dürfen, nach Herbeiführung der lebensbedrohenden Situation im Wege des Suizids *durchweg* gegen ein im Sinne *allgemeiner* sittlicher Überzeugungen zu verstehendes *Sittengesetz* verstieße[67]: Für einen solchen Wunsch haben vielmehr bezogen auf die hier allein noch interessierenden Fälle[68] auch bei suizidaler Vorgeschichte viele, wenn nicht die meisten, durchaus Verständnis.

---

63 Siehe dazu näher *Köhler*, ZStW 104 (1992), S. 20 ff.
64 Vgl. etwa § 28 Abs. 1 des Polizeigesetzes von Baden-Württemberg; ähnliche Bestimmungen gelten in den anderen Bundesländern.
65 Siehe dazu etwa *Köhler*, ZStW 104 (1992), S. 22; *Podlech*, in: Alternativ-Kommentar zum Grundgesetz, Bd. 1, 2. Aufl. 1989, Art. 2 Rn. 24; ferner: *Knemeyer*, VVDStRL 35 (1977), S. 221, 255; *v. Münch*, Festschrift für Ipsen, 1977, S. 113, 124 f.
66 Wenn es anders wäre, müßten diese Inhalte dann selbst vor dem Hintergrund verfassungsrechtlicher Wertungen verantwortet werden, was bei gleichzeitiger Anerkennung des Anderen als vernünftiges Wesen wohl kaum möglich sein dürfte; siehe dazu auch noch den folgenden Absatz.
67 Übereinstimmend *v. Münch*, Grundgesetz, 3. Aufl. 1985, Art. 2 Rn. 41; ferner *Erbel* (wie Anm. 34), S. 323 f. Dazu, daß sich von einer einheitlichen Wertung des Suizids nicht einmal aus theologischer Sicht reden läßt, vgl. z.B. *Jörns*, in: Evangelisches Staatslexikon, 3. Aufl. 1987, Sp. 3110. – Zum Erfordernis der Allgemeinheit der Vorstellungen beim Sittengesetz vgl. BVerfGE 6, 389, 435; *Jarass* (wie Anm. 5), Art. 2 Rn. 16; entsprechend für das Strafrecht zu § 226a BGHSt 4, 91; *Eser*, in: Schönke/Schröder (wie Anm. 2), § 226a Rn. 6.
68 Also bei Suizidmaßnahmen, die unternommen wurden, um unerträgliche Schmerzen nicht länger erleiden zu müssen oder weil man erträglich allenfalls noch nach Durchführung einer Operation leben könnte und diese nicht will oder weil man nach dem Verlust der Angehörigen als alter Mensch die Einsamkeit nicht mehr erträgt (vgl. nur Fälle wie BGHSt 32, 367; BGH NJW 1988, 1532; siehe auch den Sachverhalt in BGH NStZ 1987, 365).

Wenn man bei diesem Ergebnis der Überlegungen zu Art. 2 Abs. 1 GG gleichwohl glaubt, den Wunsch nach Unterlassung rettender Handlungen für unbeachtlich erklären und dem Suizidenten im Namen des Rechts ein von ihm abgelehntes Leben oder Schicksal aufzwingen zu dürfen[69], so bedarf das besonderer Begründung. Die Verbürgung des Lebens als eines hohen Wertes in der Verfassung (Art. 2 Abs. 2 GG) dürfte für die Rechtfertigung solchen Zwangs in den hier interessierenden Fällen kaum ausreichen. Sie taugt dazu, den Schutz der nichtverantwortlichen Person vor sich selbst und den Schutz verantwortlicher Personen vor erfahrungsfundiert nicht ihrem wahren Willen entsprechenden Entscheidungen und deren Folgen zu begründen[70]. Sie gegen die Entscheidung einer verantwortlichen Person ins Feld zu führen, die ernsthaft wünscht, nicht gerettet zu werden, hieße der Person partiell die Autonomie absprechen. Damit würde nicht nur in problematischer Weise das Leben als Eigenwert gegen die Autonomie des Rechtsgutsträgers ausgespielt[71]. Ein solches Vorgehen wäre vor allem auch inkonsequent. Denn jenseits der Suizidfälle denkt niemand daran, mit derartigen Hinweisen auf den Höchstwert des Lebens die autonome Entscheidung zu diskreditieren. So bleibt letztlich als diskutabler (meist wohl gemeinter) Kern der angeblichen Unbeachtlichkeit des Sterbewunsches nach vorangegangenem Suizidversuch allein eines: die Annahme, daß der Wunsch deshalb unbeachtlich sei, weil der jetzt bestehenden Lebensbedrohung ein wertwidriges Verhalten zugrunde liege[72]. Indessen überzeugt auch das nicht. Denn selbst wenn man die Prämisse (wertwidriges Verhalten) akzeptierte[73]: Warum sich aus einem bloß wertwidrigen, noch nicht einmal verbotenen Vorverhalten[74] eine Einschränkung sonst zugestandener Entscheidungsfreiheiten ergeben soll – dafür fehlt bislang jedwede überzeugende Begründung.

---

69 Unter Umständen ein noch schlimmeres, vgl. den Sachverhalt in BGHSt 32, 367 (Leben im Rahmen der Intensivmedizin); zu Zumutbarkeit der Hilfeleistung und Selbstbestimmungsrecht des Suizidenten auch *Otto* (wie Anm. 15), D 80 ff.
70 Also zur Fundierung von Regelungen von der Art der polizeirechtlichen Vorschriften, die zur Unterbindung von Selbsttötungen ermächtigen.
71 Ablehnend gegenüber einer solchen Konterkarierung der Autonomie mit Hilfe des Lebensschutzes z.B. auch *Hermes*, Das Grundrecht auf Schutz von Leben und Gesundheit, 1987, S. 228 f., 230 f.; *Hillgruber*, Der Schutz des Menschen vor sich selbst, 1992, S. 78 ff., 148; allgemeiner auch *von Olshausen*, NJW 1982, 221 ff. Erst recht trägt die Berufung auf Art. 2 Abs. 2 GG dann nicht, wenn man auch für das Leben den Gedanken zugrundelegt, daß jedes Grundrecht auch die Freiheit seiner Nichtausübung enthält (i.d.S. vorsichtig *Herzog*, Evangelisches Staatslexikon, 3. Aufl. 1987, Sp. 3112 f.).
72 Sehr deutlich *Kutzer*, MDR 1985, 713.
73 Zu ihrer Problematik siehe unten 3.; darüber hinaus weist *Herzberg*, JZ 1987, 1025 mit Recht darauf hin, daß die in vielen dieser Fälle relevante Beendigung von Schmerzen und Qualen natürlich auch ein Wert ist.
74 Daß die Selbsttötung (insbesondere durch die Verfassung) nicht *verboten* ist, entspricht im Verfassungsrecht allgemeiner Auffassung (vgl. z.B. *Lorenz*, in: Isensee/Kirchhof, Handbuch des Staatsrechts der BRD, Bd. VI, 1989, § 128 Rn. 62), aber auch der herrschenden Meinung im Strafrecht; vgl. etwa *Lackner* (wie Anm. 27), Rn. 9 vor § 211 m.w.N.

Der ernsthafte, als abschließend zu erachtende Wunsch eines Menschen, ihn sterben zu lassen, ist nach allem bei gewährleisteter Entscheidungsfähigkeit prinzipiell beachtlich, mag dieser Wunsch auch im Anschluß an eine selbst gezielt herbeigeführte lebensbedrohende Situation geäußert werden. Auch unabhängig von der heiklen Frage eines *Rechts auf Suizid* überhaupt steht damit fest, daß sich in solchen Fällen eines freiverantwortlichen Suizids eine Hilfspflicht Dritter, insbesondere von Garanten, nicht halten läßt – die Annahme einer solchen Pflicht ignoriert im Gegenteil entweder das Selbstbestimmungsrecht der Person oder behandelt diese zu Unrecht als entscheidungsinkompetente (unvernünftige) Person. Deshalb ist es auch zu wenig und eine zu einseitig täterorientierte Betrachtungsweise, wenn der BGH im bekannten Wittig-Fall die Unterlassung rettender Maßnahmen seitens des behandelnden Arztes nur als „nicht unvertretbar" bezeichnet[75]. Eine eher sekundäre Frage ist es dagegen wiederum, ob man in diesen Fällen schon eine tatbestandliche Pflicht (und deshalb deren Verletzung) verneint oder die Nichterfüllung einer angenommenen Pflicht im Hinblick auf die anerkannten Interessen des Suizidenten (an einer Beendigung der Schmerzen usw.) als gerechtfertigt ansieht[76]. Bestimmt man die tatbestandliche Pflicht sofort konkret[77], so läßt sich durchaus schon das Bestehen einer tatbestandlichen Pflicht verneinen.

3. Erst recht ausgeschlossen wäre eine Pflicht zur Rettung (und damit die Strafbarkeit wegen Unterlassens), wenn nach den Maßstäben der Rechtsordnung sogar die *Entscheidung einer Person für die Selbsttötung überhaupt zu respektieren sein sollte,* sofern es sich um eine verantwortliche (d. h. unter bestimmten Bedingungen zustandegekommene), endgültige Entscheidung handelt. Diese Frage ist nun freilich – unter dem leicht mißdeutbaren Stichwort des „Rechts auf Selbsttötung" – im Verfassungsrecht wie im Strafrecht außerordentlich umstritten[78]. Ernsthaft in Betracht kommt eine solche rechtliche Freiheit nach allem bisher Gesagten[79] dabei nur in bezug auf solche Sachver-

---

75 So BGHSt 32, 381; zur vielfältigen Kritik an dieser Entscheidung vgl. die eingehenden Nachweise bei *Otto* (wie Anm. 15), D 80 ff., 94 und *Wessels* (wie Anm. 2), Rn. 37; den BGH verteidigend (weil im Sinne einer Rechtfertigung interpretierend) aber z.B. *Herzberg*, JZ 1988, 184.
76 Im letzteren Sinne z.B. *Herzberg*, JZ 1988, 182, 185, 188; siehe auch *dens.*, JZ 1987, 1021, 1025.
77 Vgl. etwa den Ansatz von *Freund*, Erfolgsdelikt und Unterlassen, 1992, S. 51 ff.
78 Befürwortend aus dem verfassungsrechtlichen Schrifttum z.B. *Jarass* (wie Anm. 5), Art. 2 Rn. 7a; *v. Münch* (wie Anm. 67), Art. 2 Rn. 41; *Podlech*, in: Alternativ-Kommentar zum Grundgesetz, 2. Aufl. 1989, Art. 1 Rn. 58; aus dem strafrechtlichen Schrifttum z.B. *Bottke*, Suizid und Strafrecht, 1982, S. 42 ff.; *Maurach/Schroeder/Maiwald* (wie Anm. 31), § 1 Rn. 19; *Wagner*, Selbstmord und Selbstmordverhinderung, 1975, S. 90 ff.; ablehnend im öffentlichen Recht z.B. *Frotscher*, DVBl. 1976, 695, 702; *Isensee* (wie Anm. 8), § 111 Rn. 113; *Kunig*, in: Kunig/v. Münch, GG-Komm., Bd. I, 4. Aufl. 1992, Art. 1 Rn. 36; im Strafrecht z.B. *Hirsch*, Festschrift für Lackner, 1987, S. 610 ff.; *Otto* (wie Anm. 15), D 11 ff., 17 f.; *Wessels* (wie Anm. 2), Rn. 39. – Siehe im übrigen die eingehenden Nachweise bei *Fink*, Selbstbestimmung und Selbsttötung, 1992, der freilich als maßgebend nicht Art. 2 Abs. 1 und Art. 1 GG, sondern vor allem Art. 2 Abs. 2 GG ansieht.
79 Siehe insbesondere oben 2.

halte, bei denen der Entschluß, sich zu töten, als ernsthafte und abschließende Entscheidung einer verantwortlichen Person gelten kann. Außerdem bedeutet „Recht" oder rechtliche Freiheit nichts weiter als den Anspruch auf Respektierung dieser Entscheidung und ihrer Umsetzung mit eigenen Mitteln.

Für eine so extensional wie inhaltlich begrenzte (rechtliche) Freiheit gibt es beachtliche Gründe:

Schon die Pflicht zur Achtung der Menschenwürde weist in diese Richtung[80]. Denn wenn man die verantwortliche Person als vernünftiges Wesen anerkennt und ihr deshalb durchaus auch Entscheidungen über Leben und Tod (z. B. durch Ablehnung einer erforderlichen Operation) zugesteht, ist kaum begründbar, warum davon der nach reiflicher Überlegung gefaßte ernsthafte Entschluß, selbst aus dem Leben zu scheiden, ausgenommen sein soll. Die gegenteilige Auffassung zwingt den in diesem Sinne Lebensmüden zu einem von ihm abgelehnten Leben bis hin zum Ertragen schwerster Leiden – und läßt damit insoweit von der Autonomie der Person als der Freiheit, über sich selbst zu verfügen und sein Schicksal eigenverantwortlich zu gestalten[81], in einer existenziellen Frage wenig übrig.

Das Grundrecht des Art. 2 Abs. 1 GG scheint zwar bei rein semantischer Deutung auf den ersten Blick eher gegen als für eine rechtliche Freiheit, selbst aus dem Leben zu scheiden, zu sprechen. Denn als Persönlichkeits*entfaltung* läßt sich die Selbsttötung schwerlich begreifen[82]. Indessen vernachlässigt ein solches Verständnis nicht nur die den Text längst transzendierende Deutung des Art. 2 Abs. 1 GG als Garantie der allgemeinen Handlungsfreiheit[83]. Sie wird auch der Notwendigkeit einer Interpretation des Rechts der Handlungsfreiheit im Lichte der Menschenwürde nicht gerecht. Denn wenn man dem einzelnen die Autonomie zur Entscheidung über das Ende des Lebens zugesteht, muß sich daran die Interpretation des Rechts der Handlungsfreiheit orientieren, darf sie dieses nicht durch ein zuwiderlaufendes Verständnis konterkarieren. Freilich bleiben die ausdrücklichen verfassungsrechtlichen Schranken der Handlungsfreiheit. Doch stehen einem Recht auf Selbsttötung in den hier allein interessierenden engen Grenzen weder Rechte Dritter noch das Sittengesetz entgegen[84]; und auch aus gewissen polizeirechtlichen Bestimmungen zur Verhinderung von Selbsttötungen läßt sich – wie oben (2.) darge-

---

80 Übereinstimmend *Podlech* (wie Anm. 78), Art. 1 Rn. 58; *Maurach/Schroeder/Maiwald* (wie Anm. 31), § 1 Rn. 19; a.A. *Otto* (wie Anm. 15), D 17 f.
81 Siehe etwa BVerfGE 49, 286, 298.
82 Aus diesem Grunde lehnen ein Recht oder eine rechtliche Freiheit zur Selbsttötung z.B. ab: VG Karlsruhe, JZ 1988, 209; *Würtenberger/Heckmann/Riggert*, Polizeirecht in Baden-Württemberg, 3. Aufl. 1997, Rn. 274; *Wessels* (wie Anm. 2), Rn. 39; hiergegen *v. Münch* (wie Anm. 67), Art. 2 Rn. 41.
83 Vgl. nur BVerfGE 6, 32, 36; 80, 137, 152 f.; weit. Nachw. bei *Jarass* (wie Anm. 5), Art. 2 Rn. 3.
84 Übereinstimmend *v. Münch* (wie Anm. 67), Art. 2 Rn. 41 sowie die weit. Nachw. in Anm. 67; siehe auch *Köhler*, ZStW 104 (1992), S. 20 ff.; abw. *Otto* (wie Anm. 15), D 6 f. unter Berufung auf die „Stellungnahme der beiden großen Konfessionen".

legt – in den hier allein interessierenden Fälle nicht gegen die rechtliche Freiheit zur Selbsttötung argumentieren.

An Argumenten gegen eine solche Freiheit bleibt damit deren – behauptete – Unvereinbarkeit mit dem in der Verfassung selbst anerkannten Recht auf Leben oder dem Leben als Wert[85]. Sie wird insbesondere dann relevant, wenn man als rechtlich zugestanden nur die wertgebundene Freiheitsverwirklichung ansieht[86] – dann liegt es nahe, auf die in der Selbsttötung enthaltene Wertnegation zu verweisen und von daher die rechtliche Freiheit zu verneinen[87] bzw. den Lebensschutz zu betonen[88]. Überzeugend erscheint indessen auch das nicht. Dies nicht nur deshalb, weil es in den meisten hier interessierenden Fällen keineswegs nur um Wertnegation geht[89]. Eine so begründete Ablehnung der rechtlichen Freiheit zur Selbsttötung stünde auch in Widerspruch dazu, daß man mit der Anerkennung des Rechts zur Verweigerung lebensrettender Behandlungen auch sonst keine in diesem Sinne wertgebundene Entscheidung verlangt. Und sie erscheint endlich auch gegenüber der hier allein interessierenden verantwortlich entscheidenden Person im Grundsätzlichen problematisch, weil sie über eine Aushöhlung der Selbstbestimmung und der Freiheitsrechte durch zusätzliche vage Werteklauseln[90] oder autonomienegierenden Grundrechtsschutz[91] letztlich auf einen rechtlichen Zwang zum Leben hinausläuft.

Im Ergebnis wird man daher der vernünftigen Person die (rechtliche) Freiheit, über das Ende des Lebens auch im Wege der Selbsttötung zu entscheiden, nach den Prinzipien unserer Verfassung (und den hinter ihr stehenden rechtsphilosophischen Einsichten) nicht prinzipiell versagen können. Dann aber entfällt auch eine (damit unvereinbare) Rettungspflicht in den (zugegebenermaßen sehr begrenzten) Fällen, in denen die Voraussetzungen dieses Rechts klar vorliegen – und die von der Rechtsprechung zum Teil behauptete Unterlassungsstrafbarkeit scheitert in diesen Fällen schon an der Unvereinbarkeit mit vor-strafrechtlichen Wertungen.

---

85 Bzw. – im Anschluß an *Kant* (z.B. Grundlegung zur Metaphysik der Sitten, Akademie-Textausgabe, Bd. IV, S. 421 f.) – die „Freiheitswidrigkeit" der Selbsttötung; siehe dazu *Köhler*, ZStW 104 (1992), S. 19, aber auch 20 f.
86 Zu diesem Ansatz grundsätzlich z.B. *Dürig*, in: Maunz-Dürig (Stand 31. Lieferung 1994), Art. 2 Rn. 72.
87 Vgl. z.B. VG Kalrsruhe, JZ 1988, 209; siehe auch *Kutzer*, MDR 1985, 713; ähnlich *Otto* (wie Anm. 15), D 17 f. unter Berufung auf den in der Selbsttötung liegenden Verstoß gegen die „menschliche Würde als Wert".
88 Vgl. etwa *Würtenberger/Heckmann/Riggert* (wie Anm. 82), Rn. 274.
89 Vgl. nur *Herzberg*, JZ 1987, 1021, 1025: Schmerzlinderung als Wert.
90 Zutreffend *v. Olshausen*, NJW 1982, 2221 ff.; siehe auch *Böckenförde*, Festschrift für Spaemann, 1987, S. 1, 11 ff., 17 ff. und *Hesse*, Grundzüge des Verfassungsrechts der Bundesrepublik Deutschland, 19. Aufl. 1993, Rn. 288, 299.
91 Zutreffend *Hermes* und *Hillgruber* (wie Anm. 71).

IV. Selbstbestimmungsrecht, Selbstgefährdung und einverständliche Fremdgefährdung

Die bisherigen Überlegungen betrafen Selbstbestimmungen, die ihrem Wesen nach *vorsätzliche* Entscheidungen über das Leben, insbesondere sein Ende oder mögliche Verkürzungen, beinhalteten. Sie stehen zweifellos im Zentrum der Diskussion über „Leben und Selbstbestimmungsrecht". Das starke Interesse an diesen Fragen darf indessen nicht darüber hinwegtäuschen, daß auch jenseits dieses Bereichs liegende Selbstbestimmungsakte für das Leben relevant werden können und wegen dieser Relevanz Fragen der rechtlichen Zulässigkeit und einer etwaigen strafrechtlichen Bedeutsamkeit aufwerfen. Gerade in einer modernen Gesellschaft, die dem einzelnen zahlreiche technische Möglichkeiten und Gefährdungspotentiale eröffnet, sind solche *Selbstbestimmungsakte mit Gefährdungsrelevanz für das Leben* in hohem Maße denkbar. Sie sollen daher am Ende dieses Beitrags jedenfalls noch gestreift werden.

1. Die *Sachverhalte*, um die es insoweit geht, sind breit gefächert und liegen auf den verschiedensten Ebenen[92]. Typische Beispiele bilden etwa die Ausübung gefährlicher Sportarten (Drachenfliegen, Extremklettern, Motorradrennen, Skirennen usw.) und die darauf gerichteten (sie initiierenden oder ermöglichenden) Verhaltensweisen Dritter. Aber auch die Tätigkeit des (mit einer Partnerin zusammenarbeitenden) Messerwerfers im Zirkus, akrobatische Teamarbeit usw. zählen hierher. Ein bekanntes Beispiel aus der Judikatur des Reichsgerichts bildet der Memel-Fall[93]: Hier hatte ein Fährmann auf das Drängen des Fahrgasts diesen nach anfänglicher Weigerung dann doch bei Sturm über die Hochwasser führende Memel überzusetzen versucht, wobei die Fähre kenterte und der Fahrgast in den Fluten ertrank. Moderne Seitenstücke wären etwa die Fälle, in denen sich jemand von einem erkannt Angetrunkenen befördern läßt und dabei tödlich verunglückt[94]. Doch werden in diesem Zusammenhang auch noch ganz andere Beispiele diskutiert – wie etwa Zwischenfälle bei einverständlichen Schlägereien oder die Gesundheits- und Lebensgefährdung durch ungeschützten Geschlechtsverkehr mit einem Aids-Kranken[95], endlich aber auch die praktisch bedeutsamen Fälle der Ermöglichung fremden Drogengenusses (mit tödlichem Ausgang)[96].

---

92 Siehe zum Folgenden z.B. *Frisch*, NStZ 1992, 1 ff., 62 ff.; *Otto*, Festschrift für Tröndle, 1989, S. 157 ff.; *Roxin*, Festschrift für Gallas, 1973, S. 241 ff.; *Rudolphi*, JuS 1969, 549, 556 f.; *Weber*, Festschrift für Baumann, 1992, S. 43 ff.; *ders.*, Festschrift für Spendel, 1992, S. 371 ff.
93 RGSt 57, 172.
94 Siehe dazu z.B. *Jakobs*, Strafrecht Allgemeiner Teil, 2. Aufl. 1991, 7/Rn. 126 f.; *Schaffstein*, Festschrift für Welzel, 1974, S. 567 ff. mit eingehenden Nachweisen der Rechtsprechung; ferner *Jähnke*, in: Leipz. Komm. (wie Anm. 2), § 222 Rn. 21.
95 Siehe dazu BayObLG NStZ 1990, 81; zust. *Dölling*, JZ 1990, 474.
96 Dazu z.B. BGHSt 32, 263 sowie *Frisch*, NStZ 1992, 1 ff., 62 ff.

Wie die Beispiele zeigen, sind die Fälle *unterschiedlich strukturiert*. Neben ganz isolierten Selbstgefährdungen stehen solche Sachverhalte, in denen Dritte das (spätere) Opfer zur Vornahme unmittelbar gefährlicher Handlungen motivieren oder diese ermöglichen. Die unmittelbar lebensgefährdende Handlung kann aber auch von Dritten vorgenommen werden, und das Opfer kann sich darauf beschränken, sie anzuregen, sich ihr auszuliefern oder sie zu gestatten – wobei das Opfer wiederum ganz passiv bleiben, aber auch in irgendeiner Weise mitwirken kann. In der strafrechtlichen Diskussion bedient man sich zur idealtypischen Erfassung dieser Sachverhalte der Begriffe der (Straflosigkeit programmierenden) „Selbstgefährdung" und der (u. U. strafbaren) „einverständlichen Fremdgefährdung", wobei freilich über die genauere inhaltliche Abgrenzung keine Einigkeit besteht[97]. Unterschiede begegnen außerdem im Subjektiven: Vielfach werden die Beteiligten hier gar nicht an Lebensgefahren denken; in anderen Fällen mag der Gedanke zwar auftauchen, die Agierenden jedoch auf günstige Bedingungen oder die Wirkung von Vermeidemaßnahmen vertrauen; nicht ausgeschlossen ist freilich auch, daß die Beteiligten den als möglich vorausgesehenen Tod in Kauf nehmen (kraß: russisches Roulette).

2. Die *rechtliche Behandlung* dieser vielfältigen Konstellationen ist – ungeachtet begrenzter Kontroversen – relativ einheitlich (was allerdings wohl auch an der regelmäßigen Nichtberücksichtigung der zuletzt angedeuteten Dolus-Konstellationen liegen dürfte). Die Generaldevise lautet: Straflosigkeit. Dabei taucht freilich zur Begründung dieses Ergebnisses der Topos des Selbstbestimmungsrechts eher selten auf; auch hier dominiert vielmehr eine spezifisch strafrechtliche Betrachtungsweise. Skizzenhaft: Die Straflosigkeit der Selbstgefährdung wird auf das Fehlen eines einschlägigen Tatbestands gestützt; dementsprechend entfällt auch die Möglichkeit einer vorsätzlichen strafbaren Teilnahme Dritter; deren Täterschaft wird wegen Fehlens der Täterkriterien ausgeschlossen, eine etwaige Fahrlässigkeitshaftung auch bei Folgeneintritt über „a maiore ad minus"-Argumentationen verneint[98]. Wo die eigentliche Gefährdungshandlung vom Dritten vorgenommen wird (sog. einverständliche Fremdgefährdung), läßt sich so zwar nicht argumentieren. Doch gelangt man auch hier überwiegend zur Straflosigkeit – sei es, daß man mit einer relevanten Einwilligung in die gefährliche Handlung[99] oder mit einer Begrenzung der

---

97 Siehe dazu z.B. *Dölling*, GA 1984, 71, 75 ff., 80 ff.; *Frisch*, NStZ 1992, 1 ff., 62 ff.; *Otto*, Festschrift für Tröndle, S. 157 ff.; *Schünemann*, JZ 1989, 90; eingehend aus neuerer Zeit insbesondere *Derksen*, Handeln auf eigene Gefahr, 1992; *Frisch*, Tatbestandsmäßiges Verhalten (wie Anm. 49), S. 150 ff.; *Walther*, Eigenverantwortlichkeit und strafrechtliche Zurechnung, 1991, und *Zaczyk*, Strafrechtliches Unrecht und die Selbstverantwortung des Verletzten, 1993.
98 Vgl. z.B. BGHSt 32, 262, 265; besonders deutlich *Schünemann*, NStZ 1982, 60, 62; abl. aber *Weber*, Festschrift für Spendel, S. 371, 376 f. m.w.N.
99 So z.B. *Jakobs*, Strafrecht Allgemeiner Teil (wie Anm. 94), 7/127; siehe freilich auch *dens.*, Rn. 129; *Lenckner*, in: Schönke/Schröder (wie Anm. 2), Rn. 104 vor § 32.

Pflichten[100] arbeitet, auch hier noch eine Selbstgefährdung bejaht[101] oder mit in dieser Richtung liegenden Erwägungen zumindest die Erfolgszurechnung verneint[102]. Freilich ist die materiale Generallinie in diesen letzteren Fällen nicht ganz einheitlich. So finden sich hier auch Entscheidungen, die bei eingetretenen schweren Folgen Strafbarkeit annehmen[103], außerdem will man vereinzelt die Straflosigkeit (oder Zulässigkeit) der einverständlichen Fremdgefährdung an das Gegebensein beachtlicher Gründe für eine solche Gefährdung binden[104]. Auf der Linie solcher Gedankengänge (und unter Bezugnahme auf Sittenwidrigkeitsvorbehalte im übrigen) ist der BGH auch in einer älteren Entscheidung dazu gekommen, den Teilnehmer einer Wettfahrt auf öffentlichen Straßen wegen fahrlässiger Tötung an seinem Konkurrenten zu verurteilen, der bei dieser Wettfahrt tödlich gestürzt war[105].

3. Aus der *Sicht des Selbstbestimmungsrechts* verdient die Annahme weitgehender Straflosigkeit in Fällen der eben geschilderten Art Zustimmung. Freilich ist die Straflosigkeit nicht erst das Ergebnis spezifisch strafrechtlicher Erwägungen, und auch die im Strafrecht mit hohem Stellenwert erörterte Frage nach der richtigen Konstruktion (Selbstgefährdung oder einverständliche Fremdgefährdung?; Einwilligung?; Pflichtenreduzierung?; Erfolgszurechnung?) dürfte ein eher sekundäres Problem betreffen. Entscheidend ist vielmehr, daß sich Lebensgefährdungen dieser Art im Rahmen des Selbstbestimmungsrechts des Opfers bewegen[106].

Das gilt zunächst für die Fälle, in denen das Opfer die unmittelbar gefährdende Handlung *selbst* vornimmt (wie z. B. bei gefährlichen Sportarten usw.): Verhaltensweisen dieser Art verletzen nicht die Rechte anderer, und in aller Regel fehlt es auch an Gesetzen, die bloße Selbstgefährdungen verbieten[107] – so daß (dann) die Grenze der verfassungsmäßigen Ordnung einschlägig wäre. Aber auch die Schranke des Sittengesetzes ist regelmäßig nicht überschritten, wenn das Opfer selbst davon ausgeht, daß wegen der günstigen Umstände

---

100 So RGSt 57, 172, 173 f.; weit. Nachw. bei *Lenckner*, in Schönke/Schröder (wie Anm. 2), Rn. 102 ff. vor § 32.
101 So z.B. BayObLG NZV 1989, 80; sehr weit in diesem Sinne *Otto*, Festschrift für Tröndle, S. 157 ff., 168 ff.
102 Vgl. z.B. *Schünemann*, JA 1975, 193.
103 So z.B. BGH VRS 17, 277.
104 In diesem Sinne z.B. *Dölling*, GA 1984, 71 ff., 90 ff.: die mit der Tat verwirklichten Werte müßten den in der fahrlässigen Tötung liegenden Unwert übersteigen.
105 Vgl. BGHSt 7, 112, 114.
106 Vgl. dazu aus der öffentlich-rechtlichen Literatur zu Ausmaß und Grenzen der Handlungsfreiheit z.B. *Frotscher*, DVBl. 1976, 695; *Hermes* (wie Anm. 71), S. 128 ff.; *Isensee* (wie Anm. 8), § 111 Rn. 113; *Lisken/Denninger*, Handbuch des Polizeirechts, 1992, S. 95 f.; aus strafrechtlich-rechtsphilosophischer Sicht z.B. *Köhler*, ZStW 104 (1992), S. 15 ff., 18 f.
107 Ausnahmen sind natürlich denkbar, so etwa die Gurtpflicht (bei der es dann freilich letztlich wieder um andere Interessen, z.B. die Vermeidung sozialer Lasten für die Allgemeinheit bei gravierenden Unfällen usw., geht); siehe dazu auch *Lisken/Denninger* (wie Anm. 106); BVerfGE 59, 275, 277 ff.

oder wegen getroffener Vorkehrungen nichts passieren könne: Verhalten bei dieser Sachlage mag unvernünftig sein, aber Unvernünftigkeit ist etwas anderes als Unsittlichkeit[108]. Und: Bloße Unvernünftigkeit eines Handelns aus der (auch zutreffenden) Sicht Dritter bedeutet nicht schon, daß einer als vernünftig anerkannten Person das Recht zu solchem Handeln fehlte. Kurz: Der sich selbst Gefährdende handelt in diesen Fällen im Rahmen seines Rechts. Schon deshalb ist das Verhalten einer Pönalisierung entzogen, und deshalb ist auch das fördernde oder ermöglichende Verhalten Dritter prinzipiell rechtmäßig.

Nichts anderes gilt im Prinzip aber auch für die oft unter dem Stichwort der *einverständlichen Fremdgefährdung* zusammengefaßten Fälle, in denen die unmittelbare Gefährdung vom Handeln eines Dritten ausgeht (Memel-Fall, Mitfahrt im Unglücksauto eines Betrunkenen). Der andere Ausgangspunkt – in Gestalt eines an sich tatbestandsmäßigen Verhaltens des Dritten – darf darüber nicht täuschen. Nicht hierauf, sondern allein darauf kommt es an, ob und daß sich die Herbeiführung oder Gestattung solchen Drittverhaltens (oder die Auslieferung an dieses) im Rahmen des Selbstbestimmungsrechts des Betroffenen hält. Davon aber ist in den Fällen der einverständlichen Fremdgefährdung (bei beiderseitigem Vertrauen auf den guten Ausgang) regelmäßig auszugehen: Das Opfer verletzt hier durch seine Wünsche (Gestattungen) und die ihnen entsprechenden Ausführungsaktionen des Dritten nicht die Rechte anderer, es verstößt aber regelmäßig auch nicht gegen Gesetze, die ihm solche Freiheitsentfaltung durch Einschaltung Dritter verbieten[109]. Insbesondere greift im jetzigen Kontext die Sperre des § 216 StGB nicht, denn diese Vorschrift bezieht sich allein auf Handlungen, die nach ihrem Sinnbezug auf die Herbeiführung des Todes gerichtet sind[110]. Ebensowenig kann bei beiderseitigem Vertrauen auf den guten Ausgang und meist auch noch getroffenen Vermeidevorkehrungen von einem nach allgemeinem Verständnis sittenwidrigen Verhalten die Rede sein. Die bloße Unvernünftigkeit des Verhaltens aus der Perspektive anderer aber reicht nicht, um einer als vernünftiges Wesen angesehenen Person schon grundsätzlich die Freiheit (zu solchem Verhalten) zu bestreiten – zur Freiheit gehört es gerade auch, Dinge zu tun oder in Rich-

---

108 Im öffentlichen Recht wird die Grenze der Sittenwidrigkeit bei selbstgefährdender Tätigkeit im Vertrauen auf den guten Ausgang meist gar nicht diskutiert.
109 Auf einen Zirkel liefe es hinaus, wollte man in diesen Fällen die allgemeinen strafrechtlichen Verbots- und Sanktionsnormen (z.B. § 222 StGB) als die Selbstbestimmung einschränkende Gesetze verstehen. Solche Normen sind vielmehr zunächst unter der stillschweigenden Voraussetzung des fehlenden Einverständnisses (bzw. der fehlenden Einwilligung) des Gutsträgers formuliert. Wie weit das Selbstbestimmungsrecht des Betroffenen reicht, ist eine davon nicht berührte Frage (Ausnahme: Vorschriften wie § 216 StGB, die ausdrücklich als Einschränkung des Selbstbestimmungsrechts zu verstehen sind). Entsprechendes gilt für die von *Weber*, Festschrift für Baumann, S. 51 f. angeführten Gefährdungsverbote.
110 Übereinstimmend *Lenckner*, in: Schönke/Schröder (wie Anm. 2), Rn. 104 vor § 32 mit eingehenden weit. Nachw.; *Schaffstein*, Festschrift für Welzel, S. 571.

tung auf eigene Güter tun zu lassen, die andere als unvernünftig empfinden (sofern nicht die verfassungsrechtlichen Grenzen der Freiheit überhaupt überschritten sind). Weil dies so ist, erscheint auch die von manchen in den Fällen der einverständlichen Fremdgefährdung für die Straflosigkeit (Zulässigkeit) des Verhaltens des Dritten aufgestellte Forderung berechtigter Gründe[111] verfehlt. Ein solches Erfordernis mag zwar aus strafrechtlicher Perspektive wegen des Vorliegens eines tatbestandsmäßigen Verhaltens nach allgemeinen Grundsätzen naheliegen[112] und auf den ersten Blick plausibel erscheinen. Es hat jedoch auszuscheiden, weil damit zugleich das Selbstbestimmungsrecht des Opfers konterkariert würde – nämlich an externe Vernünftigkeitsvoraussetzungen gebunden würde, die das Verfassungsrecht so nicht vorsieht.

4. Bedeutung erlangen die hinter gewissen Gefährdungshandlungen (insbesondere Aktionen einverständlicher Gefährdung stehenden) *Motive* und Gründe vielmehr erst, wenn die Beteiligten selbst ernsthaft von dem möglichen Eintritt der Beeinträchtigung ausgehen und sich damit abfinden. Der Grund ist leicht zu sehen: Bei solcher Sachlage kommt auch das Verdikt der *Sittenwidrigkeit* des Verhaltens durchaus in Betracht – so z.B. wenn aus nichtigen Gründen oder zur bloßen Befriedigung des Nervenkitzels mit dem Leben gespielt wird (kraß: russisches Roulette). Andererseits sind in diesem Bereich Fälle denkbar, bei denen trotz möglicher oder sicherer und als solcher anerkannter Auswirkung des Verhaltens auf das Leben, insbesondere seine Dauer, das Verdikt der Sittenwidrigkeit unangebracht ist – man denke etwa an mögliche Lebensverkürzungen als Folge von schmerzlindernden Maßnahmen. Ob das Zusammenwirken von Opfer und Dritten sich noch im Rahmen des Selbstbestimmungsrechts bewegt und daher straflos (exakter: rechtmäßig) ist, hängt also hier entscheidend auch von den Gründen der (mehr oder weniger starken) Gefährdung ab[113]. Freilich ist das Erfordernis gewisser Gründe hier kein eigenständiges strafrechtliches Erfordernis[114]; es ergibt sich vielmehr daraus, daß bei lebensbedrohlichen Verhaltensweisen, die vorsätzlich vorgenommen werden, regelmäßig (insbesondere wenn die unmittelbare Gefährdung durch einen Dritten erfolgt) besondere Gründe vorliegen müssen, um dem Verdikt der Sittenwidrigkeit zu entgehen.

---

111 In diesem Sinne z.B. *Dölling*, GA 1984, 71, 90 ff.
112 Nämlich im Sinne des (strafrechtlichen) Argumentationsmusters: Der im tatbestandsmäßigen Verhalten liegende Unwert müsse durch einen höheren Wert aufgewogen werden, wenn das Verhalten insgesamt rechtmäßig sein soll.
113 Wohl übereinstimmend *Lenckner*, in: Schönke/Schröder (wie Anm. 2), Rn. 104 vor § 32 m.w.N.
114 So aber wohl *Dölling*, GA 1984, 71, 90 f.; siehe auch oben Anm. 112 mit Text.

Satoshi Ueki

Informed Consent

Eine rechtsvergleichende Betrachtung des Arzthaftungsrechts

Der Begriff des Informed Consent (Abk. I.C.) wird üblicherweise nicht in Deutschland, sondern in den Vereinigten Staaten von Amerika benutzt. Dabei hat I.C. zwei unterschiedliche Bedeutungen, einerseits als ein Selbstbestimmungsrecht des Patienten, andererseits als eine Begründung des Arztvertrages oder der Haftung des Arztes. Nachdem der Begriff in Japan vor einiger Zeit vorgestellt wurde, wurde er sofort in Theorie und Praxis eingeführt und entwickelt. In diesem Aufsatz will der Verfasser durch eine rechtsvergleichende Betrachtung versuchen, den geschichtlichen Aspekt des Grundes, warum es bis zu seiner Kenntnisnahme in Japan so lange dauerte, und den theoretischen Aspekt der Funktion, wie er in den Entscheidungen angesprochen wird, klar zu machen. Nach des Verfassers Meinung muß das Recht der Patienten, die Art und Weise der therapeutischen Behandlung selbst zu bestimmen, zur Zeit noch stärker durch die Gewährleistung seiner Teilhabe an der Medizin betont werden, doch es kommt sofort das Problem auf, wie man dabei eine vernünftige Begrenzung vornehmen kann.

I. Einleitung:
Einführung des I.C. in Japan

In der Edo-Zeit (1603–1867) wurde Japan fast 200 Jahre nach außen abgeschlossen (Abschließungspolitik). Japan war deswegen ein geschlossener feudalistischer Staat und er bewahrte den Frieden, weil die Feudalherrschaft sehr stark war und sich in dieser Zeit kein Krieg erreignete.

Auch damals hatte die Bevölkerung großes Interesse an ihrer Gesundheit und Sicherheit. Traditionell herrschte die orientalische chinesische Medizin, in der die Innere Medizin eine erhebliche Rolle spielte. Trotz der Abschließung des Staates wurde selbstverständlich das Fensterchen zu Europa ein wenig geöffnet. Wie im allgemeinen bekannt ist, wurden die wirtschaftlichen und kulturellen Verhandlungen nur über Nagasaki geführt und die niederländische Medizin auch dort bekannt gemacht. Am Ende der Edozeit kamen deutsche und holländische Mediziner wie z. B. *Siebold*[1] und *Pompe*[2] nach Japan. Im Wendepunkt der Modernisierung Japans, also am Ende der Edozeit bis zum Anfang der Meijizeit, ereigneten sich viele Bürgerkriege, die durch die untergeordnete Klasse der Samurai getragen wurden und womit die Tokugawa Feudalregierung gestürzt wurde. Aus Anlaß des Krieges wurden viele Leute, nicht nur Samurai, sondern auch normale Bürger verletzt, aber die traditionelle Medizin konnte mangels chirurgischer Erfahrung wenig helfen. Ausnahmsweise spielte ein Engländer wie *Willis*[3], der Desinfektion und Chirurgie in der Heimat gelernt hatte, während der Kriegszeit eine erhebliche Rolle.

Zu Anfang der Meijizeit (1868–1912) hat daher die neue Regierung die moderne europäische medizinische Wissenschaft, in der die chirurgische Behandlung ein Lehrfach war, von außen, nicht aus England, sondern aus Deutschland in Japan erstmals eingeführt. 1871 (Meiji 4) wurden zwei deutsche Mediziner, *Müller*[4] und *Hoffmann*[5], nach Japan eingeladen, um das traditionelle medizinische System in Japan umfangreich zu verbessern. Im Jahre 1874 (Meiji 7) wurde dann ein neues medizinisches Reglement (mit Approbation usw.) festgelegt. Später hat *von Bälz*[6] das japanische medizinische Erziehungssystem festgelegt.

Im Zusammenhang mit der Staatswehr haben deshalb deutsche medizinische Regelungen auch großen Einfluß auf japanische ausgeübt. Obwohl das deutsche medizinische System von Japan übernommen wurde, wurde trotzdem das Rechtsverhältnis zwischen Arzt und Patient keineswegs mit übernommen.

Dazu will ich ein konkretes Beispiel geben. In Deutschland ist es üblich, daß unter dem rechtsmedizinischen Begriff „Therapeutische Aufklärung" der Arzt verpflichtet ist, dem Patienten therapeutische Beratungen und Dokumentationen zu geben, um der Aufklärungspflicht des Arztes nachzukommen. Der Begründung der Aufklärungspflicht des Arztes liegt die Tatsache zugrunde, daß es ein Vertragsverhältnis, normalerweise einen Dienstvertrag (§§ 611 ff. BGB) zwischen dem Arzt und dem Patienten gibt[7].

Aber in Japan gab es lange Zeit keinen Gedanken daran, daß der Arzt mit dem Patienten einen ärztlichen Vertrag schließen will. Deswegen wurde der

---

1 *Philipp Franz Barthazal von Sieboldt*, 1796-1866, 1823-1829 in Japan, er schrieb 3 Bücher über Japan: Fauna Japonica, Flora Japonica und Nippon: Über Sieboldt vgl. *Juliane von Stockhausen*, Der Mann in der Mondsichel (1970).
2 *Johaness Lydius Cathrinus Pompe van Meerdervoort*, 1829-1908, 1857-1862 in Japan, er schrieb: Vijf Jahren in Japan.
3 *William Willis*, 1837-1894, 1862-1877 in Japan.
4 *Benjamin Carl Leopold Müller*, 1824-1893, 1871-1875 in Japan.
5 *Theodor Eduard Hoffmann*, 1837-1894, 1871-1894 in Japan.
6 *Erwin von Bälz*, 1849-1913, 1876-1905 in Japan, vgl. *Toku Bälz* (Hrsg.), Erwin Bälz, Das Leben eines deutschen Arztes im erwachenden Japan, Tagebücher, Briefe, Berichte, 1931.
7 *Adolf Laufs*, Arztrecht, 5. Aufl. 1993, S. 48 ff.

Begriff „Therapeutische Aufklärung" durch das in der medizinischen Welt Japans neugebildete japanisch-deutsche Wort „Mundtherapie" ersetzt, obwohl ein solches Wort in Deutschland überhaupt nicht benutzt wurde. Dies galt auch für die Rechtssituation, in der das japanische BGB im Jahre 1896 (Meiji 29) entstand. Der Begriff „Arztvertrag" war auch nach der Entstehung des JBGB nicht bekannt, und diese Situation dauerte bis in die sechziger Jahre, als er in Japan vorgestellt wurde.

Deswegen funktioniert die japanische Abkürzung „Muntera", die auf der medizinischen Ebene dem oben genannten japanisch-deutschen „Mundtherapie" entspricht, ganz anders als die Originalbedeutung. Hierdurch wurde nur das therapeutische Privileg des Arztes stark betont. Hier herrschte nur die Macht des Arztes, und dies wird heute „paternalism" genannt.

Erst ein Dreivierteljahrhundert nach der Entstehung des JBGB wurde der Gedanke der Aufklärungspflicht und des „informed consent" in Japan zuerst eingeführt. Diese Periode steht mit einer Zeit der Erweiterungen des Vertrags im Einklang, in der die Nebenpflichten des Schuldners entwickelt worden sind[8].

II. Entwicklung des I.C. in Japan in Theorie und Praxis

Beobachtet man die Entwicklung des I.C. in Japan in Theorie und Praxis, so sollte man sie von zwei Punkten her diskutieren. Einerseits von seiten des Arztes, also als Erweiterung der Aufklärungspflicht des Schuldners, andererseits von seiten des Gläubigers, also als Selbstbestimmung des Patienten.

1. Erweiterung der Aufklärungspflicht des Arztes

Wie schon gesagt, war der Gedanke des Arztvertrages traditionell in der medizinischen Praxis in Japan nicht bekannt. Es war das erste Mal, daß die Aufklärungspflicht des Arztes 1965 durch einen Artikel[9] in Japan vorgestellt wurde, in dem Rechtsprechung und Theorie in der damaligen Bundesrepublik diskutiert wurden.

In Deutschland gilt schon lange, daß der ärztliche Behandlungsvertrag zwischen dem Arzt und dem Patienten abgeschlossen wird. Die Rechtsnatur des

---

8 Über die Entwicklung des Japanischen BGB im Vergleich zum Deutschen BGB vgl. *Zentaro Kitagawa,* Rezeption und Fortbildung des europäischen Zivilrechts in Japan (1970).
9 *Koichi Bai,* Chiryokoi niokeru Kanja to Ishi no Sethumei (Aufklärungspflicht des Arztes gegen Patient in der Therapie), Keiyakuhou Taikei (Aufsatzsammlung über Vertragsrecht) VII, 1965.

Arztvertrages wird als selbständiger Dienstvertrag, also als freier Dienstvertrag angesehen, der operae liberales vom Arzt voraussetzt[10].

Im Gegensatz zu Deutschland wird die Rechtsnatur des ärztlichen Behandlungsvertrags in Japan als Auftrag angesehen, durch dessen Annahme der Beauftragte ein ihm von dem Auftraggeber übertragenes Geschäft für diesen entgeltlich besorge, der Beauftragte sei dann verpflichtet, dem Auftraggeber die erforderlichen Nachrichten zu geben, auf Verlangen Auskünfte über den Stand des Geschäfts zu erteilen und nach der Ausführung des Auftrages Rechenschaft abzulegen (§ 645 JBGB wie § 666 BGB). Mit dieser Begründung hat der Arzt dem Patienten die therapeutische Aufklärung zu gewähren.

Von Ende 1970 bis 1980 wurde die Rechtsprechung über die Aufklärungspflicht des Arztes entwickelt. In einem Urteil[11] ist folgendes formuliert: Nach § 645 JBGB sei der Arzt, solange der Patient dies verlange, verpflichtet, ihn über das Resultat der Diagnose, Art und Weise der therapeutischen Behandlung und ihre Folgen usw. aufzuklären und ihm dieses mitzuteilen, es sei denn, daß es zum Zeitpunkt der Aufklärung entgegenstehende Gründe gebe.

Wie oben gesagt, steht die Erweiterung des Arztvertrages in Japan mit der deutschen Rechtsdogmatik in Einklang.

2. I.C. als Selbstbestimmung des Patienten

In den siebziger Jahren wurde der Gedanke des I.C. aus den USA eingeführt[12] und spielte eine große Rolle. Gleichzeitig wurde der Begriff des „Gesundheitsrechts" vermehrt diskutiert, um den Geschädigten von Umweltverschmutzung und Produktrisiko zu helfen[13]. Gesundheitsrecht war damals schon nicht nur als Recht des Verfassungsgesetzes, sondern auch als ein gesetzliches Recht zur Begründung des Schadensersatzes und der Unterlassungsklage anerkannt. Dadurch waren Mittel und Wege zur Hilfe für einen Geschädigten viel leichter geworden.

Das Persönlichkeitsrecht gebietet[14], daß I.C. schützt, was der Patient im Laufe der therapeutischen Behandlung wissen will. Wie manchmal gesagt wird, ist

---

10 Z.B. *O. Hegener*, Das Vertragsrecht des Arztes (1925); *K. Heldrich*, Der Arzt im römischen Privatrecht, JherJb 88. Bd. (1939/40); *H.Sieber*, Operae liberales, JherJb 88. Bd. (1939/40); *K.H. Below*, Der Arzt im römischen Recht (1953); *K. Visky*, Geistige Arbeit und „artes liberaes" in den Quellen des römischen Rechts (1977).
11 HG (Höheres Gericht, entspricht dem deutschen Oberlandesgericht) Tokyo, Urt. vom 28.8. 1986, Hannji (Hanrei jiho [Neue Entscheidungen aller Gerichte]), 1208, 85.
12 *Ikufumi Niimi*, Ishi to Kanja no Kannkei (Rechtsverhältnis zwischen dem Arzt und Patienten), Nagoya University Law Jounal, Vol. 64-65, 1975-76.
13 *Satoshi Ueki*, Umweltschutz und Produzentenhaftung in Japan. Eine rechtsvergleichende Betrachtung der Schadensersatzprobleme in der hochtechnisierten Industriegesellschaft, Japanisches Recht Nr. 18 (1985).
14 *Adolf Laufs*, a.a.O., S. 388.

der I.C. eine Einwilligung des Patienten nach genügender Aufklärung des Arztes; er gewährleistet das Persönlichkeitsrecht des Patienten, die Wahlfreiheit des Patienten und die Patientenautonomie. Durch diesen neuen Gedanken wird das Selbstbestimmungsrecht des Patienten umfassend gewährleistet. Fraglich bleibt aber, ob und inwieweit der Patient als Laie auf diesem Gebiet die Aufklärung des Arztes verstehen kann. Traditionell ist der Patient nicht daran gewöhnt, daß er als Partner des medizinischen Behandlungsvertrages aufgeklärt wird.

In einer japanischen Entscheidung wird trotzdem stark diskutiert, ob ein Patient aus religiöser Begründung die Bluttransfusion verweigern kann. Ein Urteil[15] hat die Selbstbestimmung des Patienten bestätigt, in dem folgendes formuliert wird: die Verweigerung der Bluttransfusion sei aufgrund der religiösen Doktrin, d. h. des Glaubens des Patienten, zugelassen, vorausgesetzt, daß der Patient ein voll zurechnungsfähiger Erwachsener sei und die durch Verweigerung verursachte Gefahr genügend verstehen könne. Der Zwang zur Bluttransfusion stelle deswegen einen Eingriff die Glaubensfreiheit dar.

I.C. dient nicht nur der Rechtsdogmatik, sondern auch der Gesetzgebung. Bis heute ist das Recht der Patienten auf der Ebene des Gesetzes nicht bestätigt. Aus Anlaß einer amerikanischen Rechtsdeklaration der Patienten von 1972[16] und der Entstehung eines Gesetzes über das Selbstbestimmungsrecht des Patienten von 1990[17], schreitet die Bewegung für eine gesetzliche Regelung fort, aber das neue Gesetz für Patienten ist in Japan noch nicht vorgelegt worden, obwohl ein Privatentwurf für die Rechtsdeklaration der Patienten schon 1984 gemacht wurde. Im Juni 1995 wurde ein Report[18] über I.C. vom Gesundheitsministerium erstattet. In der Zukunft soll ein Gesetz eingebracht werden.

3. Verhältnis zwischen Aufklärungspflicht und Selbstbestimmung

Wie oben erwähnt, wird I.C. einerseits als Mittel der Aufklärungspflicht des Arztes und andererseits als Mittel der Selbstbestimmung des Patienten verstanden. Aus diesem Grund hat I.C. immer zwei inhaltlich unterschiedliche Elemente. Trotzdem muß I.C. das Rechtsverhältnis zwischen dem Arzt und dem Patienten rational regeln.

Da I.C. inhaltlich unterschiedliche Elemente hat, sollte man sehr vorsichtig sein bei seiner Handhabung. Zuerst zeigt sich eine verfassungsrechtliche Richtung der Auslegung. Dadurch wird das Recht der Patienten auf Kenntnis ge-

---

15 BG Oita, Beschluß vom 2.12.1985, Hanji 1180, 113.
16 Vgl. American Hospital Association Statement on a Patient's Bill of Rights of 1972.
17 Patient Self-Determination Act of 1990, 42 USC §§ 1345 cc (f), 1396 a (w).
18 Vgl. Infomudo Konsento no Arikata nikansuru Kentoukai Hokokusho (Ein Report über die Wesensart des I.C. in Japan).

währleistet, obwohl es noch kein Gesetz über den Zugang zur medizinischen Information gibt. Insoweit besitzt der I.C. nur eine Hilfsfunktion.

Gleichzeitig übt die verfassungsrechtliche Funktion des I.C. Einfluß auf die Privatrechtsdogmatik aus. Heute ist stark umstritten, wie das Verhältnis zwischen Verfassungsrecht und Privatrecht verstanden werden soll. Dies bezieht sich auf den Zweck der privatrechtlichen Dogmatik. Dabei geht es um die Entwicklung der Privatrechtsauslegung, in der I.C. als Auslegungsproblem des BGB behandelt wird. Hier besteht eine grundsätzliche Funktion des I.C.

Aber es ist noch nicht klar, ob und inwieweit auf die Auslegung des BGB die verfassungsrechtliche Funktion des I.C. einen Einfluß ausübt. I.C. bietet ein gutes Beispiel, um den Zusammenhang zwischen Verfassungsrecht und Privatrecht klar zu machen.

In der japanischen Rechtsprechung werden die zwei Funktionen der Auslegung verschmolzen. Ein Urteil[19], in dem es um die Aufklärung des Arztes bei Krebs geht, besagt, die konkrete Aufklärungspflicht des Arztes bilde deswegen ein vertragliches Schuldverhältnis, weil der Patient die Selbstbestimmung über die Therapie habe.

III. Einzelne Fragen des I.C. in der Rechtsprechung Japans

Am Ende möchte ich einige Fragen des I.C. in der Rechtsprechung Japans kurz skizzieren und dies als rechtsvergleichendes Material vorlegen.

1. Umfang der Aufklärung

HG von Osaka, Urteil vom 16.7.1986[20]: In diesem Urteil geht es um eine Aufklärung durch den Arzt wegen Schwangerschaft nach einer Sterilisationsoperation. Dabei war umstritten, ob und inwieweit der Arzt eine Möglichkeit der Schwangerschaft exakt erklären muß. Der aufgrund des medizinischen Vertrages vom Arzt zu leistende Inhalt der Aufklärung hänge von Art und Inhalt des Vertrags, der Stufe der Gefahr und der Notwendigkeit ab. Der Grad der Aufklärungspflicht müsse unter Berücksichtigung der Umstände entschieden werden.

---

19 BG (Bezirksgericht, entspricht dem deutschen Landgericht) Nagoya, Urt. vom 29.5.1989, Hanji 1325, 103; Hanta (Hanrei Taimus [Zeitschrift für die Rechtspraxis]) 699, 279: Dieses Urteil wurde durch OGH (Oberster Gerichtshof [Entspricht dem deutschen Bundesgerichtshof]) Urt. vom 25.7.1995 bestätigt.
20 Hanta 624, 202.

2. Art und Weise der Aufklärung

BG von Tokio, Urteil vom 28.3.1991[21]: Es handelt sich um die Art und Weise der Aufklärung durch den Arzt, der eine künstliche Oberschenkelgelenkoperation durchgeführt hat. Um eine gültige Einwilligung des Patienten zu erlangen, müsse der Arzt ihn über Krankheit, Therapie, Prognose und Gefahr usw. in der Weise aufklären, wie dies dem damaligen medizinischen Standard, also einem Vorgehen lege artis, entspreche, und ihm genügend Informationen geben, mit denen der Patient selbst bestimmen könne, ob er eine Einwilligung in eine Operation usw. geben wolle oder nicht.

3. Wann und Wem

Die Aufklärungspflicht des Arztes wird als dreiteilig, also 1. als Voraussetzung zur Einwilligung des Patienten, 2. als Behandlungsanzeige des Arztes, 3. als Ratschlag für einen anderen Arzt verstanden.

Demgemäß muß die Aufklärung des Arztes zum richtigen Zeitpunkt gegeben werden. Das heißt also, 1. eine Aufklärung vor dem Eingriff, um eine Einwilligung des Patienten zu erlangen, 2. eine Aufklärung während der Therapie, um einen Behandlungserfolg zu haben, 3. eine postoperative Aufklärung, um dem Patienten eine sog. second opinion zu gewährleisten. Auf diese Weise unterscheidet sich der Zeitpunkt der Aufklärung des Arztes in prae, inter, post (vor, während, nach).

Und wem muß der Arzt die Information geben? Das hängt von der Fähigkeit des Patienten ab. Ist er volljährig und geschäftsfähig, muß sein Wille den Vorzug haben, auch wenn sein Wille nicht dem seiner Familie entspricht. Bei einem Minderjährigen ist die Einwilligung des Stellvertreters notwendig. Manchmal kommt es dabei zu Mißbräuchen seitens des Stellvertreters.

4. Unnötigkeit der Aufklärung

Ausnahmsweise ist der Arzt nicht zur Aufklärung verpflichtet. In Notfällen, in denen der Arzt eine Einwilligung des Patienten nicht beibringen kann und Gefahr für Leib und Leben des Patienten besteht, kann der Eingriff unter dem Gesichtspunkt der Geschäftsführung ohne Auftrag (§ 677 BGB), oder sogar der Geschäftsführung der Gefahrenabwehr (§ 680 BGB) gerechtfertigt sein. Hier entspricht die Übernahme der Geschäftsführung dem mutmaßlichen Willen des Patienten (§ 683 BGB)[22].

---

21 Hanji 1399, 77; Hanta 764, 224; bestätigt durch HG Tokio, Urt. vom 21.11.1991, Hanji 1414, 54.
22 *Adolf Laufs*, a.a.O., S. 116.

BG Tokio, Urteil vom 31.8.1992[23]: In diesem Fall geht es um eine Dringlichkeit der Operation, mit der die Folgen eines Gehirnschlages eines Patienten beseitigt werden sollten. Der behandelnde Arzt sei verpflichtet, dem Patienten die Nachrichten über Krankheit, Therapie, Gefahr, Verbesserung, Prognose usw. konkret zu geben, damit dieser selbst bestimmen könne, ob er sich in ärztliche Behandlung begeben wolle oder nicht, es sei denn, ein besonderer Grund liege vor wie z. B. ein Notfall.

5. Ermessen des Arztes

Die Wahl der Therapie- und Behandlungsmethode ist im Grunde genommen primär die Sache des Arztes[24]. Dies nennt man in Deutschland die „Therapiefreiheit" oder „Methodenfreiheit" des Arztes[25]. Demnach ist er nicht stets verpflichtet, sofern es mehrere erfolgversprechende und übliche Behandlungsmöglichkeiten gibt, dem Patienten alle medizinischen Möglichkeiten darzustellen und seine Wahl ihm gegenüber zu begründen. Die Therapiewahl des Arztes muß hier aber durch Aufklärung gegenüber dem Patienten ergänzt werden, weil die Abwägung der Vorteile und Gefahren sogar vom Arzt noch nicht in letzter Kenntnis durchgeführt wird (Begrenzung der Naturwissenschaft). Hiermit besteht eine Wechselwirkung zwischen Therapiewahl und Aufklärungspflicht.

In Japan wird die Therapiefreiheit als „Ermessen" des Arztes bezeichnet. In einem Urteil (HG Tokio, Urteil vom 21.11.1991[26]) wurde entschieden, Art und Weise der Aufklärung werden dem unter Berücksichtigung der Krankheit, Beeinflussung, Erkenntnis und Mentalität der Patienten usw. rationalen Ermessen des Arztes überlassen. In Japan ist heute stark umstritten, ob der Arzt dem Patienten eine Krebsdiagnose mitteilen muß, wie z. B. beim AIDS-Test in Deutschland[27]. Das Freiheitsrecht des Arztes, sein Wissen nicht weiterzugeben, muß auch gewährleistet sein (Therapeutisches Privileg[28]). Hier widerspricht das Ermessen des Arztes der Selbstbestimmung des Patienten. Dieser Widerspruch sollte nach der Entwicklung der medizinischen Behandlung und dem Glauben des Publikums an die Medizin gelöst werden. Selbstverständlich muß ein Ermessensmißbrauch des Arztes total ausgeschlossen werden.

---

23 Hanji 1463, 102.
24 *Adolf Laufs*, a.a.O., S. 91.
25 *Laufs/Uhlenbruck*, Handbuch des Arztrechts (1992), S. 288.
26 Hanji 1414, 54.
27 *Laufs*, a.a.O., S. 118.
28 *Erwin Deutsch*, Das therapeutische Privileg des Arztes: Nichtaufklärung zugunsten des Patienten, NJW 1980, 1305.

6. Kausalzusammenhang, Schaden

Um eine Schadensersatzpflicht eines Arztes zu bejahen, ist es notwendig, daß das pflichtwidrige Verhalten des Arztes die Gesundheitsschädigung oder gar den Tod seines Patienten verursacht hat. Beim ärztlichen Behandlungsfehler spielt der Beweis der Kausalität eine entscheidende Rolle.

Dies gilt auch für die Verletzung der Aufklärungspflicht. Bei der Verletzung der Aufklärungspflicht wird manchmal gesehen, daß es keinen Kausalzusammenhang zwischen Gesundheitseinbuße oder Tod des Patienten und Aufklärung durch den Arzt gibt. Im Vergleich zu dem Behandlungsfehler ist das sehr schwierig zu beweisen.

Wenn dies der Fall ist, ist es heute umstritten, ob man die Schadensersatzpflicht des Arztes ohne Beweis für die Kausalität bejahen kann. In vielen Entscheidungen unterer Gerichtsinstanzen in Japan wird der Schadensersatz bejaht, indem einmal ein Verlust des Interesses an Verlängerung des Lebens[29], einmal ein Verlust der Gelegenheit zur Behandlung[30], einmal ein Verlust der Aussicht auf Heilung[31] zugrunde gelegt wird. Der Umfang des Schadensersatzes wird hier auf das Schmerzensgeld begrenzt. Der Betrag wird deswegen niedriger als im Normalfall, d. h. im Kunstfehlerfall geschätzt, weil es keinen Beweis für den Zusammenhang zwischen der Verletzung und dem Schaden gibt.

IV. Fazit

Schließlich möchte ich meine Überlegungen zum Selbstbestimmungsrecht auf der Ebene des Zivilrechts, insbesondere des Medizinrechts, kurz zusammenfassen. Hier müßte eigentlich besonders das Selbstbestimmungsrecht des Patienten intensiv diskutiert werden. Dabei wird der Grund dafür durch den Persönlichkeitsschutz des Patienten gelegt. Im Namen des Persönlichkeitsschutzes ist es geboten, daß I.C., also die Information über das, was der Patient im Laufe der therapeutischen Behandlung wissen will, genügend gewährleistet wird. I.C. bedeutet eine Einwilligung des Patienten nach genügender Aufklärung des Arztes und sichert das Persönlichkeitsrecht des Patienten, mit anderen Worten also die Wahlfreiheit des Patienten und die Patientenautonomie.

Durch diesen Gedanken wird das Selbstbestimmungsrecht des Patienten gewährleistet. Um das Selbstbestimmungsrecht des Patienten zu gewährleisten, muß das Rechtsverhältnis zwischen Arzt und Patient rechtlich entsprechend geregelt werden. Hierfür ist der Begriff des „Arztvertrages" notwendig. Durch

---

29 BG Osaka, Urt. vom 29.1.1992, Hanji 1427, 111.
30 BG Tokio, Urt. vom 28.1.1993, Hanji 1473, 66; Hanta 824, 210.
31 BG Tokio, Urt. vom 26.10.1992, Hanji 1469, 98; Hanta 826, 252.

den Gedanken des Arztvertrages wird der Arzt verpflichtet, dem Patienten therapeutische Beratung, Informationen und Dokumentationen zu geben, um der Aufklärungspflicht des Arztes nachzukommen. Dabei spielt es keine Rolle, welche Rechtskonstruktion, sei es Dienstvertrag in Deutschland, sei es Auftrag in Japan, zugrunde gelegt wird.

Fraglich bleibt aber, ob und inwieweit der Patient als Laie auf diesem medizinisch und naturwissenschaftlich komplizierten Gebiet die Aufklärung des Arztes ganz genau verstehen kann. Hier kommen besondere Schutzmaßnahmen für Patienten zur Geltung, die man vorsichtig diskutieren sollte. Was ist denn eine besondere vernünftige Schutzmaßnahme? Man muß dies weiter untersuchen, um einerseits das Recht des Patienten zu erweitern, andererseits eine zu zurückhaltende, also defensive Medizin des Arztes vermeiden.

Akimasa Takada

Die Selbstbestimmung des Beschuldigten im japanischen Strafverfahren – Schweigen oder Gestehen?

I. Einleitung

1. Man kann die Erledigung der Sache im Strafverfahren als Mitarbeit aller Prozeßbeteiligten charakterisieren. Der Beschuldigte oder Angeklagte hat aber seinen eigenen, den Eingriff des Justiz-, Verfolgungs- oder Ermittlungsorgans ausschließenden inneren Bereich. Er hat das unbedingte Aussageverweigerungsrecht, die Freiheit zu schweigen oder auszusagen. Anders gesagt, der Staat oder die andere Prozeßpartei darf in die Entscheidung des Beschuldigten oder des Angeklagten, zu schweigen oder auszusagen, nicht eingreifen, obwohl seine Aussage das wichtigste Beweismittel ist. Die japanische Verfassung gewährleistet dieses Recht mit Art. 38 Abs. 1 und auch die japanische Strafprozeßordnung gewährleistet es mit Art. 198 Abs. 2 (Aussageverweigerungsrecht im Ermittlungsverfahren) und mit Art. 311 Abs. 1 (Aussageverweigerungsrecht in der Hauptverhandlung).

2. Es ist aber eine andere Frage, ob in der Praxis das Aussageverweigerungsrecht wirklich gewährleistet wird. Mein Referat untersucht die Bedeutung und Funktion der polizeilichen und der staatsanwaltlichen Beschuldigtenvernehmung in Japan. Ferner möchte ich darauf eingehen, ob und wie dem Beschuldigten im Vorverfahren die freie Ausübung seines Schweigerechts gewährleistet wird, und ob und wie er die Vernehmung unter seine Kontrolle bringen kann.

II. Die Eigentümlichkeiten der japanischen Ermittlung

1. Die miteinander zusammenhängenden Eigentümlichkeiten der japanischen Ermittlung sind, daß die Beschuldigtenvernehmung durch die Polizei und den Staatsanwalt unter Zwang stattfindet, während der Beschuldigte insgesamt 23 Tage in der polizeilichen Haftzelle (drei Tage in der Verhaftung und 20 Tage in der Untersuchungshaft) festgehalten wird, und daß ihn der Staatsanwalt in fast allen Fällen, auch in solchen ohne Verhaftung, persönlich und direkt vernimmt. Es gibt folgende Gründe dafür.

2. a) Die Aussage, vor allem das Geständnis, des Beschuldigten ist das wichtigste Material für die staatsanwaltliche Entscheidung, die Anklage gegen ihn zu erheben oder das Verfahren einzustellen. In der japanischen Strafprozeßordnung gilt das Opportunitätsprinzip (Art. 248 StPO). Die Staatsanwaltschaft hat eine weite Ermessensbefugnis, das Verfahren einzustellen, auch wenn nach den Ermittlungen ein hinreichender Tatverdacht besteht.

Diese staatsanwaltliche Einstellung des Verfahrens nach dem Opportunitätsprinzip funktioniert als frühzeitige Maßnahme zur Resozialisierung, und in der Praxis spielt sie eine große Rolle (Tabellen 1 und 2). Um diese sich auf den Täter beziehende Maßnahme zu ergreifen und die Möglichkeit oder die Fähigkeit des Beschuldigten zur Besserung zu beurteilen, verlangt der Staatsanwalt das von Reue begleitete Geständnis vom Beschuldigten. Ferner braucht er dafür auch ausführliche Aussagen des Beschuldigten über seine persönlichen, beruflichen, familiären und weiteren Hintergründe.

Das Ermittlungsorgan hält es für sehr wichtig, den Beschuldigten in Abwesenheit des Verteidigers oder eines Dritten heimlich und privat vernehmen zu können, um sein persönliches Vertrauen zu gewinnen und dadurch seine reuevolle Aussage zu ermöglichen.

Im Vorverfahren kann der Verteidiger an dem Prozeß, in dem der Beschuldigte seine Aussage macht und sein Geständnis protokolliert wird, nicht mitwirken. Unter der Voraussetzung, daß der Beschuldigte seine Straftat schon gestanden hat, ist es im Vorverfahren die Hauptaufgabe des Verteidigers, einen Vergleich mit dem Geschädigten zu schließen, weil das vom Staatsanwalt als wichtig bzw. nötig für eine Einstellung des Verfahrens nach dem Opportunitätsprinzip eingeschätzt wird. In der Regel ist der japanische Verteidiger also faktisch auf eine privatrechtliche Tätigkeit beschränkt.

b) Das Ermittlungsverfahren dieses Typs, dessen Zweck die Gewinnung des Geständnisses ist und das aufgrund der Aussagen des Beschuldigten durchgeführt wird, wird von der japanischen Staatsanwaltschaft bejaht, um dadurch die polizeiliche Ermittlung kontrollieren zu können.

Die Staatsanwaltschaft hat seit der Strafprozeßreform vom 10. Juli 1948 die Herrschaft über das Ermittlungsverfahren verloren und übt seither nur eine untergeordnete und ergänzende Untersuchungsbefugnis aus. Wenn es ihr notwendig erscheint, kann die Staatsanwaltschaft zwar auch selbst ermitteln (Art. 191 Abs. 1 StPO), doch die Hauptbefugnis bei der Ermittlung des Täters und der Beweise liegt bei der Polizei (Art. 189 Abs. 1 StPO). Der Staatsanwaltschaft ist jedoch nach der Reform von 1948 eine weite Ermessensbefugnis zur öffentlichen Anklage gegeben (Art. 247, 248 StPO), und der Anspruch auf eine offizielle Gerichtsverhandlung wird ihr unbedingt eingeräumt (Art. 272, 461 StPO). Die Staatsanwaltschaft, die im Rahmen der Strafverfolgung ihre Befugnis verstärkt hat, hat es sich zur Aufgabe gemacht, die polizeiliche Ermittlung so unter ihre tatsächliche Kontrolle wie vor der Reform von 1948 zu bringen, um ihren verlorenen Geltungsbereich im Ermittlungsverfahren auszugleichen.

Die Staatsanwaltschaft, die die Anklage in der Hauptverhandlung des Parteiprozesses zu vertreten hat und deren Arbeitspensum zugenommen hat, muß aber die polizeiliche Ermittlungsarbeit wirkungsvoll kontrollieren oder überwachen, und ihr Hauptinstrument dabei ist die Beschuldigtenvernehmung. Aus diesem Grunde ist es für die Staatsanwaltschaft nötig, daß die japanische Ermittlung die Vernehmung des Beschuldigten und sein Geständnis in den Mittelpunkt stellt[1].

III. Die Beschuldigtenvernehmung und das Recht auf Verteidigung

1. Es gibt Bedingungen im japanischen Strafverfahren, die die oben erwähnten Eigentümlichkeiten der Ermittlung hervorgebracht haben.

Nach der Strafprozeßreform von 1948 kann die Polizei und die Staatsanwaltschaft vom Richter eine 72 Stunden dauernde Verhaftung des Beschuldigten fordern (Art. 199 Abs. 1 StPO), und die Staatsanwaltschaft kann außerdem eine 20 Tage dauernde Untersuchungshaft vor der Anklageerhebung fordern (Art. 204 Abs. 1, Art. 205 Abs. 1 und Art. 207 Abs. 1 StPO). In der Praxis sind die Fälle extrem selten, in denen der Richter einen Antrag auf Erlaß eines Haftbefehls oder eines Untersuchungshaftbefehls ablehnt, den die Polizei und die Staatsanwaltschaft bei ihm stellen (Tabelle 3). Diese können daher in der Praxis den Beschuldigten verhaften oder ihn in Untersuchungshaft nehmen, wie sie es für gut befinden. Die gerichtliche Berechtigungsbescheinigung bleibt oberflächlich.

2. a) Der Beschuldigte, der vor der Anklageerhebung in Verhaftung oder Untersuchungshaft festgehalten wird, ist dazu verpflichtet, vor einem Vernehmungsbeamten, der Polizei oder der Staatsanwaltschaft zu erscheinen und bis zum Schluß der Vernehmungen seiner Sache anwesend zu bleiben. Er hat die Ausführungen des Vernehmenden geduldig anzuhören, die etwa darauf ausgerichtet sind, die Einsicht zu fördern, daß es günstiger wäre, trotz des Schweigerechts dennoch auszusagen. Allerdings schreibt die Strafprozeßordnung diese Verpflichtungen nicht ausdrücklich vor. Die Justizbeamten halten jedoch an ihrer Auslegung des Art. 198 Abs. 1 der Strafprozeßordnung fest, die aber auf heftigen Widerspruch der meisten Juristen stößt[2].

---

[1] *Asada Kazushige, Akimasa Takada* und *Hideaki Kawasaki*, Über die Entwicklung der japanischen Strafrechtspflege nach 1945: Tätigkeiten der Träger, Jurist Bd. 930, S. 130 (Jap.).

[2] Art. 198 Abs. 1 der japanischen Strafprozeßordnung bestimmt: *Wenn es für die Ermittlung einer strafbaren Handlung notwendig ist, können der Staatsanwalt, der Hilfsbeamte der Staatsanwaltschaft und Justizpolizeibeamte das Erscheinen des Beschuldigten verlangen und ihn vernehmen. Der Beschuldigte kann sich jedoch weigern zu erscheinen und sich nach seinem Erscheinen jederzeit entfernen, es sei denn, er ist festgenommen oder verhaftet worden.* – Die meisten Juristen lehnen die oben erwähnte Auslegung aus dem Grund ab, daß die Verpflichtung zum Erscheinen und Bleiben schon das Schweigerecht des Beschuldigten verletze.

b) Die Erscheinens- und die Bleibenspflicht des Beschuldigten, der in der polizeilichen Haftzelle inhaftiert ist und im Polizeiamt vernommen wird, kann die Vernehmungsbeamten in vielen Fällen zu extrem langen Vernehmungen verleiten. Zum Beispiel wurde am 15. Juli 1988 ein wegen Brandstiftung an einem Wohngebäude verdächtigter Jugendlicher von 9 Uhr vormittags an von mehreren Polizeibeamten vernommen. Erst in der Nacht zum 16. Juli wurde er um 0 Uhr 10 verhaftet, nachdem der Richter um 23 Uhr einen Haftbefehl erteilt hatte. Die polizeiliche Vernehmung hatte über 14 Stunden gedauert. Nach der Verhaftung wurde er 20 Tage in der polizeilichen Haftzelle festgehalten und insgesamt 156 Stunden (123 Stunden von der Polizei und 33 Stunden von der Staatsanwaltschaft) unter der Erscheinens- und der Bleibenspflicht vernommen, bis der Staatsanwalt die Sache an das Familiengericht abgab.

Es ist nicht zu viel gesagt, daß solch eine zwangsweise lange Beschuldigtenvernehmung an sich schon ein starkes Mittel ist, um vom Beschuldigten ein Geständnis zu bekommen.

3. Im Vergleich mit der oben erwähnten starken Vernehmungsbefugnis sind die Rechte auf Verteidigung im Ermittlungsverfahren gering und schwach ausgebildet.

a) Zwar kann der Beschuldigte jederzeit einen Verteidiger wählen (Art. 30 Abs. 1 StPO), und der Beschuldigte, der sich nicht auf freiem Fuß befindet, darf mit seinem Wahlverteidiger mündlich verkehren (Art. 39 Abs. 1 StPO).

b) Jedoch hat der Beschuldigte kein Recht auf Bestellung eines Offizialverteidigers. Das Gericht bestellt einen Offizialverteidiger für den Angeklagten erst nach der Anklageerhebung (Art. 36 StPO). Der Wahlverteidiger hat kein Recht darauf, bei der zwangsweisen Vernehmung des inhaftierten Beschuldigten durch die Polizei oder den Staatsanwalt anwesend zu sein.

c) Auch wenn der Verteidiger Anspruch auf mündlichen Verkehr mit dem inhaftierten Beschuldigten erhebt, muß der Vernehmungsbeamte mit der Beschuldigtenvernehmung nicht aufhören. Vor der Anklageerhebung können die Polizei oder der Staatsanwalt, sofern es für die Aufklärung der Sache, zum Beispiel die Gewinnung des Geständnisses, notwendig ist, über Datum, Ort und Zeit der Unterredung mit dem Verteidiger bestimmen (Art. 39 Abs. 3 StPO). Durch diese Maßnahme wird der Verkehr zwischen dem Beschuldigten und seinem Verteidiger bis zu dem von der Polizei oder vom Staatsanwalt festgesetzten Datum aufgeschoben und die Zeit der Unterredung normalerweise auf 15 bis 30 Minuten beschränkt. Anders gesagt, können die Polizei oder der Staatsanwalt das Verkehrsrecht des Beschuldigten streng beschränken, um sein Geständnis ohne Hindernisse zu bekommen[3].

---

3 Die Entscheidung des japanischen Obersten Gerichtshofs bestätigte die Befugnis des Staatsanwalts, einen Verteidigerverkehr nur aus dem Grund zu versagen und sein Datum aufzuschieben, weil die Polizei vorher bestimmt hatte, die Vernehmung des Beschuldigten in etwa 30 Minuten anzufangen, Urteil des japanischen Obersten Gerichtshofs vom 10.5.1991, Entscheidungen des Obersten Gerichtshofs in Zivilsachen Bd. 45, S. 919.

4. Das vom Ermittlungsorgan geführte Vernehmungsprotokoll über Aussagen des Beschuldigten, die wie das Geständnis zur Straftat ein den Interessen des Beschuldigten entgegenstehendes Zugeständnis der Tatsachen enthalten, kann als Beweismittel in der Hauptverhandlung verwendet werden, es sei denn, der Verdacht besteht, daß diese Tatsachen nicht freiwillig zugegeben worden sind (Art. 319 Abs. 1 und Art. 322 Abs. 1 StPO).

In der Praxis hat das vor dem Staatsanwalt abgelegte und von diesem aufgenommene Geständnis des Beschuldigten einen entscheidenden Beweiswert in der richterlichen Beweiswürdigung, weil der Richter geneigt ist, einseitiges Vertrauen zum Staatsanwalt als Justizbeamten zu haben. In den meisten Fällen, in denen das von der Polizei gewonnene Geständnis als widerrechtlich ausgeschlossen wurde, ist das von der Rechtsverletzung der Polizei abgetrennte staatsanwaltliche Vernehmungsprotokoll über das Geständnis desselben Inhalts ohne weiteres als Beweismittel verwendet worden[4].

IV. Ein neues Ermittlungsmodell und das Recht auf Selbstbestimmung

1. Die Vorstellung, daß das Geständnis des Beschuldigten für die Aufklärung des wahren Sachverhalts und die gerechte Erledigung der Strafsache unentbehrlich ist, rechtfertigt lange, gründliche und strenge Beschuldigtenvernehmungen durch die Ermittlungsbehörde. Das Modell oder der Idealtypus der japanischen Ermittlung heißt „das alle Ermittlungstätigkeiten um die Gewinnung des Geständnisses des Beschuldigten zentrierende Modell"[5].

In einem solchen Ermittlungsmodell fällt es aber dem Beschuldigten sehr schwer, sich mit seinem Schweigen gegen den Vernehmungsbeamten durchzusetzen. Dieses Ermittlungsmodell schränkt den Beschuldigten in seiner Selbstbestimmung über Schweigen (ob er seine Straftat gesteht oder nicht) oder Aussagen (was er aussagt) stark ein.

2. Damit der Beschuldigte seine Selbstbestimmung über Schweigen oder Aussagen im Ermittlungsverfahren realisieren kann, müßte sich erstens das japanische Ermittlungsmodell grundlegend verändern. In einem neuen Modell sollte die Sachverhaltserforschung im Ermittlungsverfahren ohne Abhän-

---

4 Urteil des Landgerichts Osaka vom 11.9.1985, Zeitschrift der Rechtsprechung (Hanrei-Jiho) Nr. 803, S. 24; Urteil des Oberlandesgerichts Tokyo vom 15.12.1973, Zeitschrift der Rechtsprechung (Hanrei-Jiho) Nr. 1113, S. 43; Urteil der Okayama-Abteilung des Oberlandesgerichts Hiroshima vom 11.9.1991, Neueste Entscheidungen des Oberlandesgerichts (Koh-Kei-Sokuho) (1991), S. 117.
5 Dr. *Ryuichi Hirano* hat dieses Ermittlungsmodell „die inquisitorische Anschauung über die Ermittlung" genannt. R. *Hirano*, Das Strafprozeßrecht (Tokyo 1958), S. 83 (Jap.).

gigkeit vom Geständnis des Beschuldigten durchgeführt werden. Zweitens müßte der Beschuldigte durch sein Schweigerecht die polizeiliche oder staatsanwaltliche Vernehmung unter seine Kontrolle bringen können. Er selbst sollte Gegenstand, Häufigkeit der Vernehmung usw. bestimmen können. Und drittens müßte er seine Aussage zum Zweck seiner Verteidigung durch eine andere Methode als die polizeiliche oder die staatsanwaltliche Vernehmung protokollieren oder als Beweismittel verwenden können, zum Beispiel um die Anklageerhebung zu hemmen. Ich möchte im folgenden auf diese drei Aspekte eingehen.

3. a) Ein neues Ermittlungsmodell sollte nicht auf der Gewinnung oder der Verwendung des Geständnisses beharren. Das Fehlen eines Geständnisses könnte zwar die Polizei und den Staatsanwalt bei ihrer Erledigung der Sache behindern. Im neuen Modell würde aber das Ermittlungsverfahren durch die positive Mitwirkung des Verteidigers ergänzt, der der Ermittlungs- oder der Verfolgungsbehörde Informationen über die Aussagen des Beschuldigten zur Sache, über seine persönlichen Verhältnisse, über sein Verhalten nach der Straftat usw. gibt, wenn er es für nötig hält[6].

b) In diesem neuen Modell ist es unentbehrlich, daß der Verteidiger dem Beschuldigten schon im Ermittlungsverfahren Beistand leistet. Aber in Japan hat auch ein Beschuldigter, der sich nicht auf freiem Fuß befindet, in der Ermittlung kein Recht auf Bestellung eines Offizialverteidigers.

Diesen Mangel der Strafprozeßordnung gleicht die unentgeltliche Dienstleistung der lokalen Anwaltsvereinigung, das *Duty Solicitor*-System, aus, das erstmals im September 1990 von der Anwaltskammer der Präfektur Oita und im Oktober 1992 von allen lokalen Anwaltskammern (52 Anwaltskammern) eingeführt wurde. 5837 Rechtsanwälte, 38 % aller Rechtsanwälte in Japan, nehmen an diesem System teil, so der Stand vom 1. Mai 1994. Ein *Duty Solicitor*, den die lokale Anwaltskammer bei der Anmeldung eines Festgenommenen oder eines von der Anklageerhebung Inhaftierten unverzüglich abgesandt hat, verkehrt mit dem Beschuldigten in der polizeilichen Haftzelle und berät ihn nicht nur über seine Sache, sondern gibt ihm auch allgemeine Informationen über seine Rechte (Aussageverweigerungsrecht, Recht auf Wahl eines Verteidigers usw.), über den Fortgang des Ermittlungsverfahrens und vor allem über Hilfe bzw. Zuschüsse für die im Laufe der Ermittlung anfallenden Verteidigerkosten von dem von der Anwaltskammer gestifteten Institut für Prozeßkostenhilfe.

Vom *Duty Solicitor*-System wird für Inhaftierte nur der unentgeltliche Erst-Verkehr mit einem Rechtsanwalt geleistet. Wenn der Beschuldigte einen *Duty Solicitor* bittet, ihn zu verteidigen, verpflichten viele Anwaltskammern (24 An-

---

[6] Akimasa Takada, Zur Veränderung der Beschuldigtenvernehmung, in: Die Frage der gegenwärtigen Rechtspraxis (Tokyo 1995), S. 597, 616 (Jap.).

waltskammern) den als *Duty Solicitor* abgesandten Rechtsanwalt zur Mandatsübernahme[7].

c) Die Gesamtanzahl der Fälle, in denen *Duty Solicitors* 1994 abgesandt worden sind, beträgt 14 004. In 4314 Fällen haben *Duty Solicitors* die Mandate angenommen. Die Verteidigerkostenhilfe von den Instituten für Prozeßkostenhilfe wurde für 1684 Beschuldigte geleistet. Nach einem Studienbericht hat ungefähr die Hälfte der *Duty Solicitors* innerhalb einer Stunde vom Zeitpunkt mit dem Beschuldigten verkehrt, wo die Anwaltskammern ihre Anmeldungen bekommen hatten. Es ist zu erwarten, daß sich durch die Ausdehnung des *Duty Solicitors*-Systems eine Basis für die Einführung der Offizialverteidigung in das Ermittlungsverfahren bildet.

d) Das *Duty Solicitor*-System hat dazu geführt, daß eigene Richtlinien zum Schutz des Schweigerechts verfaßt wurden. Eine Gruppe von Rechtsanwälten hat am 13. Februar 1995 ihre eigenen Richtlinien für den vollständigen Schutz des Schweigerechts des Beschuldigten veröffentlicht. Sie hat allen Strafverteidigern den Vorschlag gemacht, daß der Beschuldigte, der eine Straftat leugnet, sich an bestimmte Anweisungen halten soll. Er soll sich weigern, in Abwesenheit seines Verteidigers auszusagen. Ist der Beschuldigte bereit, seine Straftat einzugestehen und bittet er seinen Verteidiger nicht um Anwesenheit bei der Vernehmung, soll er sich weigern, Protokolle zu unterschreiben oder zu siegeln, es sei denn, sein Verteidiger hat den Inhalt bestätigt[9]. Die vorgeschlagenen Tätigkeiten des Verteidigers entsprechen einem neuen Ermittlungsmodell, das nicht auf dem Geständnis basiert.

Das *Duty Solicitor*-System dient als Grundlage für diese Vorschläge, weil sich seit seiner Einführung mehr Rechtsanwälte mit der Verteidigung im Ermittlungsverfahren beschäftigen und großes Interesse am Schutz des Schweigerechts bzw. an der Reform der Beschuldigtenvernehmung haben.

4. a) Eine faktische Beschränkung erleiden das Schweigerecht und die Rechte auf Verteidigung des Vernommenen dadurch, daß der inhaftierte Beschuldigte dazu verpflichtet ist, vor einem Vernehmenden zu erscheinen und bis zum Schluß der Beschuldigtenvernehmung zur Sache anwesend zu bleiben, und daß die Vernehmung nicht beendet wird, auch wenn der Beschuldigte von seinem Schweigerecht Gebrauch gemacht hat.

Nach der Rechtsprechung wurde ein Geständnis auch als Beweis zugelassen, das der Beschuldigte in den Vernehmungen abgelegt hat, die fortgesetzt worden waren, obwohl er von seinem Schweigerecht Gebrauch gemacht hatte.

---

7 Siehe die Aufsätze in Vierteljahresschrift für Strafverteidigung (Kikan-Keijibengo) (1996), Bd. 5, über das Ergebnis und die Aufgabe des *Duty-Solicitor*-Systems. Über die Probleme der Rechtshilfe im Bereich des Strafrechts siehe *Akimasa Takada*, Die Aufgabe der Strafrechtshilfe, Freiheit und Gerechtigkeit (Jiyu to Seigi), Bd. 46, S. 15 (Jap.).
8 *Yoshitomo Ode*, Die gegenwärtige Situation und die Aufgabe des *Duty-Solicitor*-Systems, Nachricht des Strafverteidigungszentrums des Japanischen Anwaltsvereins, Bd. 8, S. 13 (Jap.).
9 Vierteljahresschrift für Strafverteidigung (Kikan-Keijibengo) (1995), Bd. 2. S. 124.

Vom Gericht wurde als Grund angegeben, daß die Fortsetzung der Vernehmung selbst den die Aussage verweigernden Beschuldigten in seiner Willensfreiheit zum Schweigen oder zur Aussage nicht beeinträchtige.

In den Fällen, in denen die Gerichte entschieden haben, daß kein Verdacht bestehe, daß ein Geständnis nicht freiwillig abgelegt worden sei, und sie es als Beweis verwendet haben, haben sie folgende Umstände nicht als zulässig betrachtet:

1. daß der Vernehmende den Beschuldigten über sein Aussageverweigerungsrecht nicht belehrt hat[10],
2. daß der Vernehmende dem Beschuldigten Handfesseln angelegt hat, dennoch habe er ihn ruhig bzw. friedlich vernommen[11],
3. daß der Beschuldigte widerrechtlich festgenommen oder inhaftiert worden ist[12], und
4. daß der Staatsanwalt den inhaftierten Beschuldigten angebrüllt und ihm damit gedroht hat, ihn in der Untersuchungshaft sitzen zu lassen[13].

Das Gericht hat im letzten Fall das Verhalten des Staatsanwalts wie folgt beurteilt, daß es kein Zwang gewesen sei und die Drohung als Mittel der Vernehmung des inhaftierten Beschuldigten keine Grenze überschritten habe.

b) Um diese Verhältnisse in der Praxis zu verändern, sollte man über Bedeutung und Funktion des Schweigerechts des Beschuldigten aufs Neue nachdenken. Viele Praktiker und Rechtswissenschaftler verstehen das Schweigerecht bloß als passives Recht, damit der Beschuldigte nicht entgegen seinem Interesse zu einem Zugeständnis der Tatsachen gezwungen werden kann. Sie behaupten, daß das Schweigerecht ein passives Verhalten des Schweigens schütze, jedoch dem Beschuldigten keine Dispositionsfreiheit über den Zeitpunkt und den Gegenstand der Vernehmung gebe. Aber das Schweigerecht des Beschuldigten sollte als aktives Recht verstanden werden, durch das er die Vernehmung unter seine Kontrolle bringen kann.

c) Das Schweigerecht sollte nicht bloß das einseitige Recht auf Verweigerung der Aussage, sondern die vollständige Willensfreiheit zum Schweigen

---

10 Urteil des japanischen Obersten Gerichtshofs vom 14.7.1948, Entscheidungen des Obersten Gerichtshofs in Strafsachen, Bd. 2, S. 846; Urteil des japanischen Obersten Gerichtshofs vom 21.11.1950, Entscheidungen des Obersten Gerichtshofs in Strafsachen, Bd. 4, S. 2359.
11 Urteil des Oberlandesgerichts Tokyo vom 15.3.1958, Sondernachricht der Entscheidungen des Oberlandesgerichts in Strafsachen, Bd. 5, S. 118; Urteil des Oberlandesgerichts Tokyo vom 27.3.1969, Zeitschrift der Rechtsprechung (Hanrei-Jiho), Nr. 557, S. 278; Urteil des Oberlandesgerichts Osaka vom 11.9.1975, Zeitschrift der Rechtsprechung (Hanrei-Jiho), Nr. 803, S. 24; Urteil des Oberlandesgerichts Fukuoka vom 2.8.1979, Monatsschrift für die Entscheidungen in Strafsachen (Keisai-Geppo), Bd. 11, S. 773.
12 Urteil des japanischen Obersten Gerichtshofs vom 2.9.1950, Entscheidungen des Obersten Gerichtshofs in Strafsachen, Bd. 4, S. 1751; Urteil des japanischen Obersten Gerichtshofs vom 12.7.1983, Entscheidungen des Obersten Gerichtshofs in Strafsachen, Bd. 37, S. 791.
13 Urteil des Landgerichts Tokyo vom 19.6.1984, Rechtsprechung-Times (Hanrei-Taimuzu), Nr. 589, S. 83.

oder zur Aussage bedeuten. Ein solches Schweigerecht könnte für sich beanspruchen, daß die Vernehmung „ein Forum" ist, in dem der Beschuldigte als Ausübung seines unbedingten freien Willens aussagen kann. Anders gesagt, eine Behörde könnte ihn nicht vernehmen, ohne ihm ein solches Forum zur Aussage zu garantieren. Eine wichtige Bedingung für dieses Forum wäre, daß die Beschuldigtenvernehmung unbedingt beendet wird, wenn er von seinem Schweigerecht Gebrauch gemacht hat. Er könnte und müßte sie durch sein Recht auf unbedingte Beendung der Vernehmung unter seine Kontrolle bringen und ihren Gegenstand, ihren Zeitpunkt usw. bestimmen.

Das Recht eines inhaftierten Beschuldigten auf unbedingte Beendigung der Vernehmung müßte durch die Anwesenheit seines Verteidigers bei der Vernehmung geschützt werden, weil die erscheinens- und bleibenspflichtige Vernehmung während der Inhaftierung eine zwangsweise Atmosphäre hat. Eine solche Atmosphäre könnte in der Beschuldigtenvernehmung verhindert werden, wenn der Verteidiger anwesend ist.

d) Es besteht jetzt Aussicht auf eine Verbesserung der Verhältnisse durch die Stärkung des Schweigerechts und die Garantie des Rechts auf unbedingte Beendigung der Vernehmung. Das Justizministerium hat nach dem 28. November 1994 mit dem Verein der Anwaltskammern beraten, wie das *Duty Solicitor*-System durchgeführt werden soll und wie die Strafverteidigung im Ermittlungsverfahren gestaltet sein soll. Es hat zwar in den Beratungen gesagt, daß es keine gemeinsame Vorstellung von der Verteidigung im Ermittlungsverfahren gibt. Aber das könnte auch bedeuten, daß das Justizministerium ein neues Ermittlungsmodell, zu dem das *Duty Solicitor*-System den Grundstein gelegt hat, annehmen würde.

5. a) Es ist auch wichtig für die Selbstbestimmung des Beschuldigten, daß er die Protokollierung seiner Aussagen unter seine Kontrolle bringen kann. Wenn die Ermittlungsbeamten in der Beschuldigtenvernehmung streng beschränkt würden, könnten die vom Verteidiger aufgenommenen Aussagen des Beschuldigten zum entscheidenden Beweismittel werden. Die vom Verteidiger angefertigten Protokolle könnten die Durchführung der Ermittlung und die Erledigung der Sache positiv beeinflussen. In diesem Punkt müßte das Recht des inhaftierten Beschuldigten auf Verkehr mit seinem Verteidiger auch für die Protokollierung seiner Aussagen stärker als jetzt geschützt werden.

b) Zum Beispiel darf in der Praxis der Verteidiger beim Verkehr mit dem Beschuldigten ein Tonbandgerät mitbringen und die Unterredung mit ihm auf Tonband aufnehmen, jedoch muß er im voraus dazu die Erlaubnis von der polizeilichen Haftbehörde bekommen. Auch darf diese Behörde den aufgenommenen Inhalt der Unterredung nachträglich zensieren und den Teil der Unterredung löschen, der den Zweck der Haft gefährdet oder der die Flucht des Beschuldigten, die Vernichtung oder die Fälschung von Beweismitteln unterstützen könnte.

Aber eine solche Erlaubnis und eine solche Zensur sollten nicht anerkannt werden, weil sie nicht nur das Recht auf freien und geheimen Verkehr, sondern auch das Recht auf Protokollierung der Aussagen des Beschuldigten beeinträchtigen.

V. Schlußwort

Mein Referat bezieht sich nur auf eine der verschiedenen Fragen der Selbstbestimmung des Beschuldigten oder des Angeklagten im Strafverfahren, nämlich auf die Frage seiner Selbstbestimmung über Schweigen oder Aussagen. In Japan ist die Bedeutung oder die Rolle der Ermittlung extrem groß; deswegen mußte die Selbstbestimmung des Beschuldigten, und zwar des Inhaftierten, die wichtigste Streitfrage werden. Ein neues Ermittlungsmodell, das dem Beschuldigten das Recht auf Selbstbestimmung als Hauptbestandteil des Modells garantiert, sollte Wirklichkeit werden, um dadurch die Ermittlungs- und die Vernehmungsmethode in Japan gerechter und vernünftiger als jetzt zu gestalten.

Tabelle 1: Staatsanwaltliche Einstellung des Verfahrens* – Grund der Einstellung

	1989 %	1990 %	1991 %	1992 %	1993 %
Opportunitätsprinzip	77,3	79,2	78,7	79,2	79,1
Kein Tatverdacht oder kein hinreichender Verdacht	15,2	14,2	14,4	14,2	14,6
Kein Strafantrag des Opfers usw. bei Antragsdelikt	2,4	2,3	2,5	2,4	2,3
Geistesschwäche	0,6	0,6	0,6	0,6	0,6
Sonstige Gründe	4,4	3,7	3,8	3,6	3,4
	100,0 (79389)	100,0 (78461)	100,0 (74012)	100,0 (71404)	100,0 (79755)

* Nicht enthalten sind Fälle der Körperverletzung durch Sorgfaltspflichtverletzung, der Tötung durch Sorgfaltspflichtverletzung und des Verstoßes gegen die Straßenverkehrsordnung.

Tabelle 2: Staatsanwaltliche Einstellung des Verfahrens – Straftat (1993)

	Mord	Raub	Diebstahl	Veruntreuung	Sorgfaltspflichtverletzung*	Insgesamt
Anklageerhebung	52,1	75,5	53,1	21,6	21,4	69,2
Einstellung des Verfahrens	6,4	6,5	43,0	76,3	77,7	29,2

* Körperverletzung durch Sorgfaltspflichtverletzung und Tötung durch Sorgfaltspflichtverletzung.

Tabelle 3: Antrag auf Erlaß eines gerichtlichen Haftbefehls

	1989	1990	1991	1992	1993
Verhaftungsbefehl Antrag angenommen Antrag abgelehnt (%*)	118529 67 (0,06 %)	111276 59 (0,05 %)	113189 39 (0,03 %)	113403 51 (0,04 %)	115180 44 (0,04 %)
Untersuchungshaftbefehl vor Anklageerhebung Antrag angenommen Antrag abgelehnt (%*)	81641 261 (0,32 %)	76525 378 (0,49 %)	78327 336 (0,43 %)	81590 365 (0,45 %)	87285 360 (0,41 %)

* Anteil der abgelehnten Anträge in Prozent

Thomas Weigend

Der Schutz der Selbstbestimmung des Beschuldigten bei seiner Vernehmung im Strafverfahren

I. Einleitung: Zur Stellung des Beschuldigten im Strafverfahren

Im Strafverfahren haben die Menschen- und Bürgerrechte ihre Bewährungsprobe zu bestehen. Zwar bezweifelt niemand, daß das Individuum das Recht auf Wahrung seiner Menschenwürde, auf Entfaltung seiner Persönlichkeit und auf Selbstbestimmung auch dann behält, wenn ihm die Begehung einer Straftat vorgeworfen wird; aber im Kontext des Strafverfahrens prallen die entgegengesetzten Interessen des Bürgers einerseits und des Staates andererseits doch häufig so heftig aufeinander, daß es den an der Aufklärung des Sachverhalts und an der Durchsetzung des Strafrechts interessierten staatlichen Organen manchmal schwerfällt, den Beschuldigten als gleichberechtigten Mitbürger und nicht als bloße Informationsquelle zu betrachten.

Rechtlich scheint die Autonomie des Beschuldigten allerdings in Deutschland gut abgesichert zu sein. Seit der allmählichen Reform des alten Inquisitionsverfahrens im Verlaufe des 19. Jahrhunderts, spätestens aber seit dem Inkrafttreten des Grundgesetzes gilt der Satz, daß der Beschuldigte nicht – wie in vergangenen Zeiten – bloßes Objekt des Strafverfahrens, sondern Verfahrenssubjekt mit einer Vielzahl eigener Rechte ist[1]. Dieser Grundsatz ist nicht nur durch die heutige Struktur des Strafprozesses bedingt, sondern hat seine Grundlage auch in den verfassungsrechtlichen Garantien von Menschenwürde (Art. 1 I GG) und Persönlichkeitsrecht (Art. 2 I GG), schließen diese Fundamentalsätze doch die Instrumentalisierung des einzelnen zu staatlichen Zwecken prinzipiell aus[2]. Dem denkbaren Einwand, ein Straftäter müsse sich weitergehende Einschränkungen seiner Rechte gefallen lassen als andere Bürger, steht für das Strafverfahren die im Rechtsstaatsprinzip verankerte Unschuldsvermutung entgegen: Sie besagt, daß Grundrechtsbeschränkungen *vor* einem Schuldspruch nicht mit der Erwägung gerechtfertigt werden können,

---
1 Grundlegend zur heutigen Verfahrensstellung des Beschuldigten *Rogall*, in: Systematischer Kommentar zur StPO, vor § 133 Rdn. 59 ff.; handlicher Überblick bei *Eser*, Die Rechtsstellung des Beschuldigten im Strafprozeß der Bundesrepublik Deutschland, in: Eser/Kaiser (Hrsg.), Deutsch-ungarisches Kolloquium über Strafrecht und Kriminologie, 1990, S. 147 ff.; speziell zur Selbstbezichtigungsfreiheit *Nothhelfer*, Die Freiheit von Selbstbezichtigungszwang, 1989, S. 9 ff.; *Ransiek*, Die Rechte des Beschuldigten in der Polizeivernehmung, 1990, S. 47 ff.
2 BVerfGE 45, 187, 228; 56, 37, 41 f.; *Pfeiffer*, in: Karlsruher Kommentar zur StPO und zum GVG, 3. Aufl. 1993, Einl. Rdn. 86; *Köhler*, Prozeßrechtsverhältnis und Ermittlungseingriffe, ZStW 107 (1995), S. 10, 24 f., 30-33.

daß der Betroffene vermutlich eine Straftat begangen habe und deshalb in seinem bürgerrechtlichen Status gemindert sei[3].

Trotz dieser gesicherten verfassungsrechtlichen Ausgangsposition einer uneingeschränkten Subjektstellung des Beschuldigten wird im strafprozessualen Schrifttum häufig von einer „Doppelrolle" des Beschuldigten gesprochen: Er sei einerseits Verfahrenssubjekt, andererseits aber Beweismittel[4]. Letzteres läßt sich insoweit nicht bestreiten, als die Angaben, die der Beschuldigte im Strafverfahren macht, selbstverständlich bei den Entscheidungen von Staatsanwaltschaft und Gericht nicht außer Betracht bleiben dürfen. Sie können zu weiteren Aufklärungsbemühungen (etwa hinsichtlich eines vom Beschuldigten dargelegten Alibis) Anlaß geben oder sogar das Urteil im wesentlichen begründen, wie z. B. ein glaubwürdiges und durch weitere Indizien bestätigtes Geständnis[5]. Mit der Rede von der „Doppelrolle" des Beschuldigten wird jedoch weitergehend insinuiert, daß der Subjektstatus des Beschuldigten durch seine gleichzeitige Funktion als Beweismittel gemindert sei, daß ihm also Beschränkungen seiner Rechte als Verfahrensbeteiligter im Hinblick darauf zugemutet werden könnten, daß er gleichzeitig Objekt der Ermittlungen ist. So steht beispielsweise die Praxis auf dem Standpunkt, daß der Beschuldigte bei seiner Vernehmung durch die Polizei kein Recht auf Anwesenheit seines Verteidigers habe[6]. Diese Abweichung von dem normalen rechtsstaatlichen Standard, daß sich der Bürger bei wesentlichen Verfahrenshandlungen der Unterstützung eines Anwalts bedienen darf[7], läßt sich, wenn überhaupt, nur mit der Erwägung rechtfertigen, daß der Beschuldigte bei der polizeilichen Vernehmung eben nicht in seiner Rolle als Verfahrensbeteiligter, sondern allein als Informationsquelle in Erscheinung tritt (und mit der weiteren Annahme, daß

---

3   *Haberstroh*, Unschuldsvermutung und Rechtsfolgenausspruch, NStZ 1984, 289, 290; *Frister*, Schuldprinzip, Verbot der Verdachtsstrafe und Unschuldsvermutung, 1988, S. 92 ff.; *Rudolphi*, in: Systematischer Kommentar (Anm. 1), vor § 94 Rdn. 9. Siehe schon BGHSt 14, 358, 364 („Deshalb ist der wegen einer Straftat Angeklagte seiner Menschenwürde nicht schon um des Verdachts willen entäußert, der auf ihm ruht.").
4   So z.B. *Müller-Dietz*, Die Stellung des Beschuldigten im Strafprozeß, ZStW 93 (1981), S. 1177, 1216 f.; *Schlüchter*, Das Strafverfahren, 2. Aufl. 1983, Rdn. 86; *Rogall* (Anm. 1), vor § 133 Rdn. 122, 129; *Jerouschek*, Jenseits von Gut und Böse, ZStW 102 (1990), S. 793, 795-798; *Roxin*, Strafverfahrensrecht, 24. Aufl. 1995, S. 175 f.; eingehend und kritisch zu dieser Theorie *Prittwitz*, Der Mitbeschuldigte im Strafprozeß, 1984, S. 200 ff.
5   Zur Bedeutung des Geständnisses für die Beweisführung *Dencker*, Zum Geständnis im Straf- und Strafprozeßrecht, ZStW 102 (1990), S. 51, 67 ff.; *Jerouschek* (Anm. 4); *Eisenberg*, Beweisrecht der StPO, 2. Aufl. 1996, Rn. 726-738.
6   Siehe hierzu *Rieß*, in: Löwe/Rosenberg, StPO, 24. Aufl. 1988, § 163a Rdn. 95 m.w.N.; *Kleinknecht/Meyer-Goßner*, StPO, 42. Aufl. 1995, § 163 Rdn. 16. Kritisch z.B. *Nelles*, Der Einfluß der Verteidigung auf Beweiserhebungen im Ermittlungsverfahren, StV 1986, 74, 75; *Achenbach*, in: Alternativ-Kommentar StPO, Bd. 2, 1992, § 163a Rdn. 32; *Grünwald*, Das Beweisrecht der Strafprozeßordnung, 1993, S. 80 f.; *Eisenberg* (Anm. 5), Rdn. 516 f.
7   Im positiven Recht verankert etwa in Art. 6 Abs. 3 lit. c EMRK sowie in § 137 StPO. Die verfassungsgerichtliche Rechtsprechung sieht das Recht auf Beistand eines Verteidigers als notwendiges Element eines rechtsstaatlichen Verfahrens an; vgl. BVerfGE 39, 156, 163; 63, 380, 390 f.; 66, 313, 318 f.

die Anwesenheit eines Verteidigers im Zweifel dazu führt, daß diese Informationsquelle getrübt wird oder ganz versiegt)[8]. *Berechtigt* sind solche Schlußfolgerungen aus der angeblichen „Doppelrolle" des Beschuldigten im Strafverfahren freilich nicht. Denn gerade die Besonderheit des Strafprozesses, gerade die zwiespältige, gefährdete Position des Beschuldigten gibt Anlaß dazu, seine Autonomie als Verfahrenssubjekt gegen mögliche Beeinträchtigungen abzusichern, nicht: sie zugunsten der Sachverhaltsaufklärung zu beschränken.

II. Selbstbestimmung und Aussageverhalten des Beschuldigten

Ebenso wie andere rechtliche Verfahren läßt sich auch der Strafprozeß als Diskurs verstehen, in dem die beteiligten Verfahrenssubjekte danach streben, durch autonome Entfaltung ihrer Positionen eine Entscheidung des Gerichts zu ihren Gunsten herbeizuführen. Auch der Beschuldigte ist zweifellos eines der am Strafprozeß beteiligten Verfahrenssubjekte. Wie sieht es aber mit seiner Möglichkeit zur autonomen Darlegung seiner Position aus? Hier zeigen sich strukturbedingte Defizite, die den Beschuldigten in eine schwächere Verfahrensposition und gleichzeitig in die Richtung einer *bestimmten* Stellungnahme, nämlich zu einem Geständnis seiner Schuld drängen. Zum einen fällt auf, daß der Beschuldigte in der Regel gegen seinen Willen in das Strafverfahren verstrickt wird; er kann sich der Teilnahme am Prozeß auch nicht, wie der im Zivilverfahren Beklagte, durch schlichtes Nichtstun oder durch die außergerichtliche Befriedigung des gegen ihn erhobenen Anspruchs entziehen[9]. Zum anderen haben die beteiligten Strafverfolgungsorgane von dem Zeitpunkt an, in dem sich der Tatverdacht auf eine bestimmte Person konzentriert, ein starkes Interesse daran, daß sich der Verdächtige in einer Weise äußert, die die Annahme seiner Schuld bestätigt und gegen mögliche Zweifel absichert. Dabei verstärkt sich der Druck auf den Beschuldigten fatalerweise um so mehr, je geringer die Auswahl an sonstigen Mitteln zum Nachweis seiner Schuld ist. Und drittens gerät der Beschuldigte dadurch in eine von vornherein unterlegene Position, daß seine prozessualen Kontrahenten über ein Arsenal von Zwangsmitteln verfügen, durch das sie sich einerseits zusätzliche Informationen verschaffen[10] und andererseits den Beschuldigten unter Druck

---

8 Siehe *Ransiek* (Anm. 1), S. 72.
9 Anders ist dies bekanntlich im anglo-amerikanischen Typ des Strafverfahrens, in dem der Beschuldigte durch ein formelles Schuldbekenntnis (plea of guilty) eine eingehende Untersuchung des Falles durch das Gericht vermeiden kann.
10 Zu denken ist etwa an die Möglichkeit, Zeugen und Sachverständige schon im Ermittlungsverfahren zu Aussagen zu zwingen (§ 161a StPO), Personen und Örtlichkeiten zu durchsuchen (§§ 102, 103 StPO), mögliche Beweismittel zu beschlagnahmen (§ 94 StPO), Personen optisch und akustisch zu überwachen und ihre Gespräche aufzuzeichnen (§§ 100a, 100c StPO) sowie den Körper des Beschuldigten und dritter Personen zu untersuchen (§§ 81a, 81c StPO).

setzen können[11] – Zwangsmittel, deren Einsatz an sich durch den Verfahrenszweck der Verdachtsklärung[12] legitimiert ist. Dem allem hat der Beschuldigte, sofern er nicht von vornherein mit den zu seinen Lasten betriebenen Ermittlungen kooperiert, allenfalls seine Geschicklichkeit im Verwischen der zu ihm führenden Spuren entgegenzusetzen.

Dieses eklatante Ungleichgewicht der Machtmittel im Prozeß lädt die staatlichen Verfolgungsorgane geradezu zum Mißbrauch ein – zu einem Mißbrauch des Beschuldigten als bloße Informationsquelle, der seine scheinbare Berechtigung aus der gerade angesprochenen Aufgabe bezieht, den Sachverhalt vollständig aufzuklären und so eine auf der materiellen Wahrheit basierende Entscheidung des Gerichts vorzubereiten. Es kann nicht zweifelhaft sein, daß unter solchen Bedingungen die Autonomie des Beschuldigten leicht unter die Räder des Strafverfolgungsapparates kommt – wenn nicht durch normative Gegensteuerung dafür gesorgt wird, daß der Beschuldigte trotz allem zu selbstbestimmter Teilnahme am strafprozessualen Diskurs in der Lage bleibt.

Eine solche Gegensteuerung ist nur in der Weise denkbar, daß der Staat die Macht seiner Organe zurücknimmt, ihnen bei der Aufklärung des Sachverhalts bewußt Hindernisse in den Weg legt. Warum sollte der Staat das tun? Die traditionelle Antwort geht dahin, daß dem Verfahrenszweck der Verdachtsklärung mit einer allzu einseitigen Kommunikationsstruktur, mit einer Verfolgung allein der den Beschuldigten belastenden Spuren und gar mit der Ausübung von massivem Geständnisdruck auf den Verdächtigen nicht gedient ist[13]. Die historische Erfahrung mit dem Inquisitionsprozeß alter Prägung lehrt, daß Wahrheit durch einen derart verzerrten Diskurs jedenfalls nicht verläßlich ans Licht gebracht werden kann[14]. Wer sich auf dieses Argument beschränkt, sieht sich freilich mit dem Einwand konfrontiert, daß man vereinzelte Fehlurteile in Kauf nehmen könne und müsse, wenn doch dadurch, daß man den Beschuldigten auf die Rolle einer Auskunftsperson reduziert, die Effizienz des Strafverfahrens aufs ganze gesehen gesteigert werden kann[15].

---

11 Diese Wirkung hat vor allem die Anordnung von Untersuchungshaft (§ 112 StPO).
12 Siehe zu diesem Verfahrenszweck *Weigend*, Deliktsopfer und Strafverfahren, 1989, S. 184 ff.; *Ranft*, Strafprozeßrecht, 2. Aufl. 1995, Rn. 2; *Pfeiffer*, in: Karlsruher Kommentar (Anm. 2), Einl. Rdn. 7; zur verfassungsrechtlichen Fundierung des Ermittlungsgrundsatzes siehe BVerfGE 57, 250, 275.
13 Eingehend in diesem Sinne *Ransiek* (Anm. 1), S. 78-85; siehe auch *Kühne*, in: Alternativ-Kommentar zur StPO (Anm. 6), § 136a Rdn. 3 („Sicherheit der Tatsachenfeststellung" als eine ratio des Verbots bestimmter Vernehmungsmethoden in § 136a StPO).
14 Besonders deutlich hat sich diese Erfahrung in den Hexenprozessen gezeigt; siehe dazu *Jerouschek*, Die Hexen und ihr Prozeß, 1992.
15 Es bestehen daher grundsätzliche Bedenken dagegen, daß die Rechtsprechung des Bundesverfassungsgerichts den Topos der „Effizienz der Strafrechtspflege" dem Grundrechtsschutz des einzelnen als Korrektiv entgegensetzt; in diesem Sinne etwa BVerfGE 29, 183, 194; 33, 367, 383; 80, 367, 375; insgesamt zustimmend *Wolter*, in: SK StPO (Anm. 1), vor § 151 Rdn. 27 f., 54; mit Recht kritisch *Hassemer*, „Die Funktionstüchtigkeit der Strafrechtspflege" – ein neuer Rechtsbegriff?, StV 1982, 275.

Und letzteres läßt sich schwerlich leugnen, jedenfalls dann nicht, wenn man die Quote materiell zutreffender Verurteilungen in einem repressiven Strafprozeßsystem mit derjenigen vergleicht, die in einer Verfahrensordnung zu erwarten ist, bei der besonderer Wert auf eine gleichberechtigte, autonome Stellung des Beschuldigten gelegt wird.

Die normative Selbstbeschränkung des Staates bei der Verfolgung seines Aufklärungsinteresses bedarf daher einer tieferen Begründung. Diese liegt in dem eingangs schon angesprochenen Respekt vor der Würde und Selbstbestimmungsmöglichkeit des als Beschuldigter am Prozeß beteiligten Bürgers. Wenn die Dynamik des Strafverfahrens und die Machtverteilung zwischen den Beteiligten dazu drängen, den Beschuldigten unter Druck zu setzen und ihn zur aktiven Kooperation bei der Sachverhaltsaufklärung in die Pflicht zu nehmen, so tangiert dieser Druck in besonderer Weise seine Menschenwürde. Denn es wird von ihm ja nicht irgendeine Äußerung verlangt, sondern das ehrmindernde Geständnis einer strafbaren Verfehlung, d. h. eines extrem sozialwidrigen Verhaltens; und zugleich soll der Beschuldigte daran mitwirken, daß die Voraussetzungen einer staatlichen Bestrafung festgestellt werden, die nicht nur gravierende faktische Nachteile für ihn mit sich bringt, sondern auch ein ethisches Unwerturteil über sein Tun enthält. Aus diesem Grund verstieße ein Zwang zur aktiven Selbstbelastung gegen Art. 1 GG, und aus diesem Grund wird dem Satz „nemo tenetur seipsum prodere" mit Recht Verfassungsrang eingeräumt[16], obwohl er lediglich über Art. 14 Abs. 3 lit. g des Internationalen Paktes über bürgerliche und politische Rechte in das geschriebene deutsche Recht transformiert ist[17].

Dem Staat ist es aber nicht nur verwehrt, Rechtsnormen zu erlassen, die die Strafverfolgungsorgane ermächtigen würden, etwa physischen Druck auf den Beschuldigten zur Erlangung eines Geständnisses auszuüben. Angesichts der durch die Verfahrensstruktur bedingten Gefährdung der Autonomie des Beschuldigten ist es vielmehr notwendig, ihm proaktiv eine Rechtsposition zu verschaffen, die es ihm ermöglicht, die für seine Verteidigung höchst bedeutsame Entscheidung über das Maß der Kooperation bei den Ermittlungen in *relativer* Freiheit zu treffen. (Mehr als eine relative Freiheit läßt sich im Strafverfahren nicht erreichen, denn schon die Konfrontation mit einem Tatverdacht engt den Entscheidungsspielraum des Beschuldigten auf Verhaltensalternativen ein, von denen keine risikolos oder durchweg angenehm ist[18].) Im

---

16 Siehe BVerfGE 56, 37, 42 f.; *Stürner*, Strafrechtliche Selbstbelastung und verfahrensförmige Wahrheitsermittlung, NJW 1981, 1757 f.; *Dingeldey*, Das Prinzip der Aussagefreiheit im Strafprozeß, JA 1984, 407, 409; *Rogall* (Anm. 1), vor § 133 Rdn. 132; *Gollwitzer*, in: Löwe/Rosenberg (Anm. 6), Art. 6 MRK Rdn. 249 m.w.N.; *Grünwald* (Anm. 6), S. 59.
17 Durch Gesetz vom 15.11.1973 (BGBl. II S. 1533).
18 Siehe hierzu *Weigend*, Freiwilligkeit als Funktionsvoraussetzung alternativer Konfliktregelung?, in: Jung (Hrsg.), Alternativen zur Strafjustiz und die Garantie individueller Rechte des Betroffenen, 1989, S. 149, 151 f.

wesentlichen geht es für den Beschuldigten um zwei fundamentale taktische Entscheidungen: Soll er sich überhaupt aktiv an der Untersuchung beteiligen, etwa indem er Angaben zur Sache macht? Und wenn ja, in welcher Weise und in welchem Umfang soll er sich äußern[19]? Hier reicht das Spektrum von einem umfassenden Geständnis bis zu der einsilbigen Feststellung, man habe mit der vorgeworfenen Tat nichts zu tun. Hinsichtlich dieser wesentlichen Fragen gilt es die Selbstbestimmungsmöglichkeit des Beschuldigten zu schützen und gegen mögliche Pressionen abzusichern – einmal wegen der weitreichenden Bedeutung dieser Entscheidungen für das weitere Verfahren, zum anderen wegen der Gefahr, daß die Krisensituation insbesondere des ersten polizeilichen Zugriffs[20] dazu benutzt wird, den Beschuldigten heteronom zu einer für ihn nachteiligen Stellungnahme zu bestimmen.

III. Rechtliche Vorkehrungen zum Schutz der Selbstbestimmung des Beschuldigten bei Vernehmungen

Die Freiheit des Beschuldigten zur Selbstbestimmung in dem geschilderten Sinne bedarf in dem rauhen Klima der polizeilichen Vernehmung[21] des besonderen Schutzes. Die notwendigen rechtlichen Vorkehrungen, die im geltenden deutschen Recht immerhin teilweise bereits geschaffen sind, möchte ich im folgenden skizzieren.

1. Die Freiheit des Beschuldigten, auszusagen oder zu schweigen, sollte *ausdrücklich im Gesetz* anerkannt werden. Die deutsche Strafprozeßordnung schreibt in § 136 I 2 zwar vor, daß der Beschuldigte vor jeder Vernehmung

---

19 Nach herrschender Meinung führt schon eine geringfügige Teil-Einlassung des Beschuldigten dazu, daß sein Aussageverhalten *insgesamt*, auch zu seinem Nachteil, gewürdigt werden kann; BGHSt 20, 298 (einschränkend allerdings BGHSt 32, 140); *Gollwitzer*, in: Löwe/Rosenberg, § 261 Rdn. 78; *Kleinknecht/Meyer-Goßner* (Anm. 6), § 261 Rdn. 17 m.w.N.; *Schlüchter*, in: SK StPO (Anm. 1), § 261 Rdn. 39; *Roxin* (Anm. 4), S. 95; a.A. *Rogall*, Der Beschuldigte als Beweismittel gegen sich selbst, 1977, S. 250 ff.; *Kühl*, Freie Beweiswürdigung des Schweigens des Angeklagten und der Untersuchungsverweigerung eines angehörigen Zeugen, JuS 1986, 115, 119 f.; siehe auch *Richter*, Reden – Schweigen – Teilschweigen, StV 1994, 687, 690 f. Daher kann die Entscheidung, sich auch nur zu einem Nebenpunkt zu äußern, sehr weitreichende Folgen für den Beschuldigten haben.

20 Nach deutschem Recht kann die Polizei Verdächtige unter relativ weiten Voraussetzungen („Gefahr im Verzug") vorläufig festnehmen und ohne richterliche Kontrolle bis zum Ende des auf die Festnahme folgenden Tages festhalten (§§ 127 II, 128 StPO). Nach der Rechtsprechung (BGH JR 1991, 84) kann die Polizei diese Frist selbst dann zur Durchführung von Ermittlungen ausschöpfen, wenn es eigentlich möglich wäre, den Beschuldigten sogleich dem Richter vorzuführen.

21 Zu polizeilichen Vernehmungstaktiken *Wulf*, Strafprozessuale und kriminaltaktische Fragen der polizeilichen Beschuldigtenvernehmung auf der Grundlage empirischer Untersuchungen, 1984; *Kube*, in: AK StPO (Anm. 6), vor § 133 Rdn. 13-26; siehe auch den Überblick bei *Bender/Nack*, Tatsachenfeststellung vor Gericht, Bd. II, 2. Aufl. 1995, Rdn. 712-724.

darauf hinzuweisen ist, daß es ihm „nach dem Gesetz freistehe", sich zu der Beschuldigung zu äußern oder nicht zur Sache auszusagen; ein „Gesetz", auf das diese Belehrung Bezug zu nehmen scheint, existiert aber, jedenfalls als lex scripta, gar nicht, wenn man von dem bereits erwähnten Internationalen Pakt über Bürgerrechte absieht, nach dessen Art. 14 III lit. g kein Angeklagter gezwungen werden darf, gegen sich selbst Zeugnis abzulegen oder sich schuldig zu bekennen. Diese völkerrechtliche Norm bringt die Reichweite des Satzes „nemo tenetur seipsum prodere" im übrigen gar nicht hinreichend zum Ausdruck, da sich dieser nach deutschem Verständnis auch auf nonverbale aktive Beiträge zur eigenen Überführung erstreckt, z. B. auf die Schaffung von Schrift- oder Atemluftproben [22]. Außerdem läßt der bloße Ausschluß von äußerem Zwang zur Selbstbelastung die Möglichkeit offen, die Wahlfreiheit des Beschuldigten dadurch zu untergraben, daß man sein Schweigen als Indiz für seine Schuld würdigt – eine Möglichkeit, die etwa das englische Recht neuerdings wieder vorsieht [23], die aber die Rechtsprechung des Bundesgerichtshofs für Deutschland mit erfreulicher Klarheit ausschließt [24].

Indirekter, aber durchaus wirksamer Druck auf den Beschuldigten zur aktiven Kooperation kann auch dadurch ausgeübt werden, daß seine diesbezügliche Entscheidung bei der Festsetzung des Strafmaßes nach einer Verurteilung berücksichtigt wird – sei es durch eine Strafschärfung für „verstocktes" Schweigen, sei es durch eine Strafmilderung für ein „reumütiges" Geständnis. Während ersteres nach der neueren Rechtsprechung unzulässig ist [25], glaubt die Praxis ohne den Geständnisanreiz einer Strafmilderung nicht auszukommen [26]. Dabei wird jedoch zweierlei übersehen: erstens, daß ein taktisches, gerade im Hinblick auf den erwarteten Strafnachlaß abgegebenes Geständnis kein Indiz für Reue und Einsicht und damit für ein geringeres Strafbedürfnis

---

22 BGHSt 34, 39, 46; *Wassermann*, in: AK StPO, Bd. 1, 1988, § 81 Rdn. 6; *Rogall* (Anm. 1), vor § 133 Rdn. 141-146; *Pelchen*, in: Karlsruher Kommentar (Anm. 2), § 93 Rdn. 3; *Roxin* (Anm. 4), S. 246. Zulässig ist es allerdings, den Beschuldigten zur *Passivität* zu zwingen, etwa um eine körperliche Untersuchung nach § 81a StPO zu ermöglichen; *Kleinknecht/Meyer-Goßner* (Anm. 6), Einl. Rdn. 80; *Kühne*, Strafprozeßlehre, 4. Aufl. 1993, Rdn. 237; *Beulke*, Strafprozeßrecht, 2. Aufl. 1996, Rdn. 127; sehr weitgehend BVerfGE 47, 239 (zwangsweise Veränderung der Haartracht zum Zweck der Gegenüberstellung mit Tatzeugen zulässig); siehe auch KG NJW 1979, 1668.
23 Ss. 34-39, insbesondere s. 35 Criminal Justice and Public Order Act 1994. Siehe hierzu *Dennis*, The Criminal Justice and Public Order Act 1994, Criminal Law Review 1995, 4, 9 ff.; *Pattenden*, Inferences from Silence, Criminal Law Review 1995, 602.
24 Siehe z.B. BGHSt 25, 365, 368; 32, 140, 144; 34, 324, 326. Nach dieser Rechtsprechung darf auch die bloße Behauptung, die Tat nicht begangen zu haben, nicht als verwertbares „Teilschweigen" (s.o. Anm. 19) angesehen werden.
25 BGH JR 1980, 335; StV 1981, 276; NStZ 1987, 171; StV 1991, 11, 13. Zusammenfassung und weitere Nachweise bei *Schäfer*, Praxis der Strafzumessung, 2. Aufl. 1995, Rdn. 291 f.
26 Siehe etwa BGHSt 1, 105; BGH StV 1991, 106, 108; *Schmidt-Hieber*, Der strafprozessuale „Vergleich", StV 1986, 355, 356; *Schäfer* (Anm. 25), Rdn. 296; zurückhaltend *Dencker* (Anm. 5), S. 58-61; *Stree*, in: Schönke/Schröder, StGB, 25. Aufl. 1997, § 46 Rdn. 41a; *Grünwald* (Anm. 6), S. 67 f.

darstellt[27]; und zweitens, daß das Zuckerbrot des in Aussicht gestellten Strafrabatts die Autonomie des Beschuldigten ebenso beeinträchtigt wie die – nach allgemeiner Ansicht verbotene – Peitsche der Strafschärfung[28]. Sowohl aus der Sicht des Strafverfahrens als auch aus strafzumessungsrechtlicher Perspektive wäre es daher konsequent, das frühere Prozeßverhalten des Verurteilten als solches bei der Strafmaßentscheidung ganz außer Betracht zu lassen.

2. Eine unverzichtbare Voraussetzung für eine freie Entscheidung des Beschuldigten über sein Aussageverhalten ist seine vollständige *Information* über die Rechtslage[29]. Nach deutschem Recht ist daher die Unterrichtung des Beschuldigten über die gegen ihn erhobenen Vorwürfe sowie die Belehrung über sein Recht, zu schweigen und schon vor seiner Vernehmung einen Anwalt zu konsultieren, ausdrücklich vorgeschrieben, und zwar für die polizeiliche Vernehmung ebenso wie für diejenige durch den Staatsanwalt oder den Richter (§§ 136 I, 163a III, IV, 243 IV 1 StPO). Problematisch ist allerdings die Frage, zu welchem *Zeitpunkt* die gesetzlich vorgeschriebenen Informationen zu geben sind. An sich bringt das Gesetz unmißverständlich zum Ausdruck, daß der Beschuldigte schon „bei Beginn der ersten Vernehmung" (§ 136 I 1 StPO) über seine Rechte zu belehren ist. Die Praxis der Polizei scheint jedoch diese Regelung nicht selten dadurch zu umgehen, daß sie der „eigentlichen" Vernehmung eine „informatorische Befragung" vorangehen läßt, bei der unter Umständen schon wesentliche Punkte der Tatbeteiligung angesprochen werden, ohne daß der Befragte über sein Schweigerecht informiert wird[30]. Die Rechtsprechung akzeptiert diese Praxis in gewissen Grenzen, insbesondere dadurch, daß sie dem Vernehmungsbeamten einen Ermessensspielraum bei der Frage einräumt, wann jemand als „Beschuldigter" (und damit als Adressat einer Vernehmung im Sinne der Belehrungsvorschriften) angesehen wird[31]. Dieser Ausweg sollte durch eine klare gesetzliche Regelung des Inhalts verbaut werden, daß eine Belehrung über das Schweigerecht vor jeder Befragung

---

27 So mit Recht *Grünwald*, Menschenrechte im Strafprozeß, StV 1987, 453, 454; *Dencker* (Anm. 5), S. 57; *Schünemann*, Gutachten B zum 58. Deutschen Juristentag, in: Verhandlungen des 58. Deutschen Juristentages, Bd. I, 1990, S. B 110-114.
28 Siehe hierzu *Weigend*, Abgesprochene Gerechtigkeit, JZ 1990, 776, 778 f.
29 Hierzu *Ransiek* (Anm. 1), S. 56-58. Auch das anglo-amerikanische Recht sieht in der ausreichenden *Information* des Beschuldigten über seine Rechte offensichtlich ein Kernproblem; siehe Miranda v. Arizona, 384 U.S. 436 (1966) für die USA, Police and Criminal Evidence Act 1984, Code of Practice C (10) für England.
30 Siehe hierzu *ter Veen*, Die Zulässigkeit der informatorischen Befragung, StV 1983, 293; *Wulf* (Anm. 21), S. 194 f.; *Geppert*, Notwendigkeit und rechtliche Grenzen der „informatorischen Befragung" im Strafverfahren, Festschrift für Oehler, 1985, S. 323; *Beulke*, Die Vernehmung des Beschuldigten – Einige Anmerkungen aus der Sicht der Prozeßrechtswissenschaft, StV 1990, 180, 181 f.; *Degener*, § 136a StPO und die Aussagefreiheit des Beschuldigten, GA 1992, 443, 445 f.; *Bender/Nack* (Anm. 21), Rdn. 659-661 (mit der wenig klaren Unterscheidung Vorgespräch – Kontaktgespräch).
31 Siehe BGHSt 10, 8; 37, 48; 38, 214, 227 f.; BGH NStZ 1983, 86; kritisch hierzu *Gundlach*, in: AK StPO (Anm. 6), § 136 Rdn. 4.

zu erteilen ist, bei der objektiv die Gefahr strafrechtlich belastender Äußerungen des Vernommenen besteht[32].

3. Geschützt werden muß die Aussagefreiheit des Beschuldigten gegen jede Art von *unlauterer Einflußnahme*, gleichgültig ob sie grob-physisch auf den Betroffenen einwirkt oder sich in die raffinierteren Formen der Drohung mit gesetzlich nicht vorgesehenen Nachteilen, der Täuschung oder der Verlockung durch unerlaubte Versprechungen kleidet (vgl. § 136a StPO). In diesen Zusammenhang gehört auch der in der japanischen Praxis offenbar nicht ausgeschlossene Zwang, über lange Zeit in der Vernehmungszelle zu bleiben und stetig wiederholten Befragungsversuchen wechselnder Verhörspersonen ausgesetzt zu sein. Auch in einer solchen extensiven und qualifizierten Anwesenheitspflicht liegt schon eine physische Beeinträchtigung der Entschlußfreiheit, die diese nur formal bestehen läßt, sie tatsächlich aber wirksam untergräbt[33].

Versteht man die prozessuale Funktion der polizeilichen oder richterlichen Vernehmung des Beschuldigten richtig, so bedarf es gar keines speziellen gesetzlichen Ausschlusses verbotener Vernehmungsmethoden. Denn die offizielle Konfrontation des Beschuldigten mit den gegen ihn vorliegenden Vorwürfen ist nichts anderes als die Gewährung rechtlichen Gehörs[34]; und daß die Wahrnehmung des Rechts auf rechtliches Gehör nicht etwa von Dritten erzwungen oder durch psychologische Überrumpelung herbeigeführt werden darf, versteht sich von selbst. Daß auch das deutsche Strafprozeßrecht eigentlich von einem solchen Verständnis der Beschuldigtenvernehmung ausgeht, läßt sich nicht nur durch eine Analyse der Gesetzesmaterialien belegen[35], sondern kommt auch im Gesetzestext selbst deutlich zum Ausdruck: § 163a I StPO normiert eine *Pflicht* der Staatsanwaltschaft zur Beschuldigtenvernehmung vor dem Abschluß der Ermittlungen; diese Pflicht läßt sich nur vor dem Hintergrund des verfassungsrechtlichen Gebots erklären, dem von einer staatlichen Maßnahme betroffenen Bürger rechtliches Gehör zu gewähren

---

32 Vgl. *Rogall* (Anm. 1), vor § 133 Rdn. 15 f., 31-35; *Gundlach*, in: AK StPO (Anm. 6), § 136 Rdn. 5 f.; ähnlich der Maßstab in BGHSt 29, 230, 232.
33 Verbotener Zwang i.S.v. § 136a I 2 StPO liegt u.a. dann vor, wenn eine prozeßrechtlich an sich zulässige Maßnahme (vorläufige Festnahme, Untersuchungshaft) dazu ausgenutzt wird, um auf das Aussageverhalten des Betroffenen Einfluß zu nehmen; BGHSt 34, 362; *Rogall* (Anm. 1), § 136a Rdn. 70; *Gundlach*, in: AK StPO (Anm. 6), § 136a Rdn. 46; *Boujong*, in: KK StPO (Anm. 2), § 136a Rdn. 30; *Eisenberg* (Anm. 5), Rdn. 691. Dies kann bei insistierenden Vernehmungsversuchen gegenüber einem inhaftierten Beschuldigten, wie sie in der Praxis wohl auch in Deutschland vorkommen (vgl. *Bender/Nack* [Anm. 21], Rdn. 715), durchaus gegeben sein. In extremen Fällen kommen auch die verbotenen Methoden der Ermüdung oder der Quälerei in Betracht.
34 Übereinstimmend *Grünwald* (Anm. 6), S. 58 ff.; *Dencker*, Über Heimlichkeit, Offenheit und Täuschung bei der Beweisgewinnung im Strafverfahren, StV 1994, 667, 675; siehe auch *Boujong* (Anm. 33), § 136 Rdn. 1; *Hanack*, in: Löwe/Rosenberg (Anm. 6), § 136 Rdn. 35, die allerdings behaupten, die Vernehmung des Beschuldigten sei *auch* „Mittel der Sachverhaltsaufklärung".
35 Eingehend hierzu *Degener* (Anm. 30), S. 456-462.

(Art. 103 I GG)[36]. Noch deutlicher bringt § 136 II StPO den Zweck der Vernehmung zum Ausdruck: „Die Vernehmung soll dem Beschuldigten Gelegenheit geben, die gegen ihn vorliegenden Verdachtsgründe zu beseitigen und die zu seinen Gunsten sprechenden Tatsachen geltend zu machen." Die Vernehmung ist also ein *Recht* des Beschuldigten, keinesfalls eine Tortur, der er gegen seinen Willen unterworfen werden darf. Insofern ist die kurz nach dem Ende der Nazi-Ära[37] in bester Absicht eingeführte Vorschrift des § 136a StPO, die bestimmte „verbotene Vernehmungsmethoden" ausdrücklich untersagt, im Hinblick auf den Beschuldigten prozeßsystematisch überflüssig[38], ja sogar irreführend, legt sie doch den Fehlschluß nahe, die dort nicht genannten Methoden der Aussagebeeinflussung könnten zulässig sein. Tatsächlich muß es aber allein dem Belieben des Beschuldigten überlassen bleiben, ob und in welcher Weise er zu den gegen ihn erhobenen Vorwürfen Stellung nehmen will. Zulässig, unter Umständen sogar geboten ist es nur, ihn über die tatsächlich zu erwartenden Konsequenzen seines Aussageverhaltens wahrheitsgemäß zu informieren[39], ihn beispielsweise darauf hinzuweisen, inwieweit die Fortdauer des Haftgrundes „Verdunkelungsgefahr" von seinen Einlassungen abhängt. Wenn sich der Beschuldigte dann jedoch dafür entscheidet, zu schweigen, so muß dies respektiert werden, und alle weiteren Versuche, ihn doch noch zu einer Stellungnahme zu bewegen, sind unzulässig[40]. Die Auffassung, die demgegenüber Einflußnahmen unterhalb der Schwelle des § 136a StPO, also etwa mittels „kriminalistischer List"[41] oder durch fortgesetzte

---

[36] Übereinstimmend *Rieß*, in: Löwe/Rosenberg (Anm. 6), § 163a Rdn. 1; *Achenbach*, in: AK StPO (Anm. 6), § 163a Rdn. 3; *Wache*, in: KK (Anm. 2), § 163a Rdn. 1. Der Charakter der Beschuldigtenvernehmung als Gewährung rechtlichen Gehörs zeigt sich auch darin, daß dem Beschuldigten zunächst zu eröffnen ist, welche Tat ihm zur Last gelegt wird (§ 136 I 2 StPO); damit sind Vernehmungstaktiken rechtlich ausgeschlossen, die den Betroffenen zunächst über den Gegenstand des Verdachts im unklaren lassen, um ihn auf diese Weise zu selbstbelastenden Informationen zu veranlassen. Zum Umfang der Belehrung nach § 136 I 1 StPO siehe *Gundlach*, in: AK StPO (Anm. 6), § 136 Rdn. 14 f.

[37] Eingeführt wurde die Vorschrift durch das Rechtsvereinheitlichungsgesetz vom 12.9.1950 (BGBl. I S. 455); zu den Gründen siehe *Hanack*, in: Löwe/Rosenberg (Anm. 6), § 136a Rdn. 2; *Rogall* (Anm. 1), § 136a Rdn. 1 f. Als „prozessuale Grundnorm" wurde § 136a StPO angesehen von *Eb. Schmidt*, Lehrkommentar zur StPO, Teil I, 2. Aufl. 1964, Rdn. 100.

[38] So auch *Degener* (Anm. 30), S. 462-464; *Grünwald* (Anm. 6), S. 69.

[39] *Rogall* (Anm. 1), § 136 Rdn. 34; *Müller*, in: KMR Kommentar zur StPO, § 136a Rdn. 14; *Kleinknecht/Meyer-Goßner* (Anm. 6), § 136 Rdn. 8; *Boujong* (Anm. 33), § 136 Rdn. 12.

[40] Zutreffend *Ransiek* (Anm. 1), S. 57; *Eisenberg* (Anm. 5), Rdn. 565. Entsprechend für das US-amerikanische Recht Miranda v. Arizona, 384 U.S. 436 (1966); Rhode Island v. Innis, 446 U.S. 291 (1980).

[41] *Boujong* (Anm. 33), § 136a Rdn. 19; *Kleinknecht/Meyer-Goßner* (Anm. 6), § 136a Rdn. 15; *Roxin* (Anm. 4), S. 182 f.; zurückhaltend *Puppe*, List im Verhör des Beschuldigten, GA 1978, 289, 304; *Hanack*, in: Löwe/Rosenberg (Anm. 6), § 136a Rdn. 33; *Kühne*, in: AK StPO (Anm. 6), § 136a Rdn. 41; für ein umfassendes Verbot von Täuschungen, aber ein Beweisverbot nur bei festgestellter tatsächlicher Beeinträchtigung der Willensfreiheit *Rogall* (Anm. 1), § 136a Rdn. 45-53. Die Rechtsprechung sieht „listiges" Verhalten bei der Vernehmung in weitem Umfang als verbotene Täuschung an; siehe etwa BGHSt 35, 328; 37, 48.

Überredungsversuche für zulässig hält, geht immer noch von der im Grunde seit Erlaß der StPO überholten Vorstellung aus, der Inquisit habe der amtlichen Untersuchung jederzeit mit wahrheitsgemäßen Auskünften zur Verfügung zu stehen; nur bestimmte, allzu heftige Zwangsmittel seien eben heutzutage verpönt. Diese Vorstellung ist mit dem Verständnis, das das Grundgesetz von der Rolle des Bürgers im Rechtsstaat hat, nicht vereinbar.

4. Auch eine sorgfältige rechtliche Absicherung der Autonomie des Beschuldigten ist wenig wert, wenn dieser faktisch nicht in der Lage ist, von seinen Rechten Gebrauch zu machen. Gerade wenn man die Beschuldigtenvernehmung als Chance zur Einflußnahme auf den Verlauf des Verfahrens, als Möglichkeit zur Widerlegung des Tatverdachts versteht, fällt die geringe soziale und kommunikative Kompetenz des durchschnittlichen Beschuldigten schwer ins Gewicht: Er mag noch in der Lage sein, die Belehrung über sein Schweigerecht zu verstehen; aber schon die verteidigungstaktischen Implikationen der Entscheidung, bei der Polizei auszusagen oder zu schweigen, werden dem Beschuldigten meist verschlossen bleiben. Noch weniger ist er dazu fähig, sinnvoll von der in § 136 I 3 StPO gewährten Möglichkeit Gebrauch zu machen, Beweisanträge zu stellen oder auch nur die zu seinen Gunsten sprechenden Tatsachen in effektiver Weise darzulegen. Zu all dem benötigt der Beschuldigte, wenn er nicht ausnahmsweise Jurist ist, fachlichen Rat. Der Schlüssel zur tatsächlichen autonomen Mitwirkung am Strafverfahren ist daher der rechtzeitige und unbeschränkte *Zugang zu einem Verteidiger*[42]. Im deutschen Recht ist diese Möglichkeit zwar ausdrücklich gewährleistet: Nach § 137 I 1 StPO kann sich der Beschuldigte „in jeder Lage des Verfahrens" des Beistands eines Verteidigers bedienen, und auch dem inhaftierten Beschuldigten ist der schriftliche und mündliche Verkehr mit dem Verteidiger ohne Überwachung zu gestatten (§ 148 I StPO). Diese großzügige Regelung nützt vielen Beschuldigten freilich wenig, da sie nur demjenigen zugute kommt, der die Dienste eines Verteidigers auch *bezahlen* kann. Wer dazu – wie die Mehrzahl der Beschuldigten – nicht in der Lage ist, der ist darauf angewiesen, daß ihm der Vorsitzende des Gerichts einen sog. Pflichtverteidiger bestellt; und dies geschieht nach § 140 StPO nur dann, wenn gegen den Beschuldigten ein relativ schwerer Vorwurf erhoben wird[43] oder wenn dessen Möglichkeit, sich

---

42 Eingehend dazu *Beulke*, Der Verteidiger im Strafverfahren, 1980, S. 35 ff.; siehe auch *Roxin* (Anm. 4), S. 113 f., der die Notwendigkeit der Verteidigung aus der Differenz von Idee und Erscheinung des Strafverfahrens erklärt.

43 Zwingend ist die Mitwirkung eines Verteidigers z.B. dann, wenn dem Beschuldigten ein Verbrechen zur Last gelegt wird (§ 140 I Nr. 2 StPO), wenn die Hauptverhandlung in erster Instanz vor dem Oberlandesgericht durchgeführt wird (§ 140 I Nr. 1 StPO) oder wenn die Mitwirkung eines Verteidigers sonst „wegen der Schwere der Tat oder wegen der Schwierigkeit der Sach- oder Rechtslage" geboten erscheint (§ 140 II 1 StPO). Diese Voraussetzungen werden in der Praxis zwar häufig, aber durchaus nicht immer dann bejaht, wenn dem Beschuldigten die Verhängung einer vollstreckbaren Freiheitsstrafe droht; vgl. die Nachweise bei *Laufhütte*, in: KK StPO (Anm. 2), § 140 Rdn. 21.

selbst zu verteidigen, in überdurchschnittlichem Maß eingeschränkt ist[44]. Außerdem bleibt der Beschuldigte, selbst wenn das Gesetz an sich die Mitwirkung eines Verteidigers als notwendig ansieht, in der Regel während des Ermittlungsverfahrens ohne Anwalt, da der Verteidiger erst nach Erhebung der Anklage zu bestellen ist (§ 141 I StPO)[45]. Und auch wenn der Beschuldigte sich schon in dem meist prozeßentscheidenden ersten Stadium des Strafverfahrens Zugang zu einem Verteidiger verschafft hat, darf dieser nach dem Wortlaut der einschlägigen Vorschriften nur bei solchen Vernehmungen anwesend sein, die von einem Richter oder Staatsanwalt durchgeführt werden (§§ 163a III, 168c I StPO); die überwiegende Meinung zieht daraus, wie bereits erwähnt, für die *polizeiliche* Beschuldigtenvernehmung den Umkehrschluß, daß diese unter Ausschluß des Verteidigers stattfinden kann[46]. Insgesamt weist das deutsche Recht also hinsichtlich der tatsächlichen Mitwirkung des Verteidigers im Ermittlungsverfahren, speziell bei Vernehmungen, erhebliche Defizite auf.

5. Zuletzt möchte ich noch auf die Frage eingehen, in welcher Weise auf *Verstöße* gegen die zum Schutz der Autonomie des Beschuldigten aufgestellten Regeln *reagiert* werden soll. Eine straf- oder disziplinarrechtliche Sanktionierung kommt, jedenfalls nach der deutschen Praxis, nur in Fällen körperlicher Mißhandlung in Betracht[47]. Daher kreist die Diskussion vor allem um die Möglichkeit, Beeinträchtigungen der Selbstbestimmung für die Polizei dadurch unattraktiv zu machen, daß man die durch sie gewonnenen Beweismittel von der Verwertung im Strafverfahren ausschließt. Die allgemeine Problematik von Beweisverwertungsverboten im Strafprozeß kann ich an dieser Stelle nicht erörtern[48]; ich möchte mich daher auf die in der Praxis im Vordergrund stehende Frage der Verwertbarkeit unrechtmäßig erlangter *Geständnisse* beschränken. Die Eliminierung solcher Geständnisse aus der Tatsachenbasis, auf der das Gericht sein Urteil zu fällen hat, ist deshalb besonders problematisch, weil sie das Gericht nicht selten dazu zwingt, den Angeklagten freizusprechen, obwohl er selbst seine Schuld eingestanden, vielleicht sogar

---

44 Dies gilt etwa dann, wenn sich der Beschuldigte während des Ermittlungsverfahrens drei Monate oder länger in Untersuchungshaft befindet (§ 140 I Nr. 5 StPO; vgl. auch § 117 IV StPO), wenn er möglicherweise geisteskrank ist (§ 140 I Nr. 6, 7 StPO) oder wenn „ersichtlich ist, daß er sich nicht selbst verteidigen kann" (§ 140 II 1 StPO).
45 Während des Ermittlungsverfahrens wird ein Verteidiger in der Praxis nur auf Antrag der Staatsanwaltschaft bestellt; *Laufhütte*, in: KK StPO (Anm. 2), § 141 Rdn. 6; *Kleinknecht/ Meyer-Goßner* (Anm. 6), § 141 Rdn. 5.
46 Siehe oben Anm. 6.
47 Der Spezialtatbestand der Aussageerpressung (§ 343 StGB), der die Verwendung einiger der in § 136a StPO verbotenen Vernehmungsmethoden unter Strafe stellt, wird kaum jemals angewandt – im Jahr 1992 wurde nur eine Person nach dieser Vorschrift verurteilt; Statistisches Bundesamt, Rechtspflege, Reihe 3: Strafverfolgung 1992, 1995, S. 30.
48 Überblick zum Stand der Diskussion bei *Hoffmann*, Beweisverbote im Strafprozeß, JuS 1992, 587; *Fezer*, Grundfragen der Beweisverwertungsverbote, 1995; *ders.*, Strafprozeßrecht, 2. Aufl. 1995, S. 214-225.

sein Vergehen im Detail geschildert hat. Manche Rechtsordnungen beschränken sich daher darauf, nur solche Geständnisse für unverwertbar zu erklären, die aufgrund der Umstände, unter denen sie zustandegekommen sind, nicht glaubwürdig sind oder die – was in der Sache auf dasselbe hinausläuft – „unfreiwillig" abgegeben wurden und schon deshalb keine Überzeugungskraft besitzen[49]. Dermaßen eingeschränkte Beweisverwertungsverbote lassen den Vorrang des Prinzips der materiellen Wahrheit insoweit unangetastet, als sie auch ein unrechtmäßig bewirktes Geständnis als Beweismittel ansehen, wenn es nur glaubwürdig ist. Gleichzeitig bedeutet dies jedoch, daß Beeinträchtigungen der Selbstbestimmungsfreiheit des Beschuldigten unterhalb der Schwelle der Folter praktisch ohne Konsequenzen bleiben. Angesichts des Machtübergewichts der staatlichen Strafverfolgungsorgane und angesichts von deren starkem Interesse daran, den Willen des Beschuldigten in die von ihnen gewünschte Richtung zu lenken, ist dies ein Zustand, der zu Übergriffen in den Bereich der Autonomie des Vernommenen geradezu einlädt. Bei realistischer Betrachtung kann man allenfalls dann erwarten, daß die Polizei ihre Pflichten gegenüber dem Beschuldigten ernstnimmt und erfüllt, wenn sie andernfalls damit rechnen muß, daß ihre Mühe vergeblich ist, weil die Aussagen des Beschuldigten vom Gericht nicht verwertet werden dürfen[50]. Diese Überlegung spricht dafür, Beweisverwertungsverbote für alle Fälle zu statuieren, in denen die Regeln, die zum Schutz der Autonomie des Vernommenen aufgestellt sind, mißachtet wurden, also z. B. bei Unterlassen der gebotenen Information des Beschuldigten sowie auch dann, wenn ihm die Konktaktaufnahme

---

49 So z.B. das *österreichische* Recht, wo § 202 öStPO zwar die Anwendung von Versprechungen, Vorspiegelungen und Zwangsmitteln verbietet, wo die Verletzung dieser Vorschrift aber – außer im Fall der Folter – nicht zur Unverwertbarkeit des erlangten Geständnisses führt; *Platzgummer*, Grundzüge des österreichischen Strafverfahrens, 4. Aufl. 1992, S. 88 f. Ähnlich das *englische* Recht, wo nur Geständnisse, die durch „oppression" erlangt oder sonst unverläßlich sind, als Beweise ausgeschlossen sind; s. 76 (2) Police und Criminal Evidence Act 1994; vgl. *May*, Criminal Evidence, 3. Aufl. 1995, S. 217-223. Weitergehendes Beweisverwertungsverbot in Art. 319 I jap. StPO.
50 Dabei wird allerdings eine psychologische „Brücke" zwischen dem Ermittlungsverhalten der Polizei und dem Urteil des Gerichts vorausgesetzt: Die Polizei muß (a) vom Ausgang des Prozesses, insbesondere von der Nichtverwertung des Beweismittels, Kenntnis haben und (b) Wert auf die Verurteilung des Beschuldigten legen. Beides kann für den Einzelfall zweifelhaft sein, doch dürfte der *langfristige* Einfluß einer konsequenten Beweisausschlußpraxis auf das polizeiliche Verhalten, wie es u.a. über die Ausbildung und die Dienstaufsicht gesteuert wird, nicht zweifelhaft sein. Dennoch spielt der Disziplinierungsgedanke in der deutschen Diskussion um die Beweisverwertungsverbote nur eine geringe Rolle; siehe etwa *Rogall*, Gegenwärtiger Stand und Entwicklungstendenzen der Lehre von den prozessualen Beweisverboten, ZStW 91 (1979), S. 1, 14-16; *Beulke* (Anm. 22), Rdn. 454; *Schroeder*, Strafprozeßrecht, 2. Aufl. 1997, Rdn. 123. Zum unterschiedlichen „Rechtsverständnis" in Deutschland und den USA in bezug auf die Beweisverwertungsverbote siehe *Herrmann*, Aufgaben und Grenzen der Beweisverwertungsverbote, Festschrift für Jescheck, 1985, S. 1291, 1302 ff.; *Blau*, Beweisverbote als rechtsstaatliche Begrenzung der Aufklärungspflicht im Strafprozeß, Jura 1993, 513, 514-516.

mit einem Verteidiger verwehrt wurde[51]. Der gewünschte Präventiveffekt der Beweisverwertungsverbote spricht im übrigen dafür, auch solche Beweismittel auszuschließen, die *mittelbar* durch Verstöße gegen autonomieschützende Vorschriften erlangt wurden, also die aus dem amerikanischen Recht bekannte Doktrin von den Früchten des vergifteten Baumes[52] auf selbstbelastende Aussagen des Beschuldigten anzuwenden[53]. Der Bundesgerichtshof hat sich allerdings in der jüngeren Vergangenheit mehrfach gegen eine solche Ausdehnung der Beweisverwertungsverbote ausgesprochen[54].

IV. Schlußbemerkung: Zur Bedeutung des Geständnisses für den Verfahrensausgang

Selbst ein ideales Prozeßsystem, das all die gerade aufgezählten Schutzmechanismen zugunsten des Beschuldigten enthielte, könnte den in der Psychologie des Strafverfahrens angelegten Druck auf den Beschuldigten zur Ablegung eines Geständnisses nur abmildern, nicht vollständig beseitigen. Attraktiv erscheint daher der Ansatz, die Bedeutung eines Geständnisses für den Ausgang des Strafverfahrens und damit auch den Geständnisdruck auf den Beschuldigten zu vermindern. Dies kann etwa durch Regelungen geschehen, nach denen eine Verurteilung nicht auf ein Geständnis gestützt werden darf, wenn dieses nicht durch weitere Beweismittel bestätigt wird[55]. Große *praktische* Fortschritte sollte man sich von derartigen Vorschriften freilich nicht versprechen: Wenn schon eine Bestätigung von marginalen Teilen der Angaben des Beschuldigten durch zusätzliche Beweismittel als „corroboration" ausreicht, dürften kaum Fälle vorkommen, in denen eine derartige beweisrechtliche Vorschrift eine Verurteilung des geständigen Angeklagten hindert.

Eine denkbare Radikallösung bestünde allerdings darin, Geständnisse überhaupt nicht als Beweismittel zuzulassen. Eine Verurteilung könnte dann nur auf solche Beweise gestützt werden, die auf der Grundlage der Angaben des Beschuldigten gefunden wurden und seine Schuld belegen. Praktisch durchführbar wäre ein solches Beweisrecht freilich wohl nur dann, wenn für die

---

51 In diesem Sinne BGHSt 38, 214 (Verwertungsverbot bei unterlassener polizeilicher Belehrung des Beschuldigten über sein Schweigerecht); 38, 372 (Verwertungsverbot bei Beschneidung des gewünschten Kontaktes zum Verteidiger).
52 Siehe zum gegenwärtigen Stand der amerikanischen Rechtsprechung *LaFave/Israel*, Criminal Procedure, Bd. I, 1984, S. 734-778.
53 Grundsätzlich zustimmend *Grünwald* (Anm. 6), S. 158-160; *Fezer*, Strafprozeßrecht, 2. Aufl. 1995, S. 223 f.; *Roxin* (Anm. 4), S. 173 f.; für Abwägung im Einzelfall *Rogall* (Anm. 1), § 136a Rdn. 94 ff.
54 Siehe z.B. BGHSt 32, 68; 34, 362; 35, 32.
55 Siehe etwa § 319 II jap. StPO.

Erledigung unproblematischer Fälle ein Konsensualverfahren („guilty plea") zur Verfügung stünde. Ein Verbot, Geständnisse unmittelbar als Beweis zu verwerten, würde sich dann (sinnvollerweise) auf die Fälle beschränken, in denen der Angeklagte seine Schuld im Hauptverfahren in Abrede stellt[56]. Dies hätte auch einen guten Sinn, würde sich doch auf diese Weise der Schwerpunkt des Ermittlungsverfahrens von der Jagd nach dem Geständnis als der „regina probationum" auf die umfassende Aufklärung des Sachverhalts durch die Ermittlungsorgane verlegen.

---

56 Vgl. auch den Vorschlag von *Kamiguchi*, Zulässigkeit der polizeilichen Vernehmung des inhaftierten Beschuldigten in Japan, ZStW 96 (1984), S. 240, 256 f., die Vernehmung des inhaftierten Beschuldigten durch die Polizei ganz zu verbieten.

III. Arbeits- und Sozialrecht

Satoshi Nishitani

Selbstbestimmung im Arbeitsrecht unter besonderer Berücksichtigung des Arbeitnehmerschutzrechts

I. Bedeutung der Selbstbestimmung im Arbeitsrecht

Die Bedeutung der Idee der Selbstbestimmung wird neuerdings auch in Japan in verschiedenen Bereichen betont. Man hat sie jedoch für das Arbeitsrecht als fremd oder sogar entgegenstehend angesehen. Denn man glaubte, daß im Arbeitsverhältnis, in dem der Arbeitnehmer normalerweise vom Arbeitgeber stark abhängig sei, nur der Arbeitgeber selbst bestimmen könne, und der Zweck des Arbeitsrechts gerade darin liege, einseitige Selbstbestimmungen des Arbeitgebers einzuschränken. Aus der Sicht der meisten Arbeitsrechtler war die Selbstbestimmung in der Form des Arbeitsvertrags oder der Einwilligung des einzelnen Arbeitnehmers nichts anderes als ein Mantel, der die einseitige Herrschaft des Arbeitgebers deckte. Nach dieser Meinung widersprach es der Idee des Arbeitsrechts, bei der Behandlung arbeitsrechtlicher Probleme auf die Form der Selbstbestimmung großen Wert zu legen. Die These *Sinzheimers,* „Das Arbeitsrecht knüpft deswegen den Eintritt bestimmter Rechtsfolgen, die für das Dasein des Menschen wesentlich sind, nicht an seinen Willen, sondern an seinen Zustand"[1], wurde auch von japanischen Arbeitsrechtlern mit großer Sympathie aufgenommen. Daher hat die herrschende Meinung die wichtigste Idee des Arbeitsrechts nicht in der Freiheit oder Selbstbestimmung, sondern im Recht auf Existenz (Recht auf gesundes und kulturelles Leben – Art. 25 der jap. Verfassung) gesehen.

Diese Auffassung ist aber m. E. einseitig und muß erheblich korrigiert werden. Der Grund ist nicht etwa, daß die Abhängigkeit der Arbeitnehmer, wie *Ernst Wolf*[2] oder *Gast*[3] behaupten, nicht mehr vorliegen würde. Es gibt zwar auch in Japan Arbeitnehmer, die aufgrund ihrer speziellen fachlichen Fähigkeiten in der Lage sind, mit dem Arbeitgeber fast in gleicher Stellung das Entgelt und andere Arbeitsbedingungen auszuhandeln. Man muß sie aber als große Ausnahme ansehen. Die durchschnittlichen japanischen Arbeitnehmer hängen in höherem Grad vom Arbeitgeber ab als die deutschen, denn in Japan

---
1 *Sinzheimer,* Das Problem des Menschen im Recht, in: *ders.,* Arbeitsrecht und Rechtssoziologie, Bd. 2 (1976), S. 60.
2 *Ernst Wolf,* Der Begriff Arbeitsrecht, in: 25 Jahre BAG (1979), S. 709 ff.
3 *Gast,* Das Arbeitsrecht als Vertragsrecht (1984).

funktionieren die Unternehmensgewerkschaften vergleichsweise schwach, und das rechtliche (gesetzliche und richterrechtliche) Schutznetz für Arbeitnehmer ist nicht so eng geknüpft wie in Deutschland [4]. Die Abhängigkeit der Arbeitnehmer ist nicht nur die theoretische Grundlage, oder besser, raison d'être des Arbeitsrechts, sondern liegt auch in Wirklichkeit ohne Zweifel vor [5]. Wenn ich trotzdem auf die Idee der Selbstbestimmung großen Wert lege, so aus folgenden Gründen:

Erstens ist auf die Tatsache hinzuweisen, daß das Spektrum in der Arbeitnehmerschaft sehr breit geworden ist. In der Nachkriegszeit, in der das japanische Arbeitsrecht erst systematisch ausgestaltet wurde, war es unter den Bedingungen allgemeiner wirtschaftlicher Not die wichtigste Aufgabe sowohl der Arbeiterbewegung als auch des Arbeitsrechts, den Mindeststandard des Lebens zu sichern. Auch nachdem die Leute aus der schlimmsten Situation herausgekommen waren, bestand eine weitgehende Gleichartigkeit der Interessenlage unter den Arbeitnehmern. In einer solchen Konstellation war gerade eine einheitliche Regelung der Arbeitsbedingungen sachgemäß. Aber die Situation hat sich erheblich geändert. Das schnelle Wachstum der Wirtschaft in den sechziger Jahren führte nicht nur zu einer allgemeinen Erhöhung des Lebensniveaus der Arbeitnehmer, sondern auch zu der Verschiedenheit ihrer Interessen und Anforderungen. In der Gegenwart bestehen große Interessenunterschiede nicht nur zwischen männlichen und weiblichen, jüngeren und älteren, hoch- und nichtqualifizierten, sowie Stamm- und Randarbeitnehmern, sondern auch unter den zu der jeweils selben Kategorie gehörenden Arbeitnehmern, je nach dem Familienstand, dem Lebenszweck usw.[6]. Ein Arbeitnehmer legt z. B. auf Arbeitszeitverkürzung größeren Wert als auf höheres Entgelt, aber ein anderer möchte lieber höher bezahlt werden, auch wenn er verhältnismäßig lange arbeiten muß. Das Arbeitsrecht hat dieser Interessenverschiedenheit der Arbeitnehmer Rechnung zu tragen. Daraus ergibt sich, daß man neben den einheitlichen Regelungen der Arbeitsbedingungen durch Tarifvertrag oder Arbeitsordnung der Ausgestaltung der einzelnen Arbeitsbedingungen durch Arbeitsvertrag oder ad-hoc-Einwilligung des Arbeitnehmers größere Bedeutung beimessen muß. Dies ist auch deshalb sachgemäß, weil viele Arbeitnehmer in zunehmendem Maß nicht nur an besseren Arbeitsbedingungen interessiert sind, sondern auch darauf großen Wert legen, sich am Ausgestaltungsprozeß der Bedingungen beteiligen zu können.

---

4 Während in Deutschland von der „Perfektionierung des Arbeitnehmerschutzes" gesprochen wird (*Löwisch,* Die Freiheit des Arbeitnehmers in der sozialen Marktwirtschaft, in: Freiburger Universitätsblätter, 1992, S. 34), kann davon in Japan keine Rede sein. Jedoch betont *Däubler,* Kollektive Durchsetzung individueller Rechte? AuR 1995, S. 305, daß die gerichtliche Durchsetzung von Arbeitnehmerrechten auch in Deutschland sehr schwierig ist.
5 *Nishitani,* Rôdôhô ni okeru kojin to shudan (1992), S. 62 ff.
6 Auch in Deutschland wird von der „Individualisierung, Pluralisierung von Lebensstilen" gesprochen. *Matthies/Mückenberger/Offe/Peter/Raasch,* Arbeit 2000 (1994), S. 21 ff.

Zweitens ist die Bedeutung der Idee der Selbstbestimmung deswegen zu betonen, weil dem Willen des Arbeitnehmers in der japanischen Betriebsgemeinschaft normalerweise zu wenig Beachtung geschenkt wird. Die Flexibilität der japanischen Unternehmen, die oft als eine Ursache der Rentabilität hoch geschätzt wird, beruht letztlich auf der Möglichkeit des Arbeitgebers zur einseitigen Bestimmung der Betriebspolitik sowie der Arbeitsbedingungen. Dabei wird der Wille der einzelnen Arbeitnehmer völlig außer acht gelassen. Der Arbeitnehmer kann gegen seinen Willen an einen entfernten Ort – manchmal von seiner Familie getrennt – versetzt werden. Er muß lange Überstunden hinnehmen, auch wenn sie der Arbeitgeber erst unmittelbar vor der regelmäßigen Abschlußzeit anordnet. Viele Angestellte sind verpflichtet, mit Krawatte und Anzug, ohne Bart, ohne lange Haare ins Büro zu gehen.

Darüber hinaus möchte der Arbeitgeber manchmal ins Privatleben des Arbeitnehmers eingreifen, wenn er beispielsweise Bankbeamten verbietet, auch an Ruhetagen mit Spielautomaten zu spielen, oder er leitende Angestellte anweist, an einer vom Betrieb organisierten „freiwilligen" Hilfsbetätigung teilzunehmen. Angesichts dieser Sachlage sollte es ein wichtiger Zweck des Arbeitsrechts sein, dem einzelnen Arbeitnehmer die wirkliche Möglichkeit der Selbstbestimmung zu gewährleisten.

Insgesamt sollte in der Gegenwart die Idee der Selbstbestimmung auch im Arbeitsrecht eine große Rolle spielen. Andererseits ist völlig klar, daß sich wegen des Ungleichgewichts im Arbeitsverhältnis unangemessen nachteilige Folgen für Arbeitnehmer ergeben könnten, überließe man alles dem Willen der Vertragsparteien. So entsteht das schwierige Problem, wie man die Forderung der Selbstbestimmung einzelner Arbeitnehmer und ihre Schutzbedürftigkeit in Harmonie bringen kann. Die Frage ist für die Teilbereiche des Arbeitsrechts jeweils differenziert zu lösen. Das Referat beschränkt sich aber auf den Bereich des Arbeitnehmerschutzrechts in weiterem Sinne. Nachdem zunächst das Verhältnis zwischen Arbeitsschutzrecht i. e. S. und Arbeitsvertragsrecht zu klären ist (II.), soll das Problem der Selbstbestimmung im Arbeitnehmerschutzrecht von drei Gesichtspunkten aus, dem Ausschluß der Selbstbestimmung durch Arbeitnehmerschutzrecht (III.1.), der Aufnahme der Selbstbestimmung des Arbeitnehmers ins Arbeitnehmerschutzrecht (III.2.), sowie der Gewährleistung der Selbstbestimmung durch das Arbeitnehmerschutzrecht (III.3.) betrachtet werden.

II. Arbeitsschutzrecht und Arbeitsvertragsrecht

Gesetze im Bereich des Individualarbeitsrechts lassen sich als Arbeitnehmerschutzrecht bezeichnen, da ihr Hauptzweck darin liegt, durch Festsetzung der Mindestarbeitsbedingungen abhängige Arbeitnehmer zu schützen. In der Bundesrepublik wird das Arbeitnehmerschutzrecht normalerweise in das Arbeitsschutzrecht, dessen Zweck vornehmlich durch öffentliche Zwangsmittel erfüllt werden soll, und das Arbeitsvertragsrecht unterteilt, das Mindestbedingungen ausschließlich durch privatrechtlich zwingende Wirkungen durchsetzen will. Im Gegensatz hierzu ist in Japan der Unterschied der beiden Bereiche normalerweise nicht klar systematisiert. Eine Ursache dafür liegt darin, daß das repräsentative Arbeitnehmerschutzgesetz Japans, das Arbeitsstandardgesetz, den Charakter eines Arbeitsschutzgesetzes aufweist und dennoch Vorschriften für verschiedenste Arbeitsbedingungen einschließt. Fragen wie Erholungsurlaub oder Entgeltzahlung, die in der Bundesrepublik Sache des Vertragsrechts sind, werden in Japan im Arbeitsstandardgesetz geregelt und durch öffentliche Anordnungen, einschließlich der Bestrafung des gesetzwidrig handelnden Arbeitgebers sanktioniert. Daher rührt die in Japan übliche Denkweise, das Arbeitsschutzrecht i. e. S. mit dem Arbeitnehmerschutzrecht i. w. S. gleichzusetzen. Diese Denkweise herrscht immer noch vor, obwohl inzwischen einige wichtige Gesetze wie das Gleichberechtigungsgesetz oder das Erziehungsurlaubsgesetz erlassen wurden, die keine öffentliche Sanktion vorsehen und daher zum Vertragsrecht gehören.

Die Unterscheidung der beiden Gesetzesgruppen ist vor allem in bezug auf die Selbstbestimmung des Arbeitnehmers relevant. Die beiden haben zwar gemein, daß sie zum Zweck der Durchsetzung der gesetzlichen Mindestarbeitsbedingungen abweichende Selbstbestimmung der Vertragsparteien grundsätzlich ausschließen. Während aber das Arbeitsschutzrecht, seine Ziele auch mit öffentlichen Sanktionen, also auch ohne Willen des Arbeitnehmers, erreichen soll, wird das Arbeitsvertragsrecht nur durch eine Klageerhebung normalerweise seitens des Arbeitnehmers verwirklicht. Und hier gilt: „Wo kein Kläger, da kein Richter". Die Mindestbedingungen im Arbeitsvertragsrecht lassen sich mit anderen Worten nicht durchsetzen ohne die Selbstbestimmung des Arbeitnehmers, seine frühere Selbstbestimmung (abweichende Vereinbarung) selbst aufzuheben.

Warum und wie trifft der Gesetzgeber die Unterscheidung zwischen Arbeitsschutzrecht und Arbeitsvertragsrecht? Die Erklärung von *Zöllner/ Loritz* über den Grund der Unterscheidung, wonach erfahrungsgemäß der Arbeitnehmer nur diejenigen Rechte selbst geltend mache, deren Verletzung ihn unmittelbar berühre (Lohnvorenthaltung, Kündigung), während er bloße Gefahren, die aus der Verletzung von Schutznormen drohen, eher verdränge[7], trifft jedenfalls für das Arbeitsstandardgesetz in Japan nicht zu, da dessen Vorschriften verschiedene Arbeitsbedingungen außerhalb des Gefahrenschutzes umfassen. Die Erklärung *Söllners,* der Gesetzgeber habe Vorschriften erlassen, deren Durchsetzung wegen besonders großer Gefahren für den Arbeitnehmer nicht in dessen Belieben gestellt sei[8], scheint mir zutreffender zu sein.

---

7 *Zöllner/Loritz,* Arbeitsrecht, 4. Aufl. (1992), S. 306.
8 *Söllner,* Grundriß des Arbeitsrechts, 10. Aufl. (1990), S. 213.

Ein Grund dafür, daß in Japan das Arbeitsschutzrecht viel weitere Arbeitsbedingungen umfaßt als in Deutschland, liegt darin, daß in Japan zahlreiche Hindernisse (wie z. B. die lange Prozeßdauer) bestehen, die der Durchsetzung der gesetzlichen Mindestbedingungen im Zivilprozeß entgegenstehen[9]. Auf der anderen Seite können Mindestarbeitsbedingungen im Arbeitsstandardgesetz mitunter erst durch den Zivilprozeß verwirklicht werden, weil die Aufsichtsverwaltung wegen Knappheit des Personals nicht so gut funktioniert wie es der Gesetzgeber vorsah. Schließlich kann es bei der Durchsetzung der Vorschriften mit strafrechtlichen Mitteln wegen des Analogieverbots oft auch an der arbeitsrechtlich gebotenen Flexibilität fehlen. Daher muß man auch in Japan überlegen, ob so umfangreiche Angelegenheiten wirklich im Arbeitsstandardgesetz geregelt werden sollten, oder ob sie de lege ferenda nicht besser im Arbeitsvertragrecht ihren Platz hätten.

III. Selbstbestimmung im Arbeitsschutzrecht

1. Ausschluß der Selbstbestimmung durch Arbeitnehmerschutzrecht

Vorschriften des Arbeitnehmerschutzrechts wirken grundsätzlich einseitig zwingend auf den Arbeitsvertrag und schließen dadurch die Dispositionsbefugnis nicht nur des Arbeitgebers, sondern auch des Arbeitnehmers insoweit aus, als die Vertragsparteien ungünstigere Arbeitsbedingungen vereinbaren. Dies war etwas Selbstverständliches in der Zeit, als der Arbeitnehmer als bloßes Schutzobjekt aufgefaßt und sein Wille nicht gewürdigt wurde. Wenn man aber den Arbeitnehmer, wie hier, auch als Subjekt der Selbstbestimmung ansehen und den Abschluß des Arbeitsvertrags, wie das Bundesverfassungsgericht[10], als den Gebrauch eines Grundrechts (das Recht, Beruf, Arbeitsplatz und Ausbildungsstätte frei zu wählen – Art. 12 Abs. 1 GG) betrachten will, ist eine solche Einschränkung der Privatautonomie durch Gesetze nicht selbstverständlich, sondern braucht immer eine Rechtfertigung. Als Rechtfertigungsgrund der Einschränkung der Privatautonomie wird in der Bundesrepublik das Sozialstaatsprinzip[11], in Japan das Recht auf Existenz herangezogen. Man muß sich aber weiter fragen, in welchem Sinne der Ausschluß der Selbstbestimmung des Arbeitnehmers konkret gerechtfertigt werden kann.

Bei der Einschränkung der Privatautonomie der Arbeitsvertragsparteien geht der Gesetzgeber von der Erkenntnis aus, daß der Inhalt des Arbeitsver-

---
9 *Nishitani*, Das System zur Beilegung der Arbeitsstreitigkeiten in Japan, in: Kroeschell (Hrsg.), Recht und Verfahren (1993), S. 195 ff.
10 BVerfG vom 19.10.1983, BVerfGE 65, 196.
11 *Papier*, Der verfassungsrechtliche Rahmen für Privatautonomie im Arbeitsrecht, RdA 1989, S. 139.

trags wegen der Abhängigkeit des Arbeitnehmers in den meisten Fällen nicht auf seinem wahren Willen beruht. Wenn ein Vertrag von den Parteien nicht aufgrund der gleichen Stellung ausgehandelt worden ist, fehlt es dem Vereinbarten an Richtigkeitsgewähr. Wie *Manfred Wolf*[12] ausführt, ist es „ein im Vertragsrecht inzwischen allgemein anerkannter Grundsatz, daß die Vertragsfreiheit dort nicht funktionieren kann, wo infolge wirtschaftlicher, sozialer und intellektueller Ungleichgewichte die Vertragsparität gestört ist und der überlegene Vertragsteil deshalb zur einseitigen Durchsetzung seiner Interessen in der Lage ist". Auch das Bundesverfassungsgericht hat im Urteil über das Nachtarbeitsverbot[13] darauf hingewiesen, das dem Vertragsrecht zugrundeliegende Prinzip der Privatautonomie könne hinreichenden Schutz nur gewährleisten, soweit die Bedingungen freier Selbstbestimmung gegeben seien. Wo es an einem annähernden Kräftegleichgewicht der Beteiligten fehle, sei mit den Mitteln des Vertragsrechts allein kein sachgerechter Ausgleich der Interessen zu gewährleisten. Das sei bei Abschluß von Arbeitsverträgen typischerweise der Fall[14].

So lassen sich die zwingenden Vorschriften des Arbeitnehmerschutzrechts zunächst durch die Unzulänglichkeit der Selbstbestimmung auf Seiten des Arbeitnehmers rechtfertigen. Das trifft in den meisten Fällen jedenfalls in Japan zu, wo die Unternehmensgewerkschaften für den Schutz der Mitglieder keine große Rolle spielen können und Arbeitnehmer wegen des schwachen Rechtsbewußtseins dazu neigen, dem Vorschlag des Arbeitgebers ohne weiteres Folge zu leisten.

Es gibt jedoch in Japan, wenn auch in geringer Zahl, solche Arbeitnehmer, die etwa aufgrund ihrer speziellen Fachkenntnisse in der Lage sind, Arbeitsbedingungen mit dem Arbeitgeber tatsächlich auszuhandeln. Oder es kommt oft vor, daß der Arbeitnehmer wirklich länger als 8 Stunden arbeiten will, etwa wegen des Überstundenzuschlags, oder weil er an seiner Arbeit große Freude findet. Auch in solchen Fällen greift das Gesetz ein und macht die von der Gesetzesvorschrift abweichende Vereinbarung nichtig, obwohl hier der wahre Wille des Arbeitnehmers nicht fehlt. Der Arbeitgeber kann die Wirksamkeit der Vereinbarung auch dann nicht erreichen, wenn es ihm gelingt, das Vorhandensein der Vertragsparität zu beweisen. Wie ist dieser Ausschluß der wahren Selbstbestimmung der Parteien zu rechtfertigen?

Erstens sollte der Arbeitnehmer auch vor seiner leichtsinnigen Selbstbestimmung geschützt werden. Das gilt vor allem für den Gefahrenschutz und im Fall des Mutterschutzes. Zweitens sind die Interessen der ganzen Belegschaft zu berücksichtigen. Wenn einem Arbeitnehmer, der selber nicht schutzbedürftig ist, erlaubt würde, zu beliebigen Bedingungen zu arbeiten, könnte das auf

---
12 *Manfred Wolf,* Inhaltskontrolle von Arbeitsverträgen, RdA 1988, S. 272.
13 BVerfG vom 28.1.1992, BVerfGE 85, 191 (213).
14 Vgl. auch *Dieterich,* Grundgesetz und Privatautonomie im Arbeitsrecht, RdA 1995, 129 ff.

die Arbeitsbedingungen der anderen Arbeitnehmer, die weniger gesund oder sonst weniger autonom sind, eine grenzenlose, destruktive Konkurrenz auslösen. Darüber hinaus kann die Überwachung des Betriebs durch Aufsichtsbeamte nur dann effektiv sein, wenn sie auf der Betriebsebene einheitlich durchgeführt wird. Auch in dieser Hinsicht ist es schwierig, eine Ausnahme von zwingenden Vorschriften zu erlauben. Das Arbeitnehmerschutzrecht setzt Schutzbedürftigkeit der durchschnittlich oder sogar unterdurchschnittlich starken Arbeitnehmer voraus und legt die zu ihrer Situation passenden Mindestarbeitsbedingungen fest. Es ist daher unvermeidbar, daß das Gesetz eine Selbstbestimmung des vom typischen Arbeitnehmerbild abweichenden Arbeitnehmers außer acht läßt. Neuerdings vertreten einige japanische Autoren[15] die Auffassung, daß das Arbeitnehmerschutzrecht hinsichtlich derjenigen Arbeitnehmer gelockert werden sollte, die mit dem Arbeitgeber paritätisch verhandeln könnten. Ich kann ihnen aber nicht ohne weiteres zustimmen, ganz abgesehen davon, daß die Zahl solcher Arbeitnehmer noch sehr gering ist. Die Deregulierung des Arbeitsverhältnisses mag für diese besondere Kategorie der Arbeitnehmer angebracht sein, aber man darf dabei etwaige negative Auswirkungen auf die meisten Arbeitnehmer nicht außer Betracht lassen.

2. Aufnahme der Selbstbestimmung des Arbeitnehmers in das Arbeitsschutzrecht

Die Nichtbeachtung des Willens des Arbeitnehmers durch das Arbeitnehmerschutzrecht läßt sich aber nicht immer rechtfertigen, auch wenn sich das Recht auf Festsetzung des Mindeststandards beschränkt. Es kann Angelegenheiten geben, bei deren Behandlung die Gesetze dem Arbeitnehmer seine Selbstbestimmung eher einräumen als ausschließen sollten, weil das Recht nur dann den unterschiedlichen Forderungen des Arbeitnehmers, die in der unterschiedlichen Lebenslage wurzeln, Rechnung tragen und die Sache flexibel regeln kann. Auch der Grundsatz der Verhältnismäßigkeit ist hier zu beachten[16]. Auf der anderen Seite besteht zweifellos die Gefahr, daß der Arbeitnehmerschutz durch bloß formelle Einwilligung des Arbeitnehmers unterlaufen wird. Es stellt sich also die Frage, bei welchen Angelegenheiten und unter welchen Voraussetzungen der Wille des Arbeitnehmers maßgeblich sein soll.

Im geltenden Arbeitnehmerschutzrecht in Japan wird die Selbstbestimmung des Arbeitnehmers in zweifacher Weise in das Regelungssystem einbezogen. Erstens macht das Arbeitsstandardgesetz bei einigen Angelegenheiten

---

15 *Sugeno/Suwa,* Rôdô-shijô no henka to rôdôhô no kadai, in: Rôdô Kenkyû Zasshi, Nr. 418 (1994), S. 7 ff.
16 *Löwisch,* a.a.O., S. 37 f.; *ders.,* Die Arbeitsrechtsordnung unter dem Grundgesetz, S. 12.

den Eintritt des Rechts von der Initiative des Arbeitnehmers abhängig. Eine Beurlaubung der Schwangeren wird beispielsweise nur durch Geltendmachung seitens der Frau ausgelöst. Der Arbeitgeber verstößt nämlich erst dann gegen das Beschäftigungsverbot, wenn er werdende Mütter in den letzten sechs Wochen vor der Entbindung trotz ihrer Erklärung, ihr Recht ausüben zu wollen, beschäftigt (§ 65 Abs. 1 ASG), während ihm grundsätzlich verboten ist, Wöchnerinnen bis zum Ablauf von 8 Wochen nach der Entbindung zu beschäftigen (§ 65 Abs. 2 Satz 1 ASG). Das gleiche gilt auch für die Umsetzung der werdenden Mütter in eine leichtere Arbeit (§ 65 Abs. 3 ASG), das Verbot der Beschäftigung unter unregelmäßiger Arbeitszeit, der Überstunden und Ruhetagsarbeit sowie der Nachtarbeit für Frauen vor und nach der Entbindung (§ 66 ASG). Auch eine Beschäftigung bei der Menstruation ist nur auf Geltendmachung der Frau hin verboten (§ 68 ASG). Ferner muß der Arbeitgeber nur dann dem Arbeitnehmer Urlaub gewähren, wenn der Arbeitnehmer den Urlaub mit Festsetzung des Beginns und Endes beansprucht (§ 39 Abs. 4 ASG), mit Ausnahme des durch Betriebsvereinbarung vorher geplanten Urlaubs. Der Arbeitgeber ist nach herrschender Meinung nicht dazu verpflichtet, aktiv zu handeln, um den Arbeitnehmer gesetzliche Mindesturlaubstage ausnutzen zu lassen, wenn der Arbeitnehmer es versäumt, den Termin des Urlaubs dem Arbeitgeber mitzuteilen.

Das Arbeitnehmerschutzrecht macht zweitens vom grundsätzlichen Verbot dann eine Ausnahme, wenn dies vom Arbeitnehmer selbst gewollt wird. In diesem Fall richtet sich der Wille des Arbeitnehmers nicht auf den Eintritt eines Rechts, sondern auf Ausschluß des gesetzlichen Verbots. Der Arbeitgeber darf z. B. Wöchnerinnen bis zum Ablauf von 8 Wochen nach der Entbindung grundsätzlich nicht beschäftigen, aber es ist ausnahmsweise erlaubt, die Mütter auf einer nach ärztlichem Zeugnis als gefahrlos bestätigten Tätigkeit zu beschäftigen; allerdings nur dann, wenn sie selbst nach dem Ablauf von 6 Wochen nach der Entbindung sich zu einer solchen Tätigkeit bereit erklären (§ 65 Abs. 2 ASG). Ein anderes Beispiel: Die grundsätzliche verbotene Nachtarbeit der Frauen kann neben einer Reihe von Ausnahmen auch dann erlaubt werden, wenn sich eine Arbeitnehmerin dazu bereit erklärt (§ 64-3 Abs. 1 Ziff. 5 ASG). Allerdings ist dies nach der Durchführungsverordnung im Augenblick nur für Taxifahrerinnen erlaubt. Ferner ist der Arbeitgeber grundsätzlich verpflichtet, Entgelt unmittelbar dem Arbeitnehmer in Bargeld zu zahlen (§ 24 Abs. 1 ASG), aber er darf Entgelt überweisen, falls der Arbeitnehmer darin einwilligt (§ 7-2 Abs. 1 ASG – Durchführungsverordnung).

Die gleiche Denkweise ist auch in der Rechtsprechung zu finden. Nach Entscheidungen des Obersten Gerichtshofs[17] ist eine einseitige Abrechnung des Entgelts sowie ein Verzicht auf Entgelt zwar wegen Verstoß gegen § 24 Abs. 1

---

17 Singer-Sewing-Machine-Fall, Urteil vom 19.1.1973, Minshû 27-1-27, Nisshin-Seikô-Fall, Urteil vom 26.11.1990, Rôdô-Hanrei 584-6.

ASG nichtig, aber insoweit ausnahmsweise wirksam, als der Arbeitnehmer aus tatsächlich freiem Willen dem zustimmt.
Wie soll man nun die gegenwärtige Rechtslage bezüglich der Einbeziehung der Selbstbestimmung des Arbeitnehmers ins Arbeitnehmerschutzrecht bewerten? Dabei muß man sich an die Gründe für den grundsätzlichen Ausschluß der Selbstbestimmung im Arbeitnehmerschutzrecht erinnern. Diese waren erstens die Tatsache, daß eine Willenserklärung des Arbeitnehmers wegen seiner Abhängigkeit oft nicht auf seiner wahren Selbstbestimmung beruht; zweitens das Erfordernis, den Arbeitnehmer gegebenenfalls vor seiner leichtsinnigen Selbstbestimmung zu schützen; sowie drittens der Respekt vor den Interessen der ganzen Belegschaft. Wenn diese Gründe auch bei Einbeziehung der Selbstbestimmung ins Arbeitnehmerschutzrecht in Betracht zu ziehen sind, kann man folgende drei Bewertungsmaßstäbe setzen:
1. Eine unentbehrliche Voraussetzung ist zunächst, daß der geäußerte Arbeitnehmerwille auf wirklicher Selbstbestimmung beruht. Bei der staatlichen Betriebsaufsicht über das grundsätzliche Verbot ist das besonders sorgfältig zu überprüfen. Im Zivilprozeß hat der Arbeitgeber die Beweislast zu tragen, daß die vom Grundsatz abweichende Willenserklärung des Arbeitnehmers auf seinem echten Willen beruht[18].
2. Die Selbstbestimmung des Arbeitnehmers darf ins Arbeitnehmerschutzrecht nur insoweit einbezogen werden, als es um Arbeitsbedingungen geht, die sich auf den Arbeitnehmer nicht schwerwiegend nachteilig auswirken. Sonst könnte der Zweck des Arbeitnehmerschutzrechts nicht erfüllt werden, den Arbeitnehmer auch dann zu schützen, wenn er insoweit nachlässig ist. In diesem Sinne sind die Vorschriften nicht unbedenklich, nach denen die Umsetzung der werdenden Mütter in eine leichtere Arbeit, das Verbot der Beschäftigung unter unregelmäßiger Arbeitszeit, der Überstunden und Ruhetagearbeit sowie der Nachtarbeit der Frauen vor und nach der Entbindung vom Willen der Frauen abhängig gemacht sind (§§ 65 Abs. 3, 66 Abs. 1 bis 3 ASG). Das gilt auch für das Urteil des Obersten Gerichtshofs über den Verzicht auf Entgelt.
3. Für einige Arbeitnehmer vom grundsätzlichen Verbot eine Ausnahme zu machen, darf sich auf andere Arbeitnehmer nicht negativ auswirken. Von diesem Gesichtspunkt aus ist der Regelung über die Nachtarbeit der Taxifahrerinnen auf ihren „Wunsch" nicht ohne weiteres zuzustimmen.
Solange es aber nach diesen Kriterien als sachgemäß bewertet wird, könnten die jetzigen starren Regelungen dahin geändert werden, daß ein absolutes Verbot durch ein grundsätzliches Verbot mit Ausnahme bei Einwilligung des Arbeitnehmers abgelöst wird, oder die Entstehung eines gesetzlichen Rechts von der Initiative des Arbeitnehmers abhängig gemacht wird[19].

---

18 Vgl. *Manfred Wolf,* a.a.O., S. 273.
19 Vgl. einen Vorschlag von *Löwisch,* Die Arbeitsrechtsordnung unter dem Grundgesetz, a.a.O., S. 13, vgl. auch *Sugeno/Suwa,* a.a.O., S. 12.

3. Gewährleistung der Selbstbestimmung durch Arbeitnehmerschutzrecht

Wollte man in der Einschränkung der Privatautonomie durch das Arbeitnehmerschutzrecht nur den Gegensatz zur Rechtsidee der Selbstbestimmung sehen, so wäre dies verfehlt. Das Arbeitnehmerschutzrecht soll auch dazu beitragen, die Selbstbestimmung der Arbeitnehmer zu sichern und zu fördern. Die zwingenden Vorschriften bieten im allgemeinen eine unentbehrliche Grundlage, auf der sich die Privatautonomie erst entwickelt[20]. Das gilt auch für das Arbeitnehmerschutzrecht. Arbeitnehmer können mit dem übergeordneten Arbeitgeber erst dann souverän verhandeln und vereinbaren, wenn ein Mindeststandard der Arbeitsbedingungen gesetzlich festgesetzt ist. Gäbe es kein Arbeitnehmerschutzrecht, müßte der Richter jede Einzelheit des Arbeitsvertrags überprüfen, um den Eintritt sozial ungerechtfertigter Folgen zu verhindern. Das würde den völligen Ausschluß der Selbstbestimmung sowohl des Arbeitnehmers als auch des Arbeitgebers bedeuten. Gerade deswegen, weil das Arbeitnehmerschutzrecht den Umfang der Selbstbestimmung der Vertragsparteien verengt, wird es ermöglicht, die Gestaltung der Arbeitsbedingungen der Privatautonomie der Vertragsparteien zu überlassen. Je dichter das Netz arbeitnehmerschutzrechtlicher Vorschriften ausgebaut wird, desto weniger braucht der Richter den Inhalt des Arbeitsvertrags unter dem Gesichtspunkt der sozialen Gerechtigkeit von Fall zu Fall zu überprüfen, und desto besser wird die Selbstbestimmung der Parteien gesichert.

In diesem Sinne ist die Aussage *Papiers*[21] einleuchtend, „dem Gesetzgeber obliegt kraft des Art. 12 Abs. 1 GG die objektiv-rechtliche Verpflichtung, durch einen Mindeststandard arbeitnehmerschutzrechtlicher Vorschriften das Freiheitsrecht der Arbeit von Obsoleszens und Funktionslosigkeit zu bewahren"[22].

Darüber hinaus kann das Arbeitnehmerschutzrecht Vorschriften oder richterrechtliche Grundsätze enthalten, die unmittelbar zur Gewährleistung der Selbstbestimmung auf Seiten des Arbeitnehmers beitragen sollen. Besonders wichtig in dieser Hinsicht ist der Kündigungsschutz. Der Kündigungsschutz in der Form des besonderen Gesetzes wie in Deutschland oder der richterrechtlichen Mißbrauchstheorie wie in Japan bezweckt freilich in erster Linie die Sicherung des Arbeitsplatzes, er spielt aber auch für die Durchsetzung des Arbeitsvertrags eine wichtige Rolle[23]. Der Arbeitnehmer kann seine durch

---

20 *Ishida*, Gendai horitsukôi-ron no kadai, in: Law School No. 13, 1979, S. 6 f.; *ders.*, Minpôchitsujo to jiko-kettei, 1989, S. 35.
21 *Papier*, a.a.O., S. 139.
22 *Ramm* macht auch darauf aufmerksam, daß der sozialstaatliche Eingriff „freiheitswiederherstellend" ist, weil er die Situation herstellt, die bestanden hätte, wenn auch die sozial schwächere Partei faktisch unabhängig gewesen wäre." *Ramm*, Einführung in das Privatrecht/Allgemeiner Teil des BGB, Bd. III, 2. Aufl. (1974), S. 611.
23 Vgl. *Dorndorf*, Vertragsdurchsetzung als Funktion des Kündigungsschutzes, ZfA 1989, S. 345 ff.

Arbeitsvertrag begründete Rechte nur dann ruhig geltendmachen, eine vertraglich nicht begründete Anordnung des Arbeitgebers verweigern oder einen Vorschlag zur Herabsetzung der vereinbarten Arbeitsbedingungen ohne Sorge ablehnen, wenn er vor willkürlicher Kündigung tatsächlich geschützt ist.

Eine neue Entscheidung des Landgerichts Tokyo über den Skandinavien-Fluggesellschaft-Fall[24] hat gegen die herrschende Meinung eine Änderungskündigung für wirksam erklärt, obwohl es in Japan keine Vorschrift gibt, die, wie § 2 Kündigungsschutzgesetz, den Arbeitnehmer vor sozial ungerechtfertigten Änderungskündigungen schützt. Hier ist kein Platz zu erörtern, ob eine solche Kündigung nach dem japanischen Recht nicht als Rechtsmißbrauch des Arbeitgebers beurteilt werden sollte, ob es sich bei dem Fall überhaupt um eine Änderungskündigung im deutschen Sinne handelte. Jedenfalls hat die Entscheidung erneut gezeigt, wie wichtig der effektive Kündigungsschutz ist, um zu verhindern, daß der Arbeitgeber den Arbeitnehmer de facto zur Einwilligung der Vertragsänderung zwingt. Das Kündigungsschutzrecht in Japan muß auch deshalb stark verbessert werden, um dem Arbeitnehmer die reale Möglichkeit zur Selbstbestimmung zu gewähren.

Was in Japan für die Sicherstellung der Selbstbestimmung des Arbeitnehmers ferner Not tut, ist, im Gesetz ausdrücklich zu bestimmen, daß keine der elementaren Arbeitsbedingungen ohne Einwilligung des Arbeitnehmers geändert werden darf. Nach ständiger Rechtsprechung[25] kann der Arbeitgeber beispielsweise aufgrund der allgemeinen Verpflichtungsklausel im Tarifvertrag oder der Arbeitsordnung dem Arbeitnehmer gegenüber ohne weiteres den Wechsel des Arbeitsplatzes anordnen, auch wenn sich dadurch erhebliche Änderungen der Arbeitsbedingungen ergeben. Der Arbeitnehmer ist nach dieser Auffassung aufgrund der Fiktion, beim Vertragsabschluß in etwaige Versetzungen pauschal eingewilligt zu haben, auf Dauer verpflichtet, der Anordnung des Arbeitgebers nachzukommen, was der Rechtsidee der Selbstbestimmung in hohem Maß widerspricht. In einer solchen Konstellation ist zu empfehlen, gesetzlich festzulegen, daß bei einer Versetzung oder Überlassung mit erheblicher Änderung der Arbeitsbedingungen, vor allem bei einer Versetzung nach einem entfernten Ort, eine Einwilligung des Arbeitnehmers vorliegen muß.

Auch in bezug auf Überstunden ist eine gesetzliche Sicherstellung der Selbstbestimmung nötig. Nach der Rechtsprechung des Obersten Gerichtshofs[26] kann der Arbeitgeber im Rahmen der Betriebsvereinbarung nach § 36 Arbeitsstandardgesetz jederzeit Überstunden anordnen, wenn es eine allgemeine Verpflichtungsklausel im Tarifvertrag oder in der Arbeitsordnung gibt. Das trägt aber nicht nur zur langen Arbeitszeit, sondern auch zur Unvorhersehbarkeit der Ausgestaltung des Privatlebens bei. Ich bin zwar der Meinung,

---
24 Beschluß vom 13.4.1995, Rôdô-hôritsu-jumpô Nr. 1359.
25 Tôa-Paint-Fall, OGH Urteil vom 14.7.1986, Hanrei-jihô Nr. 1198, S. 149.
26 Hitachi-Fall, OGH Urt. vom 28.11.1991, Minshû 45-8-1270.

daß der Arbeitgeber schon de lege lata ohne Einwilligung des Arbeitnehmers keine Überstunden anordnen kann, aber um das klarer zu machen, sollte auch de lege ferenda vorgeschrieben werden, daß der Arbeitnehmer gegen seinen Willen nicht zu Überstunden verpflichtet werden kann, es sei denn, sie seien im Notfall dringend notwendig.

Außerdem sollte im Gesetz ein Maßregelungsverbot wie § 612a BGB festgelegt werden, nach dem der Arbeitgeber einen Arbeitnehmer bei einer Vereinbarung oder einer Maßnahme nicht deshalb benachteiligen darf, weil der Arbeitnehmer in zulässiger Weise seine Rechte ausübt.

In diesem Sinne braucht der vom Arbeitgeber abhängige Arbeitnehmer staatliche Hilfe, um seine Selbstbestimmung nicht auf dem Papier stehen zu lassen. Die Selbstbestimmung der Vertragsparteien wird oft mit der Forderung nach Deregulierung verbunden[27]. Es ist zwar nötig, die heutigen arbeitnehmerschutzrechtlichen Vorschriften unter dem Gesichtspunkt zu überprüfen, ob sie nicht die Selbstbestimmung auch des Arbeitnehmers unnötigerweise einschränken. Aber man darf zugleich nicht übersehen, daß in Japan gerade um der Selbstbestimmung willen eine stärkere Regulierung des Arbeitsverhältnisses erforderlich ist, solange man die Selbstbestimmung auch auf Seiten des Arbeitnehmers respektieren will. Denn die moderne Gesellschaft weist nicht mehr die Doppelstruktur auf, in der der Staat einzelnen Individuen bzw. Vertragsparteien unmittelbar gegenübersteht. Es ist vielmehr von einer dreischichtigen Struktur auszugehen, in der zwischen dem Staat und den Individuen verschiedene sozial mächtige Verbände wie z. B. Unternehmen stehen, die für die Freiheitsrechte der Individuen genau so bedrohlich wie der Staat wirken können. In dieser Konstellation ist es unentbehrlich, die Macht des Unternehmens einzuschränken, um die Selbstbestimmung der Arbeitnehmer zu sichern. Dabei muß der Staat gerade in einem Land wie Japan, wo Gewerkschaften als Gegenmacht nicht ausreichend funktionieren, eine entscheidende Rolle spielen.

---

27 *Zöllner,* Flexibilisierung des Arbeitsrechts, ZfA 1988, S. 267 ff.; Deregulierungskommission, Marktöffnung und Wettbewerb (1991), S. 133 ff.

Manfred Löwisch

Schutz der Selbstbestimmung durch Fremdbestimmung

Zur verfassungsrechtlichen Ambivalenz des Arbeitsrechts*

I. Freiheit rechtsgeschäftlichen Handelns und Schutzfunktion der Grundrechte als verfassungsrechtliche Bestimmungsfaktoren des Arbeitsrechts

Arbeit wird, in Deutschland wie in Japan, aufgrund von Verträgen geleistet. Basis ihrer rechtlichen Regelung ist damit die Selbstbestimmung von Arbeitnehmer und Arbeitgeber: Sie entscheiden, ob sie einen Arbeitsvertrag schließen, sie legen fest, zu welchen Bedingungen die Arbeit geleistet werden soll, und sie können den Arbeitsvertrag einverständlich wieder aufheben. § 1 Abs. 1 und § 131 Abs. 1 des im Frühsommer 1995 vom Freistaat Sachsen im Bundesrat eingebrachten Entwurfs eines Arbeitsvertragsgesetzes (ArbVG) formuliert das so:
„Arbeitgeber und Arbeitnehmer begründen das Arbeitsverhältnis nach dem Grundsatz der Vertragsfreiheit durch den Arbeitsvertrag. Sie regeln den Inhalt des Arbeitsvertrages im Rahmen der Arbeitsrechtsordnung."
„Arbeitgeber und Arbeitnehmer können das Arbeitsverhältnis schriftlich durch Vertrag beenden."
Selbstbestimmung speziell des Arbeitnehmers meint aber mehr als diese formale Vertragsfreiheit. Er soll bei Begründung, Inhaltsbestimmung und Abwicklung des Arbeitsverhältnisses nicht faktisch dem Diktat des Arbeitgebers unterliegen, sondern seine Freiheitsinteressen zur Geltung bringen können. Freie Wahl von Beruf und Arbeitsplatz, Schutz von Gesundheit, Eigentum, Ehe und Familie, Gewissensfreiheit und Meinungsfreiheit, Schutz der Privatsphäre und Gewährleistung eines menschenwürdigen Existenzminimums sind die wesentlichen dieser Freiheitsinteressen.

Beide Aspekte der Selbstbestimmung sind in Deutschland in der Verfassung verankert: Das Grundrecht auf freie Entfaltung der Persönlichkeit (Art. 2 Abs. 1 GG) und das Grundrecht der Berufsfreiheit (Art. 12 Abs. 1 GG) schützen die *Freiheit des rechtsgeschäftlichen Handelns* auch der Arbeitsvertragsparteien[1].

---
* Die in diesem Beitrag angestellten Überlegungen habe ich in einem zwischenzeitlich in der Zeitschrift für Arbeitsrecht 1996, S. 293 ff. erschienen Aufsatz vertieft.
1 BVerfG vom 19.10.1983, BVerfGE 65, 196, 210; für die einverständliche Aufhebung des Arbeitsverhältnisses BAG vom 30.9.1993, EzA § 611 BGB Aufhebungsvertrag Nr. 13 unter II 8 a-c der Gründe.

Diese können, wie es das Bundesverfassungsgericht formuliert hat, auf der Grundlage der Privatautonomie, welche Strukturelement einer freiheitlichen Gesellschaftsordnung ist, ihre Rechtsbeziehungen eigenverantwortlich gestalten, selbst bestimmen, wie ihre gegenläufigen Interessen angemessen auszugleichen sind, und damit zugleich über ihre grundrechtlich geschützten Positionen ohne staatlichen Zwang verfügen[2]. Auf der anderen Seite kommt den einzelnen Grundrechten *Schutzfunktion* zu: In ihnen liegen objektive Grundentscheidungen, die auch für das Privatrecht gelten. Wahrt der Arbeitsvertrag die grundrechtlich geschützten Freiheitsinteressen des Arbeitnehmers nicht mehr angemessen, muß deshalb die Rechtsordnung ausgleichend eingreifen und ihrerseits den Grundrechtsschutz sichern[3].

Verwirklichen kann die Rechtsordnung diesen Grundrechtsschutz zunächst durch *Gesetze,* indem sie bestimmte arbeitsrechtliche Fragen ausdrücklich regelt. Wo das nicht geschieht, bleiben die zivilrechtlichen Generalklauseln (§§ 138, 242, 315 BGB), durch deren Anwendung die Gerichte für den Schutz der Freiheitsinteressen sorgen. Weiter überantwortet die Rechtsordnung mit dem *Tarifvertragssystem* den kollektiven Zusammenschlüssen der Arbeitsvertragsparteien die Regelung von Abschluß, Inhalt und Beendigung von Arbeitsverhältnissen. Schließlich werden in Gestalt der *Betriebsräte* gesetzlich verfaßte Repräsentationsorgane eingeschaltet, deren Aufgabe es ist, die Interessen der von ihnen repräsentierten Arbeitnehmer wahrzunehmen.

So unterschiedlich diese Wege zur Verwirklichung des Grundrechtsschutzes im einzelnen sind, ist ihnen eines doch gemeinsam: Sie verwenden, wenn auch in unterschiedlicher Form und Intensität, gegenüber den Arbeitsvertragsparteien das Mittel der *Fremdbestimmung:* Diese sollen zum Schutz der Freiheitsinteressen des Arbeitnehmers dazu gebracht werden, den gesetzlichen, den tarifvertraglichen oder betriebsverfassungsmäßigen Vorgaben zu folgen. Damit bin ich bei meinem eigentlichen Thema: Der Schutz der Selbstbestimmung des Arbeitnehmers läßt sich durch die Rechtsordnung nur um den Preis der Fremdbestimmung verwirklichen.

Dabei geht es mir nicht um den vom Arbeitgeber als dem Vertragspartner des Arbeitnehmers zu entrichtenden Preis. Es muß nicht nur, wie das Bundesverfassungsgericht formuliert[4], beachtet werden, „daß jede Begrenzung der Vertragsfreiheit zum Schutz des einen Teils gleichzeitig in die Freiheit des anderen Teils eingreift". Auch die Vertragsfreiheit des Arbeitnehmers selbst wird beschränkt. Zu seinem Schutz wird gegen Vertragsgestaltungen eingeschritten, die er selbst an sich vereinbaren will.

---

2 BVerfG vom 7.2.1990, BVerfGE 81, 242, 254 = AP Nr. 65 zu Art. 12 GG.
3 BVerfG vom 7.2.1990 a.a.O.
4 Vom 7.2.1990 a.a.O., S. 255.

II. Einzelne Arbeitsbedingungen im Spannungsverhältnis von Selbstbestimmung und Fremdbestimmung

Daß hier ein Spannungsverhältnis besteht, ist in Deutschland in den letzten Jahren besonders an Fragen der *Arbeitszeit* deutlich geworden. Gesetzliche, tarifvertragliche oder betriebsverfassungsrechtliche Vorkehrungen, nach denen die wöchentliche Arbeitszeit und die Lebensarbeitszeit möglichst kurz, der Urlaub möglichst lang und Arbeit am Abend, in der Nacht und am Wochenende möglichst ausgeschlossen sind, werden nicht mehr ohne weiteres als Wohltat empfunden. Manchen Arbeitnehmern ist eine längere Wochenarbeitszeit mit Mehrverdienst lieber als das ihnen vom Tarifvertrag eingeräumte Mehr an Freizeit. Man berichtet von Arbeitnehmern, die nach Ende der täglichen Arbeitszeit den Betrieb nur verlassen, um fünf Minuten später als Angestellte einer Dienstleistungsfirma wiederzukommen, die ein Teil der betrieblichen Arbeiten übernommen hat. Anderen genügen vier Wochen Urlaub statt der tariflich vereinbarten sechs. Sie möchten gern die zwei übrigen Wochen arbeiten und doppelt verdienen – möglichst an ihrem angestammten Arbeitsplatz, und wenn das schon nicht geht, dann wenigstens im Nebenerwerb. Jung gebliebene Arbeitnehmer möchten über eine tariflich oder durch Betriebsvereinbarung verordnete Altersgrenze hinaus arbeiten. Anderen ist die Arbeit in den Abendstunden lieber als die am Vormittag. Wieder andere ziehen einen anderen freien Wochentag dem Samstag vor.

Die Ursachen dieser gewandelten Einstellung sind vielfältig. Die wohl wichtigste ist die fortschreitende Arbeitszeitverkürzung selbst. Solange die zeitliche Inanspruchnahme durch die Arbeit an die Grenze der Belastbarkeit heranreicht, hat niemand den Wunsch nach Mehrarbeit. Wird die Grenze aber deutlich unterschritten, entsteht Spielraum für die Überlegung, ob die freie Zeit wirklich ganz als Freizeit oder doch bis zu einer gewissen Grenze als Arbeitszeit genutzt werden soll. Eine zweite Ursache liegt in der im Vergleich zu früher besseren körperlichen Verfassung. Wer schneller regeneriert, bekommt auch früher wieder Lust zu arbeiten. Und bei einer durchschnittlichen Lebenserwartung von 75 Jahren ist eine Altersgrenze von 65 Jahren etwas anderes, als wenn die Lebenserwartung nur gering über diese Altersgrenze hinausreicht. Veränderte Lebensgewohnheiten kommen hinzu. Vor allem das Bedürfnis nach Arbeitsteilung in der Familie bei Berufstätigkeit von Mann und Frau kann eine von der Norm abweichende Verteilung der Arbeitszeit über den Tag und die Woche hinweg bedingen. Auch die Gestaltung der Freizeit in der modernen Welt kann mehr Flexibilität in der Verteilung der Arbeitszeit erfordern.

Das *Arbeitsschutzrecht* bietet weitere Beispiele. Mütter mögen, weil sie sich wohl fühlen, auch in den Karenzzeiten von sechs Wochen vor und nach der Entbindung ihrer Arbeit nachgehen wollen. Frauen, die eine entsprechende

Ausbildung genossen haben, kann daran gelegen sein, entgegen dem Beschäftigungsverbot des § 64h Abs. 1 Bundesberggesetz unter Tage zu arbeiten. Konflikte können auch im Zusammenhang mit dem gesetzlichen oder gerichtlichen *Schutz gegen die Befristung von Arbeitsverhältnissen* auftreten. Wissenschaftliche Mitarbeiter, die die Höchstdauer für befristete Arbeitsverhältnisse nach § 57c des deutschen Hochschulrahmengesetzes erreicht haben, würden häufig lieber ein weiteres befristetes Arbeitsverhältnis eingehen, anstatt das Arbeitsverhältnis ganz zu beenden. Gleiches gilt für andere Angestellte des öffentlichen Dienstes, die die Höchstgrenzen der Sonderregelung SRy zum BAT erreicht haben. Und gleiches kann auch für Arbeitnehmer gelten, die die Befristungsgrenze von jetzt 24 Monaten des Beschäftigungsförderungsgesetzes ausgeschöpft haben.

Auf der *Entgeltseite* kann ein solches Spannungsverhältnis ebenfalls sichtbar werden. Arbeitnehmer können mit einer Bezahlung unter Tarif einverstanden sein, um einen Arbeitsplatz zu gewinnen oder ihn sich, vielleicht sogar rechtlich durch die Vereinbarung der Unkündbarkeit für eine bestimmte Zeit, zu erhalten. Andere können mit einem Prämienlohn, dessen Einführung der Betriebsrat kraft seines Mitbestimmungsrechts abgelehnt hat, einverstanden sein, weil sie sich davon einen höheren Verdienst versprechen. Dritte wollen vielleicht die Entgeltfortzahlung im Krankheitsfalle nach dem Entgeltfortzahlungsgesetz gegen eine regelmäßige Zahlung des Arbeitgebers eintauschen, die ihnen den Abschluß einer günstigen Privatversicherung gegen das Krankheitsrisiko ermöglicht.

Aktuell sind in diesem Zusammenhang gesetzliche oder tarifliche Bestimmungen, die bestimmte *Mindestentgelte* im Wege der Bezugnahme vorschreiben. Ich verweise auf das inzwischen in Kraft getretene Mindestlohngesetz für ausländische Bauarbeitnehmer, welches vorsieht, daß diese vom ersten Tag an Anspruch auf für allgemeinverbindlich erklärte Mindestlöhne deutscher Bauarbeitnehmer haben. Und ich erinnere an die Bestimmungen der Bautarifverträge, nach denen Bauarbeitnehmer aus den neuen Bundesländern Anspruch auf die in den alten Bundesländern geltenden Tariflöhne hatten, wenn sie dort tätig wurden. Die in solchen Bestimmungen liegende prohibitive Wirkung werden viele betroffene Arbeitnehmer eher als Plage denn als Wohltat empfinden.

III. Konkordanter Ausgleich von privatautonomen Handeln und fremdbestimmten Schutz des Arbeitnehmers

1. Verhältnismäßigkeitsprinzip als Kriterium arbeitsrechtlicher Regelungen

Bei der Lösung dieses Spannungsverhältnisses steht bislang die Schutzfunktion der Grundrechte zu sehr im Vordergrund. Die Annahme typischen

Übergewichts des Arbeitgebers[5] und die Beherrschung der Vertragsgestaltung durch ihn[6] lassen den Gedanken, es könne auch ein Schutz vor zuviel Schutz notwendig sein, nicht aufkommen. Aber das ist falsch. Das Gebot, konkurrierenden Grundrechtspositionen nach dem *Prinzip praktischer Konkordanz* ausgewogen Rechnung zu tragen, gilt auch hier. Nicht nur der Privatautonomie des Arbeitnehmers, auch dem Schutz seiner übrigen Grundrechte müssen Grenzen gezogen werden, damit, um Formulierungen von *Hesse* aufzugreifen[7] „beide zu optimaler Wirksamkeit gelangen können". Die Grenzziehungen müssen „im jeweiligen konkreten Falle verhältnismäßig sein; sie dürfen nicht weitergehen, als es notwendig ist, um die Konkordanz beider Rechtsgüter herzustellen".

Verhältnismäßigkeit bedeutet auch hier Geeignetheit, Erforderlichkeit und Verhältnismäßigkeit im engeren Sinne[8]: Die Begrenzung der Privatautonomie des Arbeitnehmers muß *geeignet* sein, den Schutz seiner anderen Grundrechte zu bewirken. Sie muß hierzu *erforderlich* sein, was nicht der Fall ist, wenn ein milderes Mittel ausreichen würde. Und sie muß in *angemessenem Verhältnis* zu dem Gewicht und der Bedeutung der Privatautonomie einerseits und der übrigen Grundrechte des Arbeitnehmers andererseits stehen. Wenn der Gesetzgeber dabei auch eine „weite Gestaltungsfreiheit" besitzt[9] und ihm insbesondere eine Einschätzungsprärogative hinsichtlich der Geeignetheit, Erforderlichkeit und Verhältnismäßigkeit seiner Maßnahmen zukommt[10], bedürfen doch eine ganze Reihe der bisher von der staatlichen Rechtsordnung, der Tarifvertragsordnung und der betriebsverfassungsrechtlichen Ordnung getroffenen Lösungen der kritischen Überprüfung. Dies gilt insbesondere dort, wo die erwähnte Annahme typischen Übergewichts des Arbeitgebers nicht oder nur eingeschränkt stimmt und damit den Konflikt zwischen Privatautonomie des Arbeitnehmers einerseits und dem Schutz seiner übrigen Grundrechte andererseits nicht mehr oder nicht mehr ganz überlagern kann.

2. Verhältnismäßigkeit staatlicher Gesetze

a) Ungeeignetheit von Regelungen mit überschießender Wirkung
(Ladenschlußgesetz)

Betrachtet man unter diesem Blickwinkel zunächst die *staatlichen Gesetze* auf dem Gebiet des Arbeitsrechts, so bereitet das Kriterium der *Geeignetheit* nur

---

5 Vgl. BVerfG vom 7.2.1990 a.a.O. unter C I 3.
6 *Preis,* Grundfragen der Vertragsgestaltung im Arbeitsrecht, 1993, S. 274 ff.
7 Grundzüge des Verfassungsrechts, 17. Auflage Rdnr. 72.
8 Vgl. *Hesse* a.a.O. Rdnr. 318.
9 BVerfG vom 7.2.1990 a.a.O.
10 *Hesse* a.a.O. Rdnr. 320.

insoweit Schwierigkeiten, als Regelungen sich nicht auf den Schutz des Arbeitnehmers beschränken, sondern überschießend das Verhalten des Arbeitgebers auch außerhalb des Arbeitsverhältnisses regeln. Etwa begegnet es Bedenken, daß das Ladenschlußgesetz, das dem Arbeitszeitschutz der Arbeitnehmer dient, im Unterschied zum allgemeinen Arbeitszeitgesetz nicht nur die zulässige Arbeitszeit der in Ladengeschäften beschäftigten Arbeitnehmer beschränkt, sondern überhaupt die Schließung der Ladengeschäfte zu bestimmten Tageszeiten anordnet und damit auch Fälle erfaßt, in denen der Ladeninhaber allein oder lediglich mit Familienangehörigen tätig ist. Man muß Umwege gehen, um diese überschießende Wirkung zu rechtfertigen, etwa argumentieren, daß aus Wettbewerbsgründen der Arbeitszeitschutz in Ladengeschäften mit Arbeitnehmern nur dann für die Ladeninhaber tragbar sei, wenn die Ladeninhaber ohne Arbeitnehmer den gleichen Beschränkungen unterliegen.

b) Leistungsverweigerungsrechte im Arbeitsschutzrecht und dispositives Arbeitsverhältnisrecht als mildere Mittel

Gewichtigere Bedenken bereitet das Kriterium der *Erforderlichkeit*. Den Arbeitnehmer schützende Gesetze können einen unterschiedlichen Wirkungsmechanismus haben. Was das Gebiet des Arbeitsschutzes anlangt, so ist das *strikte Verbot* die Regel: Für bestimmte Personengruppen, zum Beispiel Jugendliche, Schwangere und Mütter werden besonders gefährliche Beschäftigungen untersagt. Das Überschreiten einer bestimmten täglichen oder wöchentlichen Arbeitszeitdauer und die Arbeit an bestimmten Tagen, z. B. Sonntagen, oder zu bestimmten Stunden, z. B. nachts, wird verboten. Möglich ist aber auch, dem Schutzbedürfnis des Arbeitnehmers bloß durch ein *Leistungsverweigerungsrecht* Rechnung zu tragen, wie dies etwa in § 3 Abs. 2 Mutterschutzgesetz hinsichtlich des Beschäftigungsverbots für werdende Mütter in den letzten sechs Wochen vor der Entbindung geschieht mit der Formulierung: „Werdende Mütter dürfen in den letzten sechs Wochen vor der Entbindung nicht beschäftigt werden, es sei denn, daß sie sich zur Arbeitsleistung ausdrücklich bereit erklären; die Erklärung kann jederzeit widerrufen werden".

Im Arbeitsverhältnisrecht ist das einseitig zugunsten des Arbeitnehmers *zwingende Gesetz* die Regel. Etwa dürfen, um zwei einfache Beispiele zu nennen, keine kürzeren als die in § 622 BGB vorgesehenen Kündigungsfristen und kein kürzerer als der Mindesturlaub des Bundesurlaubsgesetzes vereinbart werden, wohl aber längere Kündigungsfristen und eine längere Urlaubsdauer. Indessen kann sich der Gesetzgeber auch darauf beschränken, dispositive Regeln zu schaffen, wie das etwa hinsichtlich der Nichtübertragbarkeit des Anspruchs auf die Arbeitsleistung (§ 613 Satz 2 BGB), den Annahmeverzugslohn (§ 615 BGB) und durch die Rechtsprechung für das Entgeltrisiko in Betriebsrisikofällen geschehen ist.

Daß das Leistungsverweigerungsrecht gegenüber dem zwingenden Verbot ebenso das mildere Mittel ist wie das dispositive Recht gegenüber dem zwingenden, liegt auf der Hand. Die Frage ist nur, ob sie zum vom Gesetzgeber intendierten Schutz der Arbeitnehmer auch in anderen als den bisher schon geregelten Fällen ausreichen, oder es jedenfalls vertretbar ist, daß der Gesetzgeber sie als nicht ausreichend einschätzt.

Beim eigentlichen *Gesundheitsschutz* ist das Beschäftigungsverbot gegenüber der Alternative Leistungsverweigerungsrecht gewiß immer noch als die wohlbegründete Regel anzusehen. Gesundheitsgefährdenden Beschäftigungen von Jugendliche, Schwangeren und Müttern kann man nicht durch Leistungsverweigerungsrechte beikommen. Der Arbeitnehmer muß insoweit auch vor sich selbst geschützt werden. § 3 Abs. 2 Mutterschutzgesetz stellt eine gerechtfertigte Ausnahme dar, weil die Beschäftigung einer gesunden Schwangeren vor der Entbindung nicht typischerweise gesundheitsgefährdend ist, es vielmehr entscheidend auf das Wohlbefinden der Frau ankommt; insoweit gibt es Unterschiede in der Zeit vor und nach der Entbindung. Problematisch ist allerdings das erwähnte Beschäftigungsverbot des § 64h Abs. 1 Bundesberggesetz. Der Gesetzgeber sieht im Absatz 2 dieser Vorschrift selbst Ausnahmen für Frauen in leitender Stellung, im Gesundheits- oder Sozialdienst, während einer berufspraktischen Ausbildung und für die gelegentliche Beschäftigung vor. Das zeigt, daß er selbst die Beschäftigung nicht als stets gesundheitsgefährdend einschätzt. Er handelt deshalb widersprüchlich, wenn er andere Tätigkeiten, die ebenfalls nicht mit schwerer körperlicher Arbeit verbunden sind, dort verbietet. Ein jederzeitiges Leistungsverweigerungsrecht würde dem Schutzzweck genügen.

Im *Arbeitszeitrecht* sind Fälle, in denen ein Leistungsverweigerungsrecht als milderes Mittel gegenüber einem Verbot der Arbeitsleistung ausreicht, häufiger. Ein Fall betrifft das schon erwähnte Ladenschlußgesetz. Sein Zweck, den Ladenangestellten die Vorteile eines zeitigen Feierabends und eines zusammenhängenden freien Wochenendes zu verschaffen, läßt sich aus deren Sicht auch dann verwirklichen, wenn sie nur *nicht verpflichtet* werden könnten, am Abend und an den Wochenenden zu arbeiten. Daß sie durch ein striktes Verbot gegen etwaigen Druck des Arbeitgebers geschützt werden müßten, von einem etwaigen Leistungsverweigerungsrecht keinen Gebrauch zu machen, läßt sich angesichts des Rechtsschutzes, der dem Arbeitnehmer heute zur Seite steht und seiner Möglichkeit, den Betriebsrat zu seinen Gunsten einzuschalten (vgl. § 81 ff. BetrVG), nicht mehr begründen. Auch die Überlegung, die Konkurrenten des Arbeitgebers zu schützen, führt nicht weiter, weil diese sich ja der gleichen Rechtslage gegenübersehen wie ihr eigener Arbeitgeber.

Das zweite Beispiel bietet die *Sonntags- und Feiertagsarbeit.* Das neue Arbeitszeitgesetz verbietet sie in § 9 grundsätzlich, läßt aber von diesem Grundsatz in den §§ 10 und 11 eine Fülle von Ausnahmen mit der Maßgabe zu, daß jedenfalls 15 Sonntage im Jahr beschäftigungsfrei bleiben müssen und bei Beschäftigung an einem Sonn- und Feiertag ein Ersatzruhetag zur Verfügung stehen muß. Damit ist das bis zum Inkrafttreten des Arbeitszeitgesetzes gemäß § 105 a Satz 1 Gewerbeordnung geltende System verlassen, nach dem die Arbeitnehmer zur Arbeit an Sonn- und Feiertagen nur *nicht verpflichtet* werden konnten. Ich sehe keine Gründe, um diesen grundsätzlichen Übergang vom Leistungsverweigerungsrecht zum strikten Verbot zu rechtfertigen. Gesichtspunkte des Gesundheitsschutzes greifen offensichtlich nicht. Denn wenn die Freihaltung von 15 Sonntagen im Jahr und die Gewährung eines Ersatzruhetags in den zahlreichen Ausnahmefällen dem Gesundheitsschutz genügt, muß dies auch in den übrigen Fällen der Fall sein. Den Arbeitnehmer aber in Gestalt verordneter Arbeitsruhe zur Respektierung der Sonntage und staatlich anerkannten Feiertage zu zwingen, schützt nicht seine Religionsfreiheit, sondern hindert ihn im Gegenteil, sie so zu gebrauchen, wie er das für richtig hält.

Überdacht werden muß, vor allem im Hinblick auf Gesetzgebungsvorhaben wie dem erwähnten vom Freistaat Sachsen eingebrachten Entwurf, wie einseitig zwingendes und dispositives Gesetzesrecht im Recht des *Arbeitsverhältnisses* richtig zuzuordnen sind. Die Rechtsprechung der Arbeitsgerichte nimmt durchgängig eine Angemessenheitskontrolle des Inhalts von Arbeitsverträgen in Anspruch. Diese findet jedenfalls für Formulararbeitsverträge einen Ansatz in dem Grundsatz des § 9 AGB-Gesetz, nach dem eine Vertragsgestaltung unwirksam ist, wenn sie mit wesentlichen Grundgedanken der gesetzlichen Regelung nicht zu vereinbaren ist[11]. Unter Berücksichtigung dieser Kontrollmöglichkeiten reicht das dispositive Gesetzesrecht typischerweise aus, um die Rechte der Arbeitnehmer gegenüber einer Selbstaufgabe angemessen zu schützen.

Einseitig zwingendes Recht bedarf demgegenüber einer besonderen Begründung. Diese kann freilich oft, wenn auch keineswegs immer, im Gesichtspunkt der Rechtssicherheit gefunden werden. Etwa kann aus diesem Grunde das *Kündigungsrecht,* insbesondere das Kündigungsschutzrecht, nicht lediglich dispositiv geregelt werden. Das Kündigungsrecht ist ohnehin schon mit vielen schwer zu konkretisierenden Generalklauseln behaftet. Diese noch einmal auf den Status des dispositiven Gesetzesrechts zurückzudrängen und damit der weiteren Unsicherheit einer Angemessenheitskontrolle zu unterstellen, würde den Arbeitnehmer nicht mehr ausreichend schützen. Aus dem gleichen Grund kann unter dem Gesichtspunkt der Erforderlichkeit auch nichts gegen die gesetzlichen Bestimmungen über die *Befristung von Arbeitsverhältnissen* eingewandt werden. Ihr Zweck ist es gerade, die Rechtssicherheit zu schaffen, die die Rechtsprechung mit der Frage nach Vorliegen eines sachli-

---

11 *Richardi,* Münchener Handbuch des Arbeitsrechts, Band I, 1992 § 14 Rdnr. 69; *Wolf,* Inhaltskontrolle von Arbeitsverträgen, RdA 1988, 270, 274; zurückhaltend *Preis* a.a.O., S. 266; siehe allgemein auch *Fastrich,* Richterliche Inhaltskontrolle im Privatrecht, 1992, S. 293 ff.

chen Grundes für die Ausschaltung des Kündigungsschutzes nicht in genügendem Maße gewährleisten konnte. Auf der anderen Seite kann man sich, um ein oben genanntes Beispiel aufzugreifen, ohne weiteres denken, daß die *Entgeltfortzahlung im Krankheitsfall* so wie der Entgeltfortzahlungsanspruch bei vorübergehender Verhinderung (§ 616 BGB) dispositiv ausgestaltet wird. Ob die Abweichung von der dispositiven Regelung angemessen ist, insbesondere, ob an die Stelle des Entgeltfortzahlungsanspruchs eine andere angemessene Arbeitgeberleistung getreten ist, läßt sich ohne große Schwierigkeiten kontrollieren.

c) Unverhältnismäßigkeit arbeitsplatzgefährdender Mindestentgeltregelungen

Unter dem Gesichtspunkt der *Verhältnismäßigkeit im engeren Sinne* sind Zweifel an Mindestentgeltgesetzen anzumelden, wie sie jetzt für ausländische Bauarbeitnehmer gelten. Eine Garantie von Mindestentgelten, die darauf hinausläuft, daß diejenigen, die in den Genuß der Garantie kommen sollen, keine Beschäftigung mehr finden, weil sich ihre Arbeitgeber aufgrund der ganz anderen für sie maßgebenden wirtschaftlichen Verhältnisse die Mindestentgelte nicht leisten können, läßt der Privatautonomie keine Wirksamkeit mehr und ist deshalb funktionswidrig[12].

3. Verhältnismäßigkeit tarifvertraglicher Regelungen

a) Neuinterpretation des Günstigkeitsprinzips

Die Frage nach der verhältnismäßigen Zuordnung der Privatautonomie des Arbeitnehmers und dem Schutz seiner Rechte durch die *Tarifvertragsordnung,* ist in den letzten Jahren unter einem Gesichtspunkt erörtert worden, der hinsichtlich des staatlichen Gesetzesrechts – wiewohl auch dort geltend – eher eine untergeordnete Rolle gespielt hat, nämlich der Frage, ob einzelvertragliche Bestimmungen den Anforderungen der einseitig zwingenden Tarifvertragsbestimmungen gerecht werden, indem sie gleichwertige oder bessere Arbeitsbedingungen enthalten als sie tarifvertraglich geregelt sind. Es geht um das in § 4 Abs. 3 2. Alternative TVG enthaltene Günstigkeitsprinzip, nach dem vom Tarifvertrag abweichende einzelvertragliche Abmachungen zulässig sind,

---

12 Daß das Arbeitnehmer-Entsendegesetz auch noch unter anderen Gesichtspunkten, insbesondere der Koalitionsfreiheit der ausländischen Gewerkschaften und Arbeitgeber verfassungsrechtlichen Bedenken begegnet, soll hier nicht weiter verfolgt werden. Vgl. insoweit *Gerken/ Löwisch/Rieble,* Der Entwurf eines Arbeitnehmer-Entsendegesetzes in ökonomischer und rechtlicher Sicht, BB 1995, 2370 ff.

wenn sie eine Änderung der Regelungen „*zugunsten*" des Arbeitnehmers enthalten.

Maßstab dieser Günstigkeit kann weder allein die subjektive Einschätzung des Arbeitnehmers, noch allein ein objektives, von den Tarifvertragsparteien festgelegtes Interesse sein. Weder kann zugelassen werden, daß der Arbeitnehmer den ihm vom Tarifvertrag zugedachten Schutz einfach in den Wind schlägt. Noch geht es an, daß sich der Tarifvertrag mit einer abstrakt-objektiven Wertung des Arbeitnehmerinteresses einfach durchsetzt. Notwendig ist auch insoweit eine verhältnismäßige Zuordnung von Privatautonomie und Arbeitnehmerschutz. Rechtsprechung und Literatur haben hierfür die Formel gefunden, daß es darauf ankomme, wie ein verständiger Arbeitnehmer unter Berücksichtigung der Umstände des Einzelfalls die Bestimmung des Arbeitsvertrags im Vergleich zu der des Tarifvertrages einschätzen würde[13].

Dieser gedachte Modellarbeitnehmer ermöglicht eine Plausibilitätskontrolle, die in den meisten Fällen zu einem eindeutigen Ergebnis führt: Ein Tag mehr Urlaub, zehn Prozent mehr Lohn, eine Beschränkung der Arbeitnehmerhaftung, die Verkürzung der wöchentlichen Arbeitszeit bei vollem Lohnausgleich sind unproblematische, für den Arbeitnehmer günstigere Arbeitsbedingungen. Umgekehrt sind weniger Lohn, weniger Urlaub oder längere Arbeitszeit eindeutig ungünstiger. Aber es gibt auch Arbeitsbedingungen, bei denen man mit der Vorstellung des Modellarbeitnehmers nicht weiterkommt, weil der Vergleich an sich neutral ausgeht. Hierher gehören vor allem Regeln über Lage und Dauer der Arbeitszeit: Ob ein Arbeitnehmer von 9.00 bis 18.00 Uhr arbeitet oder am Donnerstag im Rahmen des Dienstleistungsabends von 11.00 bis 20.00 Uhr, ob er am Samstag frei hat oder einen Tag unter Woche, ob er 35 oder 38 Stunden oder nur Teilzeit arbeitet, ist eine Frage der privaten Lebensgestaltung, die sich aus der Sicht des verständigen Arbeitnehmers weder positiv noch negativ beantworten läßt.

Hier hat eine Entscheidung des Großen Senats des Bundesarbeitsgerichts vom 7.11.1989[14] einen neuen Gedanken eingeführt, der einen verhältnismäßigen Ausgleich von privatautonomen Handeln und tarifvertraglich bestimmten Schutz des Arbeitnehmers erleichtert. Der Senat hat – in seinem Fall für den Günstigkeitsvergleich zwischen einzelvertraglicher und kollektivvertraglicher Altersgrenzenregelung – die *Wahlmöglichkeit* des Arbeitnehmers als günstigere Regelung ins Spiel gebracht. Die entsprechenden Sätze der Urteilsgründe lauten:

„Die Möglichkeit, über das Ende seines Arbeitsverhältnisses, und im Fall der Einführung einer Altersgrenze praktisch über das Ende des Berufslebens, entscheiden zu können, ist ein rechtlicher Vorteil. Eine Altersgrenzenregelung ist für den Arbeitnehmer um so günstiger, je länger er die Wahlmöglichkeit zwischen Arbeit und Ruhestand hat. Jede Verkürzung der Wahlmöglichkeit ist ungünstiger."

---

13 Siehe mit Nachweisen *Löwisch,* Münchener Handbuch des Arbeitsrechts, § 265 Rdnr. 45.
14 BAGE 63, 211 = AP Nr. 46 zu § 77 BetrVG 1972.

Damit haben es die Arbeitsvertragsparteien in der Hand, den Ansatz für einen Günstigkeitsvergleich selbst zu schaffen: Sie können dem Arbeitnehmer ein Wahlrecht zwischen tariflicher Arbeitsbedingung einerseits und der Regelung im Arbeitsvertrag andererseits einräumen. Dieses Wahlrecht verschafft dem Arbeitnehmer eine Dispositionsmöglichkeit, die schon für sich genommen die günstigere Regelung ist. Nicht nur die Wahlmöglichkeit zwischen Arbeit und Ruhestand, für die sich der Große Senat ausdrücklich ausgesprochen hat, auch die Wahlmöglichkeit zwischen längerer und kürzerer Wochenarbeitszeit, zwischen längerem und kürzerem Urlaub und zwischen dieser und jener Verteilung der Arbeitszeit auf die Wochentage, kann je nach der im Einzelfall bestehenden Situation des Arbeitnehmers die für ihn günstigere Regelung sein, sei es, daß er einfach Lust zu mehr Arbeit hat, einen höheren Verdienst erzielen will oder an einer anderen Freizeitgestaltung interessiert ist, als sie der Tarifvertrag vorsieht.

Diese Wahlfreiheit darf den Arbeitnehmerschutz allerdings nicht entwerten. Arbeitsrechtliche Begrenzungen der Dauer der Arbeitszeit, die dem Gesundheitsschutz dienen und arbeitsrechtliche Bestimmungen über die Lage der Arbeitszeit, die dem Arbeitnehmer eine ausreichende Erholungspause zwischen den Arbeitstagen sichern sollen, können nicht mit einer Wahlmöglichkeit für den Arbeitnehmer überspielt werden. Dabei haben auch die Tarifvertragsparteien regelmäßig einen Beurteilungsspielraum, innerhalb dessen sie ihre Vorstellungen vom Mindestarbeitnehmerschutz durchsetzen können. Indessen hat dieser Grenzen, nämlich dort, wo der Schutz des Arbeitnehmers vor sich selbst nicht mehr einleuchtet. So lag es im Fall der kollektivvertraglichen Altersgrenze in der Entscheidung des Großen Senats. So liegt es aber auch bei der Verkürzung der Wochenarbeitszeit unter 40 Stunden, bei der die Tarifvertragsparteien durch die pauschale Zulassung von Ausnahmen selbst zu erkennen geben, daß die Beibehaltung einer Arbeitszeit von 40 Stunden aus der Sicht des Gesundheitsschutzes unbedenklich ist. Gleiches gälte bei einer weiteren Verlängerung des tariflichen Jahresurlaubs, denn mehr als sechs Wochen Urlaub sind zur Erholung schlechterdings nicht mehr notwendig. Und schließlich stößt auch die Wahl zwischen der Arbeit am Samstag oder an einem anderen Tag oder zwischen der Arbeit am Dienstleistungsabend und zu anderen Zeiten nicht auf Interessen des Arbeitnehmers, die so gewichtig sind, daß sie auch gegen seinen Willen durchgesetzt werden müßten.

Abgesichert werden muß dieser neue Spielraum der Privatautonomie des Arbeitnehmers gegen zu weit gehende Selbstbindung. Ihm muß die Möglichkeit offenstehen, in angemessener Frist wieder zur tariflichen Regelung zurückzukehren[15]. Diese Rückkehr kann entweder so gesichert werden, daß der Arbeitnehmer ein jederzeitiges Wahlrecht hat, seine Arbeitsleistung nach dem Tarifvertrag oder dem Individualvertrag zu erbringen. Oder er muß die

---

15 *Löwisch,* DB 1989, 1187, BB 1991, 62; *Buchner,* RdA 1990, 1, 16 und DB 1990, 1720.

individualvertragliche Regelung mit einer angemessenen Frist kündigen können.

b) Notwendigkeit von Öffnungsklauseln

Das Günstigkeitsprinzip ist nun freilich keine Geheimwaffe, mit der man alle Konflikte zwischen Privatautonomie des Arbeitnehmers und schützender Fremdbestimmung durch den Tarifvertrag lösen könnte. Ich brauche nur auf die heute vielfach, vor allem in den neuen Bundesländern anzutreffende Situation hinzuweisen, daß Erhöhungen der tariflichen Mindestbedingungen, insbesondere der Tariflöhne, in manchen Betrieben zu rationalisierungs- oder absatzbedingten Entlassungen zu führen drohen und deshalb die dort tätigen Arbeitnehmer lieber auf die Erhöhungen verzichten möchten, um ihre Arbeitsplätze zu behalten. Arbeitsplatzsicherheit auf der einen und Entgelterhöhungen auf der anderen Seite lassen sich nicht in einem Günstigkeitsvergleich zwingen wie er von § 4 Abs. 3 Satz 2 Tarifvertragsgesetz gemeint ist.

Der Ausweg kann nur darin bestehen, für solche Fälle die Tarifverträge in bestimmtem Umfang für abweichende Vereinbarungen *zu öffnen*. Zuständig für die Schaffung solcher Öffnungsklauseln sind, wie das Tarifvertragsgesetz in § 4 Abs. 3 Satz 1 zutreffend zum Ausdruck bringt, in erster Linie die Tarifvertragsparteien selbst. Soweit sie nicht tätig werden, kommt die gesetzliche Einführung entsprechend der Öffnungsklauseln, etwa durch eine Ergänzung des Tarifvertragsgesetzes in Betracht. Sie ist von der „Deregulierungskommission" der Bundesregierung vor einigen Jahren auch schon vorgeschlagen worden[16]. De lege lata wird man nur in Extremfällen helfen können. Ich halte solche aber für denkbar. Können Arbeitnehmer und Arbeitgeber nachweisen, daß die Durchführung eines Tarifvertrags eine bisher gerade noch rentable Beschäftigung ins Defizit führt, ohne daß auf anderem Wege Abhilfe geschaffen werden kann, so daß eine Auflösung des Arbeitsverhältnisses unvermeidlich ist, muß der Privatautonomie des Arbeitnehmers von Verfassungs wegen der Vorrang gebühren: Der mit dem Tarifvertrag intendierte Schutz ist funktionslos; ihm seine zwingende Wirkung zu belassen, wäre unverhältnismäßig[17].

---

16 Deregulierungskommission – unabhängige Expertenkommission zum Abbau marktwidriger Regulierungen, Marktöffnung und Wettbewerb, 1991, Vorschläge Nummern 86 und 87 (Rdnr. 597 ff.). Soweit die Deregulierungskommission dabei eine Kompetenzübertragung auf die Betriebsparteien vorsieht, überzeugt das freilich nicht. Denn damit wird, wenn auch auf einer anderen Ebene, doch wieder Fremdbestimmung gegenüber den Arbeitnehmern eingeführt.
17 Siehe hierzu jetzt *Löwisch*, NJW 1997, 905 ff.

4. Individualregelungen in der Betriebsverfassung

Das Problem verhältnismäßiger Zuordnung der Privatautonomie des Arbeitnehmers und dem fremdbestimmten Schutz seiner Rechte, stellt sich schließlich auch auf der Ebene der *Betriebsverfassung*. Es hat dort sogar einen gesetzlichen Ausdruck gefunden, indem § 75 BetrVG Arbeitgeber und Betriebsrat umfassend auf die Wahrung der Grundrechte der Arbeitnehmer verpflichtet. Praktisch drückt sich diese Bindung vor allem in der Rechtsprechung aus, nach der arbeitsvertragliche Regelungen, durch die ausschließlich individuellen Bedürfnissen einzelner Arbeitnehmer Rechnung getragen werden sollen, mitbestimmungsfrei sind. Das gilt etwa für eine besondere Arbeitszeitregelung gegenüber einem Arbeitnehmer, damit dieser sein Kind vom Kindergarten in seiner Wohngemeinde abholen kann[18], oder für die Anrechnung einer Tariflohnerhöhung, um für einen Arbeitnehmer steuerliche Nachteile zu vermeiden[19].

IV. Zusammenfassung

Nach dem Grundgesetz muß im Arbeitsrecht die Freiheit rechtsgeschäftlichen Handelns der Arbeitsvertragsparteien ebenso gewahrt werden wie die zugunsten des Arbeitnehmers wirkende Schutzfunktion der Grundrechte. Wie sich an einer Reihe von Konfliktsfällen, vor allem in Fragen der Arbeitszeit, zeigen läßt, gewinnt das Spannungsverhältnis von Selbstbestimmung und Fremdbestimmung im Arbeitsrecht zunehmend auch praktische Relevanz.

Privatautonomes Handeln des Arbeitnehmers und sein fremdbestimmter Schutz müssen konkordant ausgeglichen werden. Kriterium arbeitsrechtlicher Regelungen ist dabei das Verhältnismäßigkeitsprinzip in seinen Ausprägungen Geeignetheit, Erforderlichkeit und Verhältnismäßigkeit im engeren Sinne.

Unter dem Gesichtspunkt der Erforderlichkeit gebührt im Arbeitsschutzrecht häufig Leistungsverweigerungsrechten der Vorrang vor strikten Verboten. Im Arbeitsverhältnisrecht kann oft dispositives Recht, verbunden mit einer an ihm orientierten Angemessenheitskontrolle, an die Stelle einseitig zwingenden Rechts treten.

Die verhältnismäßige Zuordnung von privatautonomem Handeln und fremdbestimmtem Schutz kann in der Tarifvertragsordnung im wesentlichen durch eine erweiternde Interpretation des Günstigkeitsprinzips erreicht werden. Im Ausnahmefall ist aber auch eine gesetzliche Öffnung der Tarifverträge gegenüber dem Individualvertrag notwendig.

---

18 BAG vom 16.7.1991, BB 1991, 2156.
19 BAG vom 27.10.1992, BB 1993, 1589.

In der Betriebsverfassung müssen sich arbeitsvertragliche Regelungen, die dem Individualinteresse des Arbeitnehmers dienen, gegenüber betrieblichen Regelungen durchsetzen.

Ursula Köbl

Soziale Sicherheit und Selbstbestimmung der Bürger

„Denn Sekurität ist Voraussetzung für Libertät. Ökonomische Daseinssicherung bildet erst die Grundlage für die Entfaltung der Persönlichkeit und der individuellen Freiheit und damit für ein menschenwürdiges Leben."[1]
„Die realistischen Fragen heißen: Hält man bei uns die soziale Gerechtigkeit für gefährdeter oder die freie Selbstbestimmung der Person? Nach welcher Seite ist die immer notwendige Balance des freiheitlichen Sozialstaates verschoben und welches Gewicht muß man in den Wahlen verstärken: das der gerechteren Verteilung des Sozialproduktes oder das der selbständigeren Bestimmung des eigenen Lebens gegenüber bürokratischen und sonstigen sozialen Vormundschaften?"[2]

I. Soziale Sicherheit als Voraussetzung und Gefährdung realer Freiheit

Es ist ein Gemeinplatz in Staatslehre und Staatsrecht, in Sozialpolitik und Sozialrecht, daß die Freiheit der Bürger von Not und Existenzangst unabdingbare Voraussetzung ist sowohl für die *politische Stabilität einer Gesellschaft* wie auch für den *effektiven Gebrauch aller bürgerlichen Freiheitsrechte*. Wegen dieses Zusammenhanges konnten vor mehr als einem Jahrhundert in Deutschland (und anderen Staaten) Einrichtungen der sozialen Sicherheit geschaffen werden und sich in fast ungebrochener Kontinuität, die verschiedensten Staatsformen überdauernd, entfalten[3] – bis zu einer Intensität, daß viele meinen, aus Wohltat sei inzwischen weithin Plage geworden.[4] Etwa 20 % seines Bruttoarbeitsentgelts[5] hat derzeit jeder deutsche Arbeitnehmer an Beiträ-

---

1 *Wannagat, Georg,* in: 100 Jahre deutsche Sozialversicherung (= SV), Schriftenreihe des Deutschen Sozialgerichtsverbandes, Bd. XXII, 1982, S. 85 f.
2 *Schelsky, Helmut,* Der selbständige und der betreute Mensch, 1976, S. 20.
3 Zur Entwicklung *Zacher, Hans F./Köhler, Peter A.* (Hrsg.), Ein Jahrhundert SV, 1981; *Albers, Jens,* Vom Armenhaus zum Wohlfahrtsstaat – Analysen zur Entwicklung der SV in Europa, 1987.
4 Grundsätzlich zum Spannungsverhältnis von Freiheit und sozialer Gleichheit *Zippelius, Reinhold,* Allgemeine Staatslehre, 12. Aufl. 1994, §§ 29 II, III, 34 mit Hinweisen auf ältere staatstheoretische Aussagen u.a. von *Fichte, Lorenz von Stein* einerseits, *A. Smith, W. v. Humboldt, Tocqueville* andererseits. – Zur modernen Diskussion *Sachße/Engelhardt* (Hrsg.), Sicherheit und Freiheit, Zur Ethik des Wohlfahrtsstaates, 1990.
5 9,3 % für die Rentenversicherung = RV; 3,25 % für die Arbeitslosenversicherung = AloV; ca. 6,5 % für die Krankenversicherung = KV (unterschiedlich je nach Krankenkasse); 1 % für die Pflegeversicherung = PflV (ab 1.7.1996 1,7 %). Zu diesen nominal als „Arbeitnehmer"-Beiträ-

gen zur Sozialversicherung zu entrichten.[6] Die von den Kommunen aus Steuermitteln zu tragenden Lasten der Sozialhilfe beliefen sich kurz vor Einführung der gesetzlichen Pflegeversicherung mit stark steigender Tendenz auf über 50 Milliarden pro Jahr[7]; die sog. *Sozialleistungsquote* liegt bereits bei etwa 34 %.[8] Die sozialstaatlich veranlaßte Umverteilung erregt Unbehagen und Kritik nicht nur wegen ihres enormen Volumens, sondern auch wegen der Undurchsichtigkeit der Transferströme, die durch die Vielzahl sowohl von Sozialleistungen, Leistungsträgern und Zuteilungskriterien wie auch von steuerrechtlichen Instrumenten und Subventionen bedingt ist.[9] In Anbetracht der Verwickeltheit und des Ausmaßes an Redistributionsvorgängen, die auf der Aktivseite durch Steuern und SV-Beiträge gespeist werden, ist es populär geworden, bildhaft von einer unter hohem Verwaltungsaufwand betriebenen „Umverteilung aus der rechten in die linke Tasche der Bürger" zu reden. Über die mehr oder minder selbstverständlichen Beschwerden derjenigen hinaus, die in diesem gigantischen Umverteilungssystem aufgrund ihres hohen Markteinkommens vor allem als „Zahler" fungieren, regt sich auch zunehmend mehr Unzufriedenheit bei denjenigen, die sowohl Zahler wie Leistungsempfänger sind, die aber die ihnen auferlegten Einschränkungen ihres allgemeinen und wirtschaftlichen Handlungsspielraumes infolge der Abgabenlast nicht für gerechtfertigt halten. Zu den Beschwerdeführern gesellen sich schließlich diejenigen, die ihre wirtschaftliche Entfaltungsfreiheit als Anbieter auf dem *Sektor der Privatversicherungen sowie der Vermögensbildung im allgemeinen* durch den wachsenden Zugriff des Staates auf die Markteinkommen beschnitten sehen.

Einigkeit besteht nur über die sozialstaatlichen Aufgaben im allgemeinen; mit den Worten des Bundesverfassungsgerichts: „Das Sozialstaatsprinzip verlangt staatliche Vor- und Fürsorge für Einzelne oder für Gruppen der Gesellschaft, die aufgrund persönlicher Lebensumstände oder gesellschaftlicher Benachteiligung in ihrer persönlichen und sozialen Entfaltung behindert sind."[10]

---

gen ausgewiesenen Sozialabgaben kommen in gleicher Höhe die sog. „Arbeitgeber"-Beiträge (sowie noch die Beiträge zur gesetzlichen Unfallversicherung = UV in Höhe von ca. 1,5 % sowie die Konkursausfallgeld-Umlage gem. § 186b AFG) als *Lohnnebenkosten* hinzu. Die herkömmliche Zweiteilung in Arbeitnehmer- und Arbeitgeber-Beiträge dürfte im öffentlichen Bewußtsein das wahre Ausmaß der SV-Beiträge etwas verdecken.

6 Die alljährlich an das Lohnniveau angepaßte *Beitragsbemessungsgrenze* (der RV und der AloV) liegt im Jahr 1996 in den alten Bundesländern bei DM 8.000 und in den neuen Bundesländern bei DM 6.800 monatlich.
7 S. Statistisches Jahrbuch der Bundesrepublik Deutschland (= StatJB) 1995, S. 460.
8 Sozialbudget im einzelnen: StatJB 1995, S. 459; StatJB 1996, S. 454.
9 Dazu Transfer-Enquête-Kommission 1981, Das Transfersystem der Bundesrepublik Deutschland.
10 BVerfGE 45 (1977), 376, 387 unter Hinweis auf BVerfGE 35 (1973), 202, 236; repräsentativ ferner *Stern, Klaus,* Das Staatsrecht der Bundesrepublik Deutschland, Band 1, 1984, S. 911 f. Nach der Studie „Dialoge 4" des Magazins „Stern" geben 91 % der Bundesbürger gegenwärtig der „Sozialen Sicherheit" die oberste Priorität in den öffentlichen Aufgaben.

Für *politische Bewertungen* des sozialstaatlichen Interventionismus und erst recht für *verfassungsrechtliche Grenzziehungen* wären umfassende Befunde erforderlich über die Gewinne und Verluste an realer Freiheit, die durch unser hochdifferenziertes System der sozialen Sicherheit bewirkt werden. Dazu können hier nur einige skizzenhafte Ausführungen gemacht werden, wobei wir uns im wesentlichen auf die *staatlichen Vorsorgesysteme* beschränken, also die Zweige der SV. Da sie die Hilfen in den Wechselfällen des Lebens für die große Mehrheit der Bürger unter fast *völliger Verdrängung von deren Eigenvorsorge* organisieren, weisen sie weit ausgeprägter als die beiden anderen Großsektoren des Sozialrechts (Soziale Entschädigung sowie soziale Hilfen und Förderungen) eine *durchgängige Ambivalenz von Fremdbestimmung und Selbstbestimmung* auf.[11] Auch auf dem Feld der SV kommen noch folgende überaus vielgestaltige Dimensionen der Selbst- bzw. Fremdbestimmung in den Blick:

– Legislative Ziel-, Leit- und Wunschvorstellungen, die vor allem in wohlklingenden Programmsätzen formuliert sind

– Freiräume hinsichtlich der Zugehörigkeit zu einer staatlich konstituierten Solidargemeinschaft und zwar einerseits durch Freihaltung von der Versicherungspflicht sowie andererseits durch Einräumung von Versicherungsberechtigungen

– Selbstbestimmungskomponenten hinsichtlich der Versicherungs- und Leistungsfälle mit der Kehrseite der Selbstverantwortung als Kriterien des Verlustes oder der Minderung von Rechtspositionen

– Dispositionsmöglichkeiten über Art und Umfang von Leistungen, insbesondere im medizinischen Sektor

– Private Verfügungsmöglichkeiten über sozialrechtliche Positionen

– Kollektive Selbstbestimmung durch die Organisationsform der SV-Träger als Körperschaften des öffentlichen Rechts mit Selbstverwaltung

– Schonung von beruflicher, wirtschaftlicher und verbandlicher Betätigungsfreiheit, insbesondere im Bereich von medizinischen, betreuerischen und pflegerischen Leistungen.

Zum Gesetzgebungsstil der Gegenwart gehört es zunehmend, neue Gesetze durch klangvolle Ausführungen über ihre Ziele und grundsätzlichen Wertentscheidungen einzuleiten. Dergleichen ist auch im Sozialrecht reichlich anzutreffen mit programmatischen Bekenntnissen zu *Solidarität, Schutz der Menschenwürde* und *Selbstbestimmung,* aber auch mit Appellen an *Selbsthil-*

---

11 Soziale Entschädigungsleistungen sind steuerfinanziert und werden für „schicksalhafte Opfer" einzelner Bürger im Allgemeininteresse im weitesten Sinn gewährt (Kriegsfolgen, Verbrechensopfer, Impfschäden u.v.a.m.). – Die ebenfalls steuerfinanzierten sozialen Hilfs- und Förderungsleistungen knüpfen allein an *Bedarfslagen* an – ohne jede „Vorleistung" der Betroffenen – und sichern den Bürgern neben der menschenwürdigen Existenz (durch die sog. *Sozialhilfe)* weitere Teilhabe an einem gehobenen Lebensstandard in materieller und immaterieller Hinsicht (Beispiele sind: Kindergeld, Wohngeld, Ausbildungsförderung).

fe und *Eigenverantwortung* (§ 1 SGB I, §§ 1 ff. SGB V, §§ 2 ff. SGB XI, § 1 II BSHG). Bei diesen wohlfeilen Proklamationen und Appellen wollen wir uns hier jedoch nicht aufhalten, denn gestärkt oder geschwächt wird die Freiheit der Bürger am unmittelbarsten durch die Grundkomponenten der Vorsorgesysteme: die erfaßten Risiken, die versicherten Personen und ihre Vorsorgelasten sowie die bei Eintritt der Versicherungsfälle zu erbringenden Sozialleistungen.

II. Ausdehnung der Vorsorgesysteme nach Risiken und Personen – individuelle Freiräume

1. Von staatlicher Zwangsvorsorge erfaßte Risiken

Mit der Vorsorge für die Fälle von *Krankheit, Arbeitsunfall und Berufskrankheit, vorzeitiger Erwerbsminderung, Arbeitslosigkeit, Alter, Tod des Ernährers und schließlich seit kurzem auch der Pflegebedürftigkeit* werden ohne Zweifel vom Ansatz her so schwerwiegende Gefahren für eine selbstbestimmte Lebensführung erfaßt, daß die mit der Zwangsvorsorge verbundenen Beeinträchtigungen der wirtschaftlichen Handlungsfreiheit der Mehrheit der Bevölkerung für grundsätzlich gerechtfertigt zu halten sind. Es handelt sich um einen Vorsorgestandard, wie er in den entwickelten Industrienationen weithin üblich ist. Erst um die Einzelausgestaltung und Fortentwicklung, insbesondere um Probleme der Lastenverteilung und Finanzierung, drehen sich sozialpolitische Meinungsverschiedenheiten und weiterreichende Desiderate; aus fortwährenden Reformdiskussionen in fast sämtlichen Versicherungszweigen[12] ist uns dies schier bis zum Überdruß bekannt, und das jahrelange Ringen um die Pflegeversicherung wird wohl lange in lebhafter und unangenehmer Erinnerung bleiben. Nach der Einschränkung der arbeitsmarktbedingten Frühverrentung und weiteren Anhebungen von Rentenaltersgrenzen im Jahr 1996 (s.u. IV. 2) ist derzeit eine grundlegende Diskussion in Gang gekommen über das *Vorsorgeausmaß* hinsichtlich Alter und Arbeitslosigkeit. Unbestrittener Reformbedarf speziell auf dem Feld der Versicherungsfälle besteht auch bei den *rentenrechtlichen Erwerbsminderungstatbeständen,* da die seit 1957

---

12 Hierzu vor allem die verschiedenen „Stufen der Gesundheitsreform" (1988/89 – 1992/93 – usw.) und die Rentenreform 1992 mit alsbaldiger Folgediskussion; auch im Arbeitsförderungsrecht fand inzwischen eine grundlegende Reform statt (BGBl. I 1997, S. 594). Umfassend: 55. Deutscher Juristentag 1984 mit dem Thema: Möglichkeiten der Fortentwicklung des Rechts der sozialen Sicherheit zwischen Anpassungszwang und Bestandsschutz (Gutachter: *Heinze, Meinhard,* Referent: *Stolleis, Michael);* 59. Deutscher Juristentag 1992 mit dem Thema: Empfiehlt es sich, die Zuweisung von Risiken und Lasten im Sozialrecht neu zu ordnen? (Gutachter: *Schulin, Bertram* und *Littmann, Konrad;* Referenten: *Kummer, Peter* und *Isensee, Josef).*

existierende *Zweiteilung in Berufs- und Erwerbsunfähigkeit* (§§ 43, 44 SGB VI)[13] sich aus verschiedenen Gründen als unbefriedigend erwiesen hat. Abzuwarten bleibt auch, ob sich der Zuschnitt der Pflegebedürftigkeitsfälle (§§ 14, 15 SGB XI) bewähren wird.

2. Personelle Reichweite unserer Vorsorgesysteme

Der Blick auf die Bestimmungen über die jeweils *versicherten Personenkreise* in den einzelnen Versicherungszweigen bestätigt durchaus die gängige Auffassung von der Undurchsichtigkeit und überfeinerten Differenziertheit des deutschen Sozialrechts. Zwar ist häufig vom „*Trend zur Volksversicherung*" die Rede, doch de lege lata werden in den nunmehr fünf einzelnen SV-Zweigen die versicherten Personenkreise gesondert nach eigenständigen Kriterien abgegrenzt. Für den vorliegenden Zweck braucht wohl nur die Grobstruktur unter Vernachlässigung der Verästelungen skizziert zu werden. Danach bilden den Stamm der Versicherten durchgängig die *unselbständig Beschäftigten,* also die Arbeitnehmer. Ausnahmslos unterfallen sie der ges. UV; für KV, PflV, AloV und RV gelten jedoch Besonderheiten. Sog. *geringfügig Beschäftigte* – das sind im wesentlichen Personen, die im Jahr 1997 nicht mehr als 610 DM bzw. 520 DM pro Monat verdienen – bleiben versicherungsfrei (§ 7 SGB V, § 5 Abs. 2 SGB VI i.V.m. § 8 Abs. 1 u. 2 SGB IV, § 169 AFG); *höherverdienende* Arbeitnehmer sind indessen nurmehr in der ges. KV ab Überschreiten der sog. *Jahresarbeitsentgeltgrenze* versicherungsfrei (§ 6 Abs. 1 Nr. 1 SGB V); in der RV und der AloV hingegen endet bei höherem Einkommen nicht mehr die *Versicherungspflicht,* sondern lediglich die *Beitragssteigerung* ab Erreichen der sog. Beitragsbemessungsgrenze (§§ 157 ff. SGB VI, § 175 Abs. 1 Nr. 1 AFG).

Zu dieser relativ homogenen Gruppe von Versicherungspflichtigen kommen nun in der ges. RV noch zwei beruflich vielgestaltige Gruppen hinzu: (1) *vereinzelte Selbständige* (private Lehrer und Erzieher, Pflegepersonen, Hebammen, Seelotsen, Hausgewerbetreibende, Küstenschiffer und Küstenfischer, eingetragene Handwerker, § 2 SGB VI), deren Schutzbedürftigkeit der von Arbeitnehmern gleich erachtet wird, (2) behinderte Personen eingeschränkten Leistungsvermögens, § 1 Nrn. 2 u. 3 SGB VI), *Organisatorische Sondersysteme* bestehen für *selbständige* Landwirte sowie *selbständige* Künstler und Publizisten.[14] In der RV gibt es zudem für Selbständige die nicht ganz nebensächliche Besonderheit, daß sie *auf Antrag* ihre Versicherungspflicht begründen können, dies jedoch nur innerhalb von 5 Jahren nach Aufnahme der selbständigen Tätigkeit (§ 4 Abs. 2 SGB VI).

---

13 Im Recht der ges. UV gilt demgegenüber ein graduierendes System von 20 bis 100 % Minderung der Erwerbsfähigkeit, § 581 RVO.
14 Gesetz über die Alterssicherung der Landwirte (ALG) BGBl. I 1994, S. 1891; Künstlersozialversicherungsgesetz (KSVG) BGBl. I 1981, S. 705.

Außerdem ist die RV geöffnet für die *freiwillige Versicherung von praktisch jedermann* (§ 7 SGB VI). Demgegenüber kennt die *AloV keinerlei Versicherungsberechtigung,* und die KV im wesentlichen nur für diejenigen, die aus der Pflichtversicherung ausscheiden (§ 9 SGB V). Doch kommen in der KV – sozialpolitisch hochbedeutsam – zu den *erwerbstätigen und beitragszahlenden Stammitgliedern* noch deren Ehegatten und Kinder als *Familienversicherte* hinzu; diese haben ohne Beitragszahlung einen vollwertigen Versicherungsschutz im Bereich der medizinischen Sach- und Dienstleistungen (§§ 3, 10 SGB V). Hiermit findet ein Stück *Familienlastenausgleich* statt, das in der sozialpolitischen Auseinandersetzung unter diesem Problemtitel zwar nicht hinreichend gewürdigt wird, das aber ein wichtiges Motiv für die Kritik am überkommenen Umverteilungssystem der KV bildet, das man etwas euphemistisch verschleiernd mit „Solidarausgleich" zu umschreiben pflegt; darauf ist später noch einzugehen (s.u. VIII).

Ein Aspekt zur Abrundung sei noch erwähnt. Da die Rentenhöhe wesentlich von zwei Größen, der Höhe der Beitragsleistungen sowie der Dauer der Zugehörigkeit zur Versichertengemeinschaft bestimmt wird, ist es für die Versorgungsqualität der Alters-, Erwerbsminderungs- und Hinterbliebenenrenten von wesentlicher Bedeutung, welche *Beitragszeiten* der Rentenbemessung zugrundegelegt werden können. Das Recht zur freiwilligen Versicherung für alle, die nicht schon kraft Gesetzes in der ges. RV versichert sind, beinhaltet aus einsichtigen Gründen nicht auch die Befugnis, für *zurückliegende Zeiträume* Beiträge nachzuentrichten. Dergleichen Optionen kommen jedoch als *Ausnahmen* in unserem Rentenrecht vor. So wurden mit der Reform von 1972 den Selbständigen solche finanziell sehr weitreichenden Nachzahlungsrechte eingeräumt. Bis zum 31.12.1995 gab es für Frauen, die sich vor 1968 aus Anlaß der Heirat ihre zuvor entrichteten Beiträge hatten zurückerstatten lassen[15], die Möglichkeit, die entstandenen Lücken in ihrer Versicherungsbiographie durch die *Nachentrichtung von Beiträgen* wieder aufzufüllen (§ 252 SGB VI).[16] Ihrem Umfange nach ist die Wiedergutmachung für jenen „patriarchalischen Sündenfall" der Heiratserstattung überaus großzügig bemessen, denn es dürfen nicht nur die Äquivalente der seinerzeit bei Frauen meist ohnehin recht niedrigen Beiträge nachgezahlt werden, sondern Beiträge in beliebiger Höhe bis zur Beitragsbemessungsgrenze.[17]

---

15 Frühere Rechtsgrundlagen: § 1304 RVO, § 83 AVG, § 96 RKG jeweils alter Fassung.
16 Im Zeitraum von 1968 bis zum 31.12.1991, also vor Inkrafttreten der Rentenreform von 1992, hatten ein solches Nachzahlungsrecht nur diejenigen Frauen, die nach der Heiratserstattung wieder beitragspflichtig tätig waren, die damit ihr Interesse an einer eigenständigen Altersversorgung dokumentierten und im Hinblick auf die Zeitkomponenten auch eine reale Chance für die Erlangung einer hinreichenden Rente hatten.
17 Im einzelnen dazu *Gundel, Wolfgang,* Die Beitragsnachentrichtung bei Heiratserstattung, NZS 1995, 346; *Becker, Karin,* Nachzahlung für Zeiten der Heiratserstattung, DAngVers 1995, 258.

Bei diesem Zusammenspiel von Versicherungs*pflicht,* Versicherungs*freiheit* und Versicherungs*berechtigung* ergeben sich nicht unerhebliche Freiräume für die Betroffenen. Diese sind neben der ges. RV besonders auch in der ges. KV, wie schon angedeutet, von sozialpolitischer und möglicherweise auch verfassungsrechtlicher Brisanz. Denn die *Freistellung der besserverdienenden Arbeitnehmer* von der Versicherungspflicht in der KV, verbunden mit der Gewährung des Rechts zum freiwilligen Beitritt, führt zwangsläufig dazu, daß die – im Versicherungsjargon gesprochen – „guten Risiken" (junge, gesunde, ledige und kinderlose Personen) die ges. KV verlassen und sich billiger privat versichern, während die sog. „schlechten Risiken" (ältere, gesundheitlich vorbelastete Mitglieder mit mehreren Familienangehörigen)[18] in der ges. KV verbleiben.[19] Die ungunsten Verteilungswirkungen und Belastungsverzerrungen einer solchen „Risikoentmischung" hatten sich in der Vergangenheit noch besonders dadurch verstärkt, daß sich die besserverdienenden *Angestellten* mit ihren typischerweise geringeren Gesundheitsrisiken in den herkömmlich nur für Angestellte zugänglichen *Ersatzkassen* versichern konnten, so daß auf diese Weise abermals sozialstaatlich fragwürdige Verteilungseffekte auftraten. Dies führt jedoch schon zum nächsten Selbstbestimmungsaspekt.

III. Möglichkeiten der Wahl von Versicherungsträgern und Beitragssätzen

1. Hier zeigt unser Sozialrechtssystem zunächst sehr klare Linien – bis auf den Bereich der KV und der sich daran ausrichtenden PflV. Von diesen Versicherungszweigen abgesehen, gibt es nirgends die *Freiheit zur Auswahl des Versicherungsträgers.* Soweit nicht ohnehin bundeseinheitlich nur ein einziger Träger installiert ist, wie für die AloV die Bundesanstalt für Arbeit in Nürnberg und für die Angestellten-RV die Bundesversicherungsanstalt für Angestellte in Berlin, erfolgt die *mitgliedschaftliche Zuweisung kraft Gesetzes:* in der RV der Arbeiter an die regional zuständige Landesversicherungsanstalt, in der UV an die zuständige Berufsgenossenschaft. Ein *subjektives Recht versicherungspflichtiger Personen auf Kassenwahl* gab es bis Ende 1995 nur im Hinblick auf *Ersatzkassen* (§ 183 SGB V)[19a]. Bei der ges. KV gerieten wir allerdings mitten in das Dickicht des über Jahrhunderte gewachsenen deut-

---

18 Unabhängig von diesen Risikofaktoren werden die Beiträge nur nach einem Prozentsatz vom Arbeitsentgelt des Mitglieds erhoben.
19 So ist die Anzahl der beitragsfrei Familienversicherten, die die freiwillig Versicherten mit in die Solidargemeinschaft der ges. KV einbringen, gerade doppelt so hoch wie bei den Pflichtversicherten.
19a Ersatzkassen durften nur einen berufsmäßig umschriebenen Personenkreis aufnehmen; dies hat sich jedoch seit 1996 grundlegend geändert (s.u. 2).

schen Systems sozialer Sicherheit; doch gehen von hier auch kräftige Innovationsimpulse aus. Die gegenwärtig noch über 1000[20] rechtlich selbständigen Träger der ges. KV in Deutschland haben ihre Wurzeln in teilweise lange vor der Bismarck'schen SV-Gesetzgebung gegründeten Einrichtungen von Handwerkszünften, Bergleuten und anderen Berufsständen, von Kommunen und auch sozial aufgeschlossenen Unternehmern. Diese wurden im Bereich des KV-Wesens nicht abgeschafft, sondern auf die Grundlage eines reichseinheitlichen Gesetzes gestellt und mit Hilfe des flächendeckenden Netzes von Allgemeinen Ortskrankenkassen und ihrer subsidiären Auffangzuständigkeit zu einem lückenlosen Netz verbunden (§§ 173 ff. SGB V). Noch heute besteht übrigens ein bemerkenswerter Handlungsspielraum zur Neuerrichtung von Innungskrankenkassen durch Handwerksinnungen und von *Betriebskrankenkassen durch einzelne Arbeitgeber* (§§ 147 ff., 157 ff. SGB V).

2. Diese organisatorische Vielfalt, verbunden mit den materiellen Mitgliedschaftsregelungen und vor allem der *Autonomie der einzelnen Krankenkassen,* durch ihre Satzung die *Höhe des eigenen Beitragssatzes* zu bestimmen (§§ 220 ff. SGB V), hat im Laufe der Zeit zu einer großen Spannweite unterschiedlicher Beitragshöhen geführt. So konnten die Betriebs- und Ersatzkassen mit ihren relativ guten Risiken in der Regel deutlich niedrigere Beitragssätze erheben als die AOK's mit ihrer Ansammlung von relativ schlechten Risiken.[21] Diese vor kurzem auch vom BVerfG als gleichheitswidrig beanstandeten Diskrepanzen haben sich jedoch aufgrund gesetzgeberischen Eingreifens schon erheblich verkleinert und sie könnten in naher Zukunft bald ganz verschwinden. Zwei Instrumente werden im Zuge der (permanenten) Gesundheitsreformgesetzgebung zu diesem Zwecke eingesetzt: (1) ein *umfassender alle Kassenarten übergreifender Risikostrukturausgleich* (§ 266 SGB V) und (2) ab 1.1.1996 enorm ausgedehnte Rechte der versicherungspflichtigen und versicherungsberechtigten Personen auf freie *Wahl ihrer gesetzlichen Krankenkasse.*[22] Insbesondere diese Wahlrechte sollen *marktwirtschaftliche Elemente* in das Gesundheitswesen bringen und durch den Wettbewerb der Kassen untereinander zur Kosteneinsparung beitragen. Es ist dies übrigens ein häufiger Versuch in der neueren Sozialpolitik, durch Gestaltungsmöglichkeiten, insbesondere für Versicherte, aber auch für Leistungserbringer und Leistungsträger, die Kosten-Nutzen-Relationen zu verbessern, *Freiheitsgewährungen also als Kostendämpfungsmittel* einzusetzen; davon wird bei den Leistungen selbst noch zu sprechen sein. Ob die KV-Mitglieder fortan in größerer Anzahl von ihrem Kassenwahlrecht Gebrauch machen werden, bleibt abzu-

---

20 Für 1994 verzeichnet das StatJB 1995, S. 461 einen Bestand von 1015 gesetzlichen Krankenkassen.
21 Auf die Beiträge in *absoluten Zahlen* bezogen, ebneten sich die Differenzen allerdings wegen der höheren Verdienste der „guten Risiken" (s.o. II. 2.) wieder etwas ein.
22 Einzelheiten in §§ 173 ff. n.F. SGB V; BGBl. I 1992, S. 2266.

warten.²³ Es könnte sein, daß der Reformgesetzgeber mit der Einführung des umfassenden Risikostrukturausgleiches im Jahr 1994 selbst schon den Hauptanreiz für die Versicherten zum Wechsel der Krankenkasse, eben die deutlichen Beitragssatzunterschiede, beseitigt hat. Bereits seit 1994 wird jährlich zwischen den Krankenkassen dieser Risikostrukturausgleich durchgeführt, der nicht mit einem totalen Finanzausgleich verwechselt werden darf. Denn ausgeglichen werden keineswegs die Gesamtkosten der Kassen, sondern lediglich die Auswirkungen von Unterschieden in der Höhe der beitragspflichtigen Einnahmen der Mitglieder, von Unterschieden der Anzahl von Familienversicherten sowie von Differenzen der Versicherten nach Alter und Geschlecht (§ 266 Abs. 1 SGB V).²⁴

3. Auf die *Beitragshöhe unmittelbar* haben die Versicherten grundsätzlich nirgends Einfluß; eine leicht erklärliche Ausnahme bildet hier nur der Status der freiwilligen Mitglieder in der RV, der das Recht zur Beitragswahl zwischen dem Mindest- und dem Höchstbeitrag beinhaltet; nach der Beitragshöhe und -dauer bemißt sich dann ja auch die Rentenhöhe, so daß insoweit die versicherungsmäßige Äquivalenz gewahrt ist.

Auflockerungen des Grundsatzes vom *kasseneinheitlichen und kassenautonom bestimmten Beitragssatz* werden indessen besonders von den Verfechtern eines generell stärker marktwirtschaftlich orientierten Gesundheitssystems vorgeschlagen. Die Versicherten sollen zwischen *verschiedenen Beitragstarifen* und entsprechenden *Leistungsdifferenzierungen* wählen können. Mit diesen Vorschlägen verwandt sind solche, die noch grundsätzlicher für eine *Zweiteilung* eintreten und zwar in *eine obligatorische Grundversicherung* und eine *freiwillige Zusatzversicherung*.²⁵ Aufs engste verzahnt mit dem Leistungsbereich ist auch eine andere, bereits als sog. *Erprobungsregelung* im geltenden Recht verankerte Möglichkeit der Versicherten, *mittelbar* auf die Beitragshöhe Einfluß zu nehmen: Eine sparsame Inanspruchnahme von Leistungen berechtigt zur Beitragsrückerstattung (§ 65 SGB V) von derzeit maximal 1/12 des Jahresbeitrags. Wegen der engen Verflechtung von Beitrags- und Leistungsgestaltung wird die Frage im Zusammenhang mit den Leistungen noch einmal berührt werden.

---

23 Der Wettbewerb um die Versicherten wird vorerst an Anzeigenkampagnen, bunten Werbeprospekten der „Gesundheitskassen" mit mannigfaltigen Angeboten zur gesundheitsfördernden Freizeitgestaltung u.ä. ersichtlich.
24 Dazu *Marschner, Andreas,* Der Risikostrukturausgleich in der ges. KV, ZfSH/SGB 1994, 121.
25 Vgl. dazu Enquête-Kommission „Strukturreform der ges. KV", Zwischenbericht, BT-Drucks. 11/2267, S. 158 f. Sachverständigenrat für die konzertierte Aktion im Gesundheitswesen (SVR), Gesundheitsversorgung und KV 2000, Eigenverantwortung, Subsidiarität und Solidarität bei sich verändernden Rahmenbedingungen, Sachstandsbericht 1994.

IV. Einflußnahmen auf Eintritt und Verlauf von Versicherungs- und Leistungsfällen

1. Im Wesen der Versicherung liegt es, daß im allgemeinen die Verwirklichung des versicherten Risikos, also der Eintritt des *Versicherungsfalles,* zwar für eine große Anzahl von gefährdeten Personen schätzbar ist, daß dies jedoch im Einzelfall unbekannt ist und auch von seiten der Versicherten nicht bestimmt werden kann oder darf. Dies schließt nicht aus, daß man kalkulierte Dispositionsmöglichkeiten der Betroffenen zuläßt, wie es etwa im Rentenrecht mit der Einrichtung sog. *flexibler Altersgrenzen* für den Rentenbezug geschieht.[26] Die von der SV heutiger Prägung erfaßten Risiken (Krankheit, Arbeitsunfall und Berufskrankheit, Berufs- und Erwerbsunfähigkeit, Alter und Tod des Ernährers, Arbeitslosigkeit und Pflegebedürftigkeit) beruhen auf Ereignissen und Befindlichkeiten, die nicht absichtlich und planvoll herbeigeführt zu werden pflegen – das Erreichen eines möglichst hohen Alters sowie die Geburt von Kindern teilweise ausgenommen. Aus der Natur der Sache heraus kann das Versicherungsrecht nur in Randbereichen den Versicherten expressis verbis Optionen zugestehen bezüglich der *Erfüllung der Tatbestandsvoraussetzungen von Versicherungsleistungen.* Am deutlichsten ist dies beim Versicherungsfall der Arbeitslosigkeit, die wohl die Lebensqualität mancher Menschen zumindest für eine gewisse Zeit nicht mindern würde, vorausgesetzt sie erhielten auskömmliche Lohnersatzleistungen.

2. Für die Lebensplanung und Lebensqualität der älter werdenden Arbeitnehmer sind die *Rentenaltersgrenzen* sehr bedeutsam. Allerdings drohten aus dem multikausal bedingten Trend zur frühen Verrentung weit unterhalb der *normativen* Regelaltersgrenze von 65 Jahren (§ 35 SGB VI)[27] bei gleichzeitigem Ansteigen der Lebens- und Rentenbezugsdauer sowie einer nachlassenden Anzahl aktiver Beitragszahler untragbare Belastungen der RV zu resultieren, so daß bereits die Rentenreform 1992 eine langgestreckte schrittweise Anhebung der Altersgrenzen für langjährig Versicherte (von 63 auf 65 Jahre, § 36 SGB VI), für länger Arbeitslose (von 60 auf 65 Jahre, § 38 SGB VI) sowie für Frauen (von 60 auf 65 Jahre, § 39 SGB VI) vorsah, sowie die Möglichkeit zum Bezug von *Teilrenten* in Höhe eines Drittels, der Hälfte oder von zwei Dritteln der an sich erreichten Vollrente (§ 42 SGB VI).[28] Im Zuge des Pro-

---

26 In Parallele dazu können die Festsetzungen von Bezugszeitpunkten für Kapital- oder Rentenleistungen aus privaten Lebensversicherungen gesetzt werden.
27 Durchschnittlicher Rentenzugang 1994 von Männern mit 59,86, von Frauen mit 61,4 Jahren. Vgl. Verband Deutscher Rentenversicherungsträger (Hrsg.), VDR Statistik Rentenzugang 1994 (1995) S. 115.
28 Freilich gehört dazu auch das Vorhandensein entsprechender *Teilzeitarbeitsplätze,* worüber die RV-Träger aber nicht verfügen können, so daß sich der RV-Reformgesetzgeber darauf beschränken mußte, den Versicherten einen Anspruch gegen ihre Arbeitgeber auf *bloße Erörterung von Möglichkeiten der Arbeitszeitreduktion* einzuräumen.

gramms für mehr Wachstum und Beschäftigung des Jahres 1996 wurden die Anhebungsphasen erheblich vorgezogen und gestrafft unter Beibehaltung von *Optionen zur früheren Verrentung mit Abschlag.*[29] Ferner wurde ein neues *Altersteilzeitgesetz* geschaffen, das Arbeitnehmern ab Vollendung des 55. Lebensjahres dadurch einen *gleitenden Übergang in den Ruhestand* ermöglichen soll, daß sie für die halbe Arbeitszeit 70 % ihres früheren Arbeitsentgelts erhalten.[30] Der Gesetzgeber macht auch in diesem Bereich den Versuch, die Zuerkennung größerer persönlicher Freiräume mit der Bewältigung von Finanzproblemen zu vereinbaren. Ferner sollen deutliche finanzielle Anreize die Versicherten veranlassen, *nicht vor Vollendung des 65. Lebensjahres* in Rente zu gehen, ja möglichst noch darüber hinaus weiterzuarbeiten. Bei Rentenbezug vor 65 ist ein Rentenabschlag in Höhe von 3,6 % pro Jahr hinzunehmen, bei späterem Rentenbezug erhöht sich die Rente um einen Zuschlag von 6 % pro Weiterbeschäftigungsjahr, § 77 Abs. 2 SGB VI. Damit die Arbeitnehmer ihre Ruhestandsoption möglichst lange behalten, sorgt das Rentenrecht noch gesondert dafür, daß die Arbeitnehmer *arbeitsrechtlich* weder durch Kollektivvereinbarungen (Tarifverträge, Betriebsvereinbarungen) noch durch ihre Einzelarbeitsverträge frühzeitig gebunden werden.[31] Mit solcher Art Regelungen werden freilich die Probleme der anhaltend hohen Arbeitslosigkeit sowie des Dispositionsinteresses von Arbeitgebern und Arbeitskollegen vernachlässigt. Überdies wäre es naiv, anzunehmen, der Gesetzgeber könnte einfach durch Heraufsetzung der Rentenaltersgrenzen die RV-Kassen beliebig entlasten, denn es müßte mit einer Zunahme von Berufs- und Erwerbsunfähigkeitsfällen gerechnet werden, deren Anfall auch aus Gründen des Arbeitsplatzmangels und des Einflusses von persönlichen Wünschen und Einstellungen der Betroffenen nur wenig gesteuert werden könnte.

3. Generell sind die den Gesundheitszustand der Versicherten betreffenden oder davon abhängigen Versicherungsfälle der Krankheit, der Berufs- und Erwerbsunfähigkeit, der Rehabilitations- und der Pflegebedürftigkeit sowohl nach *Verursachung* wie nach *Dauer und Verlauf* stark beeinflußt durch je individuelle Faktoren der Lebensführung und Lebensplanung. Angesprochen sind hiermit die Aspekte der *Selbstverantwortung als Kehrseite der freiheitlichen Selbstbestimmung* sowie das Problem der *Abwehr von Leistungsmißbräuchen.*[32] Die Durchmusterung des positiven Normenmaterials zeigt hierzu zwar

---

29 Im einzelnen BGBl. 1996, S. 1078, 1081 ff.; BGBl. I 1996, S. 1461, 1466 ff.
30 BGBl. I 1996, 1078; Vorgänger sind das Vorruhestandsgesetz von 1984 und das Altersteilzeitgesetz von 1988.
31 Einzelheiten in § 41 Abs. 4 SGB VI (in der Erstfassung, BGBl. I 1989, S. 2261, und in der Fassung von 1994, BGBl. I, S. 1797); vgl. *Gitter, Wolfgang,* Arbeitsrechtliche Probleme sozialrechtlicher Normen, SGb 1995, 5; *Gallon, Thomas-Peter,* Rente als Einkommensergänzung oder -ersatz? SGb 1994, 166.
32 Zur Selbstverantwortungsproblematik eingehend *Faude, Michael,* Selbstverantwortung und Solidarverantwortung im Sozialrecht, 1983; *Zacher, Hans F.,* Verschulden im Sozialrecht, ZfS

wortreiche Appelle an die Eigenverantwortung (z. B. § 1 SGB V, § 6 SGB XI, § 1 Abs. 2 BSHG), doch finden sich nur wenig *Sanktionen* für persönliches Fehlverhalten und unzureichenden Einsatz zur Überwindung von Notlagen sowie geringe Eigenbemühungen um medizinische, berufliche und soziale Rehabilitation.[33] Hierzu nur einige markante Regelungen: Bei Arbeitsunfällen spielt das Verschulden des Unfallopfers grundsätzlich keine Rolle, Ansprüche gegen den UV-Träger werden dem Verletzten und seinen Hinterbliebenen nur bei absichtlicher oder vorsätzlicher Unfallverursachung versagt (§ 553 RVO); für die Unfallverursachung bei Begehung eines Verbrechens oder vorsätzlichen Vergehens ist die Sanktion abgeschwächt zur Leistungsminderung nach Ermessen (§ 554 RVO). Im Recht der RV gelten für Leistungsausschluß und -minderung dieselben Kriterien qualifizierten Eigenverschuldens bei Herbeiführung der Erwerbsminderung (§§ 103, 104 SGB VI), im Recht der KV überhaupt nur gelinde Ermessenstatbestände: Die Krankenkasse *kann* den Versicherten bei qualifiziertem Selbstverschulden an den Kosten der Leistungen in angemessener Höhe beteiligen und das Krankengeld ganz oder teilweise für die Dauer der Krankheit versagen (§ 52 SGB V). Für die vorsätzliche oder grob fahrlässige Herbeiführung der Arbeitslosigkeit (durch eigene Auflösung des Beschäftigungsverhältnisses oder durch arbeitsvertragswidriges Verhalten) verhängt das Gesetz eine Sperrzeit für das Arbeitslosengeld von derzeit maximal 12 Wochen (§§ 119 Abs. 1, 119a AFG).

Auch zur *baldigstmöglichen Beendigung oder doch Besserung des leistungsbegründenden Tatbestandes* fordern die Sozialgesetze zwar durchgängig die *Mitwirkung der Betroffenen* und erklären stets den *Vorrang der Rehabilitation* vor Renten und Pflegeleistungen (§ 7 RehaAnglG, § 116 Abs. 1 S. 1 SGB VI, § 5 SGB XI), doch werden *mangelnde Selbsthilfeanstrengungen* im allgemeinen nur schwach sanktioniert. So sind die im Allgemeinen Teil des Sozialgesetzbuches (§§ 60 ff. SGB I) normierten „Mitwirkungspflichten" zum persönlichen Erscheinen, zur Duldung von Untersuchungen und Heilbehandlungen sowie zur Teilnahme an berufsfördernden Maßnahmen schon ihrem Wortlaut nach nur als *Soll*-Vorschriften formuliert, vor allem aber wird den Interessen der Antragsteller bzw. Leistungsempfänger an körperlicher Integrität wie auch freier Lebensgestaltung durch rücksichtsvoll gezogene *Grenzen der Mitwirkung* (§ 65 SGB I) Rechnung getragen, so daß die Versagung oder Entziehung von Leistungen wegen Mitwirkungsversäumnissen nur selten in Betracht kommt. Wenig greifen wohl auch die Vorschriften des Arbeitslosenrechts, wonach die Bezieher von Arbeitslosengeld bzw. Arbeitslosenhilfe

---

1983, 171; Zum aktuellen Rechtszustand *Mihm, Kathja,* Die Verschuldensrelevanz im Sozialleistungsrecht, NZS 1995, 7.
33 Mannigfache kritische Aspekte in *Braun, Hans u.a.,* Selbstverantwortung in der Solidargemeinschaft – Das Recht der sozialen Sicherung und der Verantwortungswille des Bürgers, 1981.

die Einstellung dieser Leistungen riskieren, wenn sie zumutbare Arbeitsplätze nicht annehmen (§§ 119, 103, 134 Abs. 4 S. 1 AFG i.V.m. Zumutbarkeitsanordnung).

Die *verantwortungsethische Grundprägung,* die besonders unserem Strafrecht und Zivilrecht auch heute noch eigen ist, weist das Sozialrecht sicher nicht auf, aber es wäre doch zu pauschal und oberflächlich gedacht, wenn man dies darauf zurückführen wollte, daß auch das moderne Sozialrecht schon vom Ansatz her den Menschen nur quasi als „versorgungsbedürftiges Objekt" in typischen ökonomischen Bedarfssituationen betrachtete. Daran ist allenfalls insofern etwas Richtiges, als der Sozialstaat einem jeden – gleichgültig wie schwer seine Lebensführungsschuld auch wiegen mag – die Elementarversorgung mit dem Existenzminimum schuldet.[34] Davon abgesehen aber taugen die einzelhandlungsbezogenen Verschuldenskategorien des Zivil- und Strafrechts auch noch aus anderen Gründen wenig für die *lebenslangen Sicherungs- und Vorsorgesozialrechtsverhältnisse:* Denn irgendwann unterläuft jedem, auch dem Sorgfältigsten, einmal ein Fehler, der katastrophale Folgen auslösen kann[35], und selbst langzeitlich gepflogene, gesundheitsschädliche Verhaltensweisen haben zumindest häufig auch Verursachungskomponenten, die nicht dem Einzelnen allein anzulasten sind. Persönlicher, betrieblicher und gesellschaftlicher Verantwortungsbereich können jedoch weithin nicht sinnvoll voneinander getrennt werden. Was aber den zuweilen als allzu milde empfundenen *Druck zur Selbsthilfe* (durch Arbeit, Rehabilitation u. ä.) anbelangt, so beruht diese Zurückhaltung ja gerade hauptsächlich auf der hohen Achtung vor der persönlichen Würde und Selbstbestimmung der Betroffenen.

Keineswegs sollen damit global rechtspolitische Ansätze zu verstärkter Relevanz von Selbstverantwortungsfaktoren zurückgewiesen werden; bereichsweise erscheinen sie sinnvoll, zumindest des Ausprobierens wert. Diesen ersten Anschein haben etwa die oben schon erwähnten Bonus-Regelungen im Beitragsrecht für sich; gesunde Lebensführung und sparsamer Umgang mit dem Leistungsangebot der KV sollten sich durchaus in barer Münze für die Versicherten auszahlen. In der *privaten* KV hat die Beitragsrückerstattung ja seit jeher ihren festen Platz. Die öfter geäußerten Bedenken, daß die Sozialversicherten weniger vernünftig mit ihrer Gesundheit umgehen könnten, sollte jedenfalls nicht von vornherein von einer gründlichen Erprobung solcher Belohnungsstrategien abhalten.

---

34 Die Krankenversorgung aufgrund Sozialhilferechts (§ 37 BSHG) bemißt sich sogar exakt nach den Vorschriften des Rechts der ges. KV.
35 Weshalb im Arbeitsrecht nun generell für alle durch betriebliche Tätigkeiten (nicht vorsätzlich) verursachten Schäden eine Haftungsmilderung eingreifen kann, BAG GS NJW 1995, 210.

V. Wahlrechte bei der Ausgestaltung von Leistungen

Die Gesamtqualität eines Sicherungssystems und seiner Akzeptanz wird wesentlich geprägt durch die *Qualität seiner Leistungen*. Bei *Sach- und Dienstleistungen* aber bestehen – naturgemäß ganz anders als bei Geldleistungen – große Einschätzungsunterschiede unter Leistungsempfängern, Patienten, Pflegebedürftigen usw. über die Notwendigkeit, Nützlichkeit und Annehmlichkeit von Maßnahmen wie auch über die Tüchtigkeit der Leistungserbringer. Unser Sozialsystem kommt insoweit seit jeher den individuellen Einstellungen der Menschen weit entgegen und enthält starke freiheitliche Elemente sowohl zugunsten der Leistungsempfänger wie auch der Leistungserbringer. Das zeigt sich vor allem darin, daß *nicht staatliche Gesundheits-, Pflege- und Betreuungsdienste* unterhalten werden, bei denen lediglich *angestellte*, also *unselbständige* Ärzte, Hebammen, Pflegekräfte u. dgl. zu einem festen Gehalt nach einer behördlichen Dienst- und Zuständigkeitsordnung die auftretenden Behandlungsfälle usw. zu erledigen hätten. Statt dessen haben Kranken- und Pflegekassen im Wege von *Versorgungsverträgen* mit den *freiberuflich tätigen Ärzten*[36], den Krankenhäusern, Pflegediensten usw. (§§ 72 ff. SGB V; §§ 107 ff. SGB V; §§ 69 ff. SGB XI) sicherzustellen, daß die Versicherten von diesen unmittelbar die ihnen zustehenden Leistungen erhalten. In dieser mehrgliedrigen Struktur haben die Patienten seit jeher ein zentrales Wahlrecht: das Recht der *freien Arztwahl* (§ 76 SGB V); den Wert dieser Freiheit kann jeder aus eigener Erfahrung ermessen.

Die *Vertragsärzte* (früher „Kassenärzte") wiederum halten die Schlüssel zu allen weiteren Leistungen der Krankenpflege in der Hand. Neben ihren eigenen Behandlungsmaßnahmen erfolgen durch sie die Einweisung in stationäre Krankenhausbehandlung (§ 73 Abs. 2 Nr. 7 und Abs. 4 SGB V), die Verschreibung von Heil- und Hilfsmitteln (§ 73 Abs. 2 Nr. 7 SGB V) und die delegationsweise Heranziehung sonstiger Heilpersonen etwa von Psychologen (§§ 15 Abs. 1, 28 Abs. 1 S. 2, 73 Abs. 2 Nr. 6 SGB V). Im Hinblick auf die Berufsfreiheit des nichtärztlichen Personals, z.B. nichtärztlicher Psychologen und Psychotherapeuten, könnte dieses *Kassenarztmonopol* aber schon zu weit gehen.[37]

Über die freie Arztwahl können die Patienten auch *indirekt auf die Behandlungsmethoden* etwas Einfluß nehmen, was ihnen expressis verbis nach geltendem Recht mangels Fachkompetenz versagt ist.[38] Manche Reformer

---

36 Diese sind allerdings in den kassenärztlichen bzw. kassenzahnärztlichen Vereinigungen zusammengeschlossen, §§ 77 ff. SGB V, und ihre Berufsausübung wird zunehmend intensiver reguliert. Vgl. *Ebsen, Schwerdtfeger, Hess, Heinze, Zipperer, Neumann,* in: Freiheit und Bindung bei der Leistungserbringung im Gesundheitswesen, SDSRV 38, 1994.
37 Billigend aber BVerfGE 78 (1988), 155, 161 f.; BSGE 48, 47.
38 Kleinere Ausnahmen schon jetzt bei aufwendigerer Zahnersatz-Versorgung, § 30 Abs. 4 SGB V.

meinen, dies sei heutzutage zuviel an Bevormundung, und schlagen deshalb weitreichende Beitrags- und Leistungsdifferenzierungen mit Wahlrechten der Versicherten vor.[39] Hinsichtlich der Kranken*geld*leistungen stößt dies weithin auf Zustimmung, bezüglich der medizinischen Leistungen aber werden wohl zu Recht gesundheitspolitische Bedenken gegen eine dann unumgängliche *Zweiklassenmedizin* erhoben.

Das *medizinische Leistungsspektrum* selbst kann naturgemäß in Gesetzen und Richtlinien nicht vollständig festgelegt werden; im Einzelfall verbleiben Spielräume, denn über die Wirksamkeit von Therapien läßt sich streiten. Maßgebend ist der *Stand der medizinischen Wissenschaft,* also die sog. *Schulmedizin;* allerdings sollen gemäß § 2 Abs. 1 S. 2 SGB V die sog. *„besonderen Therapierichtungen"* (i. e. Homöopathie, Phytotherapie und Anthroposophie; vgl. § 34 Abs. 2 S. 3 SGB V für Arzneimittel) nicht ausgeschlossen werden. Sog. *„Außenseitermethoden"* hingegen dürfen nach neuem Recht erst dann angewandt werden, wenn ihre Wirksamkeit schon an einer größeren Zahl von Behandlungsfällen statistisch relevant nachgewiesen worden ist; im Unterschied zum KV-Recht vor 1989 genügt der Erfolg *im Einzelfall* nicht mehr, da es nicht Aufgabe der KV ist, die medizinische Forschung zu finanzieren.[40]

Insgesamt ist freilich zu sehen, daß nicht zuletzt die freiheitlichen Faktoren unseres Gesundheitswesens – Ausbildungs- und Niederlassungsfreiheit von Ärzten, freie Arztwahl durch die Versicherten und die hohe Relevanz ihrer subjektiven Einschätzungen zur Behandlungsbedürftigkeit – in den vergangenen Jahrzehnten zu enormen Kostenausweitungen („Explosionen") geführt haben und, als Reaktion hierauf, zu einer nicht abreißenden Folge von Kostendämpfungsmaßnahmen (die seit 1988 „Gesundheitsreformen" genannt werden). Die Anzahl der Reformvorschläge ist Legion und der Meinungs- und Interessenkampf vor allem wegen der Vielzahl von Leistungserbringern und ihrer oft divergierenden beruflichen und wirtschaftlichen Interessen unüberschaubar.[41]

Die Maxime „Kostensparen durch Dispositionsmöglichkeiten der Leistungsempfänger" befolgt sehr ausgeprägt auch das neue PflV-Recht. Darin wird den Pflegebedürftigen zur Wahl gestellt, entweder die *benötigte Pflege als Dienstleistung* von Pflegekräften zu erhalten, die die *Pflegekasse* unter Vertrag hat (§§ 69 ff. SGB XI), oder statt dessen von der Pflegekasse sog. *„Pflegegeld"* zu beziehen und sich nach eigenem Belieben die Pflege zu verschaffen (§§ 36 ff. SGB XI). Mit DM 400,– für die Pflegestufe I, DM 800,– für die

---

39 Überblick über die Strukturreform in der KV bei *Pfaff, Martin,* Stoßrichtungen der Reformdiskussion, SDSRV 30, 1988, S. 48 ff.
40 *Schulin, Bertram,* ZSR 1994, 546, 561; BT-Drucks. 11/2237, S. 157; BSG Urt. v. 5.7.1995 – 1 RK 6/95, nur stark verkürzt abgedruckt in SGb 1995, 438.
41 S. dazu Verhandlungen des Deutschen Sozialrechtsverbandes: Die Strukturreform der KV, SDSRV 30, 1988; vor allem Sachverständigenrat für die konzertierte Aktion im Gesundheitswesen, s.o. Fn. 25.

Pflegestufe II und DM 1.300,– für die Pflegestufe III macht das Pflegegeld jedoch nur etwa *die Hälfte* des Betrages aus, den die Pflegekassen für die jeweilige Dienstleistung aufwenden müßten (vgl. § 36 Abs. 3 SGB XI).[42]

VI. Kollektive Selbstbestimmung durch Selbstverwaltung

1. Zur „Selbstverwaltung" der einzelnen SV-Träger gemäß § 29 SGB IV seien hier nur wenige Stichworte genannt, da die *individuelle Freiheitssphäre* der Bürger hierdurch kaum erweitert wird oder allenfalls weitläufig vermittelt, über die Zugehörigkeit zu einer Gewerkschaft oder einem Arbeitgeberverband. Denn die Organe der Selbstverwaltungskörperschaften setzen sich paritätisch aus Vertretern der Arbeitnehmer und der Arbeitgeber zusammen.[43] Ihre Auswahl aber hat mit demokratischen Wahlrechtsgrundsätzen wenig gemein, da in aller Regel sog. *„Friedenswahlen"* stattfinden (§ 46 Abs. 3 SGB IV). Das bedeutet, daß die Wahlhandlung einer Gruppe ganz entfallen kann, wenn für diese Gruppe nur eine Vorschlagsliste zugelassen wird oder auf mehreren Vorschlagslisten nicht mehr Bewerber benannt sind, als Mitglieder für die Vertreterversammlung und den Vorstand zu wählen sind. Die Vorgeschlagenen gelten dann als gewählt.

2. Hinsichtlich der *sachlichen Substanz* der SV-Selbstverwaltung läßt sich pauschal nur sagen, daß sie nicht (mehr) viel Regelungsmacht verleiht und nicht annähernd der *kommunalen* Selbstverwaltung an die Seite gestellt werden kann, daß sie aber dennoch nicht in toto als nurmehr „technische" oder „organisatorische" Autonomie abzutun ist.[44] Es herrscht insoweit eine große Variationsbreite innerhalb der einzelnen SV-Zweige.[45] Am kleinsten ist der Regelungsspielraum im RV-Recht, da hier sowohl der Beitragssatz wie auch die Höhe der Rentenleistungen genau durch Gesetz normiert sind. Die UV-Träger hingegen haben durchaus nennenswerten Einfluß auf die Maßnahmen der Unfallverhütung wie auch der Heilbehandlung und der Rehabilitation der

---

42 Die PflV hat jedoch auch noch RV-Beiträge für private Pflegepersonen zu entrichten, § 44 SGB XI.
43 Bei der Bundesanstalt für Arbeit herrscht *Drittelparität,* da noch Vertreter der öffentlichen Körperschaften hinzukommen, § 192 Abs. 1 AFG.
44 Zum Ganzen *Bogs, Harald,* Die SV im Staat der Gegenwart, 1973, §§ 3 ff.; *Hendler, Reinhard,* Organisation und Selbstverwaltung der SV, in: von Maydell, Bernd/Ruland, Franz (Hrsg.), Sozialrechtshandbuch, 1988, S. 224; Tagungsbeiträge „Selbstverwaltung in der SV", SDSRV 34, 1991.
45 Grundsätzlich solche Betroffenenautonomie im demokratischen Staat infragestellend *Böckenförde, Ernst-Wolfgang,* in: Isensee, Josef/Kirchhof, Paul (Hrsg.), Handbuch des Deutschen Staatsrechts, Band 1, 1987, S. 887 ff., anders *Emde, Ernst Thomas,* Die demokratische Legitimation der funktionalen Selbstbestimmung, 1991; Grenzen ziehend BVerfGE 33 (1972, betr. Facharztwesen), 125, 156 ff.

Verletzten und somit auch auf die davon mitabhängige Beitragsgestaltung. Die Krankenkassen schließlich setzen zwar ihre *Beiträge* selbst fest, können aber nur marginal die zu erbringenden *Leistungen* steuern. Doch gibt es hierzu Reformüberlegungen in den marktwirtschaftlichen Konzepten zur Gesundheitsreform.

VII. Private Verfügungsbefugnisse über sozialrechtliche Ansprüche und Anwartschaften

1. *Leistungsanwartschaften* aus den verschiedenen Sozialleistungszweigen sind grundsätzlich „iura extra commercium". Allerdings ist dies zumindest dem Grundsatz nach in der Privatversicherung nicht anders, wo es noch weniger erträglich wäre, daß die Versicherten selbst, etwa durch *Auswechslung der versicherten Person* über das wirtschaftliche Ausmaß des Risikos entscheiden könnten (s. aber u. 4).

2. Begrenzt verkehrsfähig sind *wirksam entstandene und fällige Ansprüche auf Geldleistungen,* etwa auf Zahlung von Kranken-, Verletzten- oder Arbeitslosengeld oder Altersrente.[46] Ihre Übertragbarkeit und (Ver-)Pfändbarkeit ist nicht grundsätzlich ausgeschlossen, doch achtet hier das Sozialrecht, wie auch das Privat- und Zwangsvollstreckungsrecht, in erster Linie darauf, daß den Inhabern der Geldansprüche die zum Leben notwendigen Mittel verbleiben, da Sozialleistungen mit Lohnersatz- und Unterhaltsfunktion ja weithin die einzige oder hauptsächliche Grundlage für den Lebensunterhalt der Berechtigten und ihrer Familien bilden. Andererseits stellen sie aber gerade deswegen oft auch die einzigen Vermögensgegenstände von Wert dar, die etwa zur Sicherung von Konsumentenkrediten verwendet werden können. Das sozialpolitische Problem der Wahrung des Existenzminimums vor *Zugriffen privater Gläubiger* wird im Zivilrecht bekanntlich durch die *Pfändungsgrenzen der ZPO* (§§ 811, 850 ff.) und die damit gleichgeschalteten *Verpfändungs- und Abtretungsverbote des materiellen Rechts* gelöst (§§ 400, 1274 Abs. 2 BGB). Wertungskonform hiermit können sozialrechtliche Ansprüche auf Geldleistungen (mit wenigen sozialrechtlichen Besonderheiten) unter denselben Voraussetzungen übertragen und verpfändet werden, die aufgrund Gesetz und Rechtsprechung für *Arbeitseinkommen* gelten (§§ 53, 54 SGB I). – Über das Zivilrecht hinaus können einem Gläubiger Ansprüche auf *laufende Geldleistungen,* die zugleich dem Lebensunterhalt seiner Familie zu dienen bestimmt

---

46 Ansprüche auf *Dienst- und Sachleistungen,* also etwa auf medizinische Behandlung oder Pflege können naturgemäß weder übertragen noch ge- oder verpfändet werden, §§ 53 Abs. 1, 54 Abs. 1 SGB I.
47 Einzelheiten insbesondere hinsichtlich der Auszahlung von Kindergeld in § 48 SGB I.

sind, teilweise entzogen werden, indem sie in angemessener Höhe *unmittelbar* an seinen Ehegatten oder seine Kinder ausgezahlt werden, wenn er *seiner gesetzlichen Unterhaltspflicht* nicht nachkommt (§ 48 Abs. 1 S. 1 SGB I).[47]

3. Ähnlich verhält es sich mit der *Rechtsnachfolge beim Tod des Berechtigten* und seiner *Testierfreiheit:* Ansprüche auf Dienst- und Sachleistungen erlöschen; Ansprüche auf Geldleistungen erlöschen nur, wenn sie im Todeszeitpunkt weder festgestellt sind noch ein Verwaltungsverfahren über sie anhängig ist (§ 59 SGB I). Die Testierfreiheit des Berechtigten ist zugunsten von *unterhaltsabhängigen Angehörigen,* die mit dem Berechtigten in einem gemeinsamen Haushalt gelebt haben oder von ihm wesentlich unterhalten worden sind, eingeschränkt. Hinsichtlich fälliger Ansprüche auf *laufende* Geldleistungen findet eine *Sonderrechtsnachfolge* zugunsten von Ehegatten, Kindern, Eltern und dem Haushaltsführer unter den eben genannten Voraussetzungen statt (§ 56 SGB I). Testierfreiheit bzw. die Regelungen der gesetzlichen Erbfolge greifen mithin nur ein für *andere* Geldleistungen, die nicht typischerweise für den Lebensunterhalt des Berechtigten und seiner Angehörigen bestimmt sind (§ 58 SGB I).

Diese zuletzt genannten unterhaltssichernden Regelungen, gleichsam eine Art von „Durchgriffshaftung", mögen als anschauliche Beispiele dafür dienen, wie das Sozialrecht gelegentlich in direkterer Weise, als man es vom Zivilrecht her gewohnt ist, Versorgungsziele verfolgt und dabei eine gewisse Einschränkung der Privatautonomie in Kauf nimmt.[48]

4. Bei den bloßen *Leistungsanwartschaften* zeigt sich jedoch hinsichtlich der Dispositionsmöglichkeiten eine große Abweichung zwischen Privatversicherungs- und RV-Recht. Während es die Privatversicherung ihren Versicherungsnehmern freistellt, zu jedem Zeitpunkt über die *Bezugsberechtigung* hinsichtlich des im Versicherungsfall auszuzahlenden Kapitals bzw. der Rente durch Benennung beliebiger Dritter zu verfügen, haben die Mitglieder der ges. RV einen derartigen Gestaltungsspielraum überhaupt nicht. Der Sozialversicherte erwirbt ausschließlich *in seiner Person* eine Anwartschaft auf Rente im Alter oder bei vorzeitiger schwerer Erwerbsminderung. Lediglich im Scheidungsfalle werden in den streng geregelten Formen des *Versorgungsausgleichs* zwischen den Ehegatten Anwartschaften auf Altersversorgung übertragen (§§ 1587a ff. BGB), und über den Tod hinaus können für den eng begrenzten Personenkreis von *Witwe* bzw. *Witwer* und von *Waisen* Rentenansprüche bestehen. Stirbt der Sozialversicherte ohne eine solche hinterbliebene Person, so zerrinnen auch jahrzehntelange Beitragszahlungen in die ges. RV zu nichts; *nichtehelichen Partnern oder erwachsenen Kindern* oder sonstigen Dritten kann daraus also nichts zugewendet oder hinterlassen werden. Auch die den Rentenanwartschaften zuerkannte Qualität von „Eigentum" im Sinne von

---

48 Für diese sog. *Abzweigung von Geldleistungen* gem. § 48 SGB I ist es nicht erforderlich, daß der Unterhaltsgläubiger einen vollstreckbaren Titel gegenüber dem Unterhaltsschuldner hat.

Art. 14 GG ändert hieran nichts; aufgrund dessen können allenfalls enteignende Eingriffe des Gesetzgebers abgewehrt werden, nicht aber wird den Rentenanwartschaften damit privateigentumsgleiche Verkehrsfähigkeit verliehen. Nicht einmal zu Zwecken des *Versorgungsausgleichs bei der Ehescheidung* ist es zulässig, daß die Ehegatten durch eigene Vereinbarungen Anwartschaftsrechte in einer ges. RV privatautonom begründen oder übertragen (§ 1587o Abs. 1. S. 2 BGB). Von solche starrer Unverfügbarkeit dürften wohl Ausstrahlungswirkungen ausgehen für die allgemeine Einschätzung der SV als eines Systems, das es seinen Mitgliedern zwar abnimmt, sich um einen *standardisierten Vorsorgebedarf* selbst kümmern zu müssen, dies aber um den Preis des Spielraums für atypische Bedarfslagen eigenverantwortlich vorsorgen zu können.[49]

Freilich ist den SV-Renten wiederum in Gestalt der *Dynamisierung* ein Strukturmerkmal eigen, dem die Privatversicherung nichts voll Gleichwertiges entgegenzusetzen hat – jedenfalls nicht in Zeiten wirtschaftlicher Prosperität und eines ausgewogenen Verhältnisses von Rentenbeziehern und Beitragszahlern![50] Inzwischen fallen freilich Rentabilitätsvergleiche zwischen der Altersvorsorge durch die ges. RV einerseits und durch private Kapitalanlagen andererseits deutlich zum Nachteil der ges. RV aus (s.u. VIII. 6).

VIII. Ausbau der Selbstbestimmung durch Abbau von Zwangsvorsorge und Solidarausgleich?

1. Mit dem Ansteigen der sozialen Lasten bei beunruhigenden Zukunftsperspektiven wachsen die Zweifel sowohl an der *grundsätzlichen Legitimation der Zwangsvorsorge durch SV in ihrer gegenwärtigen Reichweite* wie auch am involvierten *interpersonalen Solidarausgleich;* beides hängt eng zusammen. Um keine Mißverständnisse aufkommen zu lassen sei klargestellt: Diese Kritik meint nicht den im *Wesen der Versicherung* angelegten Solidarausgleich oder Kollektivbezug;[51] sie meint auch nicht den *intertemporalen,* im Laufe des Lebens eines durchschnittlichen Versicherten sich vollziehenden Ausgleich

---

49 Alle sonstigen, gesetzlich fundierten Altersversorgungssysteme, wie die berufsständischen Versorgungswerke, die Beamtenversorgung und die Zusatzversorgung für den öffentlichen Dienst sowie auch die Einrichtungen der betrieblichen Altersversorgung sind allerdings insoweit gleichgeartet.
50 Die Beseitigung des Nominalprinzips und der Übergang zur dynamischen Rente durch die Rentenreform von 1957 gilt als wichtigste Korrektur an der ganzen SV seit Bismarck; repräsentativ *Stolleis, Michael,* SV und Interventionsstaat 1881–1981, in: 100 Jahre deutsche SV usw. (Fn. 1), S. 73.
51 Vgl. *Schmähl, Winfried* (Hrsg.), Versicherungsprinzip und soziale Sicherung, 1985; *Dreher, Meinrad,* Die Versicherung als Rechtsprodukt, 1991, S. 34 ff. mit Hinweis auf Grenzerscheinungen.

zwischen „frühen" Beiträgen und „späten" Leistungen, sondern sie bezieht sich auf Vorgänge der *planmäßigen Umverteilung zwischen verschiedenen Personengruppen* – typischerweise zwischen den Besser- und den Wenigerverdienenden – nach *sozialen Gesichtspunkten.* Aber auch gegen diese richten sich die Angriffe nicht primär als sozialstaatliche Zielkritik. Vielmehr geht es bei der Diskussion um die Legitimation des Solidarausgleichs und die sog. *versicherungsfremden Leistungen* innerhalb der SV um die Problematik der *angemessenen Verteilung der Lasten,* die aus bestimmten Sozialleistungen oder Vergünstigungen resultieren. Zunehmend wird bezweifelt, ob es gerechtfertigt ist, nur die – bei aller personellen Ausdehnung doch begrenzten – *Gemeinschaften der Sozialversicherten* zu belasten, etwa mit den Kosten für Maßnahmen der Arbeitsmarktvorsorge, der Familienförderung, der Behinderten- oder Aussiedlerintegration u.v.a.m., oder ob nicht vielmehr die im Interesse der Gesamtgesellschaft liegenden sozialstaatlichen Interventionen auch aus *Mitteln der Gesamtgesellschaft,* also aus Steuermitteln, getragen werden sollten. Das SV-System mag dann durchaus *organisatorisch* als „Leistungsmittler" oder Umverteilungsagentur fungieren; wesentlich wäre allein, daß den Beitragszahlungen *risikoadäquate,* eben versicherungsmäßige Äquivalente an Leistungen gegenüberstünden.[52]

2. Gelangte man auf diese Weise aber zu einer Trennung der Ressourcen der SV, so erhöbe sich wohl sogleich als nächstes die Frage, ob dann noch die – trotz recht geringfügiger Selbstverwaltungsspielräume – *umfassende staatliche Regie* erforderlich ist oder ob es nicht statt dessen genügte, ja verfassungsrechtlich geradezu geboten wäre, daß sich der Staat zurückzöge auf das bloße *Gebot zur Versicherung* und daß er deren Durchführung – wie in der Kraftfahrzeughaftpflichtversicherung und partiell in der PflV – der *privaten Versicherungswirtschaft* überließe. Gewaltige Privatisierungsschübe könnten hierdurch ausgelöst und sehr unterschiedliche Interessen nachhaltig berührt werden.

Mit großem Nachdruck wird darauf gedrungen, sog. *versicherungsfremde Leistungen* nicht (mehr) aus dem Beitragsaufkommen der Versicherten, sondern aus anderen öffentlichen Kassen, sei es des Bundes, der Kommunen oder anderer ggfs. „näherstehender" Sozialleistungsträger zu finanzieren.[53] Als wichtiges und aktuelles Beispiel sei auf die Problematik des Familienlastenausgleichs in der RV hingewiesen, dessen Notwendigkeit und Dringlichkeit weit weniger umstritten sind als die Art der Durchführung und damit letztlich

---

52 Repräsentativ *Schmähl, Winfried,* Finanzierung sozialer Sicherung usw., DRV 1994, 356; *ders.,* Funktionsgerechte Finanzierung der SV usw., DRV 1995, 601; zur Nichtbeachtung des Versicherungsprinzips in der ges. RV auch *Fuchs, Maximilian,* Zivilrecht und Sozialrecht, 1992, S. 120 ff.

53 *Schmähl, Winfried* (Fn. 52); *Ruland, Franz,* Die versicherungsfremden Leistungen der ges. RV, DRV 1995, 28; *Thiede, Reinhold,* Versicherungsfremde Leistungen: Abbauen, verlagern oder anders finanzieren? DAngVers 1995, 223 ff.

die Finanzierung. Im Bereich von Arbeitsförderung und AloV wird ebenfalls weithin Reformbedarf wegen der dortigen Vermengung von versicherungsrechtlichen und nichtversicherungsrechtlichen Elementen anerkannt.[54] Daß gerade mit Blick auf die ges. KV am Solidarausgleich und an der SV in ihrer herkömmlichen Form überhaupt gerüttelt wird,[55] erklärt sich neben der Vielfalt und dem Gewicht ihrer *Solidarausgleichselemente* vor allem auch aus der mittelbaren, aber starken Betroffenheit der mit der SV *direkt konkurrierenden privaten KV-Unternehmen,* deren Betätigungsfeld sich etwa im selben Maße ausdehnt oder verengt, wie sich die Reichweite der ges. KV verändert. Da ca. 70 % der Bevölkerung in der ges. KV pflichtversichert sind, somit die tatsächliche Sperrwirkung gegenüber der privatwirtschaftlichen Betätigung auf diesem Sektor erheblich ist, wird sogar die Frage gestellt, ob hiermit nicht schon in die Berufs*wahl*freiheit eingegriffen werde.[56] Das aber wäre nicht schon gerechtfertigt, wenn „vernünftige Erwägungen des Gemeinwohls es als *zweckmäßig* erscheinen lassen", sondern nur insoweit als es „der Schutz besonders wichtiger Gemeinschaftsgüter *zwingend* erforderte".[57]

Das System der SV wird allgemein weder in seiner bei Schaffung des Grundgesetzes bestehenden noch in einer späteren Ausgestaltung als verfassungsrechtlich gewährleistet angesehen.[58] Die Erteilung einer ausdrücklichen Gesetzgebungskompetenz an den Bund für die „Sozialversicherung einschließlich der Arbeitslosenversicherung" gem. Art. 74 Nr. 12 GG wird nicht als *institutionelle Garantie* verstanden. Andererseits können durch die personelle und gegenständliche Ausweitung der SV sowohl Grundrechte der Versicherungspflichtigen wie auch Grundrechte der in Konkurrenz zur SV stehenden privaten Versicherungsunternehmen tangiert werden. Einigkeit besteht auch darüber, daß das *Sozialstaatsprinzip* (Art. 20 Abs. 1, Art. 28 Abs. 1 GG) für sich allein keine Eingriffe des Staates in Freiheit und Eigentum der Bürger zu legitimieren vermag, sondern daß hierfür die *grundrechtlichen Eingriffsschranken* zu beachten sind.[59]

3. Was den *Grundrechtsschutz der Versicherungspflichtigen* anbelangt, so kann zwar neben dem Schutz der allgemeinen Handlungsfreiheit (Art. 2 Abs. 1 GG) noch an die Berufs(ausübungs)freiheit des Art. 12 Abs. 1 GG

---

54 Statt vieler *Schulin,* (Fn. 12), 59. DJT. 1992, E 95.
55 Zum Gesamtthema schon richtungsweisend *Isensee, Josef,* Umverteilung durch SV-Beiträge – Eine finanzverfassungsrechtliche Studie über den Solidarausgleich in der ges. KV, 1973; *Leisner, Walter,* SV und Privatversicherung, dargestellt am Beispiel der KV, 1974; *Papier, Hans-Jürgen,* SV und Privatversicherung – verfassungsrechtliche Vorgaben, ZSR 1990, 344.
56 S. Fn. 55.
57 Grundlegend hierzu das Apothekenurteil BVerfGE 7 (1958), 377 (Ls. 6 b); *Papier,* (a.a.O.), ZSR 1990, 349 f.
58 Für die h.M. *Bogs, Harald,* Fn. 44, 155 ff., 619 ff.; *Papier,* ZSR 1990, 345.
59 BVerfGE 5 (1956), 85/198; *Zacher, Hans F.,* Das soziale Staatsziel, in: Isensee/Kirchhof (Hrsg.), Fn. 45, S. 1007 f., Rdnr. 103; *Herzog, Roman,* in: Maunz/Dürig, Kommentar zum GG, Art. 20, Rdnrn. 33, 34, 41 ff.

sowie an die Eigentumsgewährleistung gem. Art. 14 Abs. 1 GG und etwa noch die Garantie der negativen Vereinigungsfreiheit nach Art. 9 Abs. 1 GG gedacht werden, doch bleiben letztlich nur die Beeinträchtigung der allgemeinen Handlungsfreiheit und der Berufsausübungsfreiheit rechtfertigungsbedürftig. Denn das durch Art. 9 Abs. 1 GG geschützte Recht der positiven und negativen Vereinigungsfreiheit bezieht sich nur auf *privatrechtliche* Vereinigungen, nicht hingegen auf die *öffentlich-rechtlichen* Körperschaften der SV.[60] Die Eigentumsgewährleistung des Art. 14 Abs. 1 GG aber kann der Unterwerfung unter den Versicherungszwang mit Beitragspflicht ebenfalls keine Grenze setzen, da der Schutzbereich dieses Artikels vom BVerfG auf die Auferlegung von *öffentlich-rechtlichen Abgabenlasten,* die nur das Vermögen als solches betreffen, grundsätzlich nicht ausgedehnt wird.[61] Die Gewährleistung der allgemeinen Handlungsfreiheit sowie der Berufsausübungsfreiheit stehen jedoch unter einem *allgemeinen Gesetzesvorbehalt,* so daß legislativen Eingriffen im wesentlichen nur das Übermaßverbot entgegensteht. Für die Freiheitsbeschränkung muß danach ein verfassungslegitimer Grund vorliegen, ferner muß der Eingriff zur Erreichung des erstrebten Zieles geeignet und erforderlich sein und darf die Betroffenen nicht übermäßig und unzumutbar belasten.[62] Unstreitig zulässig ist danach eigentlich nur die Begründung einer gesetzlichen Pflichtversicherung für *sozial Schutzbedürftige,* wobei dem Gesetzgeber noch eine mehr oder minder großzügig bemessene Einschätzungsprärogative zuzubilligen ist bei Bestimmung der sozialen Schutzbedürftigkeit. Die Einbeziehung auch von *zur Eigenvorsorge fähigen Personenkreisen* – wie immer man diese Fähigkeit definieren will – entbehrt zumindest einer eindeutigen verfassungsrechtlichen Legitimation.[63]

4. Hinsichtlich des *Grundrechtsschutzes von konkurrierenden Privatversicherungsunternehmen* kann allenfalls die Erstreckung der SV-Pflicht auf *neue* Personenkreise, mithin deren zumindest *faktische* Ausgrenzung aus dem Kundenkreis der Privatversicherungsunternehmen, einen Eingriff in den Gewerbebetrieb der Privatversicherungsunternehmen darstellen, der vom Eigentumsschutz des Art. 14 GG umfaßt sein könnte. Soweit aber im überkommenen SV-Bereich Privatunternehmer nicht von einem angestammten Betätigungsfeld *verdrängt* werden, sondern nur von einer solchen Betätigung *weiterhin ferngehalten* werden, liegt keine Eigentumsverletzung vor. Es fragt sich jedoch, ob nicht unzulässigerweise in ihre *Berufsfreiheit* eingegriffen wird. Unter diesem Aspekt werden dann sogar gegen gesetzliche Optionen auf *frei-*

---

60 BVerfGE 10 (1959), 89, 102; 38 (1974), 281, 297 f.
61 So schon BVerfGE 4 (1954), 7, 17; 89 (1993), 48, 61; *Papier,* in: Maunz/Dürig, GG, Art. 14 Rdnr. 156.
62 BVerfGE 7 (1958), 377, Ls. 6; *Hesse, Konrad,* Grundzüge des Verfassungsrechts der Bundesrepublik Deutschland, 18. Aufl. 1991, S. 133 f., 317 f.; *Maunz/Zippelius,* Deutsches Staatsrecht, 29. Aufl. 1994, S. 95 f.
63 *Papier,* (Fn. 55), ZSR 1990, 347.

willige Mitgliedschaft in der SV Bedenken erhoben, da ja auch hierdurch der Staat mit seinen Einrichtungen der mittelbaren Staatsverwaltung den Privatunternehmen „Konkurrenz" macht, ohne selbst auf Gewinnerzielung angewiesen zu sein oder ein unternehmerisches Risiko zu tragen.[64] Auf diese schwierigen Probleme des Staatsrechts kann hier nur hingewiesen werden. Festzustellen ist einstweilen, daß das BVerfG – im Gegensatz zu seiner vorwiegenden Kontrollpraxis – dem Gesetzgeber bislang bei der Ausgestaltung des Rechts der SV kaum Zügel angelegt hat, weshalb es geradezu der sozialrechtlichen Indulgenz und Indolenz geziehen wird.[65]

5. Den Weg der *Ersetzung der SV durch Privatversicherung* (mit engerer oder weiterer *Pflicht zur Versicherung*) wird man aber allenfalls für die KV und die PflV als gangbar ansehen können, kaum jedoch für die RV, da man für eine auf viele Jahrzehnte hin angelegten funktionierenden Alters-, Invaliditäts- und Hinterbliebenenvorsorge nicht völlig auf einen *intergenerationalen Solidarausgleich großen Maßstabs* wird verzichten können. Zunächst einmal geht es bei diesen Funktionen wohl überhaupt um die wichtigsten in einem System der sozialen Sicherheit, das auf mehr als die Garantie des Existenzminimums der Bürger abzielt. Denn die Alters-, Invaliditäts- und Hinterbliebenenversorgung wird in einer Lebensphase benötigt, in der das Ausscheiden aus dem Erwerbsleben in der Regel endgültig ist und die Betroffenen aufgrund eigener Erwerbstätigkeit den Unterhalt für sich und ihre unterhaltsabhängigen Angehörigen nicht mehr erarbeiten können. Dieser Lebensabschnitt der durch Arbeit nicht mehr abwendbaren materiellen Abhängigkeit hat sich in den letzten Jahrzehnten – bei anhaltendem Trend – infolge längerer Lebenserwartung und früherer Verrentung zeitlich erheblich ausgedehnt. Rein *private* Vorsorge durch die Bildung von Kapital jeder Art kann jedoch von breiten Bevölkerungsschichten selbst bei sehr ergiebigem und diszipliniertem Sparverhalten nicht über eine Zeitspanne von mehreren Jahrzehnten mit hinreichender Sicherheit betrieben werden. Von der *Notwendigkeit kollektiver Sicherungssysteme,* deren Leistungsfähigkeit im breiten Fundament von großen und leistungsstarken Solidargemeinschaften verankert ist, brauchte nach zwei Weltkriegen mit immensen Sachwertverlusten und totalem Währungsverfall bei uns lange Zeit auch kaum mehr jemand überzeugt zu werden – zumindest bis sich die *demographischen Probleme* einstellten. Ein die Gesamtbevölkerung umfassendes kollektives Sicherungssystem aber könnte allenfalls teilweise auf das sog. *Kapitaldeckungsverfahren* gegründet werden; zum größten Teil müßte mit dem sog. *Umlageverfahren* gearbeitet werden, was bedeutet, daß die jeweils auszuzahlenden Rentenleistungen aus den *aktuell vereinnahmten Beiträgen* bestritten werden und nicht etwa aus lukrativ

---

64 Hierzu *Papier,* (Fn. 55), ZSR 1990, 348 ff.
65 So kritisch *Isensee, Josef,* SV durch Privatversicherung, FS für Wolfgang Gitter, 1995, S. 401, 411.

angelegten Beitragsmitteln früherer Zeiten. Auch das vielzitierte „Mackenroth'sche Gesetz", wonach jeweils die Gesamtheit der im Erwerbsleben Stehenden den gesamten Sozialleistungsbedarf aufbringen muß[66], verweist zwingend auf das Umlageverfahren.

Wenn in diesem Zusammenhang allerdings vom „Generationen*vertrag*" gesprochen wird, so ist dies etwa genauso bildhaft und irreführend wie die Redeweise vom „Gesellschaftsvertrag" in der Staatstheorie. Von einer *Übereinkunft* könnte ja äußerstenfalls insofern die Rede sein, als man den Verbleib der erwachsenen und selbstbestimmungsfähigen Bürger im Staatsverband, ihre Nichtauswanderung also, als konkludente Zustimmung zur geltenden Verfassungsordnung auffassen wollte. Ungefragt aber finden sich die nachwachsenden Generationen kraft Gesetzes und Verfassung in solche Bindungszusammenhänge gestellt, und sie erscheinen inzwischen extrem bedrückend im Altersvorsorgerecht, da dieses ja zunächst für Jahrzehnte Beitragsleistungen abverlangt, bevor es Leistungen gewährt.[67] Vorsorgesysteme aber von derartigen personellen, finanziellen und zeitlichen Ausmaßen in den Stürmen der wechselnden wirtschaftlichen und politischen Situationen zu steuern, erforderte eine solche Dichte an staatlichen Interventionen, daß die volle Staatsregie sich als das letztlich angemessenere Instrument darstellt.

6. Die aufgrund der fortwährenden sozialpolitischen Diskussion im öffentlichen Bewußtsein präsent gehaltene Problematik der „Sicherheit der Renten" bzw. der „Belastungsgrenzen der Beitragszahler"[68] zeitigt inzwischen bedeutsame praktische Wirkungen. Neben der ganz gewöhnlichen Schwarzarbeit seien hier einige weitere „Fluchtwege" aus dem System angeführt. Einem Pressebericht zufolge[69] hat ein Versicherter bereits Verfassungsbeschwerde eingelegt, weil er mit seiner Klage zum Sozialgericht auf „Entlassung aus der RV" abgewiesen wurde. Nach der eigenen Rechnung des 53jährigen Versicherten könne er mit 65 Jahren nur 2.270 DM pro Monat an Rente erwarten, wohinge-

---

66 *Mackenroth, Gerhard,* Die Reform der Sozialpolitik durch einen deutschen Sozialplan in: SVSP, Bd. 4 NF, 1952, S. 43: „Nun gilt der einfache und klare Satz, daß aller Sozialaufwand immer aus dem Volkseinkommen der laufenden Periode gedeckt werden muß. Es gibt nie eine andere Quelle und hat nie eine andere Quelle gegeben, aus der Sozialaufwand fließen könnte, es gibt keine Ansammlung von Fonds, keine Übertragung von Einkommensteilen von Periode zu Periode, kein 'Sparen' im privatwirtschaftlichen Sinne – es gibt einfach gar nichts anderes als das laufende Volkseinkommen als Quelle für den Sozialaufwand." – Kritisch zum Umlageverfahren: *Hoffmann, Johannes,* Sparen im Dienst der Altersvorsorge als volkswirtschaftliches Problem, 1989; *Neumann, Manfred,* Möglichkeiten zur Entlastung der ges. RV durch kapitalbindende Vorsorgemaßnahmen, 1986.
67 Umso wichtiger ist es, daß durch Beiträge erworbene Rentenanwartschaften, wenngleich sie systembedingt ohne kapitalmäßig greifbares Substrat sind, verfassungsrechtlich der Eigentumsgarantie unterstellt und damit dem Zugriff des einfachen Gesetzgebers wenigstens kernbereichsmäßig entzogen sind. Grundlegend BVerfGE 53 (1980), 257, 289 ff. bei Gelegenheit der Überprüfung des Versorgungsausgleichs.
68 Im Jahr 2030 etwa soll bereits einem Erwerbstätigen ein Rentner gegenüberstehen.
69 Wirtschaftswoche Nr. 33/10.8.1995, 20 „Rentenversicherung: Flucht aus dem System".

gen er 7.000 DM im Monat bekäme, wenn er seine gesamten Beiträge von rd. 400.000 DM mit 6 %iger Verzinsung angelegt hätte. Infolgedessen sei eine „Zwangsmitgliedschaft in einem derartigen Enteignungssystem" nicht mit dem Gleichbehandlungsgrundsatz vereinbar.[70] Was immer am Ende für eine Entscheidung herauskommen mag – sie wird lange auf sich warten lassen, vielleicht so lange, bis der Gesetzgeber von sich aus entscheidende Systemkorrekturen vorgenommen hat.[71] Selbst ein Verfassungswidrigkeitsverdikt aber müßte der Gesetzgebung eine sehr lange Umstellungsfrist gewähren, und darüber hinaus wäre wegen des verfassungsrechtlichen Eigentumsschutzes der Rentenanwartschaften nur ein sehr allmählicher Systemwechsel möglich.

Inzwischen jedoch wird die finanzielle Basis der RV-Solidargemeinschaft gefährlich unterhöhlt sowohl mit den Mitteln der Privatautonomie (Stichwort „Scheinselbständigkeit", s.u. 7.) wie auch auf öffentlich-institutionelle Weise durch die Gründung von *berufsständischen Versorgungswerken*.[72] Zunächst zu diesen: In Deutschland gibt es solche der Rechtsform nach seit über 70 Jahren, allerdings bestanden bis 1950 nur drei[73], und erst als mit der Rentenreform von 1957 die ges. RV für die Selbständigen weitgehend verschlossen wurde (bis 1972), kam es zu einer Gründungswelle von Versorgungswerken, so

---

70 Erinnernswert ist, daß gegen die Erstreckung der staatlichen Altersvorsorge durch RV in der Vergangenheit nicht nur keine Einwände erhoben wurden, sondern daß diese sogar von den Betroffenen selbst gewünscht wurde, allerdings ist dies 30 Jahre her. *Nölle-Neumann, Elisabeth/Lamp, Erich*, Die Entwicklung des Sozialstaates in der Bundesrepublik Deutschland im Lichte der Demoskopie, in: Blüm, Norbert/Zacher, Hans F. (Hrsg.), 40 Jahre Sozialstaat Bundesrepublik Deutschland 1989, S. 769, 778 f. berichten von einer im Dezember 1965 durchgeführten demoskopischen Untersuchung, wonach 63 % der Selbständigen die staatliche Versicherung als ideale Sicherung für ihren Lebensabend ansahen und nicht mehr die beiden typischen Sicherungsquellen der Selbständigen, die private Lebensversicherung und Einkünfte aus dem Betrieb. Zu dieser Attraktivität auch BVerfGE 29, (1970), 221, 241 f. Erschüttert wird solches Vertrauen in die Vorsorgequalität der staatlichen Versicherung naturgemäß grundlegend infolge der demographischen Entwicklung, da bedingt durch das Umlagesystem der Rentenfinanzierung eine stetige Verschlechterung des Verhältnisses von Beitragsleistungen und späterem Rentenertrag zu befürchten ist.
71 So geschehen bei der Problematik der ungleichen Beiträge in der ges. KV, BVerfGE 89 (1994), 365.
72 Berufsständische Versorgungswerke sind öffentlich-rechtliche Pflichtversorgungseinrichtungen der verkammerten freien Berufe, die unter Anknüpfung an den jeweiligen Berufsstand sowohl die selbständig Tätigen wie auch die Angestellten in das Versorgungswerk einbeziehen. Sie beruhen auf jeweils landesgesetzlichen Rechtsgrundlagen, die entweder unmittelbar für die betreffende Berufsgruppe eine selbständige juristische Person des öffentlichen Rechts schafft oder die die jeweiligen Berufskammern dazu ermächtigt, Versorgungswerke als unselbständige Kammereinrichtungen zu errichten. Eine Gesamtdarstellung bei *Kolb, Rudolf*, Berufsständische Versorgung, in: Darstellung der Alterssicherungssysteme und der Besteuerung von Alterseinkommen, Gutachten der Sachverständigenkommission, Berichtsband 2, 1983, S. 351.
73 Das waren die Bayerische Ärzteversorgung für Ärzte, Zahnärzte und Tierärzte seit 1923, die Bayerische Apothekerversorgung und die Notarkasse München seit 1925.

daß etwa Ende der 60er Jahre sämtliche Ärzte flächendeckend in ein solches Versorgungswerk integriert waren.[74] Für das Jahr 1994 wird eine Anzahl von etwa 450.000 Mitgliedern sämtlicher Versorgungswerke genannt.[75] Dies erscheint zwar relativ unbedeutend, doch könnte eine „Rette-sich-wer-kann-Mentalität" unter den gut verdienenden Angestelltengruppen um sich greifen und durch Gründung weiterer berufsständischer Versorgungswerke zu erheblichen Abwanderungsbewegungen aus dem System der ges. RV führen. So wurden in neuester Zeit vor allem für die Ingenieure und Bauingenieure sowie auch für Wirtschaftsprüfer und vereidigte Buchprüfer Versorgungswerke errichtet.[76] Dieser Trend wurde vor allem deshalb alarmierend, weil durch die berufsständischen Versorgungswerke ja nicht nur Freiberufler, also Selbständige, erfaßt werden, auf die sich die ges. RV in Deutschland herkömmlich nicht erstreckt, sondern auch die jeweiligen *Angestellten* dieser Berufsgruppen, und deren Anzahl steigt im Verhältnis zu den Selbständigen.[77] Das Recht der ges. RV öffnet seit jeher das Tor zum Verlassen, indem es den *abhängig beschäftigten* Pflichtmitgliedern der Versorgungswerke die Möglichkeit der Befreiung von der Versicherungspflicht in der ges. RV einräumt (§ 6 Abs. 1 SGB VI). Der Aderlaß könnte beträchtlich werden, weil es sich um durchweg sehr gute Risiken handelt, also um Leute mit hohen Verdiensten sowie langer und kontinuierlicher Berufstätigkeit. Für die verbleibenden leistungsschwächeren Mitglieder aber würden die Solidarlasten damit nur umso drückender – ein circulus vitiosus also. Die Bedenken gegen eine solche untragbare Entsolidarisierung haben inzwischen legislativen Erfolg gehabt.[78] Die Befreiungsmöglichkeit von der Versicherungspflicht besteht seit 1. Januar 1996 nur noch für Personen, für deren Berufsgruppe bereits vor dem 1. Januar 1995 eine gesetzliche Pflichtmitgliedschaft in einer berufsständischen Kammer bestand (§ 6 Abs. 1 SGB VI n.F., BGBl I 1995, S. 1825).

7. Schließlich sei noch aufmerksam gemacht auf den sich ganz privat verbreitenden Strom von „SV-Flüchtlingen", den sog. *Scheinselbständigen:* Als Subunternehmer, freie Mitarbeiter und dgl. üben immer mehr Personen Tätigkeiten aus, die typischerweise von *Arbeitnehmern* im Rahmen von Arbeitsverhältnissen verrichtet werden. Die nun nach formaler Vertragsgestaltung mit ihrem Auftraggeber als *Selbständige,* meist „Ein-Personen-Unternehmer"

---

74 Vgl. zur Entwicklung auch *Meurer, Anne,* Berufsständische Versorgung – Sinnvoller Bestandteil des gegliederten Systems oder Entsolidarisierung der Alterssicherung? DAngVers 1994, 301.
75 *Meurer,* a.a.O.
76 *Meurer,* (Fn. 74), 303 Fn. 9; *Husmann, Jürgen,* Erwartungen der ges. RV an die nächste Legislaturperiode, DRV 1995, 19, 26.
77 Nach *Meurer,* (a.a.O.), 303, arbeiten etwa 70 % der in Deutschland berufstätigen Ingenieure im Angestelltenverhältnis; auch bei den Ärzten und den Rechtsanwälten nimmt die Anzahl der Angestellten zu.
78 *Husmann,* Fn. 76, DRV 1995, 27, unter Hinweis auf die Koalitionsvereinbarung von 1994.

agierenden Personen sind nicht versicherungspflichtig. Nach allen Umständen der Vertragsabwicklung kombinieren sie in ihrer Person die Pflichten des Arbeitnehmers mit den Risiken des Unternehmers.[79] Es handelt sich hier eigentlich um einen Rechtsformenmißbrauch zulasten des Steuer- sowie des Sozialsystems. Zudem „erspart" sich häufig dieser Personenkreis *nicht nur kurzfristig und übergangsweise* die Ausgaben für den SV-Schutz, sondern verzichtet auf Alters- und Invaliditätsvorsorge überhaupt, so daß das Risiko späterer Sozialhilfebedürftigkeit nicht ferne liegt. Dieses aber zu vermeiden, sowohl im Interesse der Lebensqualität der Individuen wie auch zum Schutz der Gesellschaft vor Sozialhilfelasten, ist Hauptanliegen der gehobenen Sicherungssysteme in unserem Sozialstaat. Man könnte nun versuchen, diesem Übelstand mit den Mitteln der Rechtsdogmatik (Vertragsauslegung nach wirtschaftlichem Gehalt, Inhaltskontrolle u. dgl.), möglicherweise auch gezielten Gesetzesänderungen und vor allem intensiver Überwachung beizukommen. Zu fürchten ist jedoch, daß solche Versuche letztlich zum bürokratisch aufwendigen Flickwerk gerieten. Statt dessen sollte man – wenn eine etwas kühne, rechtspolitische Forderung an dieser Stelle erlaubt ist – die *Grenzen zwischen Vorsorgefremdbestimmung und Vorsorgeselbstbestimmung* neu überdenken. Durchaus anachronistisch erscheint das alte Dogma von der *prinzipiellen Eigenvorsorgefähigkeit der Selbständigen.* Soweit sie ohne nennenswertes Kapital arbeiten und im wesentlichen von den Erträgen ihrer eigenen Arbeitskraft leben, sind sie keineswegs in stärkerem Maße vorsorgefähig als Arbeitnehmer, schon gar nicht im Vergleich zu solchen mit gehobenem Verdienst und arbeitsrechtlichem Kündigungsschutz. Allein die hohe Insolvenzanfälligkeit sollte eines anderen belehren. Die bloße *Tradition* taugt nicht für alle Zukunft als tragfähiges Fundament einer funktional unzeitgemäß gewordenen Differenzierung.[80] Deshalb ist de lege ferenda für eine grundsätzliche – nicht nur ganz vereinzelte Einbeziehung – auch aller Selbständigen in die RV-Pflicht zu plädieren[81], ganz klar also insoweit der Weg zur *Volksversicherung* zu beschreiten. Damit würden zahlreiche Schutzlücken geschlossen und ungerechtfertigte Differenzierungen beseitigt; ferner würden Umgehungspraktiken und Abgrenzungsprobleme vermieden; auch würde den Elementen der gezielten soli-

---

79 Vgl. *Husmann,* Fn. 76, DRV 1995, 27, der anführt „selbständige" Verkaufsfahrer, Kranführer ohne Kran, Autoverkäufer, Prospektverteiler, Omnibusfahrer, Kellner, Putzfrauen. – Grotesk geradezu die Umwandlung von Bedienungspersonal in „Pächter" von Tischen und Stühlen in einer Gastwirtschaft mit der Pflicht zum ausschließlichen Speisen- und Getränkebezug vom Verpächter/Gastwirt.
80 Auf die „geschichtliche Entwicklung" abhebend aber BVerfGE 29 (1970), 221, 243 f., bei Überprüfung (und Billigung) der Versicherungspflichtbegründung der höherverdienenden Angestellten im Unterschied zu den Selbständigen.
81 In den Ländern der Europäischen Union (EU) werden die Selbständigen überwiegend mit in die gesetzlichen Vorsorgesysteme miteinbezogen; vgl. Europäische Gemeinschaften – Kommission, Soziale Sicherheit in Europa, 1994 (Belgien, Dänemark, Großbritannien, Irland, Italien, Niederlande, Spanien, Portugal, Griechenland).

darischen Umverteilung einiges von ihrer sozialpolitischen und verfassungsrechtlichen Fragwürdigkeit genommen.[82]

Andererseits ist aber zu fragen, ob den Bürgern nicht zu wenig Vorsorgeautonomie zugestanden wird, wenn die Beitragspflicht quantitativ erst durch eine Beitragsbemessungsgrenze von oben her beschränkt wird, die etwa beim *Doppelten des durchschnittlichen Arbeitnehmerverdienstes* liegt. In Anbetracht des steigenden und vererblichen Wohlstandes weiter Bevölkerungskreise stimmt ja auch die generelle Annahme von der Angewiesenheit auf Arbeitseinkommen und die voll daraus resultierende Altersversorgung nicht mehr so wie früher. Es könnte daher eine gewisse *Abflachung in Richtung einer Grundversorgung* sinnvoll sein, so daß den betroffenen Bürgern wie auch den vorsorgerelevant tätigen Wirtschaftsunternehmen mehr Handlungsspielraum verbliebe.[83]

8. Abschließend sei noch kurz auf den spezifischen *sozialversicherungsinternen* Solidarausgleich eingegangen: Es könnte sich dabei ebenfalls um ein überholtes, verfassungsrechtlich mittlerweile sehr fragwürdig gewordenes Instrument des sozialen Ausgleichs handeln. Fragwürdig, nicht wegen der damit verfolgten sozialstaatlichen *Ziele,* sondern wegen der recht undurchsichtigen und vor allem *sachlich unbefriedigenden Lastenallokationen.* Das Solidarprinzip wurde als Legitimationsblankett benutzt für die verschiedensten Umverteilungsvorgänge und in der jüngeren Vergangenheit – besonders noch bei der Bewältigung der deutschen Wiedervereinigung – wohl überdehnt, auch wenn dies weder die Regierungspolitik noch das BVerfG so ganz wahrhaben wollen.[84] Es verwundert nicht, wenn längst ein nüchtern bilanzierendes Den-

---

82 Erst recht ist es wohl an der Zeit, die Pflichtversicherungsgrenze in der RV nach unten aufzuheben, also die Versicherungsfreiheit für sog. *geringfügige Beschäftigungen und Tätigkeiten* zu beseitigen (§ 5 Abs. 2 SGB VI i.V.m. § 8 Abs. 1 u. 2 SGB IV). Während dies für die RV mit einem Federstrich des Gesetzgebers geschehen könnte, dürfte gleiches für die ges. KV allerdings nur dann erfolgen, wenn entweder das Auftreten krasser Mißverhältnisse von Beiträgen und Versicherungsleistungen vermieden würde oder auf irgendeine Weise sonst ein Ausgleich für die überproportionale Beanspruchung der KV bei Einbeziehung nur geringfügig Beschäftigter geschaffen wäre.
83 Zur lebhaften Auseinandersetzung um ein Grundrentensystem hier nur knappe Hinweise: *Schulin* (Fn. 12), E 50 ff., 65; Grundrentenmodelle in jüngerer Zeit befürwortend: *Miegel, Meinhard/Wahl, Stefanie,* Gesetzliche Grundsicherung – Private Vorsorge – Der Weg aus der Rentenkrise, Stuttgart 1985; *dies.,* Wie reformbedürftig ist die gesetzliche Alterssicherung?, SozVers 1986, 91 ff.; *Engels, Wolfram u.a. (Kronberger Kreis),* Reform der Alterssicherung, 1987; weitere Modelle und historische Vorläufer vgl.: *Kreikebohm, Ralf,* Die Idee der Staatsbürgerversorgung – Systematische Darstellung verschiedener Modelle und Einwände, ZSR 1989, 129 ff., 132 f. *Gegen ein Grundrentensystem* sprechen sich u.a. aus: *Ruland, Franz,* Sozial- und rechtspolitische Bedenken gegen eine Grundrente, ZRP 1987, 354 ff. (dagegen wiederum *Miegel,* ZRP 1988, 219 f.); *Schmähl, Winfried* (Hrsg.), Mindestsicherung im Alter, 1993, S. 218 ff., 265 ff.; *Kreikebohm,* s.o.
84 So wurde eine Verfassungsbeschwerde eines Rentenversicherten vom BVerfG nicht zur Entscheidung angenommen, die sich gegen die Finanzierung der Entschädigungsleistungen nach dem 2. SED-Rentenrechtsbereinigungsgesetz wandte (*Ruland,* Fn. 53, DRV 1995, 30).

ken im Vordringen ist, das sich von der emotional gefärbten Ausdrucksweise *Solidaritätsprinzip* und *Solidarausgleich* nicht mehr die klare Einsicht trüben läßt für Störungen großen Ausmaßes in der Äquivalenz zwischen den Beitragsleistungen großer Gruppen Sozialversicherter einerseits und den ihnen zugemessenen Versicherungsleistungen andererseits.

Die von den Kritikern vorgebrachten Argumente hat das BVerfG[85] bisher nur zur Kenntnis genommen. Bei Gelegenheit der Überprüfung der Verfassungsmäßigkeit der Künstlersozialversicherung, insbesondere der Heranziehung der Vermarkter zu SV-Beiträgen für die *selbständigen* Künstler und Publizisten konnte es das Gericht dahingestellt sein lassen, ob den in der Literatur erhobenen Forderungen nach *sozialer Gruppenhomogenität als Voraussetzung gesetzlicher Gruppensolidarität* in der SV Bedeutung zukomme für die Einbeziehung neuer Gruppen. Denn im Entscheidungsfall ging es nicht um diese Frage, sondern um die Heranziehung *Dritter* (hier der Vermarkter gleichsam in *arbeitgeberähnlicher* Funktion) zu den Beitragslasten, um einen Fragebereich also, für den die Geltendmachung einer sozialen Verantwortung jenseits vorgegebener Gruppenhomogenität typisch ist.

Die Bildung von *Solidargemeinschaften nach Kriterien sozialer Gruppenhomogenität* dürfte aber nur partiell überzeugend durchführbar sein; aufs Ganze gesehen herrschen in unserer Gesellschaft derart komplexe Beziehungen, daß ein solches Vorhaben endlose Abgrenzungs- und Gleichbehandlungsprobleme mit sich brächte. Allenfalls dürften sich versicherungsmäßige Risikogruppen ausdifferenzieren lassen. Was Not tut, scheint auch hier eher durch großflächige Regelungsweisen erreichbar. Das hieße grob gesprochen: Die Mittel für Umverteilungsmaßnahmen im wesentlichen nur über das *Steuersystem* aufzubringen und damit *alle Bürger* nach Maßgabe *einheitlich* zu bestimmender Kriterien der Leistungsfähigkeit daran zu beteiligen. Die SV verlöre dadurch keineswegs ihre „sozialen" Komponenten, lediglich viele *nicht beitragserkaufte Leistungsanteile* würden *steuerfinanziert* sein, weil für sie die Gesamtgesellschaft die richtige Solidargemeinschaft ist.

Es könnte durchaus sein, daß hierdurch für große Teile der Bevölkerung so erhebliche Veränderungen ihrer Abgabenlast insgesamt und damit ihrer Handlungsspielräume gar nicht einträten. Trotzdem wäre eine solche Bereinigung von großem Vorteil für eine rationalere öffentliche Diskussion und damit ein Gewinn für die staatlich-demokratische Selbst- und Mitbestimmung.

---

85 BVerfGE 75 (1987), 108, 157 f. mit Nachw.

Miyoko Motozawa

Selbstbestimmung im Sozialrecht

Schranken der Privatautonomie aufgrund Fürsorgerechts[1]

I. Die historische Entwicklung der öffentlichen Fürsorge

Bis zum Ende des Zweiten Weltkrieges entwickelte sich die japanische soziale Sicherung unter dem *Ie*-System sehr langsam[2]. Mit dem Begriff des *Ie*-Systems wird ein pyramidenförmig aufgebautes, sich auf die Großfamilie stützendes System gesellschaftlicher Organisation bezeichnet. Unter dem *Ie*-System war die Fortdauer des *Ie* am wichtigsten. Dafür mußte man die Ehe schließen, Kinder bekommen und dem ersten Sohn das gesamte Vermögen des *Ie* vererben. Der einzelne besaß grundsätzlich kein Selbstbestimmungsrecht. Dies galt insbesondere für die Frauen, die nach dem Gesetz geschäftsunfähig waren. Alle Befugnisse über die vermögensrechtlichen und persönlichen Entscheidungen aller *Ie*-Mitglieder besaß der Hausherr (*Koshu*). Zugleich war er aber auch verpflichtet, alle *Ie*-Mitglieder zu unterhalten. Als Gegenleistung für den Verlust des Selbstbestimmungsrechts wurde die Sicherheit des Lebensunterhalts garantiert.

Nur im Notfall konnte man eine staatliche Hilfe vom *Tenno,* also dem obersten Hausherrn der Japan-Familie erhalten, wenn man keine *Ie*-Zugehörigkeit hatte, oder wenn das *Ie*, zu dem man gehört, keine genügenden finanziellen Mittel hatte. Dies war eine große Ausnahme, und galt als eine große Schande in der japanischen Gesellschaft.

Nach der Niederlage im Zweiten Weltkrieg 1945 sollte Japan unter der Herrschaft der amerikanischen Besatzungstruppen einen demokratischen Staat aufbauen[3]. Das *Ie*-System mußte abgeschafft werden, weil es gegen die Grundprinzipien der neuen demokratischen Verfassung von 1946, also gegen die Würde des Individuums und gegen die Gleichberechtigung von Mann und Frau verstieß. Wegen der Abschaffung des *Ie*-Systems mußte der Staat die soziale Sicherung ernsthaft systematisieren. Das Grundprinzip der sozia-

---

1 Dieses Thema wählte ich in Zusammenhang mit der Veröffentlichung von Frau Prof. Dr. *Köbl* „Schranken der Privatautonomie aufgrund Sozialhilferecht", in Gießener Rechtswissenschaftliche Abhandlungen Bd. 6, „Geschichtliche Rechtswissenschaft" (Gießen 1990), S. 186-206.
2 Vgl. *Motozawa*, Einführung in das japanische Sozialrecht, Bulletin of the University of Osaka Prefecture Series D, Vol. XXXIX, 1995, S. 58 f.
3 Vgl. *Motozawa*, a.a.O., S. 45 f.

len Sicherung kommt in Artikel 25 der Verfassung in folgendem zum Ausdruck[4]:

(1) Jeder Angehörige des Volkes hat das Recht, ein Leben in Gesundheit mit einem Mindestmaß von Kultur zu führen.

(2) Der Staat muß auf allen Lebensgebieten um die Hebung und Förderung des sozialen Wohles, der sozialen Sicherheit und der öffentlichen Hygiene bemüht sein.

Dieser Artikel garantiert der Bevölkerung ein Existenzminimum. Nach dem Inkrafttreten der Verfassung von 1947 wurde das alte Fürsorgegesetz von 1946, das auf den Schutz der Bevölkerung vor dem Hungertod abzielte, im Jahre 1950 grundlegend reformiert. Dies ist das geltende Fürsorgegesetz (FSG) *(Seikatsu-Hogo-Hou)*.

Die Bedeutung des Rechts auf das Existenzminimum *(Seizon-Ken)* gemäß Artikel 25 der Verfassung lernten Japaner erst durch die berühmteste und wichtigste Entscheidung in einem Fürsorgefall, dem sog. *Asahi*-Fall[5], kennen. Der *Asahi*-Fall begann mit der Klage eines Fürsorgeempfängers, von Herrn *Asahi* im Jahre 1957 und endete mit dem Urteil des Obersten Gerichtshofs[6] im Jahre 1967. Nach der Entscheidung des Obersten Gerichtshofs hat jeder Bürger zwar einen Rechtsanspruch auf die Sicherung des Existenzminimums gemäß dem Fürsorgegesetz, der Inhalt und die Höhe der Fürsorgeleistungen stehen jedoch im Ermessen des zuständigen Ministers für Gesundheit und Wohlfahrt. Eine Entscheidung über Fürsorgeleistungen ist nur rechtswidrig, wenn und soweit das Ermessen mißbraucht oder überschritten wird. Also kann der einzelne Bürger aus Artikel 25 der Verfassung keinen konkreten Anspruch ableiten. Diese Auslegung des Obersten Gerichtshofs ist immer noch die Grundlage aller Gerichtsentscheidungen hinsichtlich des Fürsorgegesetzes.

II. Grundgedanke des Fürsorgegesetzes

1. Subsidiaritätsprinzip

Die öffentliche Fürsorge ist eine nachrangige Hilfe für die Personen, die sich ganz oder teilweise nicht selbst unterhalten können. Die Fürsorgeleistungen

---

4 Die deutsche Übersetzung der japanischen Verfassung wurde dem folgenden Buch entnommen: *Miyazawa* (*Heuser/Yamasaki*), Verfassungsrecht (Kempo), Japanisches Recht Bd. 21 (1986), S. 301.

5 Das Landgericht Tokyo bestätigte durch seine Entscheidung die Auslegung von Herrn *Asahi* hinsichtlich des Artikels 25 der Verfassung im Jahre 1960: die Richtlinie der Fürsorgeleistungen, die vom zuständigen Minister erlassen wurde, sei rechts- und verfassungswidrig, da sie die Führung eines Lebens in Gesundheit mit einem Mindestmaß an Kultur nicht garantiere. Das Oberlandesgericht Tokyo war zurückhaltender: aus Artikel 25 der Verfassung kann der einzelne Bürger keinen konkreten Anspruch ableiten. Vgl. a.a.O., S. 47 f.

6 OGH vom 24. Mai 1967, Minshu Bd. 21 Nr. 5, S. 301.

zielen auf Sicherung des Mindestbedarfs der Hilfebedürftigen ab – Prinzip der Sicherung des Mindestbedarfs (FSG § 3). Bei der Sicherung des Mindestbedarfs dürfen die Hilfebedürftigen nicht wegen ihrer Rasse, ihrer Weltanschauung, ihres Geschlechts, ihrer sozialen Stellung usw. diskriminiert werden – Prinzip der Gleichberechtigung (FSG § 2).

Das Subsidiaritätsprinzip wird in FSG § 4 wie folgt beschrieben:
(1) Die Fürsorge kann unter der Voraussetzung gewährt werden, daß die Hilfebedürftigen ihre Vermögensgegenstände, Fähigkeiten und alle möglichen Mittel richtig verwenden, um sich selbst zu unterhalten.

(2) Fürsorge erhält nicht, wer einen Anspruch auf familienrechtlichen Unterhalt oder auf andere Sozialleistungen hat.

Nach dem Subsidiaritätsprinzip wird eine Bedürftigkeitsprüfung durchgeführt, um festzustellen, ob und wieweit der Betreffende eine Fürsorgeleistung braucht. Dies ist einerseits nötig, um die den individuellen Umständen des Hilfesuchenden angemessenen Fürsorgeleistungen auszuwählen und dem Hilfebedürftigen entsprechend seiner Lebenslage richtig zu helfen. Andererseits besteht jedoch die Gefahr der Verletzung der Privatsphäre des Hilfebedürftigen und des Verstoßes gegen die Würde des Individuums.

2. Unterhalt im Familienrecht

Nach der Abschaffung des *Ie*-Systems orientiert sich das neue Familienrecht an der Kernfamilie, als dem Modell der modernen Familie. Die Ehegatten sind zur gegenseitigen Unterstützung verpflichtet (ZGB[7] § 752) und teilen sich die Kosten des ehelichen Lebens nach Maßgabe ihres Vermögens, ihres Einkommens und aller sonstigen Umstände (ZGB § 760). In diesen Kosten des ehelichen Lebens sind nach der herrschenden Meinung die Kosten der Kindererziehung enthalten.

Im neuen Familienrecht sind Blutsverwandte in gerader Linie und auch Geschwister verpflichtet, einander Unterhalt zu gewähren (ZGB § 877 I) – sog. natürliche Unterhaltspflichtige. Mit dieser Vorschrift wird die allgemeine Unterhaltspflicht der Eltern gegenüber ihren minderjährigen unverheirateten Kindern und die der erwachsenen Kinder gegenüber ihren Eltern begründet. Die sonstigen Verwandten sind nur dann verpflichtet, wenn das Familiengericht ihnen die Unterhaltspflicht unter besonderen Umständen auferlegt (ZGB § 877 II) – sog. Sonderunterhaltspflichtige.

Die Reihenfolge der Unterhaltspflichtigen und -berechtigten wird durch die Vorschriften des Familienrechts nicht klar bestimmt. In erster Linie wird sie durch die Vereinbarung der Beteiligten und dann durch die Entscheidung des

---

[7] Die deutsche Übersetzung des japanischen Zivilrechts findet man im folgenden Buch: *Ishikawa* u. *Leetsch,* Das japanische BGB in deutscher Sprache, Japanisches Recht Bd. 15 (Köln/Berlin/Bonn/München, 1985).

Familiengerichts festgesetzt (ZGB § 878). Nach der herrschenden Meinung hat das Unterhaltsrecht des Ehegatten und der minderjährigen unverheirateten Kinder den ersten Rang[8], das der Eltern und der erwachsenen Kinder den zweiten, das der Geschwister den dritten, und das der sonstigen Verwandten den letzten.

Die Art und Höhe des Unterhalts bestimmt das Familiengericht unter Berücksichtigung der Bedürfnisse des Unterhaltsberechtigten, der Mittel des Unterhaltsverpflichteten, sowie der sonstigen Umstände, wenn darüber eine Einigung zwischen den Parteien nicht erzielt werden kann (ZGB § 879). Die grundsätzliche Art des Unterhalts ist eine finanzielle Unterstützung mit barem Geld, keine persönliche Betreuung. Die Höhe des Unterhalts ist abhängig von der Leistungsfähigkeit des Unterhaltspflichtigen. Nach der herrschenden Meinung muß der Unterhaltspflichtige seinen Ehegatten und sein minderjähriges unverheiratetes Kind nur soweit finanziell unterstützen, als sein eigenes Existenzminimum dadurch nicht gefährdet wird. Sonstige Verwandte muß er nur dann unterhalten, wenn er ein angemessenes Leben in der Gesellschaft führt. Diese familienrechtlichen Grundsätze sind auch im Fürsorgegesetz maßgebend.

3. Haushaltsprinzip im Fürsorgegesetz

Die Entscheidung und Berechnung der Fürsorgeleistungen wird grundsätzlich nicht für den Hilfebedürftigen allein, sondern für alle Haushaltsangehörigen des Hilfebedürftigen zusammen getroffen (FSG § 10 I) – Haushaltsprinzip als Leistungseinheit. Man geht davon aus, daß die Lebenshaltungskosten für den einzelnen niedriger sind, wenn er mit anderen Personen in einem Haushalt zusammenlebt als wenn er allein lebt. Der Haushalt ist eine Lebensgemeinschaft, deren Angehörige gemeinsam ihren Lebensunterhalt bestreiten und in gemeinsamer Wohnung leben. Nur ausnahmsweise kann der Bedarf des Hilfebedürftigen unabhängig von seinen Haushaltsangehörigen ermittelt werden und ihm auch allein Fürsorgeleistungen gewährt werden (FSG § 10 II) – Haushaltstrennung.

Die Dienstanweisungen des Ministeriums für Gesundheit und Wohlfahrt bestätigten in den Jahren 1963 und 1967, daß das Fürsorgegesetz den oben erwähnten, familienrechtlichen Grundsätzen des Verwandtenunterhalts folgt. In der Praxis werden bei der Entscheidung und Berechnung der Fürsorgeleistungen zuerst die Mindestlebenshaltungskosten aller Personen, die in einem

---

8 Auch ein Elternteil, dem das Elternrecht bzw. Personensorgerecht nach der Ehescheidung nicht zusteht, ist verpflichtet, dem minderjährigen Kind nach wie vor Unterhalt zu gewähren. Jedoch möchte der Vater häufig Kindesunterhalt nicht gewähren, wenn das Elternrecht der Mutter allein zusteht. Vgl. *Motozawa,* Die Ehescheidung in Japan, FamRZ 1989, 464.

gemeinsamen Haushalt mit dem Hilfebedürftigen leben, zusammengerechnet und von der Summe aller Einkommen dieser Personen abgezogen. Dabei bleibt die Reihenfolge und die Höhe der Unterhaltsansprüche außer Betracht. Z. B. wird das Lebensniveau der Eltern normalerweise gleich dem der Familie des erwachsenen Kindes, wenn das Kind seine pflegebedürftigen Eltern in seinen Haushalt aufnimmt[9]. Dabei spielt der Vorrang des Unterhaltsrechts seines Ehegatten und seiner minderjährigen Kinder keine Rolle. Dies kann aber problematisch werden, wenn die Eltern keine genügenden Altersrenten[10] oder Vermögenseinkommen haben.

Falls der Hilfebedürftige kein oder ein nachrangiges Unterhaltsrecht gegenüber den Angehörigen seines Haushalts hat, soll die Bedarfsprüfung getrennt von seinem Haushalt erfolgen. Das Haushaltsprinzip kann auch zu Belastungen der Familie führen, wenn ein Hilfebedürftiger sich z. B. wegen Saisonarbeit oder eines Studiums an einem anderen Ort oder wegen einer Krankheit in einem Krankenhaus allein aufhält. Die Behörde sieht dies nicht als endgültigen Aufenthalt, sondern als einen zeitweiligen an. Erfolgt aber keine getrennte Bedarfsbestimmung, so erhöht sich die finanzielle Belastung der Haushaltsangehörigen. Im obengenannten Beispiel entsteht dadurch die Gefahr, daß das erwachsene Kind zur Entlastung seiner eigenen Familie, auf die persönliche Pflege und Betreuung seiner Eltern verzichtet. Dadurch können für den Fürsorgeträger andere Kosten entstehen.

Nach dem Subsidiaritätsprinzip muß der Hilfebedürftige vor der Stellung eines Antrages auf Fürsorgeleistungen seinen Unterhaltsanspruch geltend machen. Nach dem Haushaltsprinzip wird bei der Feststellung des Bedarfs auch das Einkommen von Haushaltsangehörigen berücksichtigt, die keine oder nur eine nachrangige Unterhaltspflicht haben. Im Einzelfall kann das Zusammentreffen von Subsidiaritätsprinzip und Haushaltsprinzip bedeuten, daß an Stelle des primär Unterhaltspflichtigen ein nicht oder nur nachrangig unterhaltspflichtiger Hausangehöriger für den Lebensunterhalt des Hilfebedürftigen aufkommen muß.

---

9 Viele alte Menschen leben immer noch mit der Familie ihres verheirateten Kindes, meistens ihres Sohnes unter einem Dach, also in den sogenannten Drei-Generationen-Familien. Vgl. *Motozawa,* Familiäre und sonstige Pflege der alten Menschen im japanischen Sozialrecht, ZfSH/SGB 1995, 170.
10 Das Jahreseinkommen alter Menschen wird zur Hälfte durch Altersrenten und Pensionen erzielt. Die Höhe der laufenden Altersrenten aus sechs Sozialrentenversicherungen sind unterschiedlich. Vgl. *Motozawa,* a.a.O. (Fn. 9), S. 170.

III. „Richtigstellung" der Fürsorge

1. Verwaltungsrichtlinie Nr. 123

Die erste Öl-Krise führte auch in Japan zu einer langfristigen Stagnation der Wirtschaft. Die Regierung versuchte, der Verminderung der Staatsfinanzen durch einen Abbau der Sozialausgaben zu begegnen[11]. Die dazu ergriffenen Maßnahmen betrafen vor allem den Bereich der Fürsorge, die aus dem allgemeinen Steueraufkommen finanziert wird.

Die dazu vom Staatsministerium erlassene Verwaltungsrichtlinie vom 17.11. 1981 (Nr. 123) hatte nach offizieller Darstellung die Verbesserung der Fürsorgeverwaltung (Förderung der richtigen Durchführung der Fürsorge) zum Ziel. Tatsächlich handelte es sich bei der sogenannten Richtigstellung der Fürsorge um ein staatliches Sparprogramm. Zwar war eine Mißbrauchsbekämpfung durchaus sinnvoll. Andererseits ging die Maßnahme der Richtlinie aber zu Lasten der sozial Schwachen. Z. B. waren die meisten *Yakuza* (Mafia-Mitglieder) Fürsorgeempfänger, denn sie verfügten nur über ein irreguläres Einkommen. Die Angestellten der Gemeinde hatten in *Yakuza*-Fällen jedoch Angst um ihr Leben. Deshalb gingen sie einer Konfrontation mit dieser Gruppe aus dem Weg, und zogen es vor, die Zahl der übrigen Fürsorgeempfänger, also der alten Menschen, Behinderten und alleinerziehenden Mütter zu verringern.

Die Richtlinie enthielt die folgenden neuen Verfahrensbestimmungen:

(1) Bei jedem Neuantrag auf Fürsorgeleistung muß der Antragsteller seine Vermögens- und Einkommenslage in einem Formular exakt beschreiben. Bei einem Fortsetzungsantrag muß der Fürsorgeempfänger schriftlich genaue Auskünfte über seine Einkommenssituation geben.

(2) In jedem Fall muß der Antragsteller bzw. der Fürsorgeempfänger eine Pauschalzustimmung hinsichtlich der Überprüfung seiner Einkommens- und Vermögensverhältnisse durch die zuständige Behörde geben. Falls der Antragsteller oder der Fürsorgeempfänger der Behörde diese schriftliche Pauschalzustimmung nicht gibt, muß die Behörde seinen Antrag ablehnen bzw. die fortdauernden Leistungen abbrechen.

Bei der „Richtigstellung der Fürsorge" spielte ein spezielles Manual (Handbuch), das ein Beamter des Rechnungshofs im Jahre 1987 verfaßte, um die Anzahl der Fürsorgeantragsteller und -empfänger zu reduzieren und damit die Ausgaben des Staates zu senken, eine erfolgreiche Rolle. In diesem Manual wurde für die Behandlung eines Antragstellers folgendes angeordnet: Beim ersten Besuch des Antragstellers ist der Antrag nicht anzunehmen; verschiedene Formulare zur Antragstellung sind auszugeben, um das Antragsverfahren zu verkomplizieren; dem Antragsteller sind unterschiedliche Prüfungen

---

11 Im Gebiet der Sozialwohlfahrt wurde eine Reihe von Gesetzesreformen durchgeführt, um die Finanzlast des Staates zu erleichtern: vgl. *Motozawa,* a.a.O. (Fn. 2), S. 49 ff.

abzuverlangen, bis dieser auf die Antragstellung verzichtet. In diesem Manual waren auch Anweisungen für die Behandlung von Fürsorgeempfängern enthalten, das heißt, Anleitungen, wie man die Fürsorgeempfänger zum Verzicht auf ihre Leistungsansprüche bringt.

In der Praxis führt die „Beratung" und „Leitung" der Antragsteller nach diesem Manual dazu, daß Hilfebedürftige zukünftig ihren Antrag für aussichtslos ansehen und ihn freiwillig zurücknehmen. Man sagt, daß nur ein Drittel aller Besucher einen Fürsorgeantrag stellen können, da es schon ziemlich schwierig ist, überhaupt ein Antragsformular zu bekommen.

Fürsorgeleistungen werden grundsätzlich auf Antrag des Hilfebedürftigen oder seiner Verwandten, die mit ihm in einem gemeinsamen Haushalt leben, gewährt. Ausnahmsweise können notwendige Leistungen von Amts wegen gewährt werden, wenn der Hilfebedürftige die Leistungen wegen Gefahr für das Leben oder den Körper dringend braucht. Dieses Prinzip zur Leistungsgewährung der Fürsorge bestätigt, daß jeder Bürger selbst frei entscheiden kann, ob er durch die Antragstellung sein Recht auf Existenzsicherung gegenüber dem Staat ausübt oder nicht. Aber durch die „Richtigstellung der Fürsorge" ist die Selbstbestimmung bei der Antragstellung schwieriger geworden.

2. Erhaltung und Verfügung des Vermögens

Das Fürsorgegesetz trifft keine Aussagen über den Einsatz von Bargeld und Sparguthaben. In der Praxis darf das Barvermögen eines Fürsorgeempfängers zu Beginn der Leistungsgewährung grundsätzlich nicht mehr als dreißig Prozent der monatlichen Mindestlebenshaltungskosten betragen. Falls der Fürsorgeempfänger einen Teil der Fürsorgeleistungen spart, wird das Ersparte als sein Einkommen angesehen und die Fürsorgeleistungen entsprechend vermindert. Der Fürsorgeempfänger sollte jedoch selbst entscheiden können, wie und wofür er die gewährten Fürsorgeleistungen nützt. Im sog. *Kato*-Fall hat Herr Kato, ein älterer Schwerbehinderter, von seinen Fürsorgeleistungen für seinen künftigen Pflegebedarf gespart. Aufgrund der genannten Verwaltungsrichtlinie wurde für einen Teil des Spargeldes die Nutzung für die Grabkosten bestimmt, der Rest wurde bei der Bedarfsprüfung als Einkommen angerechnet.

Die Verwaltungsrichtlinie von 1991 enthält Bestimmungen über die Behandlung der Immobilien des Fürsorgeempfängers. Nach dieser Richtlinie darf ein Fürsorgeempfänger Immobilien, deren Wert eine bestimmte Grenze übersteigt, nicht mehr behalten und muß sie auch dann verkaufen, wenn er dort seit langem wohnt. Vorher wurde akzeptiert, daß der Fürsorgeempfänger eine selbstbewohnte Immobilie nicht für seinen Lebensunterhalt einsetzen muß. Dazu wurde nur die Grundstücksgröße, der Name des Eigentümers und die Schätzung der Immobilienbesteuerung geprüft.

Die Preise der Grundstücke in großen Städten sind aufgrund einer fehlerhaften Baupolitik jedoch sprunghaft gestiegen. Die Ursache dafür war, daß der Grundstückshandel dem freien Markt überlassen bleibt. Diese Steigerung der Grundstückspreise brachte große Probleme für die Fürsorgeempfänger mit sich. Dies galt besonders für alte Menschen, die seit langem in großen Städten wohnten[12]. Zwar könnten sie ohne Fürsorgeleistungen leben, wenn sie ihre Immobilien verkaufen oder vermieten würden, aber sie wollen weiter dort wohnen, wo sie bis heute viele Jahre gewohnt haben. Ist dies ein zu anspruchsvoller Wunsch? Die Selbstbestimmung der Fürsorgeempfänger bei der Wahl ihrer Wohnung sollte hochgeschätzt werden, wenn die Wohnung angemessen ist.

3. Förderung der Arbeitsbeschäftigung

Die Arbeitsförderung von Fürsorgeempfängern zielt eigentlich auf die Verwirklichung eines selbständigen Lebens des Fürsorgeempfängers ab, aber in der Praxis auf die Einsparung von Fürsorgeleistungen. Falls eine jüngere alleinerziehende Mutter nicht besonders ausgebildet ist, wird nicht etwa ihre Berufsausbildung gefördert, sondern ihr eine Erwerbstätigkeit als „Hostess", eine Art Barfrau, nahegelegt. Denn eine nicht ausgebildete junge Frau kann damit viel mehr verdienen, als sie mit einer normalen einfachen Vollzeitberufstätigkeit verdienen würde. Der Staat als Zuhälter?

In der Praxis bedeutet Arbeitsförderung für einen Fürsorgeempfänger, von dem die Behörde annimmt, daß er seine Arbeitsfähigkeit nicht genügend nutzt, daß man ihm zunächst eine ärztliche Behandlung auferlegt, damit er dann der Arbeitsvermittlung unterworfen wird und ihm schließlich die Leistung entzogen wird. Falls er zwar krank ist, aber aufgrund seines Gesundheitszustandes eine leichtere Arbeit aufnehmen kann, wird sofort entschieden, daß er die Voraussetzungen der Fürsorge nicht mehr erfüllt.

4. Überprüfung aller Unterhaltspflichtigen

In der Praxis wird die Überprüfung der Unterhaltspflichtigen wie folgt durchgeführt:

(1) Bei der Antragstellung oder beim ersten Besuch wird der Hilfebedürftige über Name, Anschrift, Beruf, Familienstand aller natürlichen Unterhaltspflichtigen und ihre Unterhaltsfähigkeit befragt. Dabei werden auch die Un-

---

12 Der Rechnungshof hat im Jahre 1985 darauf aufmerksam gemacht, daß die Zahl der Fürsorgeempfänger, deren Vermögen höher als 50.000.00 Yen betrug, 95 war. Vgl. *Motozawa*, Die wirtschaftliche Entwicklung und ihre negativen Folgen in Japan, Bulletin of the University of Osaka Prefecture, Series D, Vol. XXXIII (1989), S. 57.

terhaltsmöglichkeiten von Sonderunterhaltspflichtigen geprüft, obwohl eine Gerichtsentscheidung noch nicht getroffen ist.

(2) Unabhängig von der Unterhaltsmöglichkeit wird jeder natürliche Unterhaltspflichtige normalerweise persönlich oder schriftlich befragt, ob er den Hilfebedürftigen wirklich nicht unterhalten kann. Dabei werden Haushaltsstruktur, Beruf, Brutto- und Nettoeinkommen, Sozialversicherungsverhältnis des Unterhaltspflichtigen sowie die Berücksichtigung von Unterhaltszahlungen bei der Besteuerung, und eventuelle Unterhaltsbeihilfen, z. B. des Arbeitgebers, im Zusammenhang mit dem Unterhalt des Hilfebedürftigen geprüft. Seit 1988 muß der Unterhaltspflichtige seine Auskünfte durch Einkommensbescheinigungen des Arbeitgebers, Steuerbescheid usw. belegen.

(3) Auf der Grundlage dieser Auskünfte wird der Unterhaltsbetrag berechnet. Falls der Unterhaltspflichtige trotz seines angemessenen Einkommens den Hilfebedürftigen nicht oder nicht genügend unterhält, verlangt die zuständige Behörde die Erfüllung seiner Unterhaltspflicht bzw. die Erhöhung der Unterhaltsleistungen.

Die Prüfung der Unterhaltspflichtigen ist aufgrund des Subsidiaritätsprinzips erforderlich, aber andererseits problematisch, weil alle Verwandten dadurch informiert werden, daß der Hilfebedürftige einen Fürsorgeantrag gestellt hat, auch wenn er dies nicht in die Öffentlichkeit bringen wollte. Problematisch ist auch die Verpflichtung, Belege über die Einkommens-, Vermögens- und Familienverhältnisse vorzulegen, da jeder solche private Daten möglichst geheimhalten will. Tatsächlich ist die Überprüfung der Unterhaltspflichtigen nur selten erfolgreich, stellt aber einen schweren Eingriff in die Privatsphäre des Hilfebedürftigen und seiner Familie dar.

IV. Schlußbemerkung

Im Vergleich mit dem deutschen Sozialhilfegesetz weist das japanische Fürsorgegesetz keine großen Unterschiede auf. Nur der Personenkreis der Unterhaltspflichtigen im Familienrecht ist in Japan größer als in Deutschland. In der Praxis ist aber wegen der Auslegung des Subsidiaritätsprinzips die Behandlung des Hilfebedürftigen sowie seiner Familien- und Haushaltsangehörigen viel strenger als in Deutschland, um die Fürsorgeaufgabe des Staates zu begrenzen. Dies bedeutet, daß der Spielraum der Selbstbestimmung des Hilfebedürftigen bei der Antragstellung und beim Bezug der Fürsorgeleistungen reduziert wird. Um das Grundrecht jedes Bürgers auf die Sicherung seines Existenzminimums zu verwirklichen, muß das Selbstbestimmungsrecht der Bürger im Bereich des Fürsorgerechts jedoch gestärkt werden.

Noch einen wichtigen Unterschied kann man in der Situation des Datenschutzes finden. Die zuständige Behörde verlangt viele private Daten über die

Fürsorgeempfänger und ihre Unterhaltspflichtigen, um das Verfahren der Fürsorge zu verkomplizieren und so die Geltendmachung von Fürsorgeansprüchen zu erschweren. Die Betroffenen haben keine Kontrolle über die Verwendung ihrer Daten, da es in Japan kein Datenschutzgesetz gibt. Ein besserer Schutz der persönlichen Daten ist vom Gesetzgeber einzufordern.

IV. Zivilrecht und Zivilprozeßrecht

Hiroshi Kodama

Selbstbestimmung und Verbraucherschutz

Zum Verständnis der Privatautonomie in der Problematik der Überschuldung

I. Einleitung

1. Zur Überschuldung mittels einer Kreditkarte

In diesem Referat möchte ich diejenige Problematik aus dem Bereich des Konsumentenkredits aufgreifen, die auch in Deutschland in letzter Zeit viel diskutiert worden ist. Es ist die Problematik der übermäßigen Verschuldung des Kreditnehmers und der auf seiner Seite kraft Bürgschaft oder Schuldbeitritts mithaftenden Personen. Auch in Japan ist das Schlagwort „moderne Schuldknechtschaft" seit mehreren Jahren gebräuchlich. Die Statistik zeigt, daß das Gesamtvolumen der zur Finanzierung des persönlichen Konsums aufgenommenen Kredite im Jahre 1992 rund 71 Billionen Yen (etwa 1 Billion DM) erreichte. Die daraus resultierende durchschnittliche Haushaltsverschuldung belief sich auf rund 2 Millionen Yen (etwa 28.000 DM). Im Jahre 1993 zählten die Konkursanträge durch natürliche Personen 43 000. Im Gegensatz zur noch geltenden deutschen Konkursordnung sieht das japanische Insolvenzrecht (Hasan Ho) übrigens die Möglichkeit einer Restschuldbefreiung vor.

Hinter der Zunahme der Überschuldungsfälle liegt ein außerordentlicher Aufschwung der Kreditkarte. Die Zahl der ausgegebenen Karten hat 1994 etwa 200 Millionen betragen, und zwar deswegen, weil Kreditkartenverträge mit mehreren Kreditkartenunternehmen abgeschlossen werden. Der Kreditrahmen, der einem Karteninhaber durch jeden Kartausgeber eingeräumt wird, wird insgesamt so groß, daß er über die finanzielle Leistungsfähigkeit des Karteninhabers hinausgehen kann. Bezeichnend für die Überschuldung mittels der Kreditkarte ist also, daß sie sich aus dem Zusammentreffen mehrerer, isoliert betrachtet unbedenklicher Verbindlichkeiten bildet. Die Karte ist in der Regel multifunktional verwendbar. Die Bargeldabhebung mit ihr verwendet man oft auch zur Abzahlung bestehender Kreditverpflichtungen. Infolgedessen wächst die Verbindlichkeit lawinenartig an. Die durchschnittlichen Verbindlichkeiten eines überschuldeten Schuldners betragen rund 4 Millionen Yen (etwa 57.000 DM).

2. Zum Verbot der übermäßigen Kreditgewährung

In Japan war es seit Ende der 70er Jahre eine drängende Frage, den Bürger vor dem Ratenkredit zu einem hohen Zinssatz[1] zu schützen. Am 1. November 1983 trat dann das Gesetz zur Regelung des Geldverleihgewerbes und ähnlichem (Kashikingyô no Kisei tô ni Kansuru Hôritsu) in Kraft, um die staatliche Kontrolle des Geldverleihgewerbes zu verstärken. Ein Geldverleihgewerbe im Sinne dieses Gesetzes betreibt eine Person, die in Ausübung ihrer gewerblichen oder beruflichen Tätigkeit einen Kredit gewährt. Im Gegensatz zum deutschen Verbraucherkreditgesetz sieht dieses Gesetz ein Verbot der übermäßigen Kreditgewährung vor. § 13 dieses Gesetzes lautet: Das Geldverleihgewerbe hat das finanzielle Vermögen, die Kreditfähigkeit, die Schulden, den Rückzahlungsplan usw. sowohl der kreditnachfragenden Klientel als auch des für sie Geradestehenden zu überprüfen und einen Kreditvertrag, dessen Inhalt deren finanzielle Leistungsfähigkeit überschreitet, nicht abzuschließen[2]. Aber dieses verbietende Gesetz sagt weder über die Wirksamkeit eines dagegen verstoßenden Kreditvertrags noch über außerzivilrechtliche Sanktionen etwas aus. Deswegen stellt sich die Frage, ob ein solcher verbotswidriger Kreditvertrag wirksam oder nichtig ist. Nach der ganz überwiegenden Meinung soll diese Vorschrift bloß eine belehrende sein und nichts an der Wirksamkeit des Vertrags ändern, weil man sich keine Klarheit über den Maßstab verschaffen kann, anhand dessen die übermäßige Kreditgewährung zu messen ist. In der Literatur wird daher die Effektivität dieser Vorschrift als Instrument zur Bekämpfung der übermäßigen Verschuldung bezweifelt.

3. Die Diskussionslage in Japan

Trotz der soeben angesprochenen ernsten Situation wird diese Problematik noch nicht so heftig wie in Deutschland diskutiert. Der entscheidende Grund dafür scheint mir zu sein, daß es keine höchstrichterliche Rechtsprechung über materiellrechtliche Lösungsansätze der Überschuldung gibt. Dahinter liegen die Umstände, daß in vielen Fällen die Verwandtschaft usw. des Schuldners aufgrund der persönlichen Verbundenheit zu ihm die Verbindlichkeiten zurückzahlt und daß die Konflikte zwischen dem Kartenausgeber und dem Karteninhaber einerseits überwiegend durch Vergleich oder Schlichtung außergerichtlich gelöst werden[3] und anderseits hie und da zu Konkursanträgen

---

[1] Zum Zinssatz in Japan *Axel Schwarz*, Vom Wert des Lebens und der Normen, in: H. Menkhaus (Hrsg.), Das Japanische im japanischen Recht (München 1994), 67 f.
[2] Auch § 42-3 des im 1984 revidierten Abzahlungsgesetzes (Kappuhanbai Ho) verbietet die übermäßige Kreditgewährung.
[3] Zur außergerichtlichen Lösung im allgemeinen *Kiyoshi Igarashi*, Einführung in das japanische Recht (Darmstadt 1990), 45 f.; *Masasuke Ishibe*, Das Schlichtungswesen als Gegenstand der

führen. Aber vor kurzem hatte ein Instanzgericht in der Überschuldungsproblematik ein Urteil aufgrund eines materiellrechtlichen Lösungsansatzes ausgesprochen. Das ist derjenige Lösungsansatz, der zugunsten der finanziell überforderten Schuldner eine Beschränkung der Zahlungspflicht herbeiführen könnte. Für diesen Ansatz ist bezeichnend, daß er dem Richter eine offene Befugnis zur Inhaltskontrolle des Vertrags einräumt.

II. Zum Grundsätzlichen

1. Die Verteidigung der Privatautonomie

In Japan wie in Deutschland ist die Gestaltung der Rechtsverhältnisse dem Einzelnen nach seiner Willkür als Teil der allgemeinen Handlungsfreiheit überlassen. Die Kehrseite der Gewährleistung der Privatautonomie als Selbstbestimmung des Einzelnen im Rechtsleben ist der Grundsatz der Selbstverantwortung, nämlich, daß zunächst einmal alle, die aufgrund der Selbstbestimmung sich auf Geschäfte einlassen, selbst dafür verantwortlich sind. Bei z. T. nicht unerheblichen Unterschieden ihrer Auffassungen im einzelnen dürfte die Rechtsprechung der verschiedenen BGH-Senate über die Problematik der Überschuldung der Tendenz nach der Selbstverantwortlichkeit das größere Gewicht beimessen. Meiner Meinung nach ist diese Tendenz grundsätzlich nicht zu beanstanden. Vielmehr sollte der Neigung, den Grundsatz der Selbstverantwortlichkeit zu verlassen und den Schutz des als „schwächer" vorgestellten Kreditnehmers zu sehr auszuweiten, entgegengetreten werden. Denn ein zu weitgehender Schutz höhlt das Bewußtsein der Selbstverantwortung bei vertraglichen Bindungen aus. Es wäre jedoch übertrieben, deswegen die Privatautonomie ohne jegliche Schranken zu lassen.

2. Zu den Schranken der Privatautonomie

Anläßlich zweier Verfassungsbeschwerden gegen Urteile von Zivilgerichten, durch die Klagen von Banken aufgrund von Bürgschaften naher Angehöriger stattgegeben worden war, hat sich das Bundesverfassungsgericht in seinem Beschluß vom 19.10.1993[4] bekanntlich zu den Schranken der Privatautonomie

---

rechtshistorischen und rechtsvergleichenden Betrachtung, in: Karl Kroeschell (Hrsg.), Recht und Verfahren (Heidelberg 1992), 215 ff.
4 BVerfGE 89, 214; *Christoph Becker,* Wirkungslose Bürgschaften und andere persönliche Sicherheiten naher Angehöriger, DZWiR 1994, 397 (399 f.); *Gerhard Spieß,* Inhaltskontrolle von Verträgen – das Ende privatautonomer Vertragsgestaltung, DVBl 1994, 1222; *Dieter Rehbein,* Zur Mithaftung vermögensloser Angehöriger, JR 1995, 45; *Herbert Schimansky,* Bankvertragsrecht und Privatautonomie, WM 1995, 461; *Joachim Gernhuber,* Ruinöse Bürgschaften als Folge familiärer Verbundenheit, JZ 1995, 1086.

und zu der daraus abzuleitenden Verpflichtung der Zivilgerichte geäußert. Seine Kernaussage lautet folgendermaßen: die Zivilgerichte müßten bei der Konkretisierung der zivilrechtlichen Generalklauseln wie §§ 138, 242 BGB die in Art. 2 Abs. 1 GG als Grundrecht verankerte Gewährleistung der Privatautonomie beachten und deshalb korrigierend auf besonders belastende Verträge einwirken, die das Ergebnis strukturell ungleicher Verhandlungsstärke darstellen.

Um die Schranken der Privatautonomie zu begründen, hebt das Bundesverfassungsgericht nun das Sozialstaatsprinzip hervor. Aber solche Schranken sind durchaus auch dem traditionellen Privatrecht, namentlich im Bereich der Anwendung der Generalklauseln, nicht fremd[5]. Durch den ständigen Umgang mit den Werken der Juristen des 19. Jahrhunderts hat *Flume* die Problematik der Privatautonomie folgendermaßen formuliert: „Die Problematik der Privatautonomie besteht gerade darin, daß dem privatautonomen Akt die materiale Qualifikation des Rechts fehlt und dennoch die durch ihn bewirkte Gestaltung Rechtens sein soll. Um dieser Problematik Herr zu werden, bestehen die vielfachen inhaltlichen Bestimmungen und Begrenzungen der Rechtsordnung für das privatautonome Handeln, so daß die Privatautonomie nur in dem festen Gefüge der Rechtsordnung wirken kann."[6] Um in der Terminologie *Flumes* zu sprechen, ist es die Aufgabe der Rechtswissenschaft, den Rechtsgedanken über die übermäßige Kreditgewährung zu verwirklichen. Dazu ist es vor allem notwendig, sich zuerst mit den geltenden gesetzlichen Bestimmungen und der bestehenden Rechtsprechung ausreichend auseinanderzusetzen und zu prüfen, ob sie den Problemen der Überschuldung Rechnung tragen, und dann solche Lösungsansätze durch die Rechtswissenschaft weiter zu entwickeln.

3. Die materiellrechtlichen Lösungsansätze

In Japan geht es, wie oben erwähnt, insbesondere um die Rechtslage bei Überschuldung durch das Zusammentreffen mehrerer, isoliert betrachtet unbedenklicher Verbindlichkeiten. Deswegen möchte ich meine Betrachtungen auf einen solchen Fall beschränken. Dabei ist eine an sich einwandfreie Kreditgewährung im Hinblick auf die wirtschaftlichen Verhältnisse des Kreditnehmers geeignet, durch die geschuldeten Rückzahlungen dessen finanzielles Existenzminimum zu zerstören oder dauerhaft zu gefährden. In Literatur und

---

5 Vgl. *Wolfgang Zöllner,* Die politische Rolle des Privatrechts, JuS 1988, 329 (336). Schon im 19. Jahrhundert sprach *Savigny* von der Notwendigkeit der Umgebung der Freiheit des Menschen durch die Rechtsinstitute. *F.C. v. Savigny,* System des heutigen Römischen Rechts I (1840), S. 55.
6 W. *Flume,* Allgemeiner Teil des Bürgerlichen Rechts, Zweiter Band, Das Rechtsgeschäft, 3. Aufl. (Berlin 1979), S. 6.

Rechtsprechung kann man im wesentlichen vier Lösungsansätze unterscheiden. In Anbetracht der gebotenen Kürze ist eine Einzelanalyse jedes Lösungsansatzes aber nicht möglich. Einige Hinweise müssen an dieser Stelle genügen.

Nach Ansatz 1 soll die übermäßige Kreditgewährung sittenwidrig nach § 90 des japanischen Zivilgesetzbuchs[7] sein. Aus der übermäßigen Kreditgewährung für sich allein kann man aber nicht den gegen den Kreditgeber zu richtenden Vorwurf der Sittenwidrigkeit herleiten. Ferner wird bei diesem Ansatz der Bereicherungsanspruch zum Ausgleich schon durchgeführter Vermögensverschiebungen in der Regel von § 708 des japanischen Zivilgesetzbuchs[8] ausgeschlossen. Daher sollte man es vermeiden, einen Ansatz mit solchen besonders schwerwiegenden Rechtsfolgen zu verwenden, ohne daß die übrigen Instrumente ausreichend erwogen worden sind.

Nach Ansatz 2 soll dem Kreditgeber ein Verschulden bei Vertragsverhandlungen vorgeworfen werden, wenn er gegenüber dem Kreditnehmer die Aufklärungspflicht verletzt hat. Aus einem solchen Verschulden wollen einige Autoren dann nicht nur einen Schadensersatzanspruch, sondern auch ein Rücktrittsrecht herleiten. Im Gegensatz zum ersten kann dieser Ansatz das starre Alles oder Nichts vermeiden. Aber sowohl die Rechtfertigung als auch der Inhalt der Aufklärungspflicht sind unklar.

Nach Ansatz 3 sollen mehrere Elemente, die jeweils für sich allein genommen noch nicht für eine Ungültigkeit oder Vernichtbarkeit des Vertrags ausreichend seien, insgesamt doch dazu genügen. Dieser Ansatz ist zwar elastisch sowohl in der Tatbestandsregelung als auch in der Rechtsfolgenregelung, aber methodologisch bedenklich.

Nach Ansatz 4 lassen sich aus der gesetzlichen Vorschrift über ein Verbot der übermäßigen Kreditgewährung die Pflichten des Geldverleihgewerbes herleiten. Meiner Meinung nach ist es ein angemessener Lösungsansatz, auf der einen Seite aufgrund eines solchen Verbotsgesetzes dem Geldverleihgewerbe die Pflicht zur Überprüfung der finanziellen Situation des kreditnachfragenden Klients aufzuerlegen und auf der anderen Seite aus dem Gebot von Treu und Glauben eine vorvertragliche Beratungs- oder Warnpflicht des Geldverleihgewerbes hinsichtlich der Möglichkeit der Überschuldung herzuleiten. Es ist dann Sache des Kunden, zu entscheiden, ob er trotz einer solchen Beratung oder Warnung die Kreditgewährung in Anspruch nimmt. Wenn er selbst die Kreditgewährung gewählt hat, hat er die Verbindlichkeiten zurückzuzahlen. Die Verletzung solcher Pflichten durch das Geldverleihgewerbe löst die

---

7 § 90 des japanischen Zivilgesetzbuchs: „Ein Rechtsgeschäft, das gegen die öffentliche Ordnung oder die guten Sitten verstößt, ist nichtig."
8 § 708 des japanischen Zivilgesetzbuchs: „Wer eine Leistung wegen unrechten Grundes bewirkt, kann das Geleistete nicht zurückfordern, es sei denn, daß der unrechte Grund nur auf Seiten des Bereicherten besteht."

Herabsetzung der Kreditsumme auf ein angemessenes Maß aus. Dieser Ansatz als Konkretisierung der Verhaltenspflichten des Geldverleihgewerbes scheint mir ohne dogmatische Überforderung zu sein. Im folgenden soll untersucht werden, wie er dogmatisch zu bewerten ist.

Zwar wird derjenige, der sich einmal zur Aufnahme eines Kredits entschlossen hat, kaum wegen des Überschuldungsrisikos von der Verwendung der Kreditkarte zurückschrecken. Geschützt werden soll nicht vor der Unkenntnis eines Risikos, sondern vor dem Risiko selbst[9]. Gegen die Herleitung einer Kreditverweigerungs- oder Kreditablehnungspflicht[10] entweder aufgrund eines solchen Verbotsgesetzes oder aus dem Gebot von Treu und Glauben bestehen jedoch de lege lata schwerwiegende Bedenken. Eine solche Pflicht würde den wirtschaftlich Schwächeren bevormunden. Dies bedeutet einen Eingriff in seine Vertragsfreiheit, der über das erforderliche Ziel hinausschießt.

An den oben angeführten vier Ansätzen könnte man kritisieren, daß nur diejenigen Umstände berücksichtigt werden, die beim Abschluß des Rechtsgeschäfts vorliegen. Wenn beispielsweise der Schuldner erst nach dem Vertragsschluß sein Einkommen verliert, läßt sich das nicht mehr berücksichtigen[11]. Aber das gehört zur Problematik des nachträglichen Unvermögens des Geldzahlungsverpflichteten. Nach einem Auslegungsvorschlag gerät der Geldleistungspflichtige mit seiner nicht bezahlten Schuld nur in Verzug. Von dem Verzug könne er sich gemäß § 285 BGB entlasten, wenn er nachwiese, unverschuldet mittellos geworden zu sein. Ein privater Geldschuldner dürfe sich darauf berufen, nicht leistungsfähig zu sein, weil sein Einkommen infolge von Arbeitslosigkeit oder Krankheit unverschuldet erheblich zurückgegangen sei[12].

III. Pflichten des Geldverleihgewerbes

1. Rechtsprechung zur übermäßigen Kreditgewährung

Bezüglich der Überschuldung durch das Zusammentreffen mehrerer, isoliert betrachtet unbedenklicher Verbindlichkeiten gibt es nur einige Urteile von

---

9 Vgl. *Stephan Breidenbach*, Die Voraussetzungen von Informationspflichten beim Vertragsschluß (München 1989), 18.
10 Vgl. *H.E. Brandner*, Verhaltenspflichten der Kreditinstitute bei der Vergabe von Verbraucherkrediten, ZHR 153 (1989), 159; *P. Groeschke*, Die Schuldturmproblematik im Zugriff der vorvertraglichen Pflichten (Frankfurt a.M. 1993).
11 *D. Medicus*, Der moderne Schuldturm? Rechtsdogmatische Überlegungen zur Privatautonomie im Recht der Bankgeschäfte, in: W. Hadding u.a. (Hrsg.), Aufklärungs- und Beratungspflichten der Kreditinstitute – Der moderne Schuldturm, Schriftenreihe der Bankrechtlichen Vereinigung, Bd. 3 (Berlin 1993), 91 ff.
12 *Martin Ahrens*, Der mittellose Geldschuldner, Unmöglichkeit zur Leistung und Verzug des Zahlungsverpflichteten (Berlin 1994), S. 274.

Instanzgerichten. Der dem Urteil vom 16.3.1994 des Amtsgerichts Kushiro[13] zugrunde liegende Sachverhalt ist folgender: Die Klägerin ist ein Kreditkartenunternehmen. Die Beklagte ist eine unbeschäftigte Hausfrau; das monatliche Nettoeinkommen ihres Ehemanns betrug rund 170.000 Yen (etwa 2.,400 DM). Am 9.1.1991 schloß die Beklagte einen Kreditkartenvertrag mit der Klägerin ab. Zu diesem Zeitpunkt war die Beklagte bereits in Höhe einer monatlichen Rate über 26.600 Yen (etwa 380 DM) als Aufwendungsersatz gegenüber der Klägerin verpflichtet und war mit einigen monatlichen Zahlungen in Verzug geraten. Am 26.4.1991 hatte die Beklagte außerdem einen Kreditantrag an die Klägerin in Höhe eines Betrages von 400.000 Yen (etwa 5.700 DM) unterschrieben, um diese Verbindlichkeiten zurückzuzahlen. Vom nächsten Monat an betrugen die Monatsraten für die Rückzahlung rund 130.000 Yen (etwa 1.857 DM). Vom 20.12.1991 bis zum 8.10.1992 hat die Beklagte außerdem sechs mal die Bargeldabhebung mit der Kreditkarte verwendet, um die bestehenden Kreditverbindlichkeiten abzuzahlen. Die Klägerin verlangte dann von der Beklagten rund 870.000 Yen (etwa 12.428 DM) nebst Zinsen. Unter Berufung auf § 13 des Gesetzes zur Regelung des Geldverleihgewerbes, das heißt auf das Verbot der übermäßigen Kreditgewährung, erhob die Beklagte dagegen den Einwand, daß diese Verbindlichkeiten deswegen obligationes naturales sein sollten, weil diese Kreditgewährungen, die offensichtlich die finanzielle Leistungsfähigkeit der Beklagten überschritten, verbotswidrig seien.

Im Gegensatz zur überwiegenden Meinung hat das *AG Kushiro* ausgesprochen, daß das Geldverleihgewerbe aufgrund dieses Verbotsgesetzes in seiner Vertragsfreiheit begrenzt sei und die Nebenpflicht habe, Kredite, die die finanzielle Leistungsfähigkeit der kreditnachfragenden Klientel überschreiten, nicht ohne weiteres zu gewähren. Bei der in diesem Fall außerordentlich großen, übermäßigen Kreditgewährung lasse der dieser Vorschrift zugrundeliegende Zweck sich als ein wichtiger Faktor berücksichtigen, um einen Verstoß gegen das Gebot von Treu und Glauben, Rechtsmißbrauch oder Sittenwidrigkeit der Inanspruchnahme durch den Kreditgeber zu begründen. Das AG sah eine Verletzung dieser Nebenpflicht durch die Klägerin deswegen für gegeben an, weil die Klägerin den Kredit von 400.000 Yen ohne weiteres gewährt hatte, obwohl die Rückzahlungsfähigkeit der Beklagten zu diesem Zeitpunkt bereits überschritten war. Als Ergebnis hat das AG unter Berücksichtigung der Umstände des Falles jede nach diesem Zeitpunkt eingegangene Zahlungsverpflichtung auf drei Viertel des Betrags herabgesetzt.

Meiner Meinung nach ist die Nebenpflicht des Geldverleihgewerbes, von der dieses Urteil spricht, grundsätzlich nicht zu beanstanden. Aber genauer ließe sie sich als eine vorvertragliche Beratungs- oder Warnpflicht hinsichtlich der Möglichkeit der Überschuldung bezeichnen. Diese Pflicht setzt eine Überprüfungspflicht bezüglich der finanziellen Situation des kreditnachfragenden

---

13 Hanrei-Taimuzu, Nr. 842, 89.

Klienten voraus. Deren Verletzung löst die Herabsetzung der Rückzahlungspflicht aus. Allein aus der eine übermäßige Kreditgewährung verbietenden Vorschrift lassen sich solche Pflichten nicht ableiten. Ich möchte diese Pflichten einer näheren Betrachtung unterziehen.

2. Der Gedanke des Mitverschuldens

Der soeben angesprochenen Lösungsansatz, der zugunsten der finanziell überforderten Schuldner eine Herabsetzung der Zahlungspflicht herbeiführen könnte, scheint mir eine Weiterführung von einer Reihe von Urteilen über die Globalbürgschaft zu sein. Die Zulässigkeit einer zeitlich und betragsmäßig nicht beschränkten Bürgschaft ist zwar durch Rechtsprechung und Wissenschaft bejaht worden. Aber Rechtsprechung und Literatur stehen übereinstimmend auf dem Standpunkt, daß die Wirksamkeit einer solchen Bürgschaft, wenn sie sich auch im Rahmen der Geschäftsverbindung zwischen Gläubiger und Hauptschuldner hält, unter Umständen beschränkt sein soll. Dabei wird die Verminderung der Bürgschaftsverpflichtung mit zweierlei Argumentationsweisen hergeleitet, einerseits unter Berufung auf das Gebot von Treu und Glauben unter Berücksichtigung aller Umstände des Falles, andererseits aus der analogen Anwendung von § 5 des Gesetzes über die Persönliche Bürgschaft (Mimoto Hoshô ni Kansuru Hôritsu)[14], das dem Richter die Befugnis einräumt, bei der Beurteilung der Einstandspflicht des Bürgen sowie bei der Festsetzung der Höhe des Ersatzanspruchs alle Umstände zu berücksichtigen (eine Regelung, wie sie § 343 des deutschen BGB ähnlich für die Vertragsstrafe vorsieht).

Zum Beispiel liegt dem Urteil des *LG Tokio* vom 25.12.1985[15] folgender Sachverhalt zugrunde: Im September 1980 gab die Beklagte gegenüber der Klägerin telefonisch eine Bürgschaftserklärung bis zum Höchstbetrag von 20 Millionen Yen (etwa 285.000 DM) zur Sicherung aller bestehenden und künftigen Forderungen der Klägerin gegen den Hauptschuldner, Firma A, aus ihrer Geschäftsverbindung, das heißt dem Fleischgroßhandel ab. Am 1.10.1980 übernahm die Beklagte gegenüber der Klägerin schriftlich eine selbstschuldnerische Bürgschaft in Höhe von 20 Millionen Yen. Deren Klausel Nr. 9 aber lautet: „Auch wenn die verbürgte Forderung des Gläubigers einen Höchstbetrag von 20 Millionen Yen übersteigen wird, hat der Bürge widerspruchslos den ganzen Betrag zu bezahlen." Am 16.5.1981 nahm die Klägerin einen Betrag von 65 Millionen Yen (etwa 929.000 DM) für die Bürgschaftsschuld in Anspruch.

---

14 Zum historischen Hintergrund dieses Gesetzes *Masamichi Okuda,* Zivilrecht und Zivilrechtswissenschaften in Japan seit der Rezeption europäischer Rechte im 19. Jahrhundert, in: G. Baumgärtel (Hrsg.), Grundprobleme des Privatrechts (Köln 1985), 12 f.
15 Hanrei Jiho, Nr. 1221, 67.

Das LG bejaht weder die Nichtigkeit der Bürgschaftserklärung des Beklagten wegen eines Irrtums gemäß § 95 des japanischen Zivilgesetzbuchs noch die Nichtigkeit der Klausel Nr. 9 wegen einer Sittenwidrigkeit gemäß § 90 des japanischen Zivilgesetzbuchs. Von den mit der Klage verlangten 65 Millionen Yen sprach das LG der Klägerin trotzdem durch Teilanerkenntnisurteil nur 24 Millionen Yen zu. Denn aus dem Gebot von Treu und Glauben heraus hat das LG die Differenz von 45 Millionen Yen zwischen der verlangten Summe (von 65 Mio.) und dem Höchstbürgschaftsbetrag (von 20 Mio.) auf 4 Millionen Yen herabgesetzt. Bei seiner Begründung hat das LG die folgenden Umstände in die Gesamtbetrachtung einbezogen. (I.) Der Bürgschaftswille der Beklagten hat mehr Gewicht auf einen Höchstbetrag von 20 Millionen Yen als auf die Klausel Nr. 9 gelegt. (II.) Bereits im September 1980 sorgte sich die Klägerin schon um die finanzielle Leistungsfähigkeit der Firma. (III.) Die Klägerin hat sich den vertraglichen Rücktritt wegen Zahlungsverzugs oder Verschlechterung der Vermögensverhältnisse der Firma A vorbehalten. (IV.) Ende Dezember 1980 war die Firma A gegenüber der Klägerin wegen eines Verkaufskredits in Höhe von 60 Millionen Yen verpflichtet, aber die Klägerin hat den Rücktritt trotzdem nicht erklärt und die Handelsbeziehungen mit der Firma A fortgesetzt. (V.) Über den Stand der Handelsbeziehungen mit der Firma A hat die Klägerin der Beklagten keine Auskunft erteilt. (VI.) Mit Rücksicht auf die finanzielle Leistungsfähigkeit der Firma A sowie die Verkehrssitte ihres Verkehrskreises war der Verkaufskredit in Höhe eines Betrags von 65 Millionen Yen außerordentlich groß.

Obwohl er nicht ausdrücklich ausgesprochen wird, scheint mir diesem Urteil der Gedanke des Mitverschuldens zugrundezuliegen. § 418 des japanischen Zivilgesetzbuchs lautet: „Trifft den Gläubiger an der Nichterfüllung der Schuld ein Verschulden, so hat das Gericht dies sowohl bei der Bestimmung der Haftung als auch bei der Festsetzung der Höhe des Schadensersatzes zu berücksichtigen." Wie in § 254 des deutschen BGB wird dem Gläubiger auferlegt, vorwerfbare Selbstschädigungen zu unterlassen, und ihm zugemutet, daß er zugunsten des Schuldners schadensmindernd eingreift[16]. Allein aus dem Hinweis auf eine Fortsetzung der Handelsbeziehungen mit dem Hauptschuldner durch den Gläubiger läßt sich ein Mitverschulden des Gläubigers nicht ableiten. Eine solche Handlung an sich ist nicht vorwerfbar. Anders ist die Lage aber, wenn er über die finanziellen Verhältnisse des Hauptschuldners Bescheid weiß. Bei der Kenntnis von den verschlechterten Vermögensverhältnissen des Hauptschuldners handelt er durch die Fortsetzung der Handelsbeziehungen deswegen im Sinne des Mitverschuldens schuldhaft, weil diese Fortsetzung auf die Erhöhung des für den Bürgen bestehenden Risikos der tatsächlichen Inanspruchnahme hinauslaufen wird. Durch seine Rücktrittserklärung hätte der Gläubiger dieses Risiko herabsetzen können. Bei der Glo-

---

16 Vgl. *W. Fikentscher,* Schuldrecht, 8. neubearbeitete Aufl. (1992), Rdnr. 570.

balbürgschaft räumt die höchstrichterliche Rechtsprechung dem Bürgen außerdem ein Kündigungsrecht wegen Verschlechterung der Vermögensverhältnisse des Hauptschuldners ein[17]. Bei einer Auskunfterteilung über den Stand der Handelsbeziehungen durch den Gläubiger hätte der Bürge sich also von der Bürgschaft lösen können. Hier könnten wir von einer ähnlichen Mitwirkungspflicht oder Obliegenheit des Gläubigers gegenüber dem Bürgen sprechen, wie sie sich auch aus § 455 des japanischen Zivilgesetzbuchs[18] herleiten läßt. Die Frage ist, ob man im Recht des Verbraucherkredits von einer Mitwirkungspflicht des Geldverleihgewerbes, das Risiko des Kreditnehmers möglichst gering zu halten, sprechen kann.

3. Zur dogmatischen Grundlegung der Pflichten des Geldverleihgewerbes

Regelmäßig muß gewiß der Schuldner seine Leistungsfähigkeit selbst einschätzen und entscheiden, welche Risiken er eingehen will[19]. Auch bei Darlehen trifft den Darlehensgeber vertragstypisch weder zur Überprüfung der Verhältnisse des Darlehensnehmers noch zur Beratung bezüglich der Möglichkeit seiner Überschuldung eine Rechtspflicht. Anders ist die Lage aber, wenn eine Person in Ausübung ihrer gewerblichen oder beruflichen Tätigkeit einen Kredit gewährt. Mit großem Eifer verfolgt sie die Entwicklung eines Kreditvolumens. Der hauptsächliche Grund für die übermäßige Kreditgewährung liegt darin, daß die Kreditgeber um die Eroberung eines neuen Markts miteinander hart konkurrieren und den Kredit gewähren, ohne die finanzielle Leistungsfähigkeit genügend zu überprüfen. Also ist es nötig, den Kunden zu nochmaliger Überlegung aufzufordern. Die notwendige Voraussetzung dafür ist die Überprüfung der finanziellen Situation der Kunden. Ergibt die Überprüfung der finanziellen Situation anhand der Angaben der Kreditwürdigkeitprüfungsinstitute gegenüber dem Geldverleihgewerbe, daß die Rückzahlung des Kredits den Kunden in evidenter Weise überfordert, trifft das Geldverleihgewerbe die vorvertragliche Nebenpflicht, dies dem Kunden bzw. Bürgen mitzuteilen. Den Grund dafür können wir in dem Grundsatz finden, daß den Rechtsgenossen eine kleinere Mühe zugemutet werden kann.

Die Rechtsfolge einer schuldhaften Verletzung solcher Pflichten ist die Herabsetzung der Kreditsumme auf ein angemessenes Maß. Sie ist die Sanktion gegen die Verletzung der Verhaltenspflicht durch das Geldverleihgewer-

---

17 Großer Gerichtshof (Daishin'in) vom 27. Februar 1934, Minshû Bd. 13, 215.
18 § 455 des japanischen Zivilgesetzbuchs: „Hat der Gläubiger ungeachtet eines nach den §§ 452 oder 453 gestellten Verlangens des Bürgen verabsäumt, die Mahnung oder Vollstreckung vorzunehmen, und kann er später von dem Hauptschuldner keine volle Befriedigung seiner Forderung erlangen, so wird der Bürge von seiner Verbindlichkeit insoweit befreit, als der Gläubiger bei sofortiger Mahnung oder Vollstreckung hätte Befriedigung erlangen können."
19 D. Medicus, Allgemeiner Teil des BGB, 6., neubearbeitete Aufl (Heidelberg 1994), Rdnr. 706c.

be. Eine solche Sanktion ist eine Einschränkung der Vertragsfreiheit im Sinne der Inhaltskontrolle, die es erlaubt, unter grundsätzlicher Aufrechterhaltung der privatautonomen Gestaltung der Rechtsverhältnisse die gestörte Ordnungsfunktion wiederherzustellen. Ob die Anordnung einer Kreditverweigerungs- bzw. Kreditablehnungspflicht de lege ferenda möglich ist, kann ich hier leider nicht untersuchen.

Yoshikazu Kawasumi

Verbraucherbegriff und Selbstbestimmung im Verbraucherschutzrecht

Am Beispiel der Theorie und Praxis in Japan

I. Einleitung

Die Frage: „Wer ist ein Verbraucher?"[1] ist auch in Japan ein schwieriges Problem. Man neigt dort ganz allgemein dazu, den Verbraucher als den „Schwächeren" zu betrachten. Die Selbstbestimmung des „Verbrauchers" galt und gilt deshalb in Japan als fraglich oder gefährdet.

Ich möchte im folgenden nur einen kurzen Überblick über die hierzu entwickelten Theorien und auch die Praxis in Japan geben. Im Anschluß daran werde ich Ihnen meine eigene Auffassung darlegen.

II. Überblick über die Theorie in Japan

1. Historischer Überblick

Um die Problematik des Verbraucherbegriffs zu verstehen, muß man zunächst den Zusammenhang dieser Frage mit dem allgemeinen Problem des juristischen Personenbegriffs sehen.

In Japan hat der Begriff der Person im juristischen Sinne keine Wurzeln geschlagen. Im Zuge der Zivilgesetzgebung 1898 gab es auch insofern ein Rezeptionsproblem. Nach meiner Überzeugung übernahm die japanische Regierung der Meiji-Zeit die kontinentaleuropäischen Zivilgesetzbücher, insbesondere das eine zentrale Rolle spielende deutsche BGB, allein aus staatspolitischen Gründen. Ein bezeichnendes politisches Schlagwort für die Rezeption war etwa: „Zum Wohl des Landes, zur Stärkung der Armee!", für die „produzierende Industrie!" und zur „Aufhebung des ungleichen Internationalen Vertrags!". Nicht etwa war der Rechtsimport dadurch motiviert, die Anforderungen der „Zivilgesellschaft" im Sinne von *Jürgen Habermas* zu realisieren.[2]

---

1 Vgl. *Dieter Medicus,* Wer ist ein Verbraucher? Festschrift für Z. Kitagawa zum 60. Geburtstag, Wege zum japanischen Recht (1992), S. 469-486.
2 Vgl.*Jürgen Habermas,* Strukturwandel der Öffentlichkeit, Untersuchungen zu einer Kategorie der bürgerlichen Gesellschaft, 2. Auflage (1990), S. 46.

Entsprechend überwogen die Tendenzen der „staatlichen" oder „bürokratischen" Zivilrechtswissenschaft in Japan.[3] Ganz auf der Linie der Nationalpolitik trieb sie die „Sozialisierung" des Zivilrechts voran. Insbesondere für das Arbeits- und Wohnungsrecht rief man das Schlagwort „Von der Person zum Menschen" aus.[4] Dahinter stand ein sehr optimistischer Idealismus – als ob ein „sozialisiertes" Zivilrecht automatisch auch die sozialen Probleme in Japan lösen könnte!

2. Die herrschende Auffassung

a) Auch im Japan der Nachkriegszeit existieren die genannten Tendenzen nach wie vor. Bisweilen wurden sie kritiklos übernommen. Das gilt insbesondere für das Verbraucherschutzrecht.

Nach herrschender Auffassung sind Personen im juristisch-zivilistischen Sinn jedenfalls bei abstrakter Betrachtung immer gleich. Ein solcher Begriff von der Person entspreche jedoch nur dem Modell des klassischen Zivilrechtssystems aus der Zeit der „Bürgerlichen Revolution". In einer modernen, hochentwickelten Industriegesellschaft erweise er sich als eine *Fiktion*. Man müsse deshalb heute den Weg gehen, den das Schlagwort „Von der abstrakten Person zum konkreten Menschen" weist.[5]

Für das Verbraucherschutzrecht bedeutet dies, daß man meint, die unterschiedliche Wirtschaftsmacht des Verbrauchers und des Unternehmers in den Mittelpunkt stellen zu müssen. Oder mit anderen Worten: Verbraucherschutzrecht sei immer dann anzuwenden, wenn der Verbraucher, der stets am Ende der Güterkette stehe, kraft seiner unterschiedlichen Wirtschaftsmacht gegenüber dem Unternehmer benachteiligt werde. Die unterschiedliche Machtverteilung zwischen Verbraucher und Unternehmer werde vor allem im „Passiv-Dasein" des Verbrauchers konkret. Er sei stets Endabnehmer, der die Gebrauchsgüter für seinen Unterhalt wie den seiner Familie benötige.[6] Dies sei ein gemeinsames Merkmal des „Menschen", das ihn gegenüber dem Unter-

---

3 Vgl. *Yoshitarō Hirano,* Kanryō Hōgaku (Die bürokratische Rechtswissenschaft), in: Nihon Kindaiho Hattatsushi (Die Entwicklungsgeschichte des japanischen modernen Rechts) (1958), S. 215 ff.

4 Sehr kritisch gegen diese Tendenz schon vor dem Krieg in Japan, vgl. *Yujirō Kako,* Shakai Teiki to shiteno Hotekishutai ni tsuite (Zum juristischen Subjekt als Sozialtyp) (1933), in *ders.,* Kindaihō no Kiso Kōzo (Grundstruktur des Modernenrechts) (1964), S. 63 ff. Zur Sozialrechtstheorie von G. *Radbruch,* der einen großen Einfluß auf das Schlagwort „Von der Person zum Menschen" ausgeübt hatte, vgl. *Radbruch,* Der Mensch im Recht, Heidelberger Antrittsvorlesung (1927), insbes. S. 7 und S. 16.

5 Vgl. *Sakai Wagatsuma,* Sintei Minpō Sōsoku (Neubearbeiteter Allgemeiner Teil) (1965), S. 46-47.

6 Vgl. *Michitarō Kai,* Jinkakusha Gainen to Shōhisha (Personbegriff im juristischen Sinn und Verbraucher) in: Shōhisha Hogo Hō no Kiso (Grundlage des Verbraucherschutzes), Herausgegeben von Z. Kitagawa und S. Oikawa (1977), S. 48-50.

nehmer auszeichne. Es sei deshalb im Verbraucherschutzrecht, so etwa *Eiichi Hoshino,* der Gedanke von einer abstrakten „Person" überhaupt zu überwinden.[7] Mit dieser sehr japanischen Bedeutung will man ganz allgemein die Vorstellung vom Verbraucher als einem „schwächeren" Menschen, als einem solchen „von Fleisch und Blut", unterstreichen. Dabei soll der Verbraucher freilich nur *Objekt* rechtlichen und administrativen Schutzes sein. Und man will und kann so notwendigerweise auch nicht von einer „Selbstbestimmung" des Verbrauchers sprechen.

b) Demgegenüber will ein Teil der japanischen Literatur diejenigen Mittel untersuchen, die erforderlich sind, um den schwachen und einfältigen, stets heteronom bestimmten Verbraucher in ein autonomes Handlungssubjekt zu verwandeln. Um dies zu realisieren, erhebt man spezifische Verbraucherinteressen, wie etwa diejenigen nach Information oder Auswahl, zu privatrechtlichen Ansprüchen: Man schafft Informations- und Auswahlrechte.[8] Beispielsweise an der Auffassung von *Jisuke Nagao* kann man jedoch erkennen, daß auch für diese Schaffung subjektiver Rechte das Schlagwort „Von der Person zum Menschen" die ausschlaggebende Motivation darstellt.[9]

c) Nach einer anderen, zu den genannten Ansätzen in Opposition stehenden Meinung muß der modernrechtliche „Person-Begriff" nicht durch einen konkreten „Verbraucher-Begriff" vollständig substituiert werden. Vielmehr ergebe sich der konkrete Verbraucherbegriff aus dem traditionellen Personenbegriff durch erweiterte Interpretation des Zivilgesetzbuchs oder die neue Gesetzgebung.[10] Hat z. B. jemand einen benachteiligenden Vertrag aufgrund eines unangemessenen Informationsangebots der Unternehmerseite abgeschlossen, so soll er das auf Betrug gründende Anfechtungsrecht des § 96 Abs. 1 JZGB aufgrund entsprechender Anwendung ausüben können.

Aber nach dieser Meinung hat der Grundsatz der Privatautonomie und der Vertragsfreiheit jedenfalls eine große Funktionsstörung erlitten. Die mit diesen Prinzipien stets verbundene formelle Gleichheit habe in ihrer Folge faktische Ungleichheit mit sich gebracht. Auch die Verbindlichkeit etwa von allgemeinen Geschäftsbedingungen sei, so z. B. *Zentaro Kitagawa,* eine schädliche Folge der klassischen Willenstheorie.[11] Meiner Meinung nach handelt es sich hierbei freilich um ein sehr einseitiges Verständnis der klassischen Willenstheorie.

---

7 *Eiichi Hoshino,* Shihō ni okeru Ningen (Mensch im Privatrecht), in: Iwanami Kihonhogaku (Fundamentale Rechtswissenschaft) Bd. 1 (1983), S. 125 ff. bes., S. 143-144, S. 150.
8 *Jisuke Nagao,* Shōhisha no Gainen to Shōhishaken (Begriff des Verbrauchers und Recht des Verbrauchers), in: ders. Shōhisha Shihō no Genri (Prinzip des Verbraucherprivatrechts) (1992), S. 19 ff., S. 48 ff.
9 Vgl. *Nagao,* a.a.O. (Fn. 8), S. 32.
10 *Zentarō Kitagawa,* Gendai Shihō ni okeru Shōhisha (Verbraucher im gegenwärtigen Privatrecht), Shōhisha Hogo Hō no Kiso (Grundlage des Verbraucherschutzes) a.a.O. (Fn. 6), S. 55.
11 Vgl. *Kitagawa,* a.a.O. (Fn. 10), S. 56.

3. Kritik vom Standpunkt einer „rein zivilistischen" Lehre aus

An dieser Stelle möchte ich eine typische Tendenz aufzeigen, die den oben genannten herrschenden Auffassungen gegenübersteht. So muß man nach Meinung von *Shigeyoshi Harashima* vor allem das „Norm-Aushöhlungsphänomen" im Zivilrecht überwinden. *Harashima* will den „radikalen" Charakter der traditionellen und klassischen Zivilrechtstheorie hervorheben, nach der das Rechtsgeschäft als die autonome Gestaltung der Rechtsverhältnisse durch den Einzelnen in Selbstbestimmung zu begreifen ist.[12] Man könne so die Entfremdung von den dispositiven Vorschriften und die sogenannte „Aushöhlung der Hauptpflichten" etwa durch Geschäftsbedingungen verhindern, indem der Richter durch Rückbesinnung auf das Erfordernis der Selbstbestimmung eine Inhaltskontrolle vornimmt.[13] Nach *Harashimas* Meinung soll so auch der Charakter des sogenannten „cooling off" (Widerrufsrecht des Verbrauchers) im Abzahlungsgesetz oder im Gesetz über den Widerruf von Haustürgeschäften zivilrechts-immanent hergeleitet werden können. Es soll das Wesen des „cooling off"-Systems darin bestehen, den autonomen Willen des Verbrauchers wieder hervortreten zu lassen.[14] Demgegenüber will die herrschende Meinung in Japan das „cooling off" als ein rechtspolitisches Institut zum Schutz des „Schwächeren" begreifen.[15] Der Unterschied zwischen der herrschenden Lehre und der rein zivilistischen Lehre wird damit deutlich.

Auch die Auffassung von *Makoto Shimizu* nimmt einen damit identischen Standpunkt ein.[16] Nach dessen Meinung müsse auch der Unternehmer als der „Bürger" die Regelungen des Zivilrechts beachten, da er das Zivilrechtssystem eben auch für sich selbst gestaltet habe. Wenn der „Bürger" diese Regelungen ignoriere und nur an seinen eigenen Vorteil denke, so breche er sein eigenes Recht. Es gehe also gerade darum, den Unternehmer selbst als „Bürger" den Regelungen des Zivilrechts zu unterwerfen.[17]

Schon *Werner Flume* hat in Deutschland zu recht gesagt, es sei „das ewige Dilemma der Privatautonomie", daß sie immer wieder durch ungleiche (wirtschaftliche) Machtverteilung in Frage gestellt werde.[18] Aus diesem Grunde

---

12 *Shigeyoshi Harashima*, Keiyaku no Kōsokuryoku (Verbindlichkeit des Vertrags), in: Hōgaku Seminā (Juristisches Seminar) Nr. 345 (1983), S. 32 ff.
13 *Harashima*, Yakkan to [Shiminhō] Ron (Allgemeine Geschäftsbedingungen und die grundsätzliche Lehre vom „Zivilrecht"), in: Hō no Kagaku (Wissenschaft des Rechts) Nr. 12 (1984), S. 29.
14 *Harashima*, Naze Ima Savigny ka? (Warum spricht man jetzt über Savigny?), in: Kindai Shihō Gaku no Keisei to Gendai Hōriron (Die Gestaltung des modernen Rechts und die gegenwärtige Rechtstheorie), Herausgegeben von S. Harashima (1988), S. 48-49.
15 Vgl. *Hoshino*, a.a.O. (Fn. 7), S. 154-155.
16 *Makoto Shimizu*, Jidai ni idomu Hōritsugaku (Die zu der Zeit herausfordernde Rechtswissenschaft) (1992), S. 340 ff.
17 Vgl. *Shimizu*, a.a.O. (Fn. 16), S. 19.
18 *Werner Flume*, Allgemeiner Teil des Bürgerlichen Rechts, Bd. II Das Rechtsgeschäft, 4. Auflage (1992), S. 10.

hält *Flume* auch die typisierte Anwendung des allgemeinen Grundsatzes von „Treu und Glauben" oder die Risikoverteilung anhand des jeweiligen „Vertragstypus" für angebracht, gerade um die Privatautonomie zu erhalten.[19]

In Japan will dagegen die sehr extreme Auffassung des „Postmodernismus", wie wir den Nachfolger der herrschenden Auffassung bezeichnen, die Privatautonomie als einen gescheiterten Versuch eines modernen Rechtssystems aufgeben und die unmittelbare Geltung des Richterrechts durch Anwendung der „Treu und Glauben"-Klausel einführen.[20] Verbraucherschutz findet danach also erst statt, wenn der Richter mit Hilfe von „Treu und Glauben" den Verbraucher schützen will.[21]

Kann man auf der Grundlage dieser herrschenden Ansicht in Japan theoretisch von einer „Selbstbestimmung" des Verbrauchers sprechen? Hierüber möchte ich unten noch einmal kurz sprechen. Im folgenden werde ich versuchen, eine Skizze der Rechtsprechung in Japan zu geben.

III. Überblick über die Praxis in Japan

Trotz des sehr eigenen fallweisen Vorgehens der japanischen Rechtsprechung hat sich diese bemüht, in unserem Problembereich angemessene und gerechte Lösungen zu finden. Ich stelle nun kurz einige typische Fälle zum Verbrauchervertrag dar.

1. Der Fall eines nicht zustandegekommenen Vertrages
(Amtsgericht Honjo, Urteil vom 25. März 1985)

Der Beklagte wurde am Tag nach seinem Geburtstag überraschend von der ihm unbekannten Angestellten A der Firma F angerufen. Die A erklärte dem Beklagten, er sei von ihrer Firma F als „vorgesehenes" Mitglied eines bestimmten Vereins für eine Auslandsreise ausgewählt worden. Die A bat deshalb den Beklagten um einen Besuch in der Firma F. Der Beklagte folgte dieser Aufforderung am nächsten Tag. Dort zeigte die A dem Beklagten vielversprechende Prospekte über die Auslandsreise und erklärte ihm, daß er nach Hawaii oder New York zum halben Preis reisen könne, wenn er in den

---

19 Vgl. *Flume,* Rechtsgeschäft und Privatautonomie, in: Festschrift zum Hundertjährigen Bestehen des Deutschen Juristentages 1860–1960 (1960), S. 208- 209, S. 213, 223.
20 Vgl. *Takashi Uchida,* Keiyaku no Saisei (Wiederauferstehung des Vertrags), 1990, S. 229; *ders.,* Gendai Keiyaku Hō no Tenkai to Ippanjōkō [3] (Die Entwicklung des gegenwärtigen Vertragsrechts und Allgemeinenklausel [3]), NBL Nr. 516 (1993), S. 23.
21 Vgl. *Uchida,* Gendai Keiyaku Hō no Sisōtekikiso (Die Gedankengrundlage des gegenwärtigen Vertragsrechts), in: Shiho (Privatrecht) Nr. 54 (1992), S. 62-63.

Verein, für den er vorgesehen sei, eintreten würde. Freilich müsse der Beklagte für seine Auslandsreise die englische Sprache erlernen. Dies war sozusagen die notwendige Bedingung für die Teilnahme. Aufgrund der vehementen Einflußnahme durch die Firma F unterschrieb B, der anfangs noch gezögert hatte, schließlich. Dabei leistete er nur die Unterschrift. Die Spalte, in der der Vertragsgegenstand und die Zahlungsbedingungen einzutragen waren, blieb leer. B ging selbstverständlich davon aus, daß es sich um den Vereinseintritt zum Zwecke der Auslandsreise handelte. A trug jedoch als Vertragsgegenstand den Kauf des Unterrichtsmaterials für den englischen Sprachkurs ein. Darüber hinaus setzte sie in das Formular einen Kreditantrag an den späteren Kläger K, der die Auslagen für das Unterrichtsmaterial vorschießen sollte. Hierüber war mit B zu keinem Zeitpunkt gesprochen worden. Als dieser in der Folgezeit völlig überrascht Unterrichtsmaterialien erhielt, sandte er sie an F zurück. Gleichwohl verlangte der Kreditgeber K von B die für die Unterrichtsmaterialien ausgelegte Summe nebst Zinsen.

Die Klage blieb ohne Erfolg. Das Amtsgericht war der Ansicht, daß weder der Kaufvertrag zwischen B und F, noch der Kreditvertrag zwischen B und K wirksam zustande gekommen seien. Als B die Unterschrift leistete, sei sein Wille weder auf den Abschluß eines Kaufvertrags noch auf den Abschluß eines Kreditvertrags gerichtet gewesen.

Es geht in diesem Fall nicht nur um Anfechtung wegen Irrtums oder Betrugs, vielmehr ist ein Vertrag von vornherein nicht zustandegekommen. Meiner Ansicht nach ist das Urteil des Amtsgerichts Honjo richtig, denn nach den festgestellten Tatsachen fehlte bei B der erforderliche Vertragswille. Dagegen hatte eine Entscheidung des Oberlandesgerichts Nagoya vom 26. September 1985, der eine mit dem Urteil des Amtsgerichts Honjo fast identische Sachlage zugrunde lag, den Anspruch des K aufgrund des Irrtums des B zurückgewiesen. Nach dem Urteil des Oberlandesgerichts Nagoya handelt es sich dabei nicht um die Irrtumsanfechtung des Vertrages zwischen B und K, sondern nur um die Anfechtung des Vertrages zwischen B und F. Deshalb könne B den Anspruch des K nur dann ablehnen, wenn er die Wirkung der Irrtumsanfechtung des Vertrages zwischen B und F auch gegen K einredeweise geltend machen könne (vgl. § 30 Abs. 4 Japanischen Abzahlungsgesetz). Dem Oberlandesgericht Nagoya zufolge ist der Kreditvertrag zwischen B und K für sich genommen also gültig. Dieses Ergebnis wird jedoch dem Prinzip der „Selbstbestimmung" der Vertragsparteien nicht gerecht.

2. Der Fall eines sittenwidrigen Vertrages
(Oberster Gerichtshof, Urteil vom 29. Mai 1986)

Die Beklagte betrieb Warentermingeschäfte mit Goldbarren. Die Klägerin (K) war Hausfrau. Ein Angestellter der Beklagten (B) hatte die Klägerin durch stundenlange aufdringliche Werbung für ein Geschäft gewonnen. Mit keinem Wort hatte er dabei die großen Risiken eines solchen Handels erwähnt. Im Gegenteil hatte er der K erklärt, die Sache sei sehr sicher und für K nur vorteilhaft. K übergab dem Angestellten der Beklagten ihr Kontobuch. Der spätere Prozeß ging um die Herausgabe dieses Kontobuchs. In der Berufungsinstanz hatte K Erfolg. B wendete sich deshalb an den Obersten Gerichtshof. Dieser wies die Appellation jedoch zurück, weil der Vertrag zwischen K und B wegen eines Verstoßes gegen die guten Sitten nichtig sei.

Auch wenn es scheint, daß die guten Sitten nicht im Zusammenhang mit der Selbstbestimmung der vertragsschließenden Parteien stehen, die Selbstbestimmung hinter diesem Grundsatz jedenfalls nur sehr schwierig zu erkennen ist, so schafft die Anwendung dieses Grundsatzes in unserem Fall doch die Basis, um Selbstbestimmung in idealer Form zu ermöglichen.

Auch das Urteil des Landgerichts Nagoya vom 1. November 1982 paßt in diesen Zusammenhang: Hier hat der Beklagte den Kläger, der arm war und in einer sehr engen Wohnung lebte, eines Nachts überraschend besucht, um ihm ein Stück wertloses Land in Hokkaido zu einem für ihn unerhörten Preis zu verkaufen. In diesem Fall kam die Ausbeutung einer Zwangslage, der Unerfahrenheit und des Mangels an Urteilsvermögens in Frage.

3. Ein anstößiger Fall
(Landgericht Tokyo, Urteil vom 26. Dezember 1994)

Der Beklagte führte einen „Escorte Club", bei dem es im Kern um nichts anderes als um erpresserische Zuhälterei ging. Die Kläger, alles junge Männer, wurden von dem Beklagten als „Gastgeber" geworben. Ihr Monatseinkommen sollte 600.000 Yen (ungefähr 10.000 DM) betragen! Zu verdienen sei dieses Geld als Honorar von reichen Frauen, mit denen die Kläger auf Vermittlung des Beklagten einmal pro Woche in einem Hotel zusammenkommen sollten. Einer der Kläger, K, erhielt nach einem solchen Hotelbesuch von seiner Kundin 30.000 Yen (ungefähr 500 DM). Daraufhin teilte der Beklagte dem hocherfreuten K mit, daß jene Dame Gefallen an ihm gefunden habe, weshalb der Beklagte dem K den „Umgangsvertrag" mit jener Dame vermitteln wolle. Der Beklagte verlangte hierfür von K 800.000 Yen (ungefähr 13.300 DM) als Kaution, die K, außer sich vor Freude, auch bezahlte. Weitere Kontakte mit der Kundin scheiterten jedoch. Der Beklagte vermittelte daraufhin dem K eine andere Dame. Auch diese verzichtete jedoch sehr bald auf die Dienste des „Escorte Club". Der Beklagte behauptete deshalb gegenüber K, daß dieser ihm einen großen Schaden zugefügt habe. Schließlich behielt er die Kaution des K ein. Die beiden Damen waren von B zu diesem Zweck von vornherein ausgenutzt worden. K verklagte B auf Rückzahlung der Kautionssumme.

Das Landgericht Tokyo gab ihm mit der Begründung recht, er sei von B betrogen worden.

In diesem Fall ging es gerade um einen durch betrügerisches Verhalten herbeigeführten Vertrag, mit dem der „Unternehmer" das nicht nur finanzielle Begehren und die Unerfahrenheit eines „Menschen von Fleisch und Blut" mißbraucht hatte. So betrachtet ist dieser Fall auf nur allzu menschliche Schwächen zurückzuführen. Gerade in diesem Fall will man deshalb von einer allgemeinen „Schwäche" des Verbrauchers sprechen. Demgegenüber meine ich, daß die Einteilung in „schwächere" und „stärkere" Vertragspartner weder praktisch noch dogmatisch ein Gewinn für das Zivilrecht ist. „Bürger" wie „Unternehmer" sind gleichermaßen Träger der Privatautonomie. Das hier dargelegte Problem besteht insgesamt also in einer unterschiedlichen Auffassung vom Leitbild einer „Zivilgesellschaft" bzw. des „Zivilrechts".

IV. Eigene Betrachtungen

Es wurde gesagt, daß der Verbraucher immer nur der „Schwächere" sei. Aber kann man einen so vagen und konturenlosen Begriff wie den der „Schwäche" normativ ohne weiteres etwa mit den Begriffen der „Unerfahrenheit" oder des „Mangels an Urteilsvermögen" auf der Ebene des Zivilrechts gleichsetzen? Diese Frage berührt unmittelbar unser Ausgangsproblem: „Wer ist ein Verbraucher?" In diesem Zusammenhang hat jüngst *Dieter Medicus* für uns sehr eindrucksvoll folgendes festgestellt: „Nach dem bisher Gesagten gibt es sowohl im deutschen wie auch im EG-Recht bei der Beschreibung derjenigen Personen, die als „Verbraucher" geschützt werden sollen, erhebliche Unstimmigkeiten und Unterschiede. Diese haben sich seit den letzten ausführlichen Untersuchungen zum Verbraucherschutz sogar noch vermehrt. (...) Entweder man versteht den derzeitigen Zustand als das noch unbeholfene Ergebnis mehr oder weniger gut gelungener Versuche, den richtigen Verbraucherbegriff zu finden. Das setzt voraus, das es einen solchen für alle Problemzusammenhänge passenden, einheitlichen Begriff überhaupt gibt.[22] *Medicus* führt dann wie folgt weiter aus: „Vielmehr geht es um die angemessene Regelung verschiedenartiger Problemlagen, z. B. des Schutzes vor Übereilung, Leichtsinn, Informationsmangel oder Überrumpelung. Dann muß man zugleich von dem Gedanken an ein Verbrauchergesetzbuch Abschied nehmen: Dieses könnte bloß ein Sammelsurium von Einzelvorschriften ohne klaren Gegenstand und Zusammenhang sein."[23] *Medicus* kommt zu folgendem Schluß: „Angesichts

---

22 *Medicus*, a.a.O. (Fn. 1), S. 484.
23 Ibid.

der Vielzahl der regelungsbedürftigen Problemlagen bedeutet das Abstellen auf den 'Verbraucher' also eine grobe Vereinfachung. (...) Damit erweist sich die Ausgangsfrage 'Wer ist ein Verbraucher?' als rechtlich falsch gestellt. Richtig müßte gefragt werden: Wer bedarf in welcher Situation eines besonderen Schutzes?"[24]

Für uns ist die Auffassung von *Medicus* sehr lehrreich. Auch die japanischen Verbraucherschutzgesetze gehen nicht etwa von einem diffusen, auf dem konturenlosen Topos der „Schwäche" basierenden Verbraucherbegriff aus. Sie sprechen lediglich von einem „Einkäufer" oder „Benutzer" (vgl. § 1 Japanisches Abzahlungsgesetzbuch, § 1 Japanisches Haustürwiderrufsgesetz).

Daß die Wirklichkeit durch unterschiedliche wirtschaftliche Kräfteverhältnisse geprägt ist, soll hier nicht geleugnet werden. Und „um Ungleichgewichtslagen geht es auch beim Verbraucherschutz".[25] Gleichwohl halte ich es für unerläßlich, bei der Lösung des Verbraucherproblems die normative Einheitlichkeit zu wahren und damit auch den Gerechtigkeitsgehalt der praktischen Umsetzung dieser Lösung. Würde man einen spezifischen Verbraucherbegriff, der wie z. B. die deutschen und japanischen Verbraucherschutzgesetze Kaufleute von seiner Anwendung ausschlösse, vom Begriff der „Person" vollständig loslösen und isolieren, so müßten etwa Kaufleute aus dem Verbraucherschutz ganz generell und damit auch dort herausfallen, wo sie gerade nicht als solche und nicht nur als „Person" handeln, sondern eben in der spezifischen Lage des Verbrauchers, in der sie sich bisweilen wie jeder andere auch befinden.

Nach einem Urteil des VIII. Zivilsenats des deutschen Bundesgerichtshofs soll dagegen das Abzahlungsgesetz „mit seinen unendlichen Förmlichkeiten (§ 1a AbzG) auch auf einen nichtgewerblichen Verkäufer und sogar dann angewendet werden, wenn die Ratenzahlungsvereinbarung zu keiner Verteuerung geführt hat, also ein reines Entgegenkommen des Verkäufers bedeutet." *Medicus* sagt dazu folgendes: „Das entspricht zwar einigermaßen dem Gesetzeswortlaut, widerspricht aber nach meiner Ansicht evident dem Gesetzessinn."[26] Und „folglich wird hier zum Schutz eines nur ziemlich nebelhaft umschriebenen „Verbrauchers" die Privatautonomie weithin geopfert."[27]

Mit *Medicus* ist die hier zugrundeliegende Frage: „Wer bedarf in welcher Situation eines besonderes Schutzes?" nur „die schon seit Jahrtausenden gestellte Frage nach dem richtigen Recht und letztlich nach Gerechtigkeit."[28] So gesehen bin ich durchaus der Auffassung, daß der Grundsatz von „Treu und Glauben" als Allgemeinklausel fruchtbar angewandt werden kann, gleichzei-

---

24 *Medicus,* a.a.O. (Fn. 1), S. 486.
25 *Medicus,* a.a.O. (Fn. 1) S. 472.
26 *Medicus,* Abschied von der Privatautonomie im Schuldrecht? Erscheinungsformen, Gefahren, Abhilfen, Kölner Juristische Gesellschaft, Bd. 17 (1994), S. 32-33.
27 *Medicus,* a.a.O. (Fn. 26), S. 31.
28 *Medicus,* a.a.O. (Fn. 1), S. 486.

tig aber verkenne ich nicht die darin liegende Gefahr, die Anwendung der Klausel allein in die Verfügungsgewalt des Richters zu stellen.[29]

Auch der Verbrauchervertrag zeichnet sich durch die „Gegenseitigkeit" („Synallagma") der Leistungsbeziehung aus. Ein Vertragspartner soll die erforderliche „Selbstbestimmung" der anderen Partei nicht schon durch ein Informationsmonopol oder die Anhäufung wirtschaftlicher Macht ausschließen können. Um das Gegenseitigkeitsverhältnis des Vertrages aufrechtzuerhalten, so glaube ich, muß man eine „Substantiierung" oder „Materialisierung" der Privatautonomie und der Selbstbestimmung zur Diskussion stellen.

V. Schlußwort

Das gegenwärtige Verbraucherschutzproblem in Japan besteht hauptsächlich aus den zahlreichen Faktoren, die eine Selbstbestimmung des Verbrauchers verhindern. Dies kann man sehr deutlich an der neuen Verordnung für den Geschäftsverkehr der Hauptstadt Tokyo vom 6. Oktober 1994 sehen. Darin wird eine Vielzahl „unerlaubter Handlungen" geregelt. So darf zum Beispiel der Unternehmer, der unrichtige oder massive Werbung einsetzt, mangels ausreichender „Selbstbestimmung" des Verbrauchers mit diesem keinen Vertrag abschließen. Ich halte dies für einen administrativen Weg, um die „Selbstbestimmung" des Verbrauchers zu verwirklichen. Nach meiner Meinung gerät die „Selbstbestimmung" des Verbrauchers in Japan auf diese Weise in eine Krise. Dagegen müssen wir diese Selbstbestimmung als einen Teil der Selbstverwirklichung des Einzelnen betrachten, deren Ermöglichung unsere Aufgabe ist. Damit helfen wir zugleich, auch die Selbstentfremdung des einzelnen zu überwinden. Hierin aber scheint mir die eigentliche und wesentliche Schwierigkeit zu liegen, deren Beseitigung freilich die radikale und richtige Lösung des Verbraucherschutzproblems wäre.

---

[29] Zum sehr kritischen Standpunkt gegen den richterrechtlichen Eingriff, vgl. *Flume,* Richter und Recht, in: ders., Gesammelte Schriften, Bd. I (1988), S. 3 ff. und S. 10 ff.; *Eduard Picker,* Positive Forderungsverletzung und culpa in contrahendo – Zur Problematik der Haftungen „zwischen" Vertrag und Delikt, AcP 183 (1983), S. 495 ff. bes., S. 501; *Medicus,* a.a.O. (Fn. 26), S. 28-29.

Wolfgang Lüke

Selbstbestimmung und Verbraucherschutz

I. Einleitung

1. Verbraucherschutz als rechtspolitische Forderung

Der Schutz des Verbrauchers als eigenständiges rechtspolitisches Ziel hat wohl in den USA seinen Ursprung. Unter dem damaligen Präsidenten *John F. Kennedy* wurden im Jahre 1962 „Grundrechte des Verbrauchers", ein Programm zum Schutze des Verbrauchers verkündet und ein sog. Verbraucherbeirat eingerichtet[1]. In der Folgezeit wurden in den Vereinigten Staaten nicht nur Institutionen geschaffen, um den Verbraucherschutz zu verbessern, sondern auch – sowohl auf Bundesebene als auch in den Einzelstaaten – zahlreiche Gesetze mit diesem Ziel erlassen. Mit einer gewissen zeitlichen Verzögerung fanden ähnliche Entwicklungen im europäischen wie im übrigen nichteuropäischen Ausland statt. So gibt es heute z. B. in Österreich[2], Portugal[3], Luxemburg[4] und Spanien[5], aber auch in Mexiko[6] und Israel[7] umfangreiche Verbraucherschutzgesetze[8].

In der Bundesrepublik Deutschland hat die Bundesregierung 1971 einen ersten „Bericht zur Verbraucherpolitik" vorgelegt[9] und damit eine öffentliche Diskussion zum Verbraucherschutz in Gang gebracht. In diesem Bericht finden sich neben der allgemeinen Forderung, daß die Marktstellung des Verbrauchers verbessert werden müsse, zahlreiche Ziele, an denen sich die „Verbraucherpolitik" zu orientieren habe. Dies wurde in einem „Zweiten Bericht

---

1 Vgl. den Abdruck dieser „Verbraucherbotschaft" in: *v. Hippel,* Verbraucherschutz, 3. Aufl. 1986, S. 281 ff.
2 Konsumentenschutzgesetz vom 8.3.1979.
3 Gesetz über den Schutz des Verbrauchers vom 22.8.1981 (nach einer inoffiziellen Übersetzung des Europäischen Büros der Verbraucherverbände).
4 Gesetz über den rechtlichen Schutz des Verbrauchers vom 25.8.1983, Amtsbl. des Großherzogtums Luxemburg 1983, 1494 ff.
5 Allgemeines Gesetz zum Schutz der Verbraucher und Benutzer vom 19.7.1984 (Übersetzung s. bei *v. Hippel,* aaO (Fn. 1), S. 401 ff.); s. dazu *Frühlingsdorf,* RIW 1985, 98 ff.; Kurzbericht von *Rau,* RabelsZ 1985, 588.
6 Bundesgesetz über den Schutz des Verbrauchers vom 18.12.1975, abgedruckt in: *v. Hippel,* S. 341 ff.
7 Consumer Protection Law, 5741-1981, inoffizielle Übersetzung in Israel L. Rev. 16 (1981) 516-129, Kurzbericht in RabelsZ 1982, 820 f.
8 Für weitere Verbraucherschutzgesetze s. *v. Hippel,* aaO (Fn. 1), S. 341 ff. mit entsprechenden Übersetzungen.
9 Vgl. Bericht zur Verbraucherpolitik v. 18.10.1971, BT-Dr. 6/2724.

zur Verbraucherpolitik"[10] 1975 fortgeführt. Seither sind – ganz allgemein gesprochen – zahlreiche Gesetze erlassen worden, die zu einem Schutz vor allem auch des Verbrauchers führen. Daneben gibt es in den einzelnen Bundesländern Einrichtungen, deren Ziel es ist, sich um einen verbesserten Verbraucherschutz zu bemühen[11]. Sie werden von Bund und Ländern unterstützt[12].
Auf europäischer Ebene nahmen sich verschiedene Organe des Themas „Verbraucherschutz" an. Insbesondere wird dieser Politikbereich in der EG-Kommission von einer eigenen Institution, dem „Dienst Verbraucherpolitik", betreut. Mit einzelnen Richtlinien hat der Rat – gestützt auf die Zuständigkeit gem. Art. 100a EG-Vertrag – die Belange des Verbraucherschutzes zu wahren versucht. Beispielhaft seien nur die Produkthaftungsrichtlinie[13] und die Richtlinie über mißbräuchliche Klauseln[14] genannt[15]. Auf letztere werde ich an späterer Stelle meiner Ausführungen noch zurückkommen.

2. Bereiche des Verbraucherschutzes

Der Begriff „Verbraucherschutz" faßt eine Vielzahl von Regelungsbereichen zusammen, denen völlig unterschiedliche Ausgangssituationen zugrunde liegen. Lediglich in einem Punkt vereinigen sie sich, indem sie zum Schutz der Verbraucher, also einer „Personengruppe" führen, deren Schutzbedürftigkeit offenbar außer Zweifel steht. Verbraucherschutz findet im Bereich der Produktsicherheit durch öffentlich-rechtliche Vorschriften oder Haftungsnormen für den Fall der Schädigung durch ein Produkt statt. Der Verbraucher wird weiterhin vor unlauterer Werbung, Wettbewerbsverstößen, ja sogar vor benachteiligenden Vertragsbedingungen geschützt. Diese können im Einzelfall sogar die Hauptleistung betreffen, wie etwa die Zinspflicht beim Wucher (§ 138 Abs. 2 BGB) oder der Mäklerlohn bei der Wohnungsvermittlung[16].
Dieser letztgenannte Bereich des Verbraucherschutzes vor unlauteren Vertragsbedingungen soll Gegenstand der weiteren Betrachtung sein, da hier, wie noch zu zeigen sein wird, ein unmittelbarer Zusammenhang zur Selbstbestim-

---

10 2. Bericht der Bundesregierung zur Verbraucherpolitik v. 20.10.1975, BT-Dr. 7/4181.
11 Für eine ausführliche Darstellung der Verbraucherorganisationen s. *Kemper*, Verbraucherschutzinstrumente, 1994, S. 66 ff.
12 *Kemper*, aaO (Fn. 11), S. 73 ff.
13 Richtlinie 85/374/EWG des Rates der Europäischen Gemeinschaften vom 25.7.1985 zur Angleichung der Rechts- und Verwaltungsvorschriften der Mitgliedstaaten über die Haftung für fehlerhafte Produkte, Abl. EG Nr. L 210/29 vom 31.8.1985 – Produkthaftungs-Richtlinie.
14 Richtlinie 93/13/EWG des Rates der Europäischen Gemeinschaften vom 5.4.1993 über mißbräuchliche Klauseln in Verbraucherverträgen, ABl. EG Nr. L 95/29 vom 21.4.1993, umgesetzt in deutsches Recht durch Gesetz vom 19.7.1996 (BGBl. I S. 1013).
15 Zu den Prinzipien, die diesen Ordnungen zugrunde liegen, s. *Nassall* JZ 1995, 689, 692 ff.
16 § 3 Abs. 2 S. 1 des Gesetzes zur Regelung der Wohnungsvermittlung vom 4.11.1971 (BGBl. I S. 1747), zuletzt geändert am 6.6.1994 (BGBl. I S. 1184).

mung besteht. Zweck meiner Ausführungen ist es dabei nicht, sämtliche Vorschriften darzustellen und zu erörtern, die diesen Bereich betreffen. Vielmehr sollen einzelne Formen des Verbraucherschutzes und ihre Bedeutung für die Selbstbestimmung der Parteien untersucht werden. Neben dem Verbraucherschutz durch entsprechende gesetzliche Regelungen soll ein Fall des Verbraucherschutzes durch die Gerichte betrachtet werden, der in jüngerer Zeit heftig diskutiert wird.

II. Privatautonomie zur Verwirklichung selbstbestimmten Handelns

Das bürgerliche Gesetzbuch baut auf dem Gedanken einer grundsätzlich autonomen Gestaltung der Rechtsbeziehungen zwischen Privaten auf. Dem liegt das Prinzip der Selbstbestimmung zugrunde, da nur dort Selbstbestimmung herrscht, wo rechtliche Beziehungen autonom ausgestaltet werden können. Privatautonomie wird darüber hinaus als Voraussetzung für eine freie Marktordnung gesehen[17]. Die Parteien treten sich jedenfalls in rechtlicher Gleichordnung gegenüber und regeln vor allem durch Verträge ihre Rechtsbeziehungen untereinander. Das Zustandekommen dieser Vereinbarungen beruht auf der Abgabe und dem Zugang von Willenserklärungen und somit letztlich auf dem Willen der Parteien. Notwendige Folge dieses Geltungsgrundes ist die Möglichkeit, sich bei einem fehlerhaft gebildeten Willen wieder von der eigenen Willenserklärung lösen zu können. Dies geschieht in erster Linie durch die Anfechtung. Die freien und gleichen Individuen regeln ihre Beziehungen untereinander in einem grundsätzlich „staatsfreien Raum" und setzen durch Verträge für diese Beziehungen Recht, das – da in freier Selbstbestimmung gewählt – als richtig und gerecht respektiert wird[18].

Faktisch sind die Parteien oftmals ungleich, eine wirtschaftlich mächtigere Partei tritt einer unterlegenen Partei gegenüber. Ungleichheit kann es auch in Bildung oder sozialer Stellung geben. Eine Form des Ausgleichs solcher Ungleichgewichte bietet der Wettbewerb[19]. Jedenfalls theoretisch steht es der Partei offen, statt mit dem zunächst vorgesehenen Partner einen Vertrag mit

---

17 *Schmidt-Rimpler,* AcP 147 (1941), 130 ff.; *ders.,* Festschrift für L. Raiser, 1974, 3, 5 ff.; *Raiser,* JZ 1958, 1, 2; *Zöllner,* JuS 1988, 329, 330; *Spieß,* DVBl. 1994, 1222; *Flume,* Allgemeiner Teil des bürgerlichen Rechts II, 4. Auflage 1992, § 1, 7; *Brandner/Ulmer,* BB 1991, 701, 704; *Rebe,* Privatrecht und Wirtschaftsordnung, 1978, passim; kritisch dazu *Koppensteiner,* AcP 179 (1979), 595, 596 f.; vgl. auch *Schmidt,* DRiZ 1991, 81, 82.
18 So schon *Schmidt/Rimpler,* AcP 147 (1941), 130, 149 ff.; sowie *ders.* in Festschrift für L. Raiser, 1974, 3, 5 ff.; ihm folgend *Spieß,* DVBl. 1994, 1222, 1223; vgl. auch *Raiser* JZ 1958, 1, 2 f.; *Rittner,* Festschrift für Rausch, 1995, S. 483, 492 ff.; kritisch hierzu *Flume,* aaO (Fn. 17), § 1, 6; *E. Schmidt,* JZ 1980, 153, 154 ff.; *ders.,* DRiZ 1991, 81, 82; *Limbach,* JuS 1985, 10 ff.
19 *Flume,* aaO (Fn. 17), § 1, 7; vgl. zu den Wechselbeziehungen zwischen Austauschvertrag und Wettbewerb: *Rittner* AcP 188 (1988), 101, 107 ff. m.w.N., 126 ff.

einem anderen Anbieter zu aus ihrer Sicht günstigeren Bedingungen abzuschließen. Hierin liegt die Bedeutung der Wettbewerbsregelungen für die Selbstbestimmung. Bei Monopolstellung einer Partei kann dieser Mechanismus nicht funktionieren, und der Staat muß daher regelnd eingreifen. Meist geschieht dies in Form von Abschlußzwängen[20] und einer stärkeren Kontrolle des Inhalts der verwendeten Vertragsbedingungen, wie etwa bei den Versorgungsbedingungen der Energieunternehmen[21].

Privatautonomie als Mittel selbstbestimmten Handelns genießt verfassungsrechtlichen Schutz[22]. Schon der Gesetzgeber war sich natürlich bewußt, daß Privatautonomie nicht schrankenlos gewährleistet werden kann. Begrenzungen ergeben sich etwa durch die Nichtigkeit von Verträgen bei Verstoß gegen Gesetze (§ 134 BGB) oder die guten Sitten (§ 138 BGB), aber auch durch das Gebot von Treu und Glauben.

Der Veränderung der sozialen Wirklichkeit und auch ein aufgrund des Sozialstaatsgedankens verändertes Rechtsverständnis haben zu zahlreichen Gesetzen geführt, aufgrund derer der einzelne, vermeintlich Schwächere geschützt werden soll. Dies hat jedenfalls in diesen Teilbereichen eine Modifikation der liberalen Grundordnung des BGB nach sich gezogen. Inwieweit daraus auch ein verändertes Verständnis des Begriffes der Privatautonomie folgt, soll erst an späterer Stelle ausgeführt werden. Im weiteren sollen einzelne Beispiele für derartige Regelungen vorgestellt und vor allem erläutert werden, worin ihre Bedeutung für die Privatautonomie besteht.

III. Formen verbraucherschützender Regelungen

1. Ein erstes, frühes Beispiel für Verbraucherschutz bildet das Abzahlungsgesetz, das in seiner ursprünglichen Form schon vor Inkrafttreten des BGB galt. Es sah in seiner zunächst gültigen Fassung nur Regelungen vor, die den Abzahlungskäufer bei Rücknahme der Kaufsache durch den Abzahlungsverkäufer im Falle der Nichterfüllung der Kaufpreisforderung durch den Käufer schützen sollten. 1974 wurde dann im Gesetz ein Widerrufsrecht aufgenommen (§ 1b AbzG), das auch nach dem inzwischen an die Stelle des Abzahlungsgesetzes getretenen Verbraucherkreditgesetzes fortbesteht (§ 7 VerbrKrG). Ausgehend von dem Gedanken, daß ein Abzahlungskäufer trotz der im Kreditvertrag enthaltenen Informationen die aus dem Vertrag sich ergebende per-

---

20 *Dürig* in Maunz/Dürig, Grundgesetz Kommentar, Art. 2 Abs. 1 Rdnr. 58; *Raiser,* JZ 1958, 1, 7 f.
21 Vgl. hierzu § 27 AGBG sowie § 7 EnergieWG; AVBGas und AVBEltV v. 21.6.1979, BGBl I 1976, 676; AVBFernwärmeV und AVBWasserV v. 20.6.1980, BGBl I 1980, 742.
22 BVerfGE 70, 115, 123; 72, 155, 170; BVerfG NJW 1994, 36, 38; *Erichsen,* in: Isensee/Kirchhof, Handbuch des Staatsrechts VI, S. 1210 (Rdnr. 58); *Canaris,* JZ 1987, 993, 994; so auch schon *Raiser,* JZ 1958, 1, 5 f.

sönliche Belastung nicht überschaut, sondern möglicherweise (voreilig) den Verlockungen des „Ratenkreditkaufs" erliegt, kann der Abzahlungskäufer innerhalb einer Woche seine auf Abschluß des Kreditvertrages gerichtete Willenserklärung widerrufen. Dieses Recht hat er – und hierauf gilt es vor allem hinzuweisen – jenseits der Vorschriften des BGB über die Anfechtung bei Irrtum und der allgemeinen Bestimmungen über die Wirksamkeit von Willenserklärungen. Es gilt auch völlig unabhängig vom Inhalt des Vertrages, der geschlossen wurde.

2. Während die Bedeutung dieses Instrumentes für die Selbstbestimmung unterschiedlich gewertet werden kann, haben andere Grundsätze und Vorschriften einen für die Gestaltungsfreiheit der Vertragsparteien eindeutig einschränkenden Charakter. Dies gilt vor allem für den gesamten Bereich des Arbeits- und Mietrechts. Die Möglichkeiten der Kündigung[23] sind klar gesetzlich vorgegeben, gleiches gilt für andere Vertragsbedingungen[24]. Ob diese beiden Gebiete dem eigentlichen Bereich des Verbraucherschutzrechts zuzurechnen sind, erscheint allerdings fraglich. Ihnen liegt nämlich eine besondere Ausgangssituation zugrunde. Es geht nicht um Verträge, die Konsum ermöglichen sollen, sondern um Dauerschuldverhältnisse, die für die Parteien eine besondere Bedeutung haben, indem sie entweder die wirtschaftliche Existenzgrundlage oder den tatsächlichen Lebensmittelpunkt – die Wohnung – gewährleisten. Gerade deshalb sah der Gesetzgeber es als erforderlich an, diese Verträge in weiten Teilen der Gestaltungsbefugnis der Parteien zu entziehen[25].

3. Eindeutig verbraucherschützenden Charakter und diesem Regelungsgebiet zuzuordnen sind dagegen das Gesetz zum Schutz der Teilnehmer am Fernunterricht[26], das Haustürgeschäftswiderrufsgesetz[27] sowie einzelne Be-

---

23 Für das Mietverhältnis allgemein die §§ 535 ff. BGB; Kündigungsrecht des Vermieters nur unter Einhaltung einer bestimmten Form, Frist und bei Vorliegen eines berechtigten Interesses, §§ 564 a ff. BGB, dagegen steht dem Mieter ein Widerspruchsrecht zu, § 556 a BGB, ferner besteht auch ein Kündigungsschutz nach § 1 des Gesetzes zur Regelung der Miethöhe vom 18.12.1974 (BGBl. I S. 3603, 3604). – Für das Arbeitsverhältnis allgemein die §§ 611 ff. BGB; Kündigung des Arbeitgebers/Dienstberechtigten nur unter Einhaltung von Kündigungsfristen, §§ 621 f. BGB, oder bei Vorliegen eines wichtigen Grundes, §§ 626 f. BGB, ferner besteht ein Kündigungsschutz nach dem Kündigungsschutzgesetz i.d.F. der Bekanntmachung vom 25.8.1969 (BGBl. I S. 1317).
24 Z.B. im Mietrecht für die Höhe des Mietzinses das Gesetz zur Regelung der Miethöhe (s.o. Fn. 23), die Gewährleistungsregelung nach §§ 537 ff. BGB; im Arbeitsrecht die Pflicht des Dienstberechtigten/Arbeitgebers zu Schutzmaßnahmen, § 618 BGB, sonstige Fürsorgepflichten, § 617 BGB, sowie das Lohnfortzahlungsgesetz i.d.F. vom 27.7.1969 (BGBl. I S. 946), zuletzt geändert am 26.5.1994 (BGBl. I S. 1014).
25 Auf diesen Unterschied schon hinweisend: *Zöllner*, JuS 1988, 329, 333. Ähnlich, die fehlende Verhandlungsmöglichkeit des auf den Vertrag angewiesenen Mieters oder Arbeitnehmers in den Vordergrund stellend, *Coester-Waltjen*, Jura 1995, 26, 27; *Kohte*, ZBB 1994, 172, 174.
26 Gesetz zum Schutz der Teilnehmer am Fernunterricht vom 24.8.1976 (BGBl. I S. 2525), zuletzt geändert am 17.12.1990 (BGBl. I S. 2840).
27 Gesetz über den Widerruf von Haustürgeschäften und ähnlichen Geschäften vom 16.1.1986 (BGBl. I S. 122), zuletzt geändert am 17.12.1990 (BGBl. I S. 2840).

stimmungen des BGB, etwa das Darlehen[28] oder den Reisevertrag[29] betreffend. Meist werden dort Regelungen vorgegeben, die eine Vertragspartei, nämlich den „Verbraucher", schützen sollen und von denen nicht durch Vertrag abgewichen werden kann. Das Fernunterrichtsschutzgesetz gibt den Inhalt derartiger Verträge vor (§ 3 Abs. 2 und 3 FernUSG) und legt gewisse Pflichten des Veranstalters betreffend Lehrmaterial, Überwachung des Lernerfolges u. ä. (§ 2 Abs. 1 FernUSG) fest. Der Vertrag ist schriftlich zu schließen und muß bestimmte Informationen für den Fernunterrichtsteilnehmer enthalten (§ 3 FernUSG). Auch hier hat die eine Vertragspartei ein gegenüber dem Verbraucherkreditgesetz sogar noch erweitertes Widerrufsrecht (§ 4 FernUSG), daneben tritt ein voraussetzungsloses Kündigungsrecht nach einem gewissen Zeitraum (§ 5 FernUSG). Das Haustürgeschäftswiderrufsgesetz sieht vor allem ebenfalls ein Widerrufsrecht vor, das dem Käufer ermöglicht, sich innerhalb der Frist von einer Woche vom Vertrag zu lösen (§ 1 Abs. 1 HWiG).

Neben diese Regelungen treten andere Bestimmungen, die die Angemessenheit einer vereinbarten Hauptleistung betreffen. So ist etwa nach dem Gesetz über die Vermittlung von Wohnraum[30] die Höhe des grundsätzlich frei aushandelbaren Mäklerlohnes bei anzumietendem Wohnraum auf max. zwei Monatsmieten begrenzt. Eine allgemeine Bestimmung für die Grenzen der Vertragsfreiheit stellt die Regelung des Wuchers nach § 138 Abs. 2 BGB und auch das bereits angesprochene Verbot sittenwidriger Geschäfte (§ 138 Abs. 1 BGB) dar. Auch diese Vorschriften können sich verbraucherschützend auswirken.

4. Einen weiteren wichtigen Normbereich, der (auch) den Verbraucher schützt, enthält das Gesetz über die Allgemeinen Geschäftsbedingungen[31]. Es legt für zahlreiche Vertragsklauseln fest, unter welchen Voraussetzungen diese, für eine Vielzahl von Verträgen vorformulierten Vertragsbedingungen in den Vertrag einbezogen sind und wann sie aufgrund ihres Inhalts (sog. Inhaltskontrolle) Bestand haben. Verstößt eine allgemeine Geschäftsbedingung gegen ein Klauselverbot oder gegen die Generalklausel des § 9 AGBG, so ist sie nichtig. Diese sehr weitgehende Kontrolle des Vertragsinhaltes findet allerdings nicht statt, soweit es die versprochenen Hauptleistungen betrifft oder die allgemeine Geschäftsbedingung nur eine gesetzliche Regelung wiederholt (§ 8 AGBG). Vor allem die erstgenannte Beschränkung der Inhaltskontrolle verdient Beachtung, da hier eine allgemeine Grenze der Kontrolle von vertraglichen Vereinbarungen durch die Gerichte gesehen wird.

---

28 § 609 a BGB.
29 §§ 65 1 a ff. BGB, z.B. das Kündigungsrecht nach § 651 e BGB oder das Rücktrittsrecht nach § 651 i BGB.
30 § 3 Abs. 2 S. 1; s.o. Fn. 14.
31 Gesetz zur Regelung des Rechts der Allgemeinen Geschäftsbedingungen vom 9.12.1976 (BGBl. I S. 3317), zuletzt geändert am 14.9.1994 (BGBl. I S. 2325).

5. Schon dieser kursorische Überblick über einige wichtige verbraucherschützende Normbereiche, der um Regelungen des Bankwesens oder Versicherungsrechts erweitert werden könnte, gibt einen Eindruck von den Wirkungen solcher Normen auf die privatautonome Gestaltungsfreiheit der Parteien. Vor allem in Sondergesetzen verankertes Recht schränkt die Möglichkeiten zur vertraglichen Gestaltung erheblich ein, indem es bestimmte Vorschriften für Verträge zwingend vorschreibt oder Lösungsmöglichkeiten vom Vertrag schafft. Eine aufeinander abgestimmte Systematik lassen die Gesetze nicht erkennen; sie sind statt dessen wohl Ergebnis einer im Einzelfall als Mißstand erkannten Situation und der Reaktion des Gesetzgebers hierauf. Zahlreiche Gesetze beruhen auf entsprechenden EG-Richtlinien. Dies gilt etwa für das Haustürgeschäftswiderrufsgesetz[32] wie auch das Verbraucherkreditgesetz[33].

Der Umstand, daß eine Vielzahl von Regelungen sich in Sondergesetzen findet, ist teilweise auf heftige Kritik gestoßen. Für weite Teile der bürgerlich-rechtlichen Verträge finden sich die relevanten Regelungen nun nicht mehr allein im BGB, sondern in Sondergesetzen. Dies fördert den Verlust an Systematik und macht selbst bei einfachen Sachverhalten die Regelungslage unübersichtlich.

Statt durch besondere Normen kann Verbraucherschutz auch durch eine generelle Vorschrift wie etwa die der §§ 138 oder 242 BGB folgen. In diesem Fall handelt es sich im Kern um gerichtlich gewährten Verbraucherschutz, da die Normen erst durch Auslegung der Gerichte konkreten Inhalt erfahren.

IV. Formen des Verbraucherschutzes

Verbraucherschutz wird auf verschiedene Weise erreicht: Für bestimmte schuldrechtliche Vertragstypen ist gesetzlich Schriftlichkeit vorgeschrieben. Zweck dieses Formerfordernisses ist die Warnung des Vertragspartners. Ein solches Schriftformerfordernis findet sich etwa im Verbraucherkreditgesetz

---

32 Richtlinie 85/577/EWG des Rates der Europäischen Gemeinschaften vom 20.12.1995 zur Angleichung der Rechts- und Verwaltungsvorschriften der Mitgliedstaaten betreffend den Verbraucherschutz im Falle von außerhalb von Geschäftsräumen geschlossenen Verträgen, ABl. EG Nr. L 372 vom 31.12.1985, S. 31.
33 Richtlinie 87/102/EWG des Rates der Europäischen Gemeinschaften vom 22.12.1986 zur Angleichung der Rechts- und Verwaltungsvorschriften der Mitgliedstaaten über den Verbraucherkredit, ABl. EG Nr. L 42 vom 12.2.1987, S. 48 sowie die Änderungsrichtlinie 90/88/EWG des Rates vom 22.2.1990 zur Änderung der Richtlinie 87/102/EWG über den Verbraucherkredit, ABl. EG Nr. L 61 vom 10.3.1990, S. 14. Für den Schutz bei Fernunterrichtsverträgen war eine solche Richtlinie entworfen, die allerdings erst nach dem Inkrafttreten des Fernunterrichtsschutzgesetzes wirksam geworden wäre und deren Entwurf sich an diesem Gesetz orientierte; vgl. ABl. EG Nr. C 208 v. 31.8.1977, S. 12.

(§ 4 VerbrKrG)[34], aber auch im Fernunterrichtsschutzgesetz (§ 3 FernUSG). Das Schriftformerfordernis schränkt die Vertragsfreiheit der Parteien formal dadurch ein, daß ihnen nicht mehr die Möglichkeit einer formfreien Einigung offen steht[35].

Ein zweiter häufiger Weg, Verbraucherschutz zu gewähren, ist die gesetzliche Festlegung von Informationspflichten. Teilweise geschieht dies dadurch, daß in der Vertragsurkunde bestimmte Angaben enthalten sein müssen. Dies gilt z. B. für den Kreditvertrag beim „Abzahlungskauf"; neben anderem muß der Kreditvertrag Angaben über den Nettokreditbetrag, den Gesamtbetrag aller vom Kreditnehmer zu leistenden Zahlungen, den effektiven Jahreszins und anderes mehr enthalten, um nur einige der notwendigen Angaben zu nennen. Zweck dieses Erfordernisses ist es zu gewährleisten, daß der Vertragspartner sämtliche Informationen kennt, die er für eine sachgerechte Entscheidung haben muß. Hier handelt es sich also um eine Voraussetzung, die nach Auffassung des Gesetzgebers erst ein vernünftiges, selbstbestimmtes Handeln ermöglicht. Informationelles Gefälle soll beseitigt werden, damit ein freier Interessenausgleich stattfinden kann.

Ein weiteres Mittel, Verbraucherschutz zu erreichen, ist der Widerruf. Sieht man in dem selbstbestimmten Handeln auch die Möglichkeit zu selbstverpflichtendem Handeln, so liegt in der Minderung der von einer Willenserklärung ausgehenden Bindungswirkung eine Beschränkung der Selbstbestimmung. Es ist allerdings auch möglich, das Widerrufsrecht als Instrument zur Sicherung der Vertragsfreiheit zu werten. In Ergänzung zu den Offenlegungspflichten des Verkäufers soll es dem Käufer etwa beim Haustürgeschäft möglich sein, die Bedingungen des Geschäftes zu überprüfen und seinen Vertragsschluß nochmals zu überdenken. Der Gesetzgeber wollte hiermit einer von ihm als gegeben angesehenen „überlegenen Position" des Verkäufers gegenüber dem Käufer Rechnung tragen[36]. Dies setzt freilich voraus, daß man Vertragsfreiheit nicht formal sondern materiell, also als tatsächlich bestehende Vertragsfreiheit[37] und nicht lediglich als formale Gleichstellung wertet.

Ob der mit dem Widerruf verfolgte Zweck tatsächlich erreicht wird, erscheint zumindest fraglich, da die meist recht kurz bemessene Frist nur wenig Überlegungszeit läßt, innerhalb derer etwa die mit einem Verbraucherkreditvertrag verbundenen Belastungen kaum besser als vor Vertragsschluß festgestellt werden können[38]. Die Kritik, mit der Möglichkeit des Widerrufs werde

---

34 Die dort geforderte Schriftlichkeit ist gegenüber § 126 Abs. 1 BGB allerdings dadurch gelockert, daß bei automatisch erstellter Willenserklärung des Kreditgebers das Schriftstück nicht von ihm unterschrieben sein muß und des weiteren Antrag und Angebot jeweils getrennt schriftlich erfolgen können.
35 AA *Dürig* in Maunz/Dürig, aaO (Fn. 20), Art. 2 Abs. 1 Rdnr. 59, der die Formfreiheit grundsätzlich nicht als Bestandteil der Vertragsfreiheit ansieht.
36 BT-Dr. 7/1398, S. 2; s. auch *Reich,* JZ 1975, 550, 551 f.
37 So schon *L. Raiser,* JZ 1958, 1, 5.
38 Ebenso *Coester-Waltjen,* Jura 1994, 534, 537.

zusätzlich Rechtsunsicherheit herbeigeführt[39], kann dagegen kaum überzeugen, da – vorbehaltlich einer Belehrung – diese Phase der Unsicherheit eben nur für einen kurzen Zeitraum besteht. Ein eher theoretischer Einwand gegen den Widerruf besteht darin, daß dieses Recht sich nicht in die Systematik des BGB einfügt und eine seltsame Zwischenlösung zwischen Anfechtung und aufschiebender Bedingung darstellt[40].

Schließlich wird Verbraucherschutz auch durch Regelungen der Inhaltskontrolle erreicht, die entweder im Rahmen des AGB-Gesetzes ausdrücklich angeordnet werden kann oder auf den Generalklauseln des BGB beruht. Bevor ich mich diesem Bereich widme, soll zunächst der Verbraucher als geschütztes Rechtssubjekt näher betrachtet werden.

V. Gründe für den Schutz des Verbrauchers

Bislang unerörtert blieb die Frage, weshalb der Verbraucher eines besonderen Schutzes bedarf. Dies setzt natürlich auch voraus, den Begriff des Verbrauchers, der im deutschen Recht lange Zeit ohne Bedeutung war und erst unter Einfluß des europäischen Rechts mit der schon angesprochenen Zuständigkeit des Art. 100 a EG-Vertrag (beruhend auf dem französischen Recht) Eingang in die deutschen Regelungen fand, näher zu erläutern. Besonders deutlich läßt sich dies anhand des Verbraucherkreditgesetzes erkennen[41]. Das Gesetz gilt nicht, wenn der Vertrag seitens des Kreditnehmers für eine *ausgeübte gewerbliche oder selbständige berufliche Tätigkeit* bestimmt ist (§ 1 Abs. 1 VerbrKrG). Selbst ein Kredit, der der Aufnahme einer solchen Tätigkeit dienen soll und eine gewisse Höhe überschreitet, unterliegt nicht den Regelungen dieses Gesetzes (§ 3 Abs. 1 Ziff. 2 VerbrKrG). Damit sind die typischen Verbrauchergeschäfte umschrieben. Der Anwendungsbereich bleibt hinter dem des Abzahlungsgesetzes zurück, das nur im Handelsregister eingetragene Kaufleute von seinem Schutzbereich ausnahm[42]. Ganz ähnlich ist der Schutzbereich des Haustürgeschäftswiderrufsgesetzes. Gemäß § 6 HWiG finden die Vorschriften keine Anwendung, wenn der Kunde in Ausübung selbständiger

---

39 *Coester-Waltjen,* Jura 1994, 534, 537.
40 Ebenso *H. Hübner,* Festschrift für Börner, 1992, S. 717, 722; insbesondere *Coester-Waltjen,* Jura 1994, 534, 537 sieht hierin einen klaren Verstoß gegen §§ 130, 145 BGB.
41 Auch dieses ist in seiner heutigen Form wesentlich geprägt durch die Richtlinie, s.o. Fn. 31.
42 Dieser Ausschluß vom Schutz des AbzG für den eingetragenen Kaufmann galt unabhängig davon, ob der Kaufmann ein Geschäft innerhalb seines Geschäftsbetriebes oder für seinen privaten Gebrauch getätigt hat, allg. A., *Larenz,* Schuldrecht II/1, 13. Aufl. 1986, S. 129; *Esser/Weyers,* Schuldrecht Besonderer Teil, 7. Aufl. 1991, § 9 II 2. a); *Erman/Weitnauer/Klingensporn,* Kommentar zum BGB, 8. Aufl. 1989, AbzG Vorbem. Rdnr. 15; *MünchKomm/Westermann,* Kommentar zum BGB, 1980, AbzG § 8, Rdnr. 2; kritisch allerdings *Soergel/Hönn,* Kommentar zum BGB, 12. Aufl., Stand Frühjahr 1991, AbzG § 8, Rdnr. 6.

Erwerbstätigkeit den Vertrag abschloß. Beide Gesetze grenzen das Verbrauchergeschäft von sonstigen Geschäften dadurch ab, daß es von einer (natürlichen) Person zu privaten Zwecken vorgenommen wird und nicht einer gewerblichen oder selbständigen Erwerbstätigkeit dient. Dem entspricht auch das Verständnis der EG-Richtlinie über mißbräuchliche Klauseln in Verbraucherverträgen. Dort heißt es wörtlich in Art. 2 lit. b:

„Verbraucher: Eine natürliche Person, die bei Verträgen, die unter diese Richtlinie fallen, zu einem Zweck handelt, der nicht ihrer gewerblichen oder beruflichen Tätigkeit zugerechnet werden kann;".

Der Gesetzgeber (und auch der Rat) nehmen für diese Geschäfte offenbar eine besondere Schutzbedürftigkeit an, obgleich auf der Hand liegt, daß dem keineswegs so sein muß. Der Grund dafür liegt darin, daß die zu schützende Vertragspartei nicht nach ihren persönlichen Eigenschaften, die eine besondere Schutzbedürftigkeit belegen, sondern nach der Art ihrer rechtlichen Handlungen bestimmt wird. Wird sie zu privaten Zwecken tätig, so ist sie schutzwürdig, während bei gewerblichen Zwecken ein Schutzbedürfnis entfällt. Damit ist eben auch der geschäftsgewandte Kaufmann, der für seine privaten Zwecke handelt, ein zu schützender Verbraucher, selbst wenn er bei Vornahme solcher Geschäfte dieselbe Gewandtheit obwalten läßt wie im Rahmen seiner beruflichen Tätigkeit. Die Überlegung, daß es um den Schutz ungeübter Personen geht, kann also letztlich nicht völlig überzeugen.

Neben der allgemeinen Unerfahrenheit, besteht eine weitere Gefahr für ihn in den fehlenden Informationen über die mit dem konkreten Vertrag verbundenen Folgen und Risiken. Dies muß nicht unbedingt auf einer Ungewandtheit des Partners, eines allgemeinen intellektuellen Gefälles beruhen, sondern kann auch in der Kompliziertheit des Vertrages liegen. Selbstbestimmtes Handeln setzt aber idealiter einen gleichen Informationsstand bei den Vertragsschließenden voraus, damit ihnen eine sachgerechte Entscheidung möglich ist.

Während der Unerfahrenheit des Vertragspartners insbesondere mit Widerrufsrechten Rechnung getragen wird, dienen Vorschriften, die einen bestimmten Vertragstext vorgeben, meist der „Verbraucheraufklärung" und sollen damit die Voraussetzung für eine sachgerechte Entscheidung schaffen. Gleiches gilt für die bereits angesprochenen Schriftformklauseln.

VI. Inhaltsprüfung

Bislang nicht erörtert wurden Inhaltsprüfungen nach dem ABG-Gesetz. Hierbei scheint es sich um den einschneidensten Eingriff in die Selbstbestimmung der Parteien durch ein Gesetz zu handeln. Jenseits der allgemeinen Grenzen der §§ 134, 138 und 826 BGB wird grundsätzlich eine Inhaltskontrolle ausgehandelter Verträge für nicht möglich gehalten. Die Parteien treffen in freier Selbstbestimmung die Entscheidung über das zwischen ihnen geltende Recht.

Stellt man diese Möglichkeit unter die generelle Voraussetzung einer wirtschaftlichen, sozialen und intellektuellen Gleichgewichtslage[43], so macht man die Inhaltskontrolle von weiteren Aspekten abhängig, die – da kaum jemals gegeben – zusätzliche Unsicherheit nach sich ziehen. Allerdings spielen diese Aspekte, wie noch zu erörtern sein wird, sicherlich eine Rolle.

Die Rechtfertigung dafür, bei der Verwendung nicht ausgehandelter, vorformulierter Vertragsbedingungen, die für eine Vielzahl von Verträgen vorgesehen sind, eine Inhaltskontrolle zuzulassen, wird unterschiedlich gesehen. Nach der einen Auffassung soll mit der Kontrolle nach dem AGB-Gesetz verhindert werden, daß der Verwender die Vertragsgestaltungsfreiheit einseitig zu seinen Gunsten in Anspruch nimmt. Es handelt sich danach also nicht um einen Eingriff in die Vertragsfreiheit, vielmehr soll sie nach diesem Verständnis durch eine Inhaltskontrolle gerade sichergestellt werden[44]. Ein wirtschaftliches oder intellektuelles Übergewicht des Verwenders braucht danach nicht zu bestehen[45]. Nach einer zweiten Ansicht liegt der Zweck des AGB-Gesetzes darin zu verhindern, daß der Verwender, d. h. die Person, die ihre allgemeinen Geschäftsbedingungen in den Vertrag einführt, eine marktstärkere Position einseitig und mißbräuchlich ausnutzt[46]. Inhaltskontrolle ist danach also nur ein Weg, eine gestörte Vertragsparität wiederherzustellen. Bislang hat sich diese Auffassung wohl nicht durchsetzen können. Sie wird allerdings auch von den Verfassern der Richtlinie über mißbräuchliche Klauseln in Verbraucherverträgen geteilt[47]. Dies bleibt jedoch nach wohl überwiegender Ansicht ohne Folgen, da der umschriebene Zweck von dem vorgenannten Ziel der allgemeinen Geschäftsbedingungen, einseitige Vertragsgestaltungsfreiheit auszuschließen, als mitumfaßt angesehen wird[48].

---

43 So etwa *Roth*, BB 1987, 977.
44 *Ulmer*, in: Ulmer/Brandner/Hensen, AGB-Gesetz, 7. Aufl. 1993, Einl. Rdnr. 32; *Staudinger/ Schlosser*, AGB-Gesetz, 1980, § 1 Rdnr. 29; *Wolf*, in: Wolf/Horn/Lindacher, AGB-Gesetz, 2. Aufl. 1989, Einl. Rdnr. 3 f., 14; s. auch BGHZ 51, 55, 59; 70, 304, 310. Vgl. dazu auch *Schmidt*, DRiZ 1991, 81, 82 f.
45 *Rabe*, NJW 1987, 1978, 1979; *Ulmer*, in Ulmer/Brandner/Hensen, aaO (Fn. 44), Einl. Rdnr. 32, § 1 Rdnr. 8; a.A. aber z.B. LG Köln NJW-RR 1987, 1001 f.
46 So z.B. LG Köln NJW-RR 1987, 1001 f.
47 S. dazu Richtlinie 93/13/EWG vom 5. April 1993 über mißbräuchliche Klauseln, ABl. EG Nr. L 95 vom 21.4.1993, S. 29, 30.
48 *Ulmer*, EuZW 1993, 337, 341, 346; *Heinrichs*, NJW 1993, 1817, 1818 sowie *ders.* NJW 1995, 153; *Eckert*, ZIP 1994, 1986. AA allerdings *Hommelhoff/Wiedenmann*, ZIP 1993, 562, 570, die den Unterlegenenschutz nur als „Reflex" und „Zufall" der Gestaltungsfreiheit und ihrer Mißbrauchskontrolle bezeichnen, der Erfolg des AGB-Gesetzes unter diesem Aspekt aber bisher nicht beurteilt worden sei und deshalb auch fraglich wäre, ob der Unterlegenenschutz im gleichen Ausmaß gewährleistet worden sei, wie es die Richtlinie anstrebe; ähnlich wohl auch *Damm*, JZ 1994, 161, 176, der die Gefahr betont, daß der „bisherige deutsche Ansatz eines generalisierenden *Imparitätsschutzes* zu einer bloß reflexartigen und nivellierenden Relativierung von *Unterlegenenschutz* führen könnte"; zweifelnd wohl auch *Habersack/Kleindieck/ Wiedenmann*, ZIP 1993, 1670, 1673.

Wie auch das Abzahlungsgesetz wendet sich das AGB-Gesetz nicht nur an den Verbraucher, sondern auch an den Handelsverkehr, der in bestimmtem Umfang einbezogen ist[49]. Dies hat seinen tieferen Grund darin, daß Schwierigkeiten vermieden werden, die bei üblicherweise bestehenden „Absatzketten" vom Produzenten bis zum Endverbraucher entstehen. Unterliegt nämlich der Händler in seinem Verhältnis zum Verbraucher strengen Vorschriften über die Inhaltskontrolle, so würde das etwa bei weitgehend unabdingbaren Gewährleistungsrechten im Verhältnis zwischen Produzent und Händler bedeuten, daß der Händler in seiner Möglichkeit, den Produzenten in Regreß zu nehmen, eingeschränkt wäre, da in diesem Verhältnis die Abbedingung von Gewährleistungsrechten möglicherweise zulässig wäre. Gerade dies hat dazu geführt, daß die Praxis trotz gewisser Einschränkungen des AGB-Gesetzes für den Handelsverkehr einen weitgehend einheitlichen Maßstab auf den verschiedenen Absatzstufen verwendet[50].

Durch die EG-Richtlinie und deren Umsetzung in § 24a AGBG[50a] wird der verbraucherschützende Charakter des AGB-Gesetzes allerdings stärker betont. Es geht danach um die Verhinderung des Machtmißbrauchs von Verkäufern oder Anbietern von Dienstleistungen. Welche konkreten Auswirkungen dies haben wird, ist gegenwärtig noch nicht völlig abzusehen[51]. Die Richtlinie hatte aufgrund des Gebots richtlinienkonformer Auslegung trotz ihrer fehlenden fristgerechten Umsetzung bereits vor ihrer Implementation Bedeutung[52]. Nach deren Umsetzung finden sich die in diesem Zusammenhang wichtigen Änderungen in dem neuen § 24a AGBG. Hier wird im Gegensatz zu § 1 AGBG nicht verlangt, daß allgemeine Geschäftsbedingungen für eine Vielzahl von Verträgen vorformuliert sind und „gestellt" werden[53]. Vielmehr werden jegliche im vorhinein vorformulierten Verträge, unabhängig davon, auf wessen Vorlage sie beruhen, umfaßt. Bedeutung gewinnt dies vor allem bei der Inhaltskontrolle von Notarverträgen. Der Bundesgerichtshof hatte in Übereinstimmung mit der herrschenden Lehre eine solche Inhaltskontrolle nach dem AGB-Gesetz stets mit der Begründung abgelehnt, es fehle daran, daß der Vertragspartner die Vertragsbedingungen „stelle" (§ 1 Abs. 1 AGBG)[54].

---

49 Vgl. für Einzelheiten §§ 24 f. AGBG.
50 Vgl. z.B. BGHZ 93, 29, 45 ff.; *MünchKomm/Kötz,* BGB, 2. Aufl. 1984, AGBG § 24 Rdnr. 6; *Bunte,* ZIP 1982, 1166, 1170.
50a Gesetz v. 19.07.1996 (BGBl. I S. 1013); siehe hierzu *Eckert,* ZIP 1995, 1460; *ders.,* ZIP 1996, 1238; *Locher,* JuS 1997, 389; *Heinrichs,* NJW 1996, 2190.
51 Z.B. auf die Schwierigkeit bei Absatzketten hinweisend, wenn man den Schutz aufgrund der Richtlinie nur noch auf den Verbraucher beschränkt, s. bereits *Brandner/Ulmer,* BB 1991, 701, 703.
52 S. dazu *Heinrichs,* NJW 1995, 153, 154 ff.
53 Kritisch hierzu *v. Westphalen,* ZIP 1995, 1643.
54 So v.a. BGHZ 101, 350, 354 f. = NJW 1988, 135; 108, 164, 168 = NJW 1989, 2748; BGH NJW 1992, 2817; 1991, 843 f.; 1988, 1972; 1984, 2094; unklar noch BGH NJW 1982, 2243, 2244 sowie BGHZ 74, 204, 209 ff.; *Wolf* in Wolf/Horn/Lindacher, aaO (Fn. 44), § 1 Rdnr. 28; *Bunte,* ZIP

Gleichwohl kam das Gericht bei formelhaften Gewährleistungsausschlüssen, die auf Veranlassung des Notars in den Vertrag über neu errichtete Häuser oder Eigentumswohnungen aufgenommen worden waren, unter Heranziehung von § 242 BGB zu einer Inhaltsprüfung vertraglicher Formulierungen, die der Notar „verwendet" hatte[55]. Auf die Einzelheiten dieser bislang sehr streitigen Rechtsprechung braucht hier nicht eingegangen zu werden. Der Sache nach hatte das Gericht auf diese Weise eine weitere Kategorie geschaffen, hinsichtlich derer die Frage der Inhaltskontrolle besonders zu beantworten war: individuell vereinbarte, aber nicht ausgehandelte Vertragsbedingungen.

Überwiegend wurde davon ausgegangen, daß mit dem in der Richtlinie fehlenden Merkmal des Stellens der allgemeinen Geschäftsbedingungen durch den Verwender der Vertrag auch von Dritten stammen durfte und damit notarielle Vertragsentwürfe voll der Inhaltskontrolle nach der Richtlinie unterlegen haben[56]. *Ulmer*[57] hatte demgegenüber eingewandt, ein Mißbrauch setze die Zurechnung der allgemeinen Geschäftsbedingungen zu einer Partei voraus. Dies sei aber bei notariellen Bedingungen gerade nicht möglich. Dem wird man allerdings mit dem Einwand begegnen müssen, daß die Richtlinie nur von Klauseln gesprochen hat, die „entgegen dem Gebot von Treu und Glauben zum Nachteil des Verbrauchers ein erhebliches und ungerechtfertigtes Mißverhältnis der Rechte und Pflichten" verursachen. Ohne Bedeutung ist somit die Urheberschaft dieser Klauseln, und man hat zu Recht schon vor der Umsetzung auch notarielle Vertragsklauseln als solche i. S. d. Art. 3 Abs. 2 der Richtlinie ansehen müssen. Der Gesetzgeber hat in § 24a Nr. 1 AGBG das Merkmal des „Stellens durch den Verwender" für Verbraucherverträge fingiert und somit nicht endgültig aufgegeben[57a]. Dies ändert allerdings nichts an den grundsätzlichen Einwänden gegen eine Kontrolle solcher Verträge, da man mit ihr weder der unparteiischen Stellung des Notars noch den Besonderheiten seiner Haftung gerecht wird[58]. Aber diese Überlegungen haben offen-

---

1984, 1313, 1314 ff.; *Schlosser*, JR 1988, 329; *Roth*, BB 1987, 977, 979 f.; kritisch z.B. *Habersack*, AcP 189 (1989), 403; *Lieb*, DNotZ 1989, 274, 294; *Michalski/Römermann*, ZIP 1993, 1434, 1443 ff.; *Stürner*, DNotZ 1984, 763, 764; *Brambring*, NJW 1987, 97, 99; *ders.*, DNotZ 1986, 613, 616 f.
55 BGHZ 101, 350, 352 = NJW 1988, 135; 108, 164, 168 = NJW 1989, 2748; BGH NJW 1992, 2817; 1991, 843; 1988, 1972; 1984, 2094; NJW-RR 1986, 1026, 1027.
56 *Wolf* in Wolf/Horn/Lindacher, aaO (Fn. 44), § 1 Rdnr. 28; *Heinrichs*, NJW 1993, 1817, 1818 f.; *Damm*, JZ 1994, 161, 166; *Kappus*, NJW 1994, 1847, 1848; offenlassend dagegen *Hommelhoff/ Wiedemann*, ZIP 1993, 562, 568 Fn. 50. Hierzu jetzt auch der Regierungsentwurf zur Änderung des AGB-Gesetzes in § 24 a Nr. 1 AGB-Gesetz, vgl. *Eckert*, ZIP 1995, 1460 f.
57 EuZW 1993, 337, 342 sowie in *Ulmer/Brandner/Hensen*, § 1 Rdnr. 27, 31 f., 76 ff.; ebenso *Frey*, ZIP 1993, 572, 577, 578; *Eckert*, WM 1993, 1070, 1073 sowie *ders.*, ZIP 1994, 1986, 1987.
57a Dies gilt freilich nur, wenn diese nicht durch den Verbraucher in den Vertrag eingeführt wurden; s. hierzu *Heinrichs*, NJW 1996, 2190, 2192.
58 Ebenso *Roth*, BB 1987, 977, 982; *Brambring/Schippel*, NJW 1979, 1802, 1806 f.; *Brambring*, DNotZ 1986, 613, 617; s. auch OLG Hamm NJW-RR 1987, 1234.

bar für die Abfassung der Richtlinie und des Gesetzestextes keine oder jedenfalls keine durchschlagenden Auswirkungen gehabt[59].

VII. Inhaltskontrolle aufgrund allgemeiner Normen

In einem letzten Abschnitt soll nun beispielhaft an § 138 Abs. 1 BGB die Inhaltskontrolle bei einem konkreten Vertrag jenseits des AGB-Gesetzes geschildert werden. Dies geschieht anhand einer Fallgruppe, die in neuerer Zeit zu heftigen Diskussionen gerade unter dem Gesichtspunkt der Privatautonomie führte, nämlich der Rechtsprechung zu Schuldbeitritt oder Bürgschaftserklärung durch nahestehende Angehörige[60]. Vereinfacht gesagt geht es bei diesen Fällen um eine (aufgrund der Formularverträge) häufig geübte Bankpraxis, nach der Banken für Schulden eines Ehegatten die Bürgschaft oder den Schuldbeitritt des anderen Ehegatten oder eventuell vorhandener volljähriger Kinder verlangen. Dies geschieht meist ohne die wirtschaftlichen Verhältnisse des Bürgen oder Beitretenden zu prüfen. Daran läßt sich erkennen, daß primäres Ziel dieser Vertragspraxis nicht die Sicherung durch einen Bürgen oder weiteren Schuldner war, sondern in einer anderen Folge bestand. Die Banken wollten auf diese Weise verhindern, bei Rückgängigmachung von Vermögensverschiebungen in der Krise oder bei Nichtleistung durch den „Hauptschuldner" auf die schwer nachweisbaren Tatbestände der Anfechtung angewiesen zu sein. Meist waren die Verpflichteten in den vom Bundesgerichtshof entschiedenen Fällen geschäftsunerfahren, hatten kein eigenes wirtschaftliches Interesse an dem gesicherten Kredit und weder Vermögen noch ein der eingegangenen Verpflichtung in angemessenem Verhältnis gegenüberstehendes Einkommen. In einzelnen Fällen wurden familiäre Pressionen von dem Kreditnehmer ausgeübt, und es war der Umfang des eingegangenen Risikos dem Sicherungsgeber unbekannt. Teilweise wurde der Sicherungsgeber oder Beitretende vom Darlehensgeber und Sicherungsnehmer oder dem Darlehensnehmer sogar unzutreffend über die Bedeutung der gegebenen Sicherheit oder des Schuldbeitritts aufgeklärt, indem ihnen bedeutet wurde, die Bürgschaft sei nur „für die Akten"[61]. Der 9. Zivilsenat des Bundesgerichtshofs

---

59 Von einer Gesetzesänderung zum Transparenzgebot, d.h. die Information des Verbrauchers über seine vertraglichen Rechte und Pflichten, sah der Gesetzgeber ab. Dessen Geltung auch für Art und Umfang der vertraglichen Hauptleistungen ist weiterhin im Wege richtlinienkonformer Auslegung zu ermitteln; vgl. *Nassall,* JZ 1995, 689, 692 f.; unter dem besonderen Aspekt der Kreditbürgschaft: *Reich,* NJW 1995, 1857, 1859.
60 S. dazu die Entscheidungen des IX. Zivilsenates des BGH NJW 1989, 1605; NJW 1989, 1276 = JZ 1989, 741; NJW 1989, 830 = JZ 1989, 494. Dagegen bereits der XI. Zivilsenat des BGH in NJW 1991, 923, 924 f.
61 So in BGH NJW 1989, 1605.

hatte gleichwohl die Verträge nicht als sittenwidrig angesehen, da sie von einem volljährigen Vertragspartner irrtumsfrei abgeschlossen worden seien. Dieser sei an die eingegangenen Verträge gebunden. Dies ergebe sich aus der Privatautonomie[62]. Bürgschaftsverträge, so das Gericht, könnten nicht allein deshalb als sittenwidrig angesehen werden, weil sie voraussichtlich zu einer Überschuldung des Bürgen führten. Hieran ändere auch die geschäftliche Unerfahrenheit nichts[63]. Der 11. Zivilsenat des Bundesgerichtshofs war dieser Ansicht für den Schuldbeitritt nicht gefolgt, wenn der Beitretende als naher Familienangehöriger vermögens- oder einkommenslos war und weitere besondere Umstände des Falles vorlagen[64].

Die harte Rechtsprechung des 9. Zivilsenats des Bundesgerichtshofs traf im Schrifttum teilweise auf heftigen Widerstand[65]. In einer gegen eines der Urteile des Senats eingelegten Verfassungsbeschwerde hatte sich das Bundesverfassungsgericht mit der Inhaltsprüfung von Verträgen zu befassen[66]. Das Gericht stellte fest, daß die Rechtsprechung des Bundesgerichtshofs, nach der eine Inhaltsprüfung in den genannten Fällen unzulässig sei, die Beschwerdeführerin – im konkreten Fall ging es um eine Bürgschaft – in ihrem Grundrecht aus Art. 2 Abs. 1 GG verletze. In einem von der Privatautonomie beherrschten Rechtssystem wie dem Zivilrecht dürfe nicht das Recht des Stärkeren gelten. Die Gefahr einer einseitigen Bestimmung und damit der Fremdbestimmung herrsche, wenn der eine Vertragsteil ein starkes Übergewicht habe[67]. Aus Gründen der Rechtssicherheit könne eine Inhaltskontrolle aber nicht in allen Fällen der gestörten Vertragsparität, sondern nur dann für zulässig erachtet werden, wenn es sich um eine typisierbare Fallgestaltung handele, in der eine strukturelle Ungleichheit der Parteien erkennbar sei und die Folgen des Vertrages für den unterlegenen Vertragsteil ungewöhnlich belastend seien. Das Zivilrecht müsse hier korrigierend eingreifen. Dies leite sich aus der Gewährleistung der Privatautonomie sowie dem Sozialstaatsprinzip ab[68]. Das Bundesverfassungsgericht gab dem Bundesgerichtshof im entschiedenen Fall auf, die konkreten Umstände und Gründe für den Vertragsschluß zu ermitteln.

Der Bundesgerichtshof ist dieser Auffassung in seiner nochmaligen Befassung mit der Sache gefolgt und hat im Ergebnis den Bürgschaftsvertrag für

---

62 BGH NJW 1989, 830, 831.
63 BGH NJW 1989, 830, 831 sowie NJW 1989, 1276, 1278.
64 BGH NJW 1991, 923, 924 f.; s. auch BGH WM 1994, 1022, 1023 f. sowie WM 1994, 2129, 2130 f.
65 *Honsell*, JZ 1989, 495 f.; *Reinicke/Tiedtke,* ZIP 1989, 613, 615 ff.; *Wochner,* BB 1989, 1354 ff.; *Grün,* NJW 1991, 925 f.; aber auch Kritik in der Rechtsprechung, s. OLG Stuttgart, NJW 1988, 833, 836; LG Münster, NJW 1990, 1668, 1671; vgl. auch *Reifner,* ZIP 1990, 427 sowie *Westermann,* Festschrift für Hermann Lange, 1992, 995 ff.
66 Beschl. vom 19.10.1993, BVerfGE 89, 214 = NJW 1994, 36 ff.
67 BVerfGE 89, 214 = NJW 1994, 36, 38; vgl. auch Kammerbeschluß BVerfG NJW 1994, 274, in dem der Beschluß des Gerichts bestätigt wird.
68 BVerfG aaO (Fn. 67).

sittenwidrig und daher nichtig angesehen[69]. Er sah die besonderen Umstände nicht etwa in dem erheblichen Umfang der mit der Bürgenhaftung eintretenden Verschuldung, sondern darin, daß Ausmaß und Umfang der Verpflichtung von einem Bankangestellten bagatellisiert wurden und die Bürgin sich als Tochter des Kreditnehmers in einer psychischen Zwangslage befand[70]. Die Entscheidung des Bundesverfassungsgerichts und der hierdurch eingeleitete Wechsel in der Rechtsprechung des Bundesgerichtshofs, soweit es den 9. Zivilsenat betrifft, fanden im Schrifttum große Zustimmung[71], aber auch Ablehnung[72]. Ausgehend von der Ansicht, daß die Grundrechte eine objektive Wertordnung darstellen und sich aus ihnen Schutzpflichten für Gesetzgebung und Gerichte ableiten, hat das Bundesverfassungsgericht das Erfordernis tatsächlicher Vertragsgleichheit und bei ihrem Fehlen die Notwendigkeit eines kompensatorischen Eingriffs festgestellt. Es befindet sich damit im Gefolge neuerer Untersuchungen, wie etwa der von *Hönn*[73], nach dem es im BGB ein Prinzip gebe, typische Störungen der Vertragsparität auszugleichen. Ob dies in dieser Allgemeinheit aus dem bisherigen Sonderprivatrecht abgeleitet werden kann, wie *Hönn* dies tut[74], kann hier nicht weiter untersucht werden. Zutreffend erscheint allerdings, daß Vertragsfreiheit als materielle Vertragsfreiheit zu verstehen ist. Dieses Verständnis wird heute wohl kaum noch bestritten sein[75]. Die Schwierigkeit besteht aber darin, und auch dies wird vom Bundesverfassungsgericht klar erkannt, Situationen zu bestimmen, in denen eine solche Vertragsfreiheit nicht besteht. Ich habe bereits an früherer Stelle meiner Ausführungen darauf hingewiesen, daß der Verbraucher als solcher keinen überzeugenden Grundtatbestand für die Situation besonderer Schutzwürdigkeit bezeichnet[76]. Das Bundesverfassungsgericht verlangt aus Gründen der Rechtssicherheit eine Bildung von Falltypen[77]. Nimmt man die von ihm zu entscheidende Situation als Falltyp, so fragt sich, wann dieser bereits entfallen ist und ein strukturelles Machtgefälle zwischen beiden Vertragspartnern nicht (mehr) besteht. Auch die Anwendung der Grundsätze durch den Bundesgerichtshof bestärkt darin, daß die Kriterien selbst für diese Fallgruppe noch

---

69 BGH NJW 1994, 1341; s. auch BGHZ 125, 206 = NJW 1994, 1278; NJW 1994, 1726 (zur Gesamtschuld); NJW 1995, 592 (Haftungsbefreiung infolge des Wegfalls der Geschäftsgrundlage); *Honsell,* NJW 1994, 565; *Köndgen,* NJW 1994, 1508, 1512 f.; *Heinrichsmeyer,* FamRZ 1994, 129, 134 f.; *v. Westphalen,* MDR 1994, 4; *Grün,* WM 1994, 565.
70 BGH NJW 1994, 1341, 1343 f.
71 *Pape,* ZIP 1994, 515, 516; *Kohte,* ZBB 1994, 172, 176, der jedoch das Fehlen einer Abwägung bei der Prüfung der Sittenwidrigkeit in der BGH-Entscheidung vermißt; *Tiedtke,* ZIP 1995, 521, 529, ebenfalls kritisch hinsichtlich der Prüfung der Sittenwidrigkeit.
72 *Adomeit,* NJW 1994, 2467; *Rittner,* NJW 1994, 3330; *Groeschke,* BB 1994, 725; *Kiethe/ Groeschke,* BB 1994, 2291.
73 *Hönn,* Kompensation gestörter Vertragsparität, 1982.
74 So aber *Hönn,* aaO (Fn. 73), S. 88 ff., 285 ff.; sowie *ders.,* JZ 1983, 677, 679 ff.
75 S. z.B. *Flume,* aaO (Fn. 17), § 1, 10; *Kohte,* ZBB 1994, 172, 175.
76 S. o. V.
77 BVerfGE 89, 214 = NJW 1994, 36, 38.

nicht offen zu Tage liegen[78]. So stellt das Gericht neben anderem auf die bestehende familiäre Zwangslage ab. Zweifelhaft ist aber, wann diese zu befürworten ist[79]. Die bloße Verwandtschaft als solche kann m. E. eine solche Zwangslage kaum begründen. Darüber hinaus stellt sich die Frage, ob die berechtigte Befürchtung, daß Vermögen vom Schuldner verschoben wird, nicht eine andere Beurteilung des Bürgschaftsvertrages rechtfertigen kann. Rechtssicherheit ist auch durch die Bildung von Fallgruppen in diesem Bereich nur schwer zu erlangen, zu spezifisch erscheinen die eine Inhaltsprüfung rechtfertigenden Umstände. Dabei lassen sich Merkmale unterscheiden, die an eine der beiden Vertragsparteien anknüpfen, von solchen, die den eingegangenen Vertrag charakterisieren. Auch letztgenannte sind natürlich von Bedeutung, da nur bei bestimmten Vertragsinhalten Anlaß zu einer Inhaltsprüfung besteht. Im übrigen läßt der Inhalt Rückschlüsse auf das tatsächlich bestehende Machtgefälle und seine Auswirkung auf den konkreten Vertragsschluß zu.

VIII. Schluß

Die Betrachtung der Vorschriften im Bereich des Vertragsrechts mit schützender Wirkung auch für den Verbraucher hat gezeigt, daß entgegen dem ersten Eindruck die Regelungen meist gerade nicht der Privatautonomie entgegenwirken, sondern diese vielmehr erst sicherstellen sollen. Dies erklärt auch die im deutschen Recht zunächst nicht vorgesehene Beschränkung auf den Schutz des Verbrauchers. Dieses Ziel beschränkt sich nämlich nicht auf Verträge des Verbrauchers. Aus dieser Sicht ist die durch die neueren Regelungen vorgenommene Begrenzung auf diesen Personenkreis systemwidrig, zumal der Begriff des „Verbrauchers" sich kaum als Bezeichnung einer im Vertragsrecht besonders schützenswerten Gruppe eignet[80].
Die Schwierigkeiten – und dies zeigte sich sowohl beim Blick auf das verbraucherschützende „Sonderprivatrecht" als auch auf eine von der neueren Rechtsprechung behandelte Fallgruppe zum „Verbraucherschutz" – bestehen genau darin, den Tatbestand zu umschreiben, der bei einem Vertrag eine Inhaltskontrolle – sei sie nun durch Gesetz oder in Anwendung von Generalklauseln – rechtfertigt. Selbst eine Fallgruppenbildung wird hier kaum zu mehr

---

78 In diesem Sinne auch *Schmidt-Salzer,* Anm. zu BGH LM Nr. 91 zu BGB § 765. Gerade die Entscheidung des BGH v. 5.1.1995 (NJW 1995, 592) bestätigt diese Bedenken.
79 Der XI. Senat des BGH sah eine solche Zwangslage im Falle eines Schuldbeitritts bereits in dem „Appell an die eheliche Liebe und Hilfsbereitschaft, eine die Befriedigungsaussichten des Kreditinstituts kaum erhöhende, für den Ehegatten aber möglicherweise ruinöse Mitverpflichtung zu übernehmen", WM 1994, 2129, 2130.
80 Ausführlich: *Dauner-Lieb,* Verbraucherschutz durch Ausbildung eines Sonderprivatrechts für Verbraucher, 1983, S. 62 ff.

Rechtssicherheit führen. Die Grenzen zwischen einer Sicherung der Selbstbestimmung und ihrer Beschränkung werden stets nur mit großen Problemen zu ziehen sein. Wenn auch das Leitbild des selbstverantwortlich handelnden Verbrauchers als Idee sicherlich sinnvoll und überzeugend erscheint, so ist auch dieses zu grob und unbestimmt, um konkrete Folgen zu rechtfertigen. Es kommt hinzu, daß der gesamte Fragenbereich wegen seiner immens praktischen Bedeutung durch eine sich stets verändernde Beurteilung nichtjuristischer Kreise beeinflußt wird. Die Frage der Schutzbedürftigkeit einer Vertragspartei und ihrer Voraussetzungen ist eben nicht eine rein juristische Frage. So ist zu erwarten, daß auch in Zukunft das Verbraucherschutzrecht sich ständig fortentwickeln wird und unter dem Aspekt einer größeren Vertragsgerechtigkeit versucht wird, vermeintliche Ungleichgewichte zu beseitigen. Man wird die Arbeit des Gesetzgebers, vor allem aber die Entwicklung der europäischen Richtlinien in diesem Bereich aufmerksam beobachten müssen, damit das Grundprinzip der Selbstbestimmung im Privatrecht hier nicht schleichend beseitigt wird. Für die Gegenwart läßt sich ein solcher Zustand allerdings nicht feststellen.

Hiroyuki Matsumoto

Selbstbestimmung der Parteien im Zivilprozeß

I. Einleitung

1. Dispositionsmaxime und Beibringungsgrundsatz

Im Zivilprozeß gelten die Dispositionsmaxime und der Beibringungsgrundsatz. Die Prozeßparteien können sich freiwillig entschließen, ob sie Klage erheben und worüber sie gerichtliche Entscheidungen begehren. Sie können auch einmal eingeleitete Prozesse ohne gerichtliche Entscheidungen beenden. Nach dem Beibringungsgrundsatz können nur die Tatsachen dem Urteil eines Gerichts zugrunde gelegt werden, die von den Parteien vorgebracht worden sind. Selbst wenn das Gericht von dem Bestehen einer Tatsache aus Beweisergebnissen überzeugt ist, darf das Gericht sie im Urteil nicht berücksichtigen, soweit die Partei sie nicht vorgebracht hat. Um streitige Tatsachen festzustellen, darf das Gericht grundsätzlich nur die Beweise erheben, die von den Parteien angetreten worden sind. So herrscht der Parteiwille im Zivilprozeß. In diesem Sinne könnte man sicher sagen, daß die Garantie der Selbstbestimmung prinzipiell den ganzen Zivilprozeß durchdringt. Das soeben genannte System der Beschaffung und der Vorbringung von Tatsachen und Beweisen kann dann problemlos funktionieren, wenn sich die Parteien des Zivilprozesses ohne Schwierigkeiten die zur Prozeßführung erforderlichen Informationen beschaffen können. Dabei dienen die Aufklärungsbefugnisse des Gerichts (§ 127 j. ZPO) dem besseren Funktionieren der Selbstbestimmung der Parteien beim Vorbringen der Tatsachen und Beweise, indem sie Überraschungen und Fehler vermeiden können.

Die Garantie der Selbstbestimmung durch die Dispositionsmaxime und den Beibringungsgrundsatz reicht aber für die beweisbelastete Partei dann nicht aus, wenn sie sich die für sie erforderlichen Informationen nur mit großen Schwierigkeiten beschaffen kann oder wenn dies für sie tatsächlich unmöglich ist. In der Tat bedeuten die genannten Maximen in einem solchen Fall nur eine ganz formale Garantie. Dies führt dazu, daß man sich der Notwendigkeit bewußt ist, den Schwierigkeiten des Tatsachenvortrags und der Beweisantretung soweit wie möglich abzuhelfen, und daß sich das Interesse am Problem erhöht. Im Hintergrund steht selbstverständlich das Problem der materiellen Waffengleichheit der Parteien.

In diesem Zusammenhang ist es sehr interessant, daß die Vorstellung der Substantiierungspflicht oder -last der nicht beweisbelasteten Partei sich in Rechtsprechung und Literatur in Deutschland entwickelt hat. Man spricht auch von der allgemeinen prozessualen Aufklärungspflicht[1] der nicht beweisbelasteten Partei. Auch in Japan vertritt man teilweise eine Auffassung, die die Anerkennung der allgemeinen Aufklärungspflicht befürwortet[2]. Im übrigen weist man auf die Notwendigkeit der Erweiterung der Mittel zur Beschaffung von Tatsachen und Beweismitteln (z. B. der Ausdehnung der Urkundenvorlegungspflichten durch Gesetzesauslegung und der Benutzung des Beweissicherungsverfahrens zur Beschaffung eines Beweismittels etc.) hin[3].

2. Die Notwendigkeit des Schutzes von Unternehmensgeheimnissen

In letzter Zeit ist der Schutz von Unternehmensgeheimnissen eine wichtige gesetzgeberische und dogmatische Aufgabe geworden. Dementsprechend ist er auch im Zivilprozeß im Zusammenhang mit der Beschaffung der erforderlichen Informationen ein wichtiges Problem. Im Jahre 1990 hat der Gesetzgeber zwar Unterlassungsansprüche eines Verletzten gegen den Verletzer bei einer unberechtigten Nutzung von Unternehmensgeheimnissen anerkannt. Der Kläger, der eine Unterlassungsklage erheben will, steht aber Schwierigkeiten bereits bei der Abfassung seiner Klageschrift gegenüber. Er muß im Klageantrag das Verhalten des Beklagten darlegen, dessen Unterlassung er in Anspruch nehmen möchte. Dabei ist er möglicherweise gezwungen, seine Unternehmensgeheimnisse preiszugeben, um ihre unberechtigte Nutzung durch den Beklagten darzulegen und gegebenenfalls zu beweisen. Auch in Schadensersatzprozessen wegen Verletzung von Unternehmensgeheimnissen ist die Lage im wesentlichen nicht anders. Hier ist es zwar nicht erforderlich, daß der Kläger bei der Abfassung der Klageschrift seine Unternehmensgeheimnisse preisgibt, aber in der mündlichen Verhandlung muß er den Inhalt seiner angeblich verletzten Geheimnisse darlegen und gegebenenfalls beweisen. Dabei entsteht die Gefahr, daß der Gegner und Dritte davon Kenntnis erhalten[4]. Dies macht eine Betrachtung der Notwendigkeit des Schutzes von Unternehmensgeheimnissen im Prozeß erforderlich.

---

1 *Stürner,* Die Aufklärungspflicht der Parteien des Zivilprozesses (Tübingen 1976).
2 *Kasuga,* Minji Shokoho Kenkyu (Untersuchungen zum Zivilbeweisrecht) (1991), S. 13 ff.
3 Vgl. *Kobayashi,* Minji Saiban no Shinri (Verhandlungen im Zivilprozeß) (1987), S. 183; *ders.,* Shokoho (Beweisrecht), 2. Aufl. (1995), S. 108 ff. Zum Beispiel ist Chiho-Saibansho (LG) Osaka, Urteil vom 31.5.1979, Kakyu-Saibansho Minji Hanreishu (Entscheidungen der Untergerichte in Zivilsachen) Bd. 32, Heft 9-12, S. 1434 = Hanrei Jiho Nr. 946, 92 = Hanrei Times Nr. 388, 140 ein Fall, in dem das Gericht in einem Beweissicherungsverfahren vor einer Klageerhebung die Vorlegung des Gehaltshauptbuches vom beklagten Unternehmen angeordnet wurde. Hier wurde auch das fehlende Gleichgewicht der Beweismöglichkeit zwischen beiden Parteien betont.
4 Vgl. *Kusunoki,* Nouhau o meguru Shomondai (Probleme über know-How), in: Jitsumu Minji Soshoho Koza (Sammelbände zum Zivilprozeß in der Praxis), Bd. 5 (1969), S. 329 ff.

3. Die Abgrenzung meines Themas

Mein Bericht soll sich mit den gerade genannten Problemen, insbesondere schwerpunktmäßig mit den gesetzgeberischen Bestrebungen zur Erweiterung der Pflichten zur Vorlage von Urkunden, sowie mit der Entwicklung der Darlegungs- und Beweispflichten der nicht beweisbelasteten Partei durch die Rechtsprechung und den diesbezüglichen Fragen befassen.

II. Wege zur Verwirklichung der materiellen Gleichheit der Parteien

1. Einführung

Im japanischen Recht fehlt es an Einrichtungen, die dem Kläger bei einem Mangel an Informationen die Erhebung der Klage erleichtern können. Es gibt nämlich keine Einrichtung wie die U.S.-amerikanische Discovery. Dem japanischen Recht sind auch materiellrechtliche Auskunftsansprüche fast unbekannt, die die deutsche Rechtsprechung seit langem unter bestimmten Voraussetzungen entwickelt hat[5]. Das führt gegebenenfalls dazu, daß es für den Kläger schwierig ist, zu beurteilen, ob er sein vermeintliches Recht durch einen Prozeß verwirklichen kann. Diese Lage könnte ihn unter Umständen veranlassen, auf seine Klageerhebung zu verzichten.

Als Mittel zur Erleichterung der Tatsachendarlegung und des Beweisantritts im Zivilprozeß sollen hier die Erweiterung der Pflicht zur Vorlage von Urkunden und die Anerkennung von Darlegungs- und Beweispflichten der nicht beweisbelasteten Partei betrachtet werden.

2. Die Tendenz zur Erweiterung der Pflicht zur Vorlage von Urkunden durch die Rechtsprechung

a) Gesetzeslage

Nach § 312 j. ZPO kann das Gericht auf Antrag des Beweisführers in drei Situationen dem Besitzer von Urkunden (Gegner oder Dritten) ihre Vorlage aufgeben: (1) Wenn der Gegner sich selbst auf eine Urkunde beruft (§ 312 Nr. 1), (2) wenn der Beweisführer zum Herausverlangen oder zur Einsicht der Urkunde gesetzlich berechtigt ist (§ 312 Nr. 2), und (3) wenn eine Urkunde zugunsten des Beweisführers ausgestellt ist oder wenn sie Rechtsverhältnisse zwischen dem Beweisführer und dem Besitzer der Urkunde betrifft (§ 312

---

5   RGZ 108, 7; BGHZ 10, 385 (387).

Nr. 3). Eine zugunsten des Beweisführers ausgestellte Urkunde nennt man „Interessenurkunde". Eine Rechtsverhältnisse betreffende Urkunde nennt man „Rechtsverhältnisurkunde". Dabei ist wichtig, was man unter Interessenurkunde und Rechtsverhältnisurkunde versteht. An dieser Auslegung haben der Beweisführer und der Besitzer der Urkunden ein starkes Interesse.

b) Die ausdehnende Auslegung der beiden Urkundenarten

Seit der Mitte der sechziger Jahre ist die Zahl von Fällen erheblich gestiegen, in denen komplexere und schwierigere Tatsachenfeststellungen zur Entscheidung eines Falles erforderlich sind. In solchen Fällen ist es nicht selten, daß der Gegner des Beweisführers eine wichtige Beweisurkunde besitzt und daß der Beweisführer gegen ihn einen Antrag auf Vorlegungsanordnung des Gerichts stellt, mit der Begründung, daß es sich um eine Interessenurkunde oder Rechtsverhältnisurkunde handle. In der Praxis ist es zu einer neuen Tendenz gekommen, den Umfang beider Urkundenarten ausdehnend auszulegen. Danach gehören zu den Interessenurkunden nicht nur Urkunden, die unmittelbar zugunsten des Beweisführers ausgestellt wurden, sondern auch die mittelbar das Interesse des Beweisführers betreffenden Urkunden[6]; das Interesse des Beweisführers an Beweisführung oder an Beweissicherung reiche schon aus[7]; zur Rechtsverhältnisurkunde sollen auch die Urkunden gehören, deren Inhalt Zusammenhänge mit einschlägigen Rechtsverhältnissen aufweisen[8], oder die im Laufe der Ausgestaltung des Rechtsverhältnisses ausgestellt worden sind[9]. Gegenüber dieser ausdehnenden Auslegung findet man auch Entscheidungen, die Gegenmeinungen vertreten. So vertritt das Koto-Saibansho (OLG) Tokyo eine Auffassung, nach der das Interesse im Sinne des § 312 Nr. 3 auf das unmittelbare Interesse beschränkt werden solle und das Interesse bereits bei der Ausstellung der Urkunde vorhanden sein müsse[10]. Nach Koto-Saibansho

---

6 Koto-Saibansho (OLG) Fukuoka, Beschluß vom 13.7.1977, Koto-Saibansho Minji Hanreishu (OLGZ) Bd. 30, Heft 3, S. 175.
7 Koto-Saibansho (OLG) Tokyo, Beschluß vom 24.12.1981, Kakyu-Saibansho Minji Hanreishu (Entscheidungen der Untergerichte in Zivilsachen) Bd. 32, Heft 9-12, S. 1612 = Hanrei Jiho Nr. 1034, 95 = Hanrei Times Nr. 464, 99.
8 Koto-Saibansho (OLG) Sendai, Beschluß vom 29.11.1956, Kakyu-Saibansho Minji Hanreishu (Entscheidungen der Untergerichte in Zivilsachen) Bd. 7, Heft 11, S. 3460; Koto-Saibansho (OLG) Fukuoka Beschluß vom 4.12.1973, Hanrei Jiho Nr. 739, 82; Koto-Saibansho (OLG), Tokyo Beschluß vom 7.8.1975, Kakyu-Saibansho Minji Hanreishu (Entscheidungen der Untergerichte in Zivilsachen) Bd. 26, Heft 5-8, S. 688; Koto-Saibansho (OLG) Tokyo, Beschluß vom 19.9.1979, Hanrei Jiho Nr. 947, 47.
9 Koto-Saibansho (OLG) Tokyo, Beschluß vom 30.6.1976, Hanrei Jiho Nr. 829, 53; Koto-Saibansho (OLG) Takamatsu, Beschluß vom 17.7.1975, Hanrei Jiho Nr. 786, 3 = Hanrei Times Nr. 325, 160; Koto-Saibansho (OLG) Osaka, Beschluß vom 6.3.1978, Koto-Saibansho Minji Hanreishu (OLGZ) Bd. 31, Heft 1, S. 38.
10 Koto-Saibansho (OLG) Tokyo, Beschluß vom 17.9.1984, Hanrei Jiho Nr. 1131, 87 = Hanrei Times 538 Nr. 244.

(OLG) Osaka ist eine Auslegung unangemessen, nach der ein Rechtsverhältnis immer dann vorhanden wäre, wenn der Besitzer der Urkunden der Prozeßgegner ist[11]. Ferner wurde von mehreren Gerichten eine Vorlegungsanordnung abgelehnt, weil es sich um eine Urkunde handle, die allein zur eigenen Benutzung durch den Besitzer ausgestellt wurde.

In der Literatur werden anläßlich der Tendenzen zur Ausdehnung der Vorlegungspflicht in der Praxis verschiedene Auffassungen vertreten. Hier kann ich darauf nicht im einzelnen eingehen. Ich möchte nur auf folgendes hinweisen. Die Lehrmeinungen sind darüber geteilt, ob sog. Innenurkunden oder Selbstbenutzungsurkunden eigentlich von der Vorlegungspflicht ausgenommen werden sollen, oder umgekehrt eine allgemeine Pflicht zur Vorlegung angenommen werden soll, soweit nicht den Zeugnisverweigerungsgründen entsprechende Gründe vorliegen[12]. Im Zusammenhang mit diesem Punkt ist es auch umstritten, ob die Gemeinsamkeit der Urkunde zwischen dem Beweisführer und dem Besitzer der Urkunde eine gemeinsame Voraussetzung für die Interessenurkunde und die Rechtsverhältnisurkunde ist. Die Auffassung, die sie erfordert, vertritt, daß man bei ihrer Beurteilung den Zweck der Ausstellung der Urkunde, die Arten des Ausstellers, das Vorliegen oder Nichtvorliegen einer gesetzlichen Ausstellungspflicht, und den Inhalt der Urkunde usw. mit berücksichtigen solle[13]. Jedenfalls besteht nach dieser Auffassung ein breiter Beurteilungsspielraum des Richters.

Trotz der Suche nach der Wahrheit im Prozeß geht nach meiner Meinung die Auslegung zu weit, wonach ein Rechtsverhältnis immer vorliege, wenn ein Prozeßrechtsverhältnis durch die Klageerhebung zustande komme, soweit man auf das Rechtsverhältnis im Sinne des § 312 j. ZPO abstellt. Vielmehr handelt es sich darum, ob der Besitzer der Urkunde aus materiellrechtlichen oder prozeßrechtlichen Gründen zur Vorlegung der Urkunde verpflichtet ist. Mir scheint auch die uneingeschränkte Ausdehnung des Begriffes der Interessenurkunde fragwürdig. Sie begründet oft die Vorlegungspflicht auch dann, wenn kein Rechtsverhältnis zwischen dem Beweisführer und dem Besitzer der Urkunde besteht. Z. B. gibt es kein Rechtsverhältnis zwischen dem Beklagten eines Schadensersatzprozesses und dem Arzt, der den Kläger untersucht hat. Hier handelt es sich nicht darum, ob ärztliche Krankenunterlagen Interessenurkunden zugunsten des Beklagten darstellen, sondern ob der Kläger daran mitzuwirken hat, sie im Prozeß zur Verfügung zu stellen. Mir erscheint es auch fragwürdig, daß die Vorlegungspflicht durch die Auslegung einer allgemeinen Pflicht angenähert wird. Denn das Interesse des Urkundenbesitzers wird da-

---

11 Koto-Saibansho (OLG) Osaka, Beschluß vom 9.5.1979, Kakyu-Saibansho Minji Hanreishu (Entscheidungen der Untergerichte in Zivilsachen) Bd. 32, Heft 9-12, S. 1471 = Hanrei Jiho Nr. 949, 68.
12 *Kobayashi*, a.a.O. (Fn. 3), Shokoho (Beweisrecht), S. 109.
13 *Kaneko/Matsuura/Shindo/Takeshita,* Jyokai Minji-Soshoho (Kommentar zur Zivilprozeßordnung) (1986) S. 1056, 1060.

bei leicht vernachlässigt. Eine derartige Auslegung sollte vermieden werden, damit die Parteien nicht schlechthin zum Informationsmittel werden.

c) Reformbestrebungen des Gesetzgebers

Wegen der Grenzen einer ausdehnenden Auslegung der Bestimmungen und auch wegen ihrer Unsicherheit versucht der Gesetzgeber gerade, § 312 j. ZPO grundlegend zu reformieren und den Umfang der Vorlegungspflicht zu erweitern. Zugleich soll auch die Rechtsfolge bei der Nichtbefolgung der Vorlegungsanordnung des Gerichts neu geregelt werden.

Hinsichtlich des Umfangs der Vorlegungspflicht hat man zunächst zwei verschiedene Vorschläge gemacht[14]. Einer geht dahin, daß man die Vorlegungspflicht für eine allgemeine Pflicht ebenso wie die Zeugenpflicht hält, solange kein dem Zeugnisverweigerungsgrund entsprechender Ablehnungsgrund vorliegt. Ein anderer Vorschlag hat zum Inhalt, daß die allgemeine Vorlegungspflicht verneint und der Grundsatz der begrenzten Vorlegungspflicht beibehalten werden solle; die Vorlegungspflicht solle bis zu Urkunden erweitert werden, die über Tatsachen ausgestellt worden sind, die einen engen Zusammenhang mit Rechtsverhältnissen zwischen Beweisführer und Besitzer der Urkunden haben. Nachdem die Diskussion über diese Vorschläge gegensätzliche Meinungen ergeben hat[15], hat § 220 des „Entwurfs einer Zivilprozeßordnung", der am 12. März 1996 dem Parlament vorgelegt wurde, nun eine Zwischenlösung aufgenommen: Außer den Fällen, die vom § 220 Ziff. 1-3 des Entwurfs (§ 312 j. ZPO) erfaßt werden, solle der Besitzer zur Vorlegung aller Urkunden verpflichtet werden, ausgenommen von Urkunden, (a) deren Vorlage dem Besitzer von Urkunden oder einem seiner in § 196 Ziff. 1 des Entwurfs (§ 280 j. ZPO) bezeichneten Angehörigen oder einer Person, zu der der Besitzer in einem Vormundschaftsverhältnis steht, zur Unehre gereichen oder die Gefahr zuziehen würde, wegen einer Straftat verfolgt oder verurteilt zu werden, (b) deren Inhalt sich auf amtliche Geheimnisse von Beamten sowie Abgeordneten und Ministern bezieht und zu deren Vorlegung Aufsichtsbehörden nicht zustimmen, (c) auf deren Inhalt die beruflichen Schweigepflichten der Personen, die im § 197 Abs. 1 Ziff. 2 des Entwurfs (§ 281 Abs. 1 j. ZPO) vorgeschrieben sind wie Ärzte und Rechtsanwälte, oder deren Inhalt sich ein technisches oder berufliches Geheimnis bezieht, sofern der Urkundenbesitzer nicht von der Verpflichtung zur Verschwiegenheit entbunden wird, (d) die al-

---

14 Homusho Minjikyoku Sanjikanshitsu, Minji Soshotetsuzuki ni kansuru Kentojiko (Justizministerium, Beratungsthemen in Reformbestrebungen des Zivilprozeßverfahrens) (1991), S. 28 f.; Homusho Minjikyoku Sanjikanshitsu, Minji Soshotetsuzuki ni kansuru Kaisei Yokoshian (Justizministerium, Reformprogramme des Zivilprozeßverfahrens) (1993), S. 19.
15 Vgl. *Yanagida u.a.,* „Minji Soshotetsuzuki ni kansuru Kentojiko" ni taisuru kakkai Iken no Gaiyo (Verschiedene Meinungen von verschiedenen Kreisen gegenüber den Beratungsthemen in Reformbestrebungen des Zivilprozeßverfahrens), Teil 4, NBL 564 (1995), 35 ff.

lein zur eigenen Benutzung des Besitzers bestimmt ist[16]; bezüglich der Urkunden zu (a), (c) und (d) könne das Gericht dem Urkundenbesitzer die Vorlage der Urkunde aufgeben, um die Vorlegungspflicht zu überprüfen. In diesem Fall könne niemand die Einsicht in die zu diesem Zweck vorgelegte Urkunde vom Gericht verlangen. Für die Urkunden zu (b) müsse das Gericht sich bei einer betreffenden Aufsichtsbehörde erkundigen, ob sie die Vorlegung der Urkunde genehmigen wird, falls es dies erforderlich hält (§ 222 Abs. 1 des Entwurfs). Die Behörde könne ihre Genehmigung nicht verweigern, soweit nicht die Gefahr besteht, daß durch die Genehmigung öffentliche Interessen verletzt oder die Ausführung einer Amtspflicht erheblich behindert wird (§ 222 Abs. 2, § 191 Abs. 2). Aber für Urkunden betreffend amtlicher Geheimnisse von Beamten wird eine Prüfungsbefugnis des Gerichts über Vorlegungspflichten nicht vorgesehen, was mir sehr problematisch erscheint.

Hinsichtlich der Folgen der Vorlegungsverweigerung bestimmt § 224 Abs. 1 des Entwurfs, daß das Gericht die Behauptung eines Beweisführers in bezug auf die Urkunde für wahr erachten kann, und ferner bestimmt § 224 Abs. 3 des Entwurfs für den Fall, in dem es für den Beweisführer erheblich schwieriger ist, den Inhalt der Urkunde konkret zu behaupten, daß das Gericht die Behauptung des Beweisführers in bezug auf die mit der Urkunde zu beweisende Tatsache als wahr erachten kann, solange es für den Beweisführer sehr schwierig ist, sie mit anderen Beweismitteln als der Urkunde zu beweisen.

3. Offenbarung der Informationen bezüglich der vorzulegenden Urkunde?

Wenn der Beweis durch den Antrag des Beweisführers angetreten wird, dem Gegner oder einem Dritten die Vorlegung von Urkunden aufzugeben, so muß der Antrag enthalten: die Bezeichnung der vorzulegenden Urkunde, die Bezeichnung des Inhalts der Urkunde, die Bezeichnung des Besitzers der Urkunde, die Bezeichnung der zu beweisenden Tatsache, und die Bezeichnung des Grundes, der die Verpflichtung zur Vorlegung der Urkunde ergibt (§ 313 j. ZPO). Der Antragsteller kann auf Schwierigkeiten stoßen, wenn er die Urkunde und ihren Inhalt bezeichnen muß, weil er sie oft nicht genau kennt. Um solchen Schwierigkeiten abzuhelfen, erörtert man, ob der Antragsgegner zur Offenbarung der Informationen verpflichtet werden sollte, die zur Bestimmung der Urkunde erforderlich sind. Bisher hat man in den Reformberatungen vorgeschlagen, eine neue Vorschrift einzuführen: Wenn es im Hinblick auf die Umstände bei Ausstellung der Urkunde und den Zusammenhang zwischen Beweisführer und Besitzer der Urkunde erheblich schwieriger ist, die Bezeichnung der Urkunde oder die Bezeichnung des Inhalts der Urkunde anzugeben, braucht der Antragsteller bei der Antragstellung nur Tatsachen

---

[16] § 220 Ziff. 4 des Entwurfs.

anzugeben, die der Identifizierung der vorzulegenden Urkunde dienen können; in diesem Fall könne er beim Gericht beantragen, daß es vom Besitzer der Urkunde verlangt, über die Bezeichnung und den Inhalt der Urkunde Auskunft zu geben. Dieser Vorschlag wurde in den „Entwurf einer Zivilprozeßordnung" vom 12.3.1996 aufgenommen [17].

4. Die Darlegungs- und Beweispflicht der nicht beweisbelasteten Partei

a) Entwicklung der Rechtsprechung

In der letzten Zeit hat die Rechtsprechung, wenn auch zur Zeit nur auf sehr begrenzten Gebieten, zugunsten der beweisbelasteten Partei deren Darlegungs- und Beweispflicht erleichtert, wenn die Partei großen Schwierigkeiten bei Darlegung und Beweisführung gegenübersteht. Ein Beispiel findet man im Verwaltungsprozeß. Zur Berechnung des zu besteuernden Einkommens braucht man die Feststellung des gesamten Einkommens und der davon abzuziehenden Unkosten, die zur Erzielung des Einkommens erforderlich waren („erforderliche Unkosten"). Nach der Rechtsprechung trifft die Beweislast für die erforderlichen Unkosten zwar den Finanzamtsdirektor (den Beklagten) im Verwaltungsprozeß auf Anfechtung eines Steuerbescheides. Aber sie hält es „für erforderlich, daß der Steuerpflichtige (der Kläger) die erforderlichen Unkosten konkret geltend macht und gegebenenfalls Beweis antritt; wenn er dies unterläßt, so sei das Nichtbestehen der erforderlichen Unkosten anzunehmen"[18].

Auch auf dem Gebiet des Umweltschutzprozesses hat die Rechtsprechung eine ähnliche Ansicht wie im Abgabenprozeß ausgesprochen. Vor kurzem hatte der Oberste Gerichtshof einen Fall zu entscheiden, in dem Kläger (Bewohner in der Nähe eines geplanten Kernkraftwerkes) die Anfechtung eines Zulassungsbeschlusses für den Bau des Kernkraftwerkes begehrt hatten. Der OGH hat ausgesprochen, daß die juristische Prüfung in einem solchen Prozeß darauf beschränkt werden solle, ob die Beurteilung der Sicherheit des Kernkraftwerkes durch den Prüfungsausschuß für die Sicherheit des Kernkraftwerkes – sie liegt dem Verwaltungsakt zugrunde – etwas Irrationales enthalten hat. Anschließend hat er hinsichtlich eines Beweisproblems entschieden, daß zwar die Behauptungs- und Beweislast dafür eigentlich die Kläger treffen solle, daß etwas Irrationales der oben genannten Beurteilung der beklagten Verwaltungsbehörde anhaftet; es sei aber notwendig, daß zunächst die beklagte Verwaltungsbehörde mit hinreichenden Unterlagen und Material darlegt und

---

17 § 221 Abs. 3 des Entwurfs.
18 Koto-Saibansho Hiroshima (Okayama-Shibu) Urteil vom 26.4.1967, Gyosei-Saibanreishu (Verwaltungsrechtsprechung) Bd. 18, Heft 4, S. 614.

beweist, daß ihrer Beurteilung nichts Irrationales anhaftet, indem sie die dem Verwaltungsakt zugrundeliegenden konkreten Beurteilungsmaßstäbe sowie die Verfahren der Prüfungen, Beratungen und Beurteilungen etc. darlegt und beweist; denn man solle unter anderem berücksichtigen, daß die beklagte Verwaltungsbehörde alles erhebliche Material über die Sicherheit des einschlägigen Kernkraftwerkes in der Hand hat; wenn die beklagte Verwaltungsbehörde solche Darlegungen und Beweisführungen nicht durchführe, so sei anzunehmen, daß ihrer Beurteilung etwas Irrationales anhaftet[19]. Diesem Grundsatz des Obersten Gerichtshofs über die Erleichterung der Darlegung und Beweisführung zugunsten des Klägers wurde von verschiedenen unteren Gerichten gefolgt. Insbesondere ist es bemerkenswert, daß das Chiho-Saibansho (LG) Kanazawa den Grundsatz auf einen Fall angewendet hat, in dem Kläger (Bewohner in der Nähe eines Kernkraftwerkes) gegen ein Elektrizitätswerk auf Unterlassung des Betriebs des Kernkraftwerkes geklagt haben[20].

b) Deutung der Rechtsprechung

Wir haben festgestellt, daß die Rechtsprechung auf bestimmten Gebieten unter bestimmten Voraussetzungen der nicht beweisbelasteten Partei die Aufklärung des Sachverhalts auferlegt. Wie sollte die Erleichterung der Darlegung und Beweisführung zugunsten der beweisbelasteten Partei theoretisch gedeutet werden? Hinsichtlich dieser Frage sind verschiedene Auffassungen möglich. Hier möchte ich die Möglichkeit der Anwendung des Grundsatzes von tatsächlichen Vermutungen, Beweisvereitelungen, Anerkennung einer allgemeinen prozessualen Aufklärungspflicht der nicht beweisbelasteten Partei und Annahme von Darlegungs- und Beweispflichten der nicht beweisbelasteten Partei als eine Anwendung des Grundsatzes von Treu und Glauben erwähnen.

aa) Tatsächliche Vermutungen

In Japan kommen dem Begriff der tatsächlichen Vermutung seit langem verschiedene Bedeutungen zu. In einem Fall bedeutet er die tatsächliche Umkehr der Beweislast, in einem anderen Fall Vermutungen aufgrund von Erfahrungssätzen. In ihm kann auch eine Herabsetzung des Beweismaßes enthalten sein. Die tatsächliche Umkehr der Beweislast findet sich in den Entscheidungen in Schadensersatzprozessen wegen der Vollstreckung von unrichtigen Arresten und einstweiligen Verfügungen[21]. Die oben genannte Rechtsprechung des Obersten Gerichtshofes ist aber der Meinung, daß die Beweislast als solche

---

19 Oberster Gerichtshof Urteil vom 28.10.1992, Minshu 46, 1174.
20 Chiho-Saibansho (LG) Kanazawa Urteil vom 25.8.1994, Hanrei Jiho Nr. 1515, 3.
21 Oberster Gerichtshof Urteil vom 24.12.1968, Minshu 22, 3428.

den Anfechtungskläger trifft. Daraus ergibt sich, daß hier keine verdeckte Umkehr der Beweislast vorliegt. Man verlangt vom Gegner nur die Darlegung von Tatumständen und die Beweisführung.

bb) Prima-facie Beweis

Eine Art der tatsächlichen Vermutung ist der prima-facie-Beweis. Dieser beruht auf Erfahrungssätzen, die auf eine hohe Wahrscheinlichkeit eines Sachverhalts schließen lassen, ohne daß man Einzelheiten des Geschehensablaufs aufzuklären braucht. Man könnte die Voraussetzung für die der nicht beweisbelasteten Partei zugemutete Aufklärung des Sachverhalts in der Anwendung des prima-facie Beweises finden. Aber man kann in den oben genannten Fällen keine Grundlage der Anwendung des prima-facie-Beweises finden. Denn es gibt keinen Erfahrungssatz, daß auf das Nichtbestehen einer Tatsache geschlossen werden kann, wenn die nicht beweisbelastete Partei sie nicht im einzelnen darlegt und gegebenenfalls nicht beweist[22]. Deshalb scheidet die Anwendung der Grundsätze des prima-facie Beweises aus.

cc) Beweisvereitelung

Die Theorie der Rechtsprechung könnte als eine Anwendung des Grundsatzes der Beweisvereitelung angesehen werden, wenn man sie so verstehen könnte, daß die Rechtsprechung das Gewicht auf das pflichtwidrige Verhalten der nicht beweisbelasteten Partei lege. Doch ist Voraussetzung, daß die nicht beweisbelastete Partei darlegungs- und beweispflichtig ist, wenn es zur Geltung der Regeln über eine Beweisvereitelung kommen soll. Die Anwendung der Grundsätze über die Beweisvereitelung kann also nicht ohne weiteres angenommen werden.

dd) Allgemeine Aufklärungspflicht

Die Theorie der allgemeinen prozessualen Aufklärungspflicht der nicht beweisbelasteten Partei, die von *Stürner* nachdrücklich begründet worden ist, hat, wie bereits erwähnt, auch in Japan teilweise Zustimmung gefunden. *Stürner* hat versucht, sie durch Analogie unter Heranziehung einiger verfassungsrechtlicher Bestimmungen, der verfahrensrechtlichen Vorschriften wie §§ 423, 445, 448 ZPO und einiger Entscheidungen des Bundesgerichtshofes zu begründen. Nach ihm ist sie eine allgemeine prozessuale Pflicht; wenn die nicht beweisbelastete Partei ohne weiteres imstande sei, den Sachverhalt aufzuklären, sei sie dazu mitzuwirken verpflichtet, falls die beweisbelastete Partei Anhaltspunkte für den Sachverhalt angibt. Wenn der Gegner es unterläßt, da-

---

22 Vgl. *Hefermehl*, Urteilsanmerkung, GRUR 1963, 274 f.

bei mitzuwirken, müsse er einen schweren Nachteil hinnehmen: der betreffende Sachverhalt soll dann als wahr fingiert werden[23].

In Japan wurde die Theorie zunächst von *Kasuga* befürwortet[24]. *Takeshita*, welcher das oben genannte Urteil des Obersten Gerichtshofs näher untersucht hat, findet in ihm einen Anwendungsfall der Theorie[25]. Aber dem kann nicht zugestimmt werden. Zwar ändert die Aufklärungspflicht der nicht beweisbelasteten Partei nichts an der Verteilung der Behauptungs- und Beweislast. Aber sie übt auf sie indirekt Einfluß aus. Denn es gibt dann keinen Raum für die Anwendung der Grundsätze der Beweislast, wenn die Aufklärungspflicht nicht erfüllt und daher die Behauptung der beweisbelasteten Partei als wahr fingiert wird[26]. Ferner fragt man sich, ob sich nicht die allgemeine Aufklärungspflicht auf die Parteirechte nachteilig auswirken wird. Für die Entstehung der Aufklärungspflicht sollen Anhaltspunkte vorliegen, die das Vorbringen der beweisbelasteten Partei plausibel machen. *Arens* hat mit Beispielen darauf hingewiesen, es sei unmöglich, klar abgegrenzte Fallgruppen und Regeln dafür aufzustellen, wann die erforderliche Wahrscheinlichkeit vorliege, die es ermögliche, das unsubstantiierte Vorbringen der beweisbelasteten Partei auf seine Plausibilität zu überprüfen; unklare Voraussetzungen für das Bestehen der Aufklärungspflicht würden alles in das Ermessen des Gerichts stellen[27]. Was die Folgen einer Verletzung der Aufklärungspflicht angeht, nimmt *Stürner* eine ungünstige Fiktion an, die das der beweisbelasteten Partei günstige Aufklärungsergebnis unterstellt. Die Fiktion soll die Feststellung der Verletzung der Aufklärungspflicht und ihrer Vorwerfbarkeit voraussetzen. Die Feststellung dieser Voraussetzungen kann manchmal sehr schwierig sein. *Arens* hat auch darauf hingewiesen, es gebe Fälle, in denen die aufklärungspflichtige Partei ihre eigene Sphäre schützen wolle, und deshalb nicht die Wahrheit oder jedenfalls nicht die ganze Wahrheit sage; in solchen Fällen sei die Frage nur schwer zu beantworten, was ihr zumutbar sei; man müßte dabei auf den Einzelfall abstellen und alles dem Ermessen des Gerichts überlassen[28]. Dieser Kritik an der Aufklärungspflicht stimme ich zu[29]. So besehen, könnte

---

23 *Stürner*, a.a.O. (Fn. 1), S. 106.
24 *Kasuga*, a.a.O. (Fn. 2), S. 233 ff.
25 *Takeshita*, Ikata-Genpatsu-Sosho Saikosaihanketsu to Jian-Kaimeigimu (Urteil des Obersten Gerichtshofes über den Ikata-Kernkraftwerkprozeß und die Aufklärungspflicht der Parteien), in: Kigawa Toichiro-Hakase Kokishukuga-Ronshu (Festschrift für Kigawa), Bd. 2 (Tokyo 1994), S. 1 ff.
26 *Rosenberg/Schwab/Gottwald,* Zivilprozeßrecht, 15. Aufl. (München 1993), § 117 VI 3; *Arens,* Zur Aufklärungspflicht der nicht beweisbelasteten Partei im Zivilprozeß, ZZP 96 (1983), 1, 10 ff.; *Hansen,* Beweislast und Beweiswürdigung im Versicherungsrecht (Frankfurt a.M./Bern/ New York/Paris 1990), S. 7 f.
27 *Arens*, a.a.O. (Fn. 26), S. 14.
28 *Arens*, a.a.O. (Fn. 26), S. 17.
29 Gegen die allgemeine Aufklärungspflicht der nicht beweisbelasteten Parteien, auch *Stein/ Jonas/Leipold,* Kommentar zur Zivilprozeßordnung, 21. Aufl., § 138 Rdnr. 22; *Winkler von*

die allgemeine Aufklärungspflicht vielmehr dem Erfordernis der materiellen Waffengleichheit der Parteien widersprechen.

ee) Eigene Ansicht – Darlegungs- und Beweispflicht der nicht beweisbelasteten Partei als eine Anwendung des Grundsatzes von Treu und Glauben

Hier sollte man eine Anwendung des Grundsatzes von Treu und Glauben in Betracht ziehen. In der Rechtsprechung wird betont, daß die beweisbelastete Partei außerhalb der für die Beurteilung der Wahrheit der Behauptung entscheidenden Tatumstände steht und keine Möglichkeit hat, den Sachverhalt von sich aus aufzuklären; der Gegner kenne dagegen die konkreten Tatumstände, oder er allein habe das erforderliche Material in der Hand. Ferner wird, um die Notwendigkeit konkreter Tatsachenbehauptungen und Beweisführungen durch den Gegner zu begründen, auf den Gesichtspunkt der Gleichheit der Parteien hingewiesen. Hier liegt es nahe, die Darlegungs- und Beweispflicht der nicht beweisbelasteten Partei aufgrund des Grundsatzes von Treu und Glauben anzunehmen. So verstanden, können ihre Anwendungsfälle zugleich in angemessener Weise begrenzt werden.

c) Der Umfang der Darlegungs- und Beweispflicht – Zumutbarkeit

Kann die Darlegungs- und Beweispflicht der nicht beweisbelasteten Partei in den Grenzen der Zumutbarkeit auferlegt werden, so erhebt sich die Frage, ob und in welchem Umfang dies im einzelnen Fall im Zusammenhang mit den zu schützenden Unternehmensgeheimnissen zumutbar ist. Das oben genannte Urteil des Obersten Gerichtshofs hat diese Frage nicht behandelt. In Fällen, in denen die Vorlegung der Antragsunterlagen (oder ihrer Kopien) für die Zulassung des Aufbaues des Kernkraftwerkes durch die Verwaltungsbehörde beantragt wurde, haben Gerichte die Behauptung des Gegners zurückgewiesen, daß er gegenüber einem Dritten vertraglich geheimhaltungspflichtig sei, oder daß die einschlägigen Antragsunterlagen wichtige Unternehmensgeheimnisse enthielten. Ein Gericht hat dabei betont, der Gegner sei nicht nur zur Erhaltung der Sicherheit für die Bewohner verpflichtet, sondern auch dazu, die Bewohner über die Sicherheit des Kernkraftwerkes aufzuklären und zu versuchen, die Sorgen der Bewohner zu beseitigen[30]. Ein anderes Gericht weist darauf hin, daß es der Gerechtigkeit oder dem Grundsatz von Treu und Glauben widerspreche, wenn das eine Zulassung durch die Verwaltungsbehörde beantragende Unternehmen oder die Verwaltungsbehörde wegen des Unter-

---

Mohrenfels, Abgeleitete Informationsleistungspflichten im deutschen Zivilrecht (Berlin 1986), S. 214, 218.
30 Chiho-Saibansho (LG) Urawa Beschluß vom 27.11.1972, Hanrei Jiho Nr. 655, 11.

nehmensgeheimnisses oder wegen einer vertraglichen Schweigepflicht der Verwaltungsbehörde gegenüber dem Unternehmen die Vorlegung der dem Antrag zugrunde gelegten Unterlagen in einem Prozeß ablehnen könnte[31] (die Entscheidung betrifft die gleiche Streitsache wie das oben genannte Urteil des Obersten Gerichtshofes).

Es entspricht der herrschenden Meinung, daß die Vorlage einer Urkunde aus den Zeugnisverweigerungsgründen entsprechenden Gründen abgelehnt werden kann. Allerdings kann ein technisches oder berufliches Geheimnis nicht in jedem Fall die Ablehnung der Vorlage rechtfertigen. Vielmehr ist es dazu erforderlich, daß die Preisgabe des Geheimnisses für seinen Träger so schwerwiegende Nachteile mit sich bringt, daß das Streben nach Richtigkeit der Entscheidung zurücktreten muß[32]. Es hängt vom einzelnen Fall ab, wann diesen Anforderungen genügt wird.

Es ist fragwürdig, ob die Berücksichtigung des Unternehmensgeheimnisses bei der Aussageverweigerung von Zeugen ohne weiteres auf die Darlegungs- und Beweispflicht der Partei übertragen werden kann. In Kernkraftwerksprozessen könnte es für den Beklagten nicht unzumutbar gewesen sein, von ihm die Vorlage der Unterlagen innerhalb seiner Beweispflicht zu verlangen, zumal er eigentlich zur Erhaltung der Sicherheit der betreffenden Bewohner verpflichtet war und die Unterlagen von ihm selbst der Verwaltungsbehörde vorgelegt wurden. Im allgemeinen ist die Berücksichtigung des Schutzes des Unternehmensgeheimnisses eine schwierige Frage, die sorgfältige Interessenabwägungen erfordert. Wenn die nicht darlegungs- und beweispflichtige Partei durch eigene verdächtige Handlungen den Prozeß selbst veranlaßt hat und die anderen Voraussetzungen der Pflicht vorliegen, so bestehen keine Bedenken, die Zumutbarkeit zu bejahen[33].

III. Der Schutz von Unternehmensgeheimnissen im Zivilprozeß

1. Einleitung

Wie gesagt, ist es oft schwierig, einerseits Unternehmensgeheimnisse bei ihrer Verletzung effektiv gerichtlich zu schützen und andererseits zugleich ihre Of-

---

31 Koto-Saibansho (OLG) Takamatsu, Beschluß vom 17.7.1975, Hanrei Jiho Nr. 786, 3 = Hanrei Times Nr. 325, 160.
32 Koto-Saibansho (OLG) Osaka, Beschluß vom 12.7.1973, Kakyu-Saibansho Minji Hanreishu (Entscheidungen der Untergerichte in Zivilsachen) Bd. 32, Heft 9 – 12, S. 1471; zu dieser Entscheidung, vgl. *M. Tanabe,* Kigyohimitsu no Kaiji (Die Preisgabe von Unternehmensgeheimnissen), in: Ono Shoen Sensei Kanreki-Kinen-Ronbunshu (Festschrift für Ono) (1992), S. 711 ff.
33 Vgl. *Stürner,* a.a.O. (Fn. 1), S. 221.

fenbarung zu vermeiden. In der Zivilprozeßrechtswissenschaft findet man einige Versuche, dieses Problem zu lösen. Das ist zugleich eine gesetzgeberische Aufgabe. Im folgenden möchte ich kurz auf den Stand der Diskussion über diese Frage eingehen.

2. Rechtslage

Im geltenden Zivilprozeßrecht wird der Schutz von Unternehmensgeheimnissen von den Vorschriften über den Zeugenbeweis erfaßt. Nach § 281 Abs. 1 Nr. 2 j. ZPO sind Personen, denen kraft Amtes oder Standes Tatsachen anvertraut sind, zur Zeugnisverweigerung berechtigt. Im Hinblick auf Unternehmensgeheimnisse des Zeugen gewährt § 281 Abs. 1 Nr. 3 ein Verweigerungsrecht, „wenn der Zeuge über Angelegenheiten vernommen wird, die sich auf ein technisches oder berufliches Geheimnis beziehen".

Hinsichtlich der Möglichkeit des Ausschlusses der Öffentlichkeit der Verhandlung gibt es keine Vorschrift, abgesehen davon, daß die Verfassung selbst vorschreibt, das Gericht könne mit Einstimmigkeit aller Richter deshalb den Ausschluß der Öffentlichkeit der Verhandlung anordnen, weil die Gefahr eines Verstoßes gegen den ordre public oder die guten Sitten durch die Öffentlichkeit anzunehmen sei. Ferner kann jedermann beim Urkundsbeamten Einsicht in die Prozeßakten beantragen, es sei denn, daß die Aufbewahrung der Akten oder die Erfüllung der gerichtlichen Pflichten behindert wird (§ 151 Abs. 1 j. ZPO). Selbst Dritte können bei dem Urkundsbeamten um die Erlaubnis zur Anfertigung von Abschriften aus den Prozeßakten, um die Erteilung einer Ausfertigung, einer Abschrift oder eines Auszugs daraus nachsuchen, solange sie ein Interesse daran glaubhaft machen (§ 151 Abs. 3 j. ZPO).

So ist es klar, daß der Schutz von Unternehmensgeheimnissen im japanischen Zivilprozeß völlig ungenügend ist. Dessen war man sich bereits bei der Reform des Gesetzes gegen unlauteren Wettbewerb im Jahre 1990 bewußt. Damals hat man nur auf die Möglichkeit der Beweisaufnahme außerhalb des Gerichts (§ 265 Abs. 1j. ZPO) und einzelne Maßnahmen der Prozeßleitung verwiesen. Das Problem wurde also auf die Reform der Zivilprozeßordnung verschoben[34].

---

34 Vgl. *M. Tanabe,* Minji Sosho ni okeru Kigyohimitsu no Hogo (Der Schutz von Unternehmensgeheimnissen im Zivilprozeß), Hanrei Times 775 (1992), 25; *Nakayama,* Eigyohimitsu no Hogo ni kansuru Huseikyoso-Boshiho Kaisei no Keika to Shorai no Kadai (Verlauf der Reform des Gesetzes gegen unlauteren Wettbewerb zum Schutz von Gewerbegeheimnissen und zukünftige Aufgaben), NBL 471 (1990), 25 (26).

3. Vorschläge bei der Reformdiskussion

Hier werden hauptsächlich der Ausschluß der Öffentlichkeit von der Verhandlung und die Beschränkung der Einsicht in die Prozeßakten in Betracht gezogen. In der vom Justizministerium herausgegebenen und veröffentlichten Broschüre mit dem Titel „Untersuchungsaufgabe zur Reform des Zivilprozeßverfahrens" im Jahre 1991 hat man drei Fragen gestellt und eine Anfrage an die beteiligten Kreise gerichtet: (1) ob gesetzlich neu normiert werden solle, in welchen Fällen die Öffentlichkeit der Verhandlung ausgeschlossen werden kann; (2) ob eine neue Vorschrift eingeführt werden solle, daß das Gericht den Parteien, Zeugen und anderen Verfahrensbeteiligten die Wahrung von im betreffenden Verhandlungstermin zur Kenntnis genommenen Geheimnissen befehlen kann, wenn man die Öffentlichkeit der Verhandlung ausgeschlossen hat, falls das Gericht dies für besonders notwendig hält, und daß Sanktionen einschließlich Strafen beim Verstoß gegen diese Anordnung auferlegt werden können; (3) ob eine Vorschrift eingefügt werden solle, daß entsprechend der Notwendigkeit der Geheimhaltung das Gericht nur den Parteien die Einsicht in die Prozeßakten und die Ausfertigung von Abschriften aus den Prozeßakten erlauben und ihnen ferner die Geheimhaltung befehlen darf, und daß Sanktionen einschließlich Strafen beim Verstoß gegen diese Anordnung auferlegt werden können[35].

Die Anfrage hat ergeben, daß es Gegenstimmen gegen den Ausschluß der Öffentlichkeit gibt. Nach den Gegenstimmen sei die Öffentlichkeit ein verfassungsrechtliches Gebot; ihr Ausschluß führe die Verletzung des Informationsrechts (right to know) des Einzelnen und eine Beschränkung der Presse- und Äußerungsfreiheit herbei; die Öffentlichkeit könne unter dem Vorwand des Schutzes von Persönlichkeitsrechten und Unternehmensgeheimnissen zu leicht durch das Gericht ausgeschlossen werden[36]. Nun schlägt man nur vor, das Gericht könne auf Antrag der geheimnistragenden Partei durch Beschluß die Personen auf die Parteien beschränken, welche Einsicht in die Prozeßakten beantragen, oder um die Erlaubnis zur Anfertigung von Abschriften aus den Prozeßakten, um die Erteilung einer Ausfertigung, einer Abschrift oder eines Auszugs daraus nachsuchen können, soweit es sich um einen Teil der Prozeßakten handelt, der schwerwiegende Geheimnisse aus dem privaten Leben einer Partei oder Unternehmensgeheimnisse enthält, und die Partei glaubhaft macht, daß die Einsicht durch Dritte in die Prozeßakten etc. sie in eine schwierige Lage im sozialen Leben versetzen wird; den Beschluß könne

---

35 Homusho Minjikyoku Sanjikanshitsu, Minjisosho-Tetsuzuki ni kansuru Kentojiko (Justizministerium, Untersuchungsaufgabe zur Reform des Zivilprozeßverfahrens), (1991), S. 24 f.
36 Homusho Minjikyoku Sanjikanshitsu, Minjisosho-Tetsuzuki ni kansuru Kaisei Yokoshian (Justizministerium, Reformprogramme des Zivilprozeßverfahrens) (1993), S. 16.

der die Einsicht usw. beantragende Dritte mit der Begründung anfechten, daß die Voraussetzungen für die Beschränkung der Einsicht usw. nicht oder nicht mehr vorliegen. Dieser Vorschlag wurde in den Entwurf einer Zivilprozeßordnung vom 12.3.1996 aufgenommen[37]. Andere wichtige Punkte blieben unentschieden.

4. Eigene Betrachtung

Was den Ausschluß der Öffentlichkeit der Verhandlung angeht, hatte das Koto-Saibansho Tokyo unlängst einen Fall zu entscheiden, in dem die Beklagte einer negativen Feststellungsklage, eine amerikanische Firma, darauf beharrt hatte, daß sie nur in der nicht öffentlichen Verhandlung ihre Behauptung aufstelle und Beweise antrete, um ihre Unternehmensgeheimnisse zu schützen. Das Gericht hat es für ganz unzulässig gehalten, nicht öffentlich zu verhandeln und die Beweisaufnahme durchzuführen[38]. Die Auffassung, die den Ausschluß der Öffentlichkeit der Verhandlung wegen eines Verstoßes gegen den ordre public für zulässig hält[39], ist in der Minderheit[40]. Meiner Meinung nach liegt es nahe, unter dem Gesichtspunkt des ordre public die Möglichkeit des Ausschlusses der Öffentlichkeit wegen des Schutzes von Unternehmensgeheimnissen anzunehmen[41]. Denn das Festhalten an der Öffentlichkeit der Verhandlung widerspricht eindeutig dem in der Novelle zum Gesetz gegen unlauteren Wettbewerb ausgedrückten gesetzgeberischen Willen, Unternehmensgeheimnisse rechtlich zu schützen. Das bedeutet, daß sie auch gerichtlich zu schützen sind. Es ist unsinnig, einerseits Unternehmensgeheimnisse schützen zu wollen und andererseits an der Öffentlichkeit der Verhandlung festzuhalten, in der die Preisgabe des Unternehmensgeheimnisses erzwungen wird. Der Grundsatz der Öffentlichkeit sollte dem Schutz des Unternehmensgeheimnisses weichen. Dies sollte bei der Reform der Zivilprozeßordnung noch klargestellt werden.

In der Literatur wird teilweise auch über die Möglichkeiten eines sog. Geheimverfahrens, nämlich des Ausschlusses der Parteiöffentlichkeit diskutiert. Das Verfahren will den Erfordernissen der Geheimhaltung und der Sachaufklärung gleichzeitig gerecht werden, Konkret werden die Beweisaufnahme durch schweigepflichtige Dritte und Zeugenbeweisverfahren unter Ausschluß einer oder beider Parteien vorgeschlagen. Die erstere Form sollte als eine Art

---

37 § 92 Abs. 1 des Entwurfs.
38 Koto-Saibansho (OLG) Tokyo Urteil vom 24.9.1991, Hanrei Times Nr. 769, 280.
39 *Kusunoki,* a.a.O. (Fn. 4), S. 332.
40 Vgl. *K. Kobashi,* Eigyohimitsu no Hogo to Saiban-Kokai no Gensoku (Der Schutz von Gewerbegeheimnissen und der Grundsatz der Justizöffentlichkeit), Jurist 962 (1990), 38 (40).
41 *M. Ito,* Eigyohimitsu no Hogo to Shinri no Kokai-Gensoku (Der Schutz von Gewerbegeheimnissen und der Grundsatz der Öffentlichkeit der Verhandlung), Jurist 1031 (1994), 82 ff.

Gutachtenbeweis angesehen, und für zulässig gehalten werden, soweit beide Parteien zustimmen[42]. Der anderen Form steht der Grundsatz der Parteiöffentlichkeit eindeutig entgegen. Aber ein Autor betont, daß man den Grundsatz nicht als absolutes Postulat ansehen dürfe; man dürfe den Schutz von Unternehmensgeheimnissen oder einen effektiven Rechtsschutz nicht vernachlässigen, indem man zu großes Gewicht auf die Parteiöffentlichkeit lege; das Interesse der von der Beweisaufnahme ausgeschlossenen Partei solle durch einen Rechtsanwalt vertreten werden, welchen das Prozeßgericht ernennt[43]. Meiner Meinung nach ist das Geheimverfahren unvereinbar mit dem fundamentalen Postulat des Prozeßrechts, nämlich dem Grundsatz des beiderseitigen Gehörs[44]. Die ausgeschlossene Partei könnte dann zum Beweisergebnis nicht Stellung nehmen. Auch wenn ein Rechtsanwalt für sie vom Gericht ernannt würde und wenn er an ihrer Stelle dies machen würde, steht er mit der Partei in keiner Vertrauensbeziehung. Dies ist mit der Selbstbestimmung der Parteien im Zivilprozeß nicht vereinbar. Es kommt hinzu, daß das Gericht im Geheimverfahren nicht nach dem Grundsatz der freien Beweiswürdigung (§ 185 j. ZPO) Tatsachen feststellen könnte. Wenn zum Beispiel ein Sachverständiger Einsicht in die geheimgehaltenen Unterlagen eines Unternehmens nimmt und sein Gutachten erstellt, ohne daß das Gericht vom Inhalt der Unterlagen Kenntnis nimmt, so kann das Gericht das Gutachten nicht genügend würdigen. Dies bedeutet einen Verstoß gegen § 185 j. ZPO[45]. Zwar sieht die japanische Verfassung das Recht auf rechtliches Gehör nicht vor. Aber man sieht eine Verfahrensgarantie wie den Grundsatz des beiderseitigen Gehörs als fundamentales Erfordernis an. Das gleiche gilt für den Fall, in dem ein Notar eine Tatsache, die eine Person aussagt, beurkundet, ohne daß der Gegner oder/und das Gericht den Namen der Person zur Kenntnis nehmen kann, und dann die notarielle Urkunde im Wege eines Urkundenbeweises verwertet wird.

Nachtrag

Die Reformarbeit, die in diesem Beitrag vorgestellt wurde, ist zu Ende gegangen, indem die neue Zivilprozeßordnung am 26. Juni 1996 bekanntgemacht wurde. Sie wird am 1.1.1998 in Kraft treten. Die umstrittene Vorschrift über die Vorlegungspflicht der amtlichen Urkunde, nämlich § 220 Nr. 4b des im Text erwähnten Entwurfes, wurde angesichts der starken Kritik in den parlamenta-

---

42 *Tanabe*, a.a.O. (Fn. 34), Hanrei Times Nr. 777 (1992), 31, 41 f.
43 *Tanabe*, a.a.O. (Fn. 34), Hanrei Times Nr. 777 (1992), 42.
44 Vgl. *Prütting*, Geheimnisschutz im Zivilprozeß, Festschrift für Kigawa, Bd. 3, Tokyo 1994, S. 88 (497), S. 92 ff.; *Prütting/Weth*, Geheimnisschutz im Prozeßrecht, NJW 1993, 576; *ders.*, Nochmals: Zur Zulässigkeit beweisrechtlicher Geheimverfahren, AuR 1990, 269.
45 *Prütting*, a.a.O. (Fn. 44), S. 93 f.

rischen Beratungen gestrichen. Dieses Problem soll im Zusammenhang mit der Diskussion hinsichtlich der Einführung eines Gesetzes zur Befreiung von Verwaltungsinformationen weiter untersucht werden, mit dem Ziel, aufgrund des Ergebnisses der Untersuchung die erforderliche Maßnahme innerhalb von zwei Jahren nach der Bekanntmachung der neuen Zivilprozeßordnung zu treffen (§ 27 der Ergänzungsvorschriften der neuen Zivilprozeßordnung).

So lautet § 220 der neuen Zivilprozeßordnung:

„Der Besitzer einer Urkunde darf die Vorlegung nicht verweigern,

(1) wenn er im Prozeß auf die Urkunde, die sich in seinem Besitz befindet, Bezug genommen hat;

(2) wenn der Beweisführer einen Anspruch auf Herausgabe der Urkunde an sich selbst oder auf Einsicht hat;

(3) wenn die Urkunde im Interesse des Beweisführers oder mit Bezug auf ein Rechtsverhältnis zwischen dem Beweisführer und dem Besitzer der Urkunde erstellt wurde;

(4) wenn außer den Fällen der Ziffern 1 bis 3 eine Urkunde (ausgenommen Urkunden, die ein Beamter oder ein ehemaliger Beamter im Zusammenhang mit seinem Amt aufbewahrt oder besitzt) nicht zu folgenden Urkunden gehört:

a) die Urkunde, die die im § 196 vorgeschriebenen Angelegenheiten enthält, die den Besitzer von Urkunden oder die mit ihm in der in § 196 beschriebenen Beziehung stehenden Leute betreffen,

b) die Urkunde, die die im § 197 Abs. 1 Ziff. 2 beschriebene Tatsache oder die in § 197 Abs. 1 Ziff. 3 beschriebenen Angelegenheiten enthält, solange von der Pflicht zur Verschwiegenheit nicht entbunden ist;

c) die Urkunde, die allein zum Zwecke der Selbstbenutzung des Besitzers ausgestellt wurde".

Rolf Stürner

Die prozeßfreie Sphäre im Zivilprozeß

I. Vorbemerkung

Selbstbestimmung im Zivilprozeß kann die Frage betreffen, ob die Parteien oder der Richter das Verfahren betreiben – also die Abgrenzung von Parteimacht und Richtermacht. Sie kann aber auch – rechtspolitisch, rechtsvergleichend und binnenrechtlich viel weniger diskutiert – der Frage gelten, ob die Parteien und Dritte im Prozeß die informationelle Selbstbestimmung über sich weithin verlieren oder ob sie eine mehr oder weniger prozeßfreie Sphäre behalten, über deren Einbringung in den Prozeß sie frei entscheiden. Dieser letzten Frage soll sich der kurze Beitrag widmen. Plastisch formuliert: vereinnahmt der Prozeß seine Beteiligten mit Haut und Haar oder bleiben Bereiche autonomer Selbstbestimmung ohne jede Prozeßbefangenheit?

II. Die Ausgestaltung von Lasten und Pflichten

Die erste Grundentscheidung in dieser Frage trifft jede Prozeßordnung bei der allgemeinen Ausgestaltung ihrer Lasten und Pflichten. Erfassen sie grundsätzlich *alle* Informationsquellen oder nur eine bestimmte Selektion?

1. Eingriffswirkung der Beweislast

Dabei gibt es eine Naturgesetzlichkeit, die kein Prozeßrecht beseitigen kann: soweit eine Partei die primäre objektive Beweislast oder die Gegenbeweislast trägt, muß sie zu ihrem Prozeßerfolg grundsätzlich alles offenbaren[1]. Es gibt dabei sicher keine „Pflicht zum Siege", sie handelt in ihrem Eigeninteresse. Oft ist ihr aber die Prozeßführung aufgezwungen, so daß ein Prozeß auch insoweit starke Eingriffswirkung haben kann und tief in die Selbstbestimmung der Partei eingreift. Dabei hat die Änderung der Beweislast unter Umständen eine Schlüsselfunktion: muß z. B. nicht der Patentinhaber die Verletzung seines Patents durch das geheime Know-how seines Konkurrenten beweisen,

---

1 Hierzu *Stürner,* Die Aufklärungspflicht der Parteien des Zivilprozesses, 1976, § 7 II 2, S. 75/76.

sondern der Konkurrent die Andersartigkeit seines geheimen Verfahrens[2], so zwingt die Beweislast den Konkurrenten zur Offenlegung, obwohl er selbst gar keinen Prozeß wollte. Allerdings werden Fälle selten sein, in denen der informationelle Eingriff in die Parteisphäre für die Beweislastverteilung die entscheidende Rolle spielt. Ausschlaggebend ist im allgemeinen eher der Gedanke einer Anhebung oder Absenkung der Anspruchsvoraussetzungen und damit des materiellrechtlichen Schutzes[3]. Der beweislastbedingte prozessuale Eingriff kann letztlich nur – dazu später – durch schützende Maßnahmen bei der Art und Weise gerichtlicher Information abgemildert werden.

2. Eingriffswirkung von Mitwirkungspflichten

Soweit die nicht beweisbelastete Partei oder Dritte Informationen in den Prozeß einzubringen haben, kann eine Prozeßordnung eine sehr weitgehende Pflichtigkeit kodifizieren oder aber nur ein geringes Maß an einzelnen Pflichten. Für eine möglichst geringe Pflichtigkeit der nicht beweisbelasteten Parteien und Dritter hat sich der liberale Gesetzgeber der deutschen ZPO ursprünglich entschieden.

Die nicht beweisbelastete Partei schuldet die substantiierte Erklärung über Behauptungen des beweisbelasteten Gegners, subsidiär auch die eidliche Parteiaussage (§§ 138 II, 445 ff. ZPO); sie schuldet die Vorlage von Urkunden bei besonderen materiellrechtlichen Beziehungen (§ 422 ZPO) und in Vaterschaftssachen die körperliche Untersuchung (§ 372 a ZPO); im übrigen bleibt die Pflicht zur Untersuchung (z. B. nach Unfällen etc.) oder Vorlage von Augenscheinsgegenständen völlig ungeregelt. Dritte schulden die Zeugenaussage (§§ 373 ff. ZPO), aber nur unter sehr engen Voraussetzungen bei materiellrechtlichen Beziehungen zu einer Partei Urkundenvorlage (§ 429 ZPO), die dazuhin noch in einem gesonderten Prozeß einzuklagen ist; auch die jüngste Reform der ZPO hat nur die Pflicht des Zeugen geschaffen, Urkunden als *eigene* Gedächtnisstütze mitzubringen (§ 378 Abs. 1 ZPO), aber kein Einsichtsrecht des Gerichtes oder der Parteien[4] – eine schwer verständliche Fehlleistung des Gesetzgebers. Untersuchungspflichten Dritter gibt es nur bei Vaterschaftssachen (§ 372 a ZPO), die Pflicht zur Duldung des Augenscheins an Sachen ist ungeregelt. Insgesamt klingt bei dieser Konzeption der liberaldarwinistische Ansatz durch, es sehe jeder, wie er seinen Prozeß betreibe, An-

---

2 So § 139 Abs. 3 PatG; hierzu *Bernhardt/Kraßer,* Lehrbuch des Patentrechts, 4. Aufl. 1986, § 36 III a, 1.
3 Zur Ambivalenz der Gründe für die Beweislastverteilung *Rosenberg/Schwab/Gottwald,* Zivilprozeßrecht, 15. Aufl. 1993, § 117 II 5, S. 673; *Stürner,* aaO, S. 5 f.
4 Deutlich MünchKomm/*Danrau,* ZPO, § 378 Rn. 5; *Zöller/Greger,* ZPO, 19. Aufl. 1995, § 378 Rn. 2.

spruch auf Informationshilfe hat er möglichst wenig. Die andere Partei oder Dritte sollen durch fremde Streitlust möglichst wenig behelligt sein. Niemand muß dem anderen die Waffen zum Siege liefern – dieser Satz geistert noch heute durch höchstrichterliche Entscheidungen[5] und Kommentierungen[6], ohne daß seine Tragweite richtig geklärt würde.

Die Rechtsprechung hat mit unterschiedlichsten dogmatischen Begründungen bei der Parteimitwirkung Lücken geschlossen[7]. Sie hat Pflichten zur Duldung von Augenschein bis hin zur körperlichen Untersuchung geschaffen, die Urkundenvorlagepflicht kräftig erweitert, eine Erklärungslast der informierten Partei für richtig gehalten[8], Pflichten zur Aufklärung über mögliche Beweismittel angenommen und schließlich sogar Nachforschungspflichten bei abhängigen Dritten[9]. Die Lehre hat sich bis heute darüber gestritten, ob man – so meine Ansicht[10] – eine Aufklärungspflicht der nicht beweisbelasteten Partei grundsätzlich anzunehmen habe oder ob es um punktuelle Korrekturen gehe[11], die mit prozessualen Teilanalogien zu bewältigen oder nach materiellrechtlicher Beziehung und nach Treu und Glauben zu beurteilen seien[12]. Diesen Streit will dieser Vortrag heute nicht vertiefen. Nicht verständlich bleibt aber m. E., daß man teilweise die angeblich unsicheren Voraussetzungen und Sanktionen einer Aufklärungspflicht beklagt und dann gleichzeitig materiellrechtliches case law oder gar Treu und Glauben als Lösung anpreist[13]. Oft scheint sich die Kritik mehr an Begrifflichkeiten als an der Sache zu entzünden. Wie dem auch sei: der Text der ZPO gewährt viel prozeßfreien Raum, die Rechtspraxis schränkt ihn schwer voraussehbar nach unsicheren Regeln ein.

Dabei muß man sich klar machen, daß das deutsche Prozeßrecht mit dieser Form des Prozeßliberalismus mehr und mehr international isoliert steht[14]. Der englische Prozeß verlangt Parteien und Dritten grundsätzlich jede Informa-

---

5 Deutlich BGH NJW 1990, 3151 = ZZP 104 (1991), 203 m. Anm. *Stürner*; NJW 1958, 961, 962.
6 Z.B. MünchKomm/*Prütting,* ZPO, § 284 Rn. 17, § 286 Rn. 125; *Stein/Jonas/Leipold,* ZPO, 21. Aufl. 1994, § 138 Rn. 22.
7 Ausführlich *Stürner* ZZP 98 (1985), 237 ff. m.Nw.
8 Zuletzt BGH NJW 1990, 3151, 3152 (trotz Ablehnung der Aufklärungspflicht der nichtbelasteten Partei); ferner BGH NJW 1987, 1201; 1987, 2008.
9 BGH NJW 1990, 453, 454; 1987, 3223; 1986, 3201; ausführlich *Lange* NJW 1990, 3233 ff.
10 Zustimmend *Schlosser,* Zivilprozeßrecht I, 2. Aufl. 1991, Rn. 426 ff.; *Henckel* ZZP 92 (1979), 100 ff.; *Baur/Grunsky,* Zivilprozeßrecht, 8. Aufl. 1994, Rn. 43; AK-*E. Schmidt,* ZPO, 1987, § 138 Rn. 5, 17 ff., 33 ff., 46 ff.
11 So *Arens,* ZZP 96 (1983), 21 ff. und ihm folgend *Lüke* JuS 1986, 2 f.; *Gottwald,* ZZP 92 (1179), 364, 366 f.; *Prütting,* Gegenwartsprobleme der Beweislast, 1983, S. 137 ff.; *Stein/Jonas/Leipold,* § 138 Rn. 22, 23; *Rosenberg/Schwab/Gottwald,* § 117 VI, S. 679 f.
12 So letztlich auch die Rechtsprechung: BGH NJW 1990, 3151; BGHZ 116, 47, 56; ähnlich *Zöller/Greger,* vor § 284 Rn. 34.
13 Dies nach wie vor gegen die Kritik von *Arens,* ZZP 96 (1983), 21 ff.
14 Zum Systemvergleich *Stürner,* U.S.-amerikanisches und europäisches Verfahrensverständnis, FS Stiefel, 1987, S. 763 ff., 770 ff.; *ders.,* ZZP 104 (1991), 208 ff., 216; ausführlich *Schlosser,* JZ 1991, 599 ff. m.Nw.; neuerdings *Gottwald,* Linzer Beiträge zum Zivilprozeßrecht V, 1995, 21 ff., 39 ff.

tion in Gestalt von Wissenserklärungen, Urkundenvorlage und Augenscheinsbesichtigung ab, vielleicht nicht bereits im pretrial, wohl aber im trial. Der neue französische Prozeß folgt insoweit weithin dem englischen Vorbild. Selbst Österreich und die Schweiz kennen – wie übrigens auch Japan – grundsätzlich weiterreichende Mitwirkungspflichten. Allgemein ist bekannt, daß die Aufklärungspflichten von Parteien und Dritten im amerikanischen Prozeß am weitesten gehen, und zwar im trial und pretrial. Dabei ist zu beachten, daß der amerikanische Prozeß im pretrial – anders als vor allem das kontinentale System – Aufklärungspflichten der Parteien weithin beweislastunabhängig zur wechselseitigen Information gewährt und dabei kaum eine prozeßfreie Sphäre läßt. Es ist leicht vorauszusagen, daß sich der deutsche Standpunkt im gesamteuropäischen Fluß kaum wird halten lassen[15]; entweder wird die Korrektur weiterhin schleichend durch die Praxis erfolgen – begleitet von einer dissonanten Begleitmusik der Lehre –, oder aber der Gesetzgeber wird irgendwann korrigierend eingreifen müssen[16].

III. Die Weigerungsrechte

Die zweite grundsätzliche Möglichkeit zur Bewahrung einer prozeßfreien Sphäre sind Weigerungsrechte, die Parteien oder Dritte bei grundsätzlicher Pflichtigkeit zu Information ausnahmsweise freistellen. Das deutsche Recht ist bei Weigerungsrechten von Zeugen wiederum besonders großzügig, indem es praktisch allen freien Berufen und allen näheren Verwandten und den Eheleuten ein allgemeines Weigerungsrecht gewährt (§ 383 ZPO). Ein Weigerungsrecht auf einzelne Fragen gesteht es zu bei Gefahr strafrechtlicher Selbstbelastung, zur Wahrung eigener oder fremder Geschäftsgeheimnisse, bei Gefahr wirtschaftlicher Nachteile und – höchst bemerkenswert – sogar bei Gefahr der Unehre (§ 384 ZPO). Weigerungsrechte der Parteien im Sinne eines Rechts auf Passivität ohne Prozeßnachteil sind demgegenüber auch im deutschen Recht seltener: der Gesetzgeber überläßt die Würdigung der Weigerungsgründe regelmäßig dem Richter, der insoweit – selbst bei Gefahr strafrechtlicher Selbstbelastung – zur negativen Würdigung neigt[17]. Eine wichtige Ausnahme ist allerdings die persönliche oder geschäftliche Geheimsphäre; vor allem an der geschäftlichen Geheimsphäre läßt die Rechtsprechung die Informationspflicht regelmäßig enden, falls es um konkurrierende Parteien geht

---

15 Deutlich *Schlosser*, JZ 1991, 599 ff.
16 So die Forderung von *Gottwald*, Gutachten 61. DJT, 1996, These 1: „Die weitgehende Bindung der Sachaufklärung im Prozeß an materielle Auskunftsansprüche ist zu lösen und eine allgemeine prozessuale Aufklärungspflicht für Parteien und Dritte einzuführen".
17 Hierzu *Stürner*, Aufklärungspflicht, S. 174 ff., 193 ff. m. Nw.; ferner BVerfGE 56, 37 ff. und *Stürner*, NJW 1981, 1757 ff.

und verwertbare Geheimnisse in Frage stehen[18]. Die Parteien trifft im übrigen häufig die Pflicht, weigerungsberechtigte Zeugen von der Schweigepflicht zu entbinden, die dann aussagen müssen, es sei denn, es stehen eigene Geheimnisse der Zeugen in Frage. Verweigert eine Partei die Entbindung, geht dies meist zu ihren Lasten[19]. Nur der Priester hat – teilweise kirchenvertraglich bedingt – ein autonomes, absolutes Weigerungsrecht[20]. Die Parteisphäre ist also im Endeffekt durch Weigerungsrechte nur sehr eingeschränkt geschützt, die Sphäre Dritter hingegen sehr ausladend.

Viele Prozeßordnungen anderer Staaten sind bei Weigerungsrechten viel zurückhaltender[21]. Vor allem das anglo-amerikanische Recht gewährt Dritten – vom Anwalt einmal abgesehen – kaum absolute Weigerungsrechte, sondern entscheidet bei einzelnen Aufklärungsbeiträgen von Fall zu Fall. Viele „privileges", wie sie der gemeinsamen Tradition des „testis inhabilis" entsprechen, haben England und die USA in den letzten Jahrzehnten systematisch abgebaut. Dies mag auch damit zusammenhängen, daß in diesen Ländern für Zeugen und Parteien gleiche Weigerungsrechte gelten; bei allzu viel Großzügigkeit wären die Aufklärungsmöglichkeiten des Verfahrens allzu beschränkt.

Die deutschen Weigerungsrechte Dritter gehen teilweise zu weit und werden sich auf Dauer so nicht halten können. Dies gilt insbesondere für die Gefahr wirtschaftlichen Nachteils oder die Gefahr ehrwidriger Selbstbelastung; den letzten Weigerungsgrund legt dann auch die Rechtsprechung in der Vergangenheit sehr eng aus. Ob es richtig ist, das Weigerungsrecht freier oder beratender Berufe durch eine Entbindungspflicht aufzuweichen, ist eine andere Frage. Vor allem bei besonderen Vertrauensverhältnissen, z. B. zwischen Arzt und Patient, Notar oder Rechtsanwalt und Mandant etc., spricht manches für einen absoluten Schutz, der die Möglichkeit rückhaltloser Information zur richtigen Beratung erst richtig erhält[22]. Die Wahrheit mag hier also in der Mitte liegen: weder überzeugen allzu breit gestreute und weitreichende Weigerungsrechte noch ihre völlige Auflösung im Kernbereich persönlicher Entfaltung und Mitteilung.

IV. Schutz der prozeßfreien Sphäre durch Geheimhaltungsmaßnahmen?

Zum Schluß sei noch das aktuellste und heikelste Problem angesprochen, das fast zu einer Art Glaubenskrieg geführt hat: ist es möglich, eine prozeßfreie

---

18 *Stürner*, Aufklärungspflicht, S. 208 ff. m.Nw.; *ders.*, JZ 1985, 453 ff.; zuletzt BGHZ 116, 47 ff., 56.
19 Eingehend *Stürner*, Aufklärungspflicht, S. 202 ff., 229 m. Nw.
20 Statt vieler *Stein/Jonas/Schumann/Leipold*, § 385 Bem. II 2 m. Nw.; *Baumbach/Hartmann*, ZPO, § 383 Rn. 3.
21 Hierzu der Überblick *Stürner*, FS Stiefel, S. 763 ff., 773 f.
22 Zurückhaltender noch *Stürner*, Aufklärungspflicht, S. 205.

Sphäre dadurch zu wahren, daß man einen Sachverhalt nur unter Geheimhaltungsmaßnahmen offenbart? Unproblematisch ist im deutschen Prozeßrecht dabei die Möglichkeit des Ausschlusses der Öffentlichkeit und der strafbewehrten Schweigepflicht für die Prozeßbeteiligten; beides sieht das Gerichtsverfassungsgesetz ausdrücklich vor (§ 172 Nr. 2, 3; §§ 174 Abs. 3 GVG, 353d Ziff. 2 StGB). Der Streit entzündet sich vielmehr am Ausschluß der Parteiöffentlichkeit und damit an der Frage, ob das rechtliche Gehör, das adversary system oder das principe du contradictoire zur Wahrung einer prozeßfreien Sphäre Einschränkungen erfahren kann und darf.

Diese Einschränkung kann in der Weise erfolgen, daß z. B. der medizinische, kaufmännische oder technische Sachverständige zwar alle Tatsachen voll erfahren und erforschen kann, aber nur Ergebnisse ohne Details weitergibt, um so den Schutz der persönlichen oder geschäftlichen Geheimsphäre zu wahren. Denkbar ist auch der informierte Zeuge, der nur über Ergebnisse aussagt, ohne seine genauen Quellen offenzulegen. Die Praxis toleriert diese Methode ohne Zweifel beim medizinischen Sachverständigen, der z. B. keine Details bei psychosomatischen Erkrankungen offenlegen wird und seine Untersuchungen auch nicht in Parteiöffentlichkeit durchführt[23]. Das Bundesarbeitsgericht hat die Aussage eines Notars über die Häufigkeit gewerkschaftlicher Mitgliedschaft in einem Betrieb zugelassen, ohne genaue Rechenschaft über die Quellen seiner Kenntnis zu verlangen[24]. Bei Wettbewerbsprozessen verwertet die Rechtsprechung teilweise Erkenntnisse von Sachverständigen ohne vollen Quellenbeleg[25]. In Patentsachen ist dieses Verfahren hoch streitig[26]. Das Bundesverfassungsgericht hat in Mietstreitigkeiten um die örtliche Miethöhe (Vergleichsmiete) die Geheimhaltung der Quellen des Sachverständigen nicht generell akzeptiert, aber eine Geheimhaltungslösung bei überwiegenden gewichtigen Geheimhaltungsinteressen nicht ausgeschlossen[27]. Eine Modifikation dieses Verfahrens läge darin, volle Quellenkenntnis nur dem Gericht oder – schon problematischer – den Anwälten bei Schweigepflicht zu gewähren.

Vor gut zwanzig Jahren habe ich in meiner Habilitationsschrift ein solches „Geheimverfahren" angeregt[28] und nicht ahnen können, welche literarischen

---

23 Z.B. München NJW-RR 1991, 896; zustimmend *Thomas/Putzo*, ZPO, § 357 Rn. 1.
24 BAG NJW 1993, 612: bestätigend BVerfG NJW 1994, 2347 (Kammer); hierzu *Prütting/Weth*, NJW 1993, 576; *dies.*, AuR 1990, 269; *Grunsky* AuR 1990, 105.
25 Ablehnend BGHZ 116, 47, 58; zur gegenteiligen anderweitigen Praxis bei materiell-rechtlichen Auskunftsansprüchen *Stürner*, Aufklärungspflicht, S. 211 ff.
26 BGH GRUR 1985, 512; hierzu *Stürner*, JZ 1985, 453, 456 f.; *Bernhardt/Kraßer*, Lehrbuch des Patentrechts, 4. Aufl. 1986, § 36 III a, 2, S. 651/652.
27 BVerfG NJW 1995, 40/41.
28 Aufklärungspflicht, S. 223 ff.; zustimmend neuerdings *Zöller/Greger*, § 411 Rn. 3 a; *Gottwald*, Linzer Beiträge, S. 42; wie hier *Stadler*, NJW 1989, 1202; *Schlosser*, Zivilprozeßrecht, Rn. 430.

Emotionen dieser Gedanke auslösen sollte[29]. Manche deutsche Autoren erklären ihn für „kaum vertretbar"[30] – obwohl ihn z. B. manche Schweizer Kantone über Jahrzehnte praktizieren[31]. Andere beschwören das rechtliche Gehör als unabdingbares Verfahrensprinzip. Hilfreich ist übertriebener Schlachtenlärm um diese Frage sicher nicht. Verfassungsrechtlich wird eine Abwägung kaum anders ausfallen können als beim V-Mann-Problem, das ähnliche Abwägungen abverlangt und bei dem das Bundesverfassungsgericht und die Rechtsprechung jeder Radikallösung zu Recht abgeneigt sind. Hinzu kommt, daß man der beweisbelasteten Partei um ihres eigenen Gehörs willen oft den Rechtsschutz beschneidet, falls dem Gegner die Aufklärung seiner Geheimsphäre nur in dieser geheimen Form zumutbar ist und andernfalls jede Aufklärung unterbleibt; in diesen Fällen wird die puristische Lehre schlicht widersinnig. Aber auch wo die beweisbelastete Partei auf diese Weise ihr *eigenes* Geheimnis schützen will – so im Gewerkschaftsfall –, bleibt für eine Abwägung Raum. So wenig die Wahrheitsfindung im Prozeß ein absoluter Wert sein kann, der keiner Abwägung zugänglich ist, ist dies beim rechtlichen Gehör richtig, vor allem wenn dadurch der Rechtsschutz letztendlich unmöglich wird.

V. Schlußbemerkung

Vieles spricht dafür, daß das deutsche Recht sein Verhältnis zur prozeßfreien Sphäre neu überdenken muß und überdenken wird. Dabei muß es manche traditionelle Festlegungen überwinden und einem allzu großzügigen Liberalismus ebenso abschwören wie starrem Dogmatismus. Es kann z. B. nicht richtig sein, daß ein patentrechtlicher Unterlassungsanspruch oft undurchsetzbar bleibt, weil fehlende prozessuale Aufklärungsmöglichkeiten (keine Mitwirkungspflicht des Gegners, Geschäftsgeheimnis) die Rechtsverfolgung blockieren. Wo angeblich unverrückbare prozessuale Prinzipien den Prozeßzweck vereiteln, hat sich das Prozeßrecht in eine Sackgasse manövriert. Die Zukunft wird solche Fehler korrigieren.

---

29 Ablehnend z.B. *Baumgärtel,* FS Habscheid, 1989, S. 1 ff.; *Habscheid,* Schweizerisches Zivilprozeß- und Gerichtsorganisationsrecht, 2. Aufl. 1990, Rn. 659; *Kürschner,* NJW 1992, 1804; *Prütting/Weth,* NJW 1993, 576.
30 Z.B. *Arens/Lüke,* Zivilprozeßrecht, 6. Aufl. 1994, Rn. 23, S. 17.
31 Zum Kanton Zürich *Gottwald,* Linzer Beiträge, S. 42; allgemeiner *Habscheid,* aaO, Rn. 659; *Stürner,* Gedächtnisschrift Arens, 1993, S. 399 ff., 414.

Herausgeber und Autoren

Kazushige Asada, Professor an der Städtischen Universität Osaka

Wolfgang Frisch, Dr. jur., Professor an der Universität Freiburg

Alexander Hollerbach, Dr. jur., Professor an der Universität Freiburg

Yoshikazu Kawasumi, Professor an der Ryukoku Universität

Hiroshi Kodama, Professor an der Universität Kyushu

Ursula Köbl, Dr. jur., Professorin an der Universität Freiburg

Karl Kroeschell, Dr. jur., Dr. h.c, Professor an der Universität Freiburg

Dieter Leipold, Dr. jur., Professor an der Universität Freiburg

Manfred Löwisch, Dr. jur., Dr. h.c., Professor an der Universität Freiburg

Wolfgang Lüke, Dr. jur., LL.M., Professor an der Technischen Universität Dresden

Hiroyuki Matsumoto, Dr. jur., Professor an der Städtischen Universität Osaka

Miyoko Motozawa, Associate Professorin an der Universität der Präfektur Osaka

Satoshi Nishitani, Dr. jur., Professor an der Städtischen Universität Osaka

Hideo Sasakura, Professor an der Waseda Universität Tokyo

Iwao Sato, Associate Professor an der Städtischen Universität Osaka

Rolf Stürner, Dr. jur., Professor an der Universität Freiburg

Akimasa Takada, Professor an der Städtischen Universität Osaka

Satoshi Ueki, Dr. jur., Professor an der Kansai Universität

Rainer Wahl, Dr. jur., Professor an der Universität Freiburg

Thomas Weigend, Dr. jur., Professor an der Universität Köln

Koichi Yonezawa, Dr. jur., Professor an der Städtischen Universität Osaka

Freiburger rechts- und staatswisschaftliche Abhandlungen

Herausgegeben von der Rechtswissenschaftlichen Fakultät der Universität Freiburg/i. Breisgau

45 Koarad Hesse
Ausgewählte Schriften. Herausgegeben von Prof. Dr. Peter Häberle und Prof. Dr. Alexander Hollerbach. 1984. VIII, 628 S. Gb. DM 234,– öS 1.825,– sFr 234,–.
ISBN 3-8114-2084-4

46 Das Grundrecht auf Schutz von Leben und Gesundheit
Schutzpflicht und Schutzanspruch aus Art. 2 Abs. 2 Satz 1 GG. Von Dr. Georg Hermes. 1987. XVI, 307 S. Brosch. DM 134,– öS 1.045,– sFr 134,–.
ISBN 3-8114-4386-0

48 Der Bauherr als Rechtsbegriff
Zugleich ein Beitrag zu der Problematik der Vereinheitlichung gleichlautender Rechtsbegriffe. Von Dr. Konrad Scorl. 1988. XIV, 241 S. Brosch. DM 104,– öS 811,– sFr 104,–. ISBN 3-8114-1288-4

49 Vom Persönlichkeitsschutz zum Funktionsschutz
Persönlichkeitsschutz juristischer Personen des Privatrechts in verfassungsrechtlicher Sicht. Von Dr. Wolfgang Kau. 1989. XII, 122 S. Brosch. DM 58,– öS 453,– sFr 58,–. ISBN 3-8114-7688-2

50 40 Jahre Grundgesetz
Der Einfluß des Verfassungsrechts auf die Entwicklung der Rechtsordnung. Ringvorlesung der Rechtswissenschaftlichen Fakultät der Albert-Ludwigs-Universität Freiburg/Br. Herausgegeben von Prof. Dr. Rainer Frank. 1990. VII, 233 S. Brosch. DM 108,– öS 843,– sFr 108,–.
ISBN 3-8114-0990-5

51 Johann Georg Duttlinger als Kriminalist
Von Prof. Dr. René Bloy. 1990. XI, 161 S. Brosch. DM 74,– öS 577,– sFr 74,–.
ISBN 3-8114-0490-3

52 Verfassungsrecht zwischen Wissenschaft und Richterkunst
Konrad Hesse zum 70. Geburtstag. Herausgegeben von Prof. Dr. Hans-Peter Schneider und Prof. Dr. Rudolf Steinberg. In Verbindung mit Prof. Dr. Peter Häberle, Prof. Dr. Alexander Hollerbach, Prof. Dr. Wilfried Fiedler und Prof. Dr. Friedrich Müller. 1990. IX, 130 S. Brosch. DM 58,– öS 453,– sFr 58,–. ISBN 3-8114-8089-8

53 Vertragliche Störungen beim „entgeltlichen" Erbvertrag
Von Dr. Wolfgang Lüke. 1990. IX, 83 S. Brosch. DM 39,– öS 304,– sFr 39,–.
ISBN 3-8114-1590-5

Hüthig Fachverlage
Im Weiher 10, D-69121 Heidelberg, Tel. 06221/48 95 55, Fax 06221/48 96 24, Internet http://www.huethig.de

Freiburger rechts- und staatswisschaftliche Abhandlungen

Herausgegeben von der Rechtswissenschaftlichen
Fakultät der Universität Freiburg/i. Breisgau

54 Die Befugnis des Bundesverfassungsgerichts zur Prüfung gerichtlicher Entscheidungen
Zur Bedeutung der Grundrechte für die Rechtsanwendung. Von Dr. Michael Bender. 1991. XX, 446 S. Brosch. DM 198,– öS 1.545,– sFr 198,–.
ISBN 3-8114-6490-6

55 Kirchengut, Pfarrbesoldung und Baulast in der Evangelischen Landeskirche in Baden
Entstehung – Entwicklung – Probleme. Von Dr. Hans Niens. 1991. XII, 337 S. Brosch. DM 148,– öS 1.155,– sFr 198,–.
ISBN 3-8114-7190-2

56 Recht und Verfahren
Symposion der rechtswissenschaftlichen Fakultäten der Albert-Ludwigs-Universität Freiburg und der Städtischen Universität Osaka. Herausgegeben von Prof. Dr. Karl Kroeschell. 1993. VIII, 253 S. Gb. DM 124,– öS 567,– sFr 124,–.
ISBN 3-8114-0393-1

57 Die Haftung des Nutzers und des Betreibers computergestützter Auskunftssysteme
Von Dr. Frank Moszka. 1994. XX, 184 S. Gb. DM 98,– öS 764,– sFr 98,–.
ISBN 3-8114-8093-6

58 Haftungsfolgen im bürgerlichen Recht
Eine Darstellung auf rechtsvergleichender Grundlage. Von Prof. Dr. Hans Stoll. 1993. XX, 519 S. Gb. DM 198,– öS 1.545,– sFr 198,–. ISBN 3-8114-6593-7

59 Gustav Radbruch in Oxford
Zur Aufarbeitung eines Kapitels länderübergreifender Rechtsphilosphie. Von Dr. Carola Vulpius. 1995. XVIII, 189 S. Gb. DM 98,– öS 716,– sFr 88,–.
ISBN 3-8114-6795-6

60 Vom nationalen zum transnationalen Recht
Symposium der rechtswissenschaftlichen Fakultäten der Albert-Ludwigs-Universität Freiburg und der Städtischen Universität Osaka. Herausgegeben von Prof. Dr. Karl Kroeschell. 1995. VIII, 297 S. Gb. DM 148,– öS 1.081,– sFr 134,–.
ISBN 3-8114-7395-6

61 Recht und Kunst
Symposium aus Anlaß des 80. Geburtstags von Wolfram Müller-Freienfels. Von Prof. Dr. Reiner Frank. 1996. X, 137 S. Gb. DM 74,– öS 540,– sFr 67,–.
ISBN 3-8114-6696-8

Hüthig Fachverlage
Im Weiher 10, D-69121 Heidelberg, Tel. 06221/48 95 55, Fax 06221/48 96 24, Internet http://www.huethig.de